MANUEL

DU

DROIT PUBLIC ECCLÉSIASTIQUE FRANÇAIS.

Deuxième Édition.

—✵—

PARIS. — IMPRIMERIE DE BÉTHUNE ET PLON.

—✵—

MANUEL

DU

DROIT PUBLIC ECCLÉSIASTIQUE FRANÇAIS,

CONTENANT :

LES LIBERTÉS DE L'ÉGLISE GALLICANE

en 83 articles, — avec un commentaire ;

LA DÉCLARATION DU CLERGÉ, DE 1682,

SUR LES LIMITES DE LA PUISSANCE ECCLÉSIASTIQUE ;

LE CONCORDAT, — ET SA LOI ORGANIQUE,

Précédés des Rapports de M. Portalis ;

avec une exposition des principes sur les appels comme d'abus,
les Congrégations, les Séminaires et l'Enseignement public ;
le texte des principales lois
relatives à la police et au régime des Cultes,
aux biens ecclésiastiques, aux fabriques, aux inhumations, etc.;
une chronologie des Papes et des Rois de France,
et le catalogue raisonné des principaux ouvrages sur le droit canonique ;

Par M. DUPIN.

Docteur en Droit, Procureur-général près la Cour de Cassation,
Député de la Nièvre, etc., etc.

————

« Conservons ces fortes maximes de nos pères,
que l'Église gallicane a trouvées dans la tradition
de l'Église universelle. »
BOSSUET. Discours *de l'Unité de l'Église.*

———◦———

PARIS.

VIDECOQ PÈRE ET FILS, ÉDITEURS,
1, PLACE DU PANTHÉON,
PRÈS DE LA FACULTÉ DE DROIT.
1844.

INTRODUCTION.

§ 1. *Utilité de l'étude du droit canonique.*

Depuis long-temps je conseille aux jurisconsultes, aux magistrats, à tous les hommes publics, de reprendre une étude jadis fort cultivée et qui depuis a malheureusement cessé de faire partie de l'enseignement dans les Facultés de droit : je veux parler du *droit canonique.*

Sans doute il ne s'agit plus des *matières bénéficiales*, dont la connaissance serait aujourd'hui sans utilité ; mais ce qu'aucun jurisconsulte, aucun homme éminent dans l'État ne peut ignorer, ce qu'il ne lui suffirait pas de savoir imparfaitement, ce sont les principes sur la nature, le gouvernement, la hiérarchie de l'Église et sa discipline ; l'histoire des usurpations incessamment renouvelées et toujours croissantes du pouvoir spirituel sur l'ordre civil, et l'histoire corrélative des obstacles et des barrières que nos pères y ont apportés. Il faut qu'il connaisse avec précision ce que la loi politique ne saurait entreprendre sans porter atteinte à la liberté religieuse ; et réciproquement, qu'il sache bien ce qu'un roi, eût-il la piété de saint Louis, s'il a en même temps sa sagesse et sa fermeté, ne saurait négliger ni souffrir, sans manquer à sa propre dignité, à l'indépendance de sa couronne, à la protection qu'il doit aux citoyens. Ces principes importants, souvent controversés, rarement bien connus, doivent être étudiés, médités, à l'égal de nos autres lois politiques, sur lesquelles ils exercent tant d'influence. Une connaissance exacte du *droit* sera toujours le meilleur moyen de confondre l'*usurpation* et d'y résister avec succès.

Je sais qu'une philosophie qui en cela s'est montrée avec trop de présomption, et dont toutefois je ne prétends pas médire, s'est quelquefois persuadée qu'elle pouvait suffire seule à repousser les agressions de l'ordre spirituel contre l'ordre civil, et à maintenir la paix des religions dans l'État ! mais évidemment elle s'abuse. Les arguments purement

philosophiques, irrésistibles aux yeux des philosophes,
n'ont pas la même puissance sur les hommes qui, par conviction, par habitude, ou même par respect humain, tiennent davantage aux croyances et aux pratiques de leur
culte. L'ignorance, la mauvaise foi, ou seulement la prévention, accusent bientôt la philosophie d'*athéisme*, et ses
seules doctrines ne font pas toujours *autorité*. En effet, je
n'appelle *autorité* que ce qui est capable de faire impression sur l'esprit de ceux que l'on prétend convaincre ; or,
tel est l'avantage que procure la doctrine toute faite des
libertés de l'Eglise gallicane. Ces libertés ne sont point une
invention moderne ; elles sont aussi anciennes que le christianisme parmi nous : elles ne constituent pas un *privilége*
ou une *exception;* elles ne sont qu'un vestige de ce qui,
dans l'origine, formait le *droit commun* de la chrétienté ;
elles ont pour elles la sanction du temps, et celle des plus
grands rois et des plus grands hommes que la France ait
produits. Loin d'être opposées à la religion, elles en font
en quelque sorte partie ; sachez donc les connaître afin de
pouvoir les invoquer à propos. Les tartufes ne pourront
point vous appeler *tisons d'enfer*, *athées* ni même *héréti-*
ques, quand, démasquant l'hypocrisie qui trop souvent
recouvre un ambitieux désir de domination, et résistant à
des entreprises menaçantes pour nos libertés et notre régime intérieur, vous pourrez dire à vos adversaires : Ce
n'est pas un ennemi de la religion qui s'exprime ainsi, c'est
Arnauld, c'est Pascal, c'est Pithou et Bossuet, c'est toute
l'Église de France de 1682 qui vous dit : « *Conservez ces*
» *fortes maximes de nos pères.* que l'Église gallicane a trou-
» vées dans la tradition de l'Église universelle ! »
    Sur cette ligne imposante vous rencontrerez les plus
saintes lois du royaume, tous les actes de la magistrature
française, les réquisitoires des avocats-généraux ; vous
marchez avec la puissance qui s'attache à *six siècles de*
précédents ! Je ne cesse donc de le redire à mes contemporains : Entrez dans cette étude, je vous y convie : elle
est d'ailleurs pleine d'attraits, puisqu'elle se lie aux faits
les plus curieux de notre histoire, aux questions les plus

élevées de notre droit public, à celles qui influent le plus puissamment sur la marche politique des affaires et sur la constitution de l'État.

§ 2. But de l'auteur en publiant cet ouvrage.

Il n'y a pas de sujet qui ait été plus savamment exploré dans tous les sens que le *droit canonique*. Les *in-4°*, les *in-folios*, les traités *ex professo* abondent sur toutes les parties de ce droit; les collections les plus riches et les plus étendues : tout a été dit et publié. On peut en juger par le catalogue *fort abrégé* que j'ai fait imprimer à la fin de ce volume, sous le titre de Bibliothèque *choisie* : il ne contient que les principaux ouvrages, et ce n'est pas la dixième partie de ce qu'on aurait pu indiquer!

Mais, quelque restreint que soit ce catalogue, combien peu de bibliothèques, même parmi celles des ecclésiastiques, renferment les livres que j'ai signalés! Et parmi ceux qui les possèdent, combien y en a-t-il qui les aient étudiés à fond?

Dans le désir que j'ai de voir cette étude reprendre faveur, et sachant bien qu'on a peu de dispositions de nos jours à se jeter dans les grandes lectures, j'ai voulu composer une sorte de *Manuel* de notre droit public ecclésiastique, où je ferais entrer les notions les plus générales, les plus importantes, les plus essentielles : un livre où tout serait *substantiel;* où le temps que j'aurais mis à réduire et à resserrer les matières, serait gagné au profit de ceux qui ne voudraient pas lire tout ce que j'ai lu pour faire un choix et n'offrir que des résultats.

Les hommes déjà instruits n'y trouveront rien qu'ils ne sachent d'avance; mais, en le lisant, ceux qui n'ont encore aucune notion du droit canonique en prendront une idée première, suffisante pour la plupart d'entre eux. Tous, j'en suis sûr, trouveront commode de voir concentré dans un petit volume (où l'imprimerie, entrant dans la pensée de l'auteur, s'est appliquée à rendre compacte ce que sa plume s'était efforcée d'abréger), un recueil où les maximes fondamentales de la science, appuyées sur les actes les plus authentiques et les plus solennels de l'histoire et de la législation, sont réunies et classées de la manière la plus propre à en faciliter l'intelligence et l'emploi.

Indocti discant et ament meminisse periti.

§ 3. *Caractère et définition des libertés de l'Eglise gallicane.*

Les *libertés de l'Eglise gallicane* sont du nombre des choses dont on parle beaucoup dans le monde, sans croire qu'il faille se donner la peine de les étudier pour les connaître. Il semble aux hommes superficiels que le nom comporte avec soi la connaissance de tout ce qui s'y rattache, et qu'il suffise à l'exercice de ces *libertés* de les alléguer vaguement par leur titre, sans être tenu de les définir et de les appuyer d'aucune démonstration.

D'autres se mettent encore plus à l'aise; et, dans le superbe dédain qu'ils affectent pour *un passé dont ils ne veulent pas voir la liaison avec le présent*, ils demandent d'un ton naïf, ce que c'est que les *libertés de l'Eglise gallicane* au dix-neuvième siècle?

Cette question, ce doute viennent peut-être de ce qu'en effet les mots *libertés de l'Eglise gallicane* ne rendent pas d'une manière assez complète et assez précise tout ce qui est renfermé sous ce titre. Pour en donner une juste idée, il serait plus exact de dire *libertés gallicanes de l'Eglise et de l'Etat*. Leur caractère en effet est de tenir tout à la fois : 1° aux relations extérieures de l'État avec le Saint-Siége considéré comme souverain étranger; 2° à notre *droit public intérieur* en ce qui touche la discipline ecclésiastique et la police des cultes; 3° au *droit privé* pour toutes les questions et les conflits qui peuvent intéresser les particuliers.

Or, si ces trois intérêts sont impliqués sous le titre traditionnel de *libertés de l'Eglise gallicane*, qui pourrait nier encore qu'elles ont conservé toute leur importance et leur utilité [1] ?

---

[1] *Voyez* le développement de cette pensée, ci-après, pages 123 et 124.

Les libertés de l'Église gallicane ainsi définies ont aussi un caractère essentiel qu'il ne faut point méconnaître. Lorsque nous parlons des libertés de l'*Eglise gallicane*, ce n'est point par esprit de dissidence ou de désunion avec l'*Eglise romaine*, comme si c'était une invention pour rompre l'UNITÉ de l'Église *universelle*. Il est de fait, au contraire, que l'Église gallicane a toujours été invariablement unie à l'Église universelle, mais sans cesser pour cela d'être jalouse de sa première discipline : se montrant aussi modérée que ferme dans ses maximes ; également éloignée de la licence et de la servitude ; sans que jamais sa soumission ait diminué sa liberté, ni que jamais sa liberté ait porté la moindre atteinte au principe de son intime union avec le Saint-Siége. Et c'est en cela que ces libertés sont précieuses, parce que, dans leur allégation et dans l'emploi qui en est fait, la défense qu'elles procurent se concilie parfaitement avec le respect que les catholiques doivent et veulent garder aux choses de la foi et de la hiérarchie.

§ 4. *Comment les libertés de l'Eglise gallicane ont été rédigées et formulées en articles.*

Ces libertés n'ont point commencé par être rédigées en forme de *charte :* elles sont nées, avec le cours naturel des choses, des divers actes de résistance que nos pères ont successivement opposés aux usurpations du pouvoir spirituel, et de la vigueur avec laquelle « les anciens François » se sont perpétuellement maintenus dans le droit d'em- » pêcher que les papes n'entreprissent rien en ce royaume » au préjudice de la disposition des anciens canons, si ce » n'est au moins du consentement du roy et du peuple. » (DUPUY.)

C'est ce que répondit avec autant de raison que de fermeté Guy Coquille, député du Nivernois aux États de Blois, à l'un de ses collègues (ultramontain), qui lui objectait que ces libertés « estoient comme chimères sans substance » de corps, pour ce (disait-il), *qu'il n'y en avoit rien* » *d'écrit.* » Et c'est sans doute pour mieux réfuter cette assertion que, peu d'années après, Guy Coquille composa son Traité sur les *libertés de l'Eglise de France* [1]. Ce Traité est le plus ancien de ceux qui ont été publiés sous ce titre; il a servi en grande partie de base aux *Articles* de ces mêmes libertés que P. Pithou, son ami, a rédigées vers la fin de cette même année 1594.

Je ne retracerai point ici l'éloge de P. Pithou, que j'ai publié récemment à la suite du *Dialogue des avocats* de Loisel. Il me suffit d'y renvoyer le lecteur. Il y verra tout ce que la tête et le cœur de ce grand citoyen renfermaient de science, de patriotisme et de zèle pour la chose publique. C'était certainement l'homme de son temps le plus versé dans la science du droit canonique et dans l'histoire légale de la France. — Il avait déjà publié ses *Observations sur le Code*, son édition des *Capitulaires* de Charlemagne, ses *Annales* de l'histoire des Francs. En 1588 il annonçait une *Collection des conciles de l'Eglise gallicane*, et en 1590 il avait préparé, de concert avec son frère, les éditions qui parurent ensuite du *Corpus juris canonici*, en 2 vol. in-fol., et le *Codex canonicum vetus ecclesiasticum*, 1 vol. in-fol. —Tels étaient ses antécédents dans la science, lorsqu'il entreprit de rédiger, *comme en articles de loi*, ce qu'il connaissait de plus certain dans les *maximes* qui constituent les *libertés de l'Eglise gallicane*.

« Ces anciens droits (dit un écrivain compatriote de P. Pi-
» thou [2]), souvent attaqués, toujours défendus avec la plus
» grande vigueur par les rois et *par toute la nation*, con-
» servés par une tradition immémoriale, n'avaient point
» encore été mis dans le jour qu'ils méritaient. On ne pou-
» vait le leur donner qu'en les réunissant dans un corps,
» qu'en fixant les principes sur lesquels ils sont établis et
» dans lesquels ils se réunissent. — C'est ce qu'osa tenter
» M. Pithou, simple particulier; dénué de toute autorité, il
» entreprit de relever entre le sacerdoce et l'Empire les

---

[1] L'historien de Thou, qui avait lu ce traité, en parle en ces termes :
« Guy Coquille avoit réuni avec le plus grand soin d'importantes remar-
» ques sur les droits de l'église de France, qui sont maintenant en conflit
» de toutes parts. » — *Accuratissimè de gallicanæ ecclesiæ juribus, quæ nunc ubique exagitantur, observationes colligerat.*

[2] Grosley de Troyes, dans ses *Ephémérides.*

» anciennes bornes dont les derniers malheurs de l'État
» avaient à peine laissé quelques vestiges.

» L'abondance de ces recueils aurait pu, en d'autres
» mains, augmenter la confusion qu'il voulait dissiper ;
» mais il n'y avait rien de semblable à craindre d'un coup
» d'œil aussi juste, aussi ferme, aussi sûr que celui de
» M. Pithou. Toute cette immense matière vient se parta-
» ger, se distribuer, se ranger sous 83 *Articles*, tous rela-
» tifs à deux propositions capitales dont ils sont en même
» temps et la conséquence et la preuve ; tous liés de ma-
» nière que chaque article paraît être la suite de celui
» qui précède ; qui, considérés séparément, renferment
» chacun la matière et le germe d'un traité complet, dans
» une maxime énoncée avec cette rare précision qui dit
» tout, sans rien laisser à désirer ni à retrancher. »

La première édition de ce Code de nos Libertés (en 27
pages in-8º), fut dédiée à Henri IV. On sera bien aise de
voir en quels termes l'*Epître* est rédigée. Elle est également digne du citoyen qui l'a écrite et du prince à qui
elle fut adressée.

« *Au roy très chrestien.*

» SIRE, voyant qu'entre les désordres et confusions sur-
» venues en ce royaume, aucuns, par malice et ambition,
» calomnient, autres, par ignorance ou lascheté, mépri-
» sent indiscrètement, comme fantosmes ou chimères, ces
» beaux droits et ce précieux *palladium* que nos plus sages
» et plus dévotieux ancêtres nous ont, avec tant de soin
» et de vertu, religieusement conservé jusques à présent
» sous le titre des *Libertez de l'Eglise Gallicane*, j'ay pensé
» estre de mon devoir, pour en rafraîchir aucunement la
» mémoire à nostre âge, et en tout événement la trans-
» mettre à la postérité, de comprendre *en bref* le plus
» naïvement et simplement que le sujet peut porter ce que,
» à l'instante prière de plusieurs gens de bien et d'hon-
» neur de tous estats, j'en avois rassemblé et recueilli,
» réservant la preuve, où elle seroit jugée nécessaire (ce
» que toutesfois je ne pense pas mesmement entre vrays

» François), à autre plus ample traité. — Tel qu'est ce
» *sommaire*, Sire, j'ai pris la hardiesse de vous le pré-
» senter en toute humilité comme à celuy qui, portant le
» titre de Roy très-chrestien, premier fils et protecteur de
» l'Église, et particulièrement estant patron de celle de
» votre royaume, y avez le *premier et principal intérest*;
» le sousmettant néanmoins au jugement de ceux qui en
» peuvent et en doivent juger, et protestant devant Dieu
» n'avoir eu de ma part autre but et intention que de sa-
» tisfaire aucunement au devoir naturel et légitime que
» j'ay à son service et à celui de V. M., ensemble au bien
» commun de mon pays. — Sire, je supplie de tout mon
» cœur le Roy des roys qu'il lui plaise vous assister tou-
» jours de son Sainct Esprit, et vous faire la grâce de ré-
» tablir en vostre royaume la piété et la justice à son hon-
» neur et à sa gloire, au repos de vos sujets et à la con-
» fusion de vos ennemis. — 1594.   P. PITHOU. »

- Plusieurs autres éditions ont eu lieu depuis, et celle qui
fut imprimée sous le règne de Louis XIV, en 1651, *avec
les preuves* [1], porte en tête un *privilége* dans lequel on
remarque les expressions suivantes : « Voulant favoriser
» un ouvrage de si grande importance pour les *droits de
» notre Couronne*, pour *le bien de notre Etat*, et pour
» l'*intérêt de l'Eglise* de notre royaume, de laquelle nous
» sommes premier et universel patron et protecteur. »

On ne saurait faire un plus bel éloge de cet ouvrage :
et il le mérite, car il est la fidèle expression des maximes
les plus certaines sur les libertés de l'Église gallicane.

Aussi a-t-il obtenu le plus rare des triomphes. Écoutons
le chancelier d'Aguesseau parlant du livre des *Libertés* :
« Quoique ces maximes ne soient que l'ouvrage d'un sim-
» ple particulier, cet ouvrage, dit-il, est si estimé, et, en
» effet, si estimable, qu'on l'a regardé comme le *palla-
» dium* de la France, et qu'il y a obtenu une sorte d'au-
» torité plus flatteuse pour son auteur que celle des lois

---

[1] Réunies par Dupuy en 2 vol. in-fol.; depuis portés à trois (en 1639
et 1731). — La dernière édition, donnée par Durand de Maillane, Paris,
1771, 5 vol. in-4°, est la plus commode.

» mêmes, puisqu'elle n'est fondée que sur le mérite et la
» perfection de son ouvrage [1]. »

Le président Hénault [2] atteste que « les maximes de Pi-
» thou ont, en quelque sorte, *force de lois*, quoiqu'elles
» n'en aient pas l'authenticité. »

Dans le préambule d'un édit du mois de novembre 1719,
concernant la possession des bénéfices par les religieux
des congrégations réformées, les *articles des libertés* sont
cités comme des règles qui doivent être suivies ; et le parlement de Dauphiné, dans un arrêt de règlement du 21
avril 1768, a enjoint l'exécution d'un de ces articles.

Ces *articles* forment la première partie de notre Manuel ;
ils sont la base de toutes les doctrines dont les autres pièces ne sont que le développement.

Plusieurs de ces articles (ceux, par exemple, qui regardent les anciens *bénéfices*) peuvent paraître comme étant
hors d'usage, et, sous ce point de vue, j'aurais pu les retrancher sans inconvénient ; mais je n'ai pas voulu mutiler
l'ouvrage de P. Pithou. Il faut considérer, d'ailleurs, qu'à
l'aide du temps et avec la faculté qu'elle a de recevoir des
dons en immeubles, l'Église, qui, par ce moyen, va toujours augmentant ses biens sans qu'aucune aliénation puisse
en affaiblir la masse, finira par réunir de grandes richesses : alors beaucoup de faits observés jadis pourront plus
tard se reproduire, et les mêmes remèdes devront y être
appliqués ; c'est surtout des abus qu'on peut dire : *Multa
renascentur quœ jam cecidere!*...

Au surplus, j'ai joint sur chacun de ces *articles* un commentaire que je me suis efforcé de rendre bref, mais dans
lequel, cependant, j'ai voulu consigner tout ce qui est
nécessaire pour la complète intelligence du texte, et pour
l'interprétation des mots souvent surannés qui s'y trouvent,
avec des renvois aux ouvrages où le lecteur trouvera le
complément des preuves et des exemples dont il peut avoir
besoin.

---

[1] *Œuvres de d'Aguesseau*, t. I, p. 427.

[2] *Abrégé chronologique*, année 1594.

§ 5. *Déclaration de 1682 sur les limites de la puissance ecclésiastique; historique des circonstances qui la rendirent nécessaire et qui en firent une loi de l'Etat.*

Aux maximes de P. Pithou sur les libertés de l'Église Gallicane, il faut joindre les quatre articles de la *Déclaration du clergé* de France, arrêtés dans la célèbre Assemblée de 1682.

« Les quatre propositions adoptées et promulguées par
» cette Assemblée, dit Grosley dans ses Ephémérides, pro-
» positions qui ont irrévocablement *fixé les limites des deux*
» *puissances*, et qui sont aujourd'hui en France une des
» *lois les plus certaines de l'Eglise et de l'Etat*, ont été
» presque littéralement tirées de l'ouvrage de P. Pithou,
» qui partage actuellement leur autorité. »

Un évêque célèbre par l'éloquence de ses enseignements chrétiens, M. Frayssinous, ministre des cultes sous la restauration, dit aussi dans son livre intitulé *Vrais principes de l'Eglise gallicane* (édit. de 1818, p. 55), que « les
» *maximes françaises* sont spécialement consignées dans
» la célèbre déclaration de 1682. »

Pour conserver à cette déclaration toute son autorité, et aussi pour empêcher que l'on n'en abuse, il importe de rappeler historiquement les circonstances qui l'ont rendue nécessaire, et l'esprit qui a présidé à sa rédaction.

Des démêlés sérieux s'étaient élevés entre Louis XIV et le pape Innocent XI, à l'occasion de la *régale*.

La *régale* était en France un droit féodal par lequel nos rois jouissaient des fruits temporels des archevêchés et des évêchés pendant leur vacance, et même conféraient les bénéfices non curés dépendants de leur collation, jusqu'à ce que les nouveaux pourvus eussent prêté leur serment de fidélité et l'eussent fait enregistrer à la chambre des comptes de Paris [1].

L'ancienneté de ce droit n'était pas douteuse; mais son exercice avait varié, et, quoique la plupart des Églises y

---

[1] D'Héricourt, *Lois ecclésiastiques*, lettre F, chap. 6, n. 1. *Voyez* aussi la note sur l'article 66 des *Libertés*.

fussent sujettes, quelques-unes s'en prétendaient exempts.

Ce ne fut guère que vers le commencement du dix-septième siècle que la Couronne voulut étendre ce droit sur toutes les Églises sans exception, notamment dans les provinces nouvellement conquises.

Une déclaration du roi, en date du mois de février 1673, consacra cette prétention d'une manière générale au profit de la Couronne.

La plupart des évêques dont les Églises s'étaient maintenues jusque-là dans l'exemption du droit de *régale*, cédèrent à l'autorité du roi; mais d'autres résistèrent. Le roi insista, et nomma aux bénéfices vacants. Les opposants se hâtèrent de prodiguer les censures et les excommunications contre les pourvus en régale. Mais ceux-ci appelèrent aux métropolitains, et les métropolitains annulèrent les ordonnances de censure. Alors les évêques dont les ordonnances avaient été ainsi cassées interjetèrent *appel au saint-siége* du jugement de leurs métropolitains!

Innocent XI occupait le trône pontifical. Quoique digne d'éloges sous plusieurs rapports, on lui reproche d'avoir eu dans le caractère un invincible entêtement. Le grand Arnauld, qui dans cette querelle avait embrassé le parti des opposants, appelle cela de la *fermeté;* mais il la définit lui-même de manière à révéler ce qu'il en pensait au fond, en comparant la *fermeté* du pontife à celle d'un *pilier qui n'avance ni ne recule.*

Ces dispositions n'étaient point favorables à la conciliation. En effet, Innocent XI, au lieu de négocier, se constitua *juge suprême*, adressa au roi deux brefs en termes *menaçants*, et finit par en lancer un troisième, dans lequel il frappait d'*excommunication* les grands-vicaires de Pamiers et le métropolitain lui-même, et déclarait *nuls* tous les actes, même les mariages, qui seraient contractés devant des prêtres ou curés qui n'exerceraient leur ministère qu'en vertu des pouvoirs accordés par ces grands-vicaires, déclarant les époux concubins, les enfants qui en naîtraient bâtards, etc.

Cette conduite d'Innocent XI obligea le roi à adopter les

mesures convenables pour faire respecter la dignité de sa Couronne et la tranquillité de ses États. Il résolut de faire expliquer le clergé de son royaume.

Le 16 juin 1681, il donna des lettres-patentes portant convocation d'une *assemblée générale*, qui devait être composée de deux évêques et de deux députés du second ordre pour chaque métropole.

Ces lettres [1] recommandent expressément aux assemblées métropolitaines de choisir pour députés du second ordre *les ecclésiastiques les plus distingués par leur* piété, *leur* savoir, *leur* expérience, *et dont le* mérite *fût le plus connu dans les provinces.* — Quelle belle loi électorale !

Ce vœu fut parfaitement rempli, et jamais aucune assemblée n'offrit un plus grand nombre d'évêques et d'ecclésiastiques recommandables par leurs vertus et leurs lumières.

Il faut voir dans la *Vie de Bossuet* le tableau historique que son illustre biographe [2] a tracé de l'Église gallicane. Ce portrait est plein de grandeur, et n'a rien de flatté ; il porte l'empreinte d'une majestueuse simplicité.

Le cardinal de Bausset a raison de dire que « l'assemblée de 1682 est l'époque la plus mémorable de l'histoire de l'Église gallicane. C'est celle où elle a jeté son plus grand éclat : les principes qu'elle a consacrés ont mis le sceau à cette longue suite de services que l'Église de France a rendus à l'État. »

M. de Bausset rend aussi un juste hommage au caractère de Louis XIV. « Rien n'est peut-être plus propre, dit-il, à donner une juste idée de la sagesse et de la fermeté de Louis XIV, que la conduite qu'il tint dans cette mémorable circonstance, sans s'écarter par une seule fausse démarche de l'ordre régulier et invariable qu'il s'était prescrit. Il sut concilier sa dignité, sa puissance et ses justes droits avec le respect le plus inviolable pour la re-

---

[1] Voyez-en le texte dans le *Recueil des Libertés de l'Église gallicane*, de Durand de Maillane, t. I, p. 122.

[2] *Vie de Bossuet*, par M. le cardinal de Bausset, pair de France, imprimée à Versailles en 1819, 4 vol. in-8°.

ligion, l'Eglise et le saint-siége. — On remarque même avec une espèce d'étonnement, continue M. de Bausset, qu'au milieu de la chaleur et de la fermentation des esprits, Louis XIV avait su imprimer à toutes les parties de son gouvernement *une telle habitude d'égards et de bienséances*, que les mesures fortes et vigoureuses que les circonstances exigeaient étaient toujours tempérées par les formes et les expressions les plus respectueuses pour le saint-siége, et par les plus grands éloges des vertus et de la piété d'Innocent XI. Jamais peut-être ce monarque ne se montra ni plus grand ni plus fort que *lorsqu'il se borna à opposer les maximes de l'Eglise de France à toutes les menaces d'Innocent XI.* »

Bossuet, qui venait d'être nommé à *l'évêché de Meaux*, fut, par une distinction honorable, député par l'assemblée métropolitaine de Paris, quoiqu'il n'eût pas encore reçu ses bulles d'institution.

Pour planer au milieu de la magnifique réunion de prélats et de pasteurs qu'offrait l'assemblée de 1682, ce n'était pas trop de tout son génie.

On lui rendit hommage, et tout d'une voix il fut choisi pour faire le *sermon* d'ouverture.

Tels sont les auspices sous lesquels paraîtra la déclaration de 1682.

Le choix même du sujet que Bossuet prit pour texte de son discours nous révèle toute sa pensée : il traite de *l'unité de l'Eglise* [1].

« Qu'elle est belle, dit-il dans son exorde, qu'elle est belle, cette Église gallicane, pleine de science et de vertu! mais qu'elle est belle dans son tout, qui est l'Église catholique! et qu'elle est belle saintement et inviolablement unie à son chef, c'est-à-dire au successeur de saint Pierre! Oh! que cette union ne soit pas troublée! que rien n'altère cette paix et cette *unité* où Dieu habite!..... La paix est l'objet de cette assemblée. »

Mais en même temps que Bossuet représente l'Église

---

[1] Ce *sermon*, ou plutôt ce *discours*, se trouve au tome XV des *Œuvres de Bossuet*, p. 489.

gallicane toujours fidèle dans l'union inviolable qu'elle a
conservée avec le saint-siége ; en même temps qu'il évite
toutes les expressions qui pourraient blesser les *tendres
oreilles des Romains*, il montre aussi que cette Église n'a
pas cessé d'être ferme et constante dans le maintien de
ses maximes et de ses droits. Il rappelle l'exemple de saint
Louis, « qui publia une pragmatique pour maintenir dans
son royaume le *droit commun* et la puissance des ordinaires, selon les conciles généraux et les institutions des
saints pères. »

« Qu'on ne nous demande plus, ajoute-t-il, ce que c'est
que les *Libertés de l'Eglise gallicane ?* Les voilà toutes dans
ces précieuses paroles de l'ordonnance de saint Louis ; nous
n'en voulons jamais connaître d'autres... Ce n'est pas diminuer la plénitude de la puissance apostolique. L'Océan
même a ses bornes dans sa plénitude ; et, s'il les outre-
passait sans mesure aucune, sa plénitude serait un déluge
qui ravagerait tout l'univers. Mais *conservons ces fortes maximes de nos pères*, que l'Église gallicane a trouvées dans
la tradition de l'Église universelle. »

On voit dans ce discours les sentiments, les pensées et
les vues que Bossuet se proposait de faire adopter par l'assemblée. CONSERVER L'UNITÉ, telle a été sa plus forte, sa
grande pensée, celle qui domine dans tous ses écrits, et qui
semble avoir été l'œuvre de sa vie entière : maintenir avec
fermeté les véritables *libertés de l'Eglise gallicane ;* consacrer dans la forme la plus authentique l'*indépendance de la
puissance temporelle*, et réprimer les esprits inquiets qui ne
cherchaient qu'à enflammer les passions et à perpétuer
la division, telle était la noble et religieuse ambition de
Bossuet.

Il ne voulait pas que l'assemblée travaillât pour un jour,
mais pour les siècles. « Puissent nos résolutions, s'écriait-il,
être telles qu'elles soient dignes de nos pères, et dignes
d'être adoptées par nos descendants, dignes enfin d'être
comptées parmi les actes authentiques de l'Église, et insérées avec honneur dans ces registres immortels où sont
compris les décrets qui regardent non-seulement la vie

présente, mais encore la vie future et l'éternité tout entière ! »

L'affaire de la *régale* fut bientôt terminée à la satisfaction commune du roi et de l'assemblée [1]. Le pape refusa néanmoins d'y donner son approbation, et rendit par là d'autant plus nécessaire de fixer enfin les principes par une *Déclaration sur la puissance ecclésiastique*.

Bossuet fut chargé d'en rédiger les articles.

Qu'on lise cette Déclaration [2], on y retrouve Bossuet tout entier. On lui doit d'y avoir apporté autant de modération dans les termes que de fermeté dans les maximes.

Cette déclaration fut adoptée à l'*unanimité*.

L'assemblée crut devoir l'adresser (avec une lettre circulaire que rédigea Gilbert de Choiseul, évêque de Tournai) à tous les évêques de France, pour leur demander leur approbation et leur adhésion aux *quatre articles*.

La Déclaration fut homologuée par le parlement le 23 mars 1682, en même temps que l'édit du roi qui prescrit d'enseigner la doctrine contenue dans cette Déclaration. Cette injonction a été réitérée par l'arrêt du Conseil du 24 mai 1766, dans lequel S. M. veut que les maximes consacrées par la Déclaration « soient invariablement ob-
» servées en tous ses États, et soutenues dans toutes les
» universités, et par tous les ordres, *séminaires* et corps
» enseignants. »

Après tant de précautions prises pour ne point offenser le pape, on pouvait se flatter de l'espoir qu'il saurait adhérer aux principes de la Déclaration. On voit, dans les lettres de Bossuet, que ce prélat insistait sur cette adhésion, dans l'intérêt même du saint-siége. S'attachant à l'article relatif à l'*indépendance de la temporalité des rois*, il écrivait à Rome à M. Dirois [3] : « Il ne faut que condamner cet article pour achever de tout perdre. Quelle espérance peut-on avoir jamais de ramener les princes du Nord et de convertir les infidèles, *s'ils ne peuvent se faire catholiques*

---

[1] *Voyez* l'Édit de janvier 1682.
[2] *Voyez* page 126.
[3] Tome XXXVII des *Œuvres de Bossuet*, p. 272.

*sans se donner un maître qui puisse les déposséder quand il
lui plaira ?* Cependant je vois, par votre lettre et par toutes
les précédentes, que c'est sur quoi Rome s'émeut le plus...
On m'a dit que l'*inquisition* avait condamné le sens favorable à cette indépendance !... On perdra tout par ces
hauteurs. Dieu veuille donner des bornes à ces excès ! Ce
n'est pas par ces moyens qu'on rétablira l'autorité du
saint-siége, etc. »

Les instances furent inutiles. Innocent XI n'approuva
point la Déclaration, mais du moins il ne la censura pas.
« Il se borna, dit M. de Bausset, à encourager et à récompenser, avec plus de générosité que de jugement, les nombreux écrivains qui se dévouèrent à combattre l'assemblée
de 1682. »

Ces écrits firent en général assez peu de sensation [1] ;
mais, dans le nombre, on doit remarquer celui que Rocaberti, ancien général de l'ordre de Saint-Dominique, archevêque de Valence, *grand-inquisiteur* d'Espagne, publia,
en 1691, à Valence, en 3 volumes in-folio, sous ce titre :
De Romani Pontificis auctoritate.

On eût peut-être laissé cet ouvrage dans l'oubli où semblait le condamner son énorme format. Mais à côté de ce
livre marchaient les approbations les plus emphatiques ;
et le vaniteux Rocaberti avait fait imprimer en tête deux
brefs d'Innocent XI, qui exaltait « la diligence, l'étude,
» l'affection, le zèle, l'érudition et l'*esprit* que l'auteur avait
» employés à l'avantage de l'Église. »

Bossuet eut la patience de lire cet ouvrage, et il présenta au roi un *Mémoire* qui contenait le résultat de cet
examen, et qui est un modèle parfait d'analyse [2].

En voici le précis :

Rocaberti traite les Français comme *hérétiques* sur l'infaillibilité du pape. — Il traite d'*impie, hérétique et schis-*

---

[1] L'auteur de l'*Essai historique sur les Libertés de l'Église* a consacré un chapitre exprès à l'exposé des *attaques dirigées par divers écrivains contre la Déclaration de* 1682.

[2] Ce *Mémoire* est à la fin du tome XXXIII des *Œuvres de Bossuet*,
p. 662 et suiv. J'en recommande spécialement la lecture à ceux qui sont
chargés de poursuivre les délits de la presse.

matique la doctrine de l'indépendance des rois dans leur temporel, et cite à ce sujet le décret de l'inquisition de Tolède : « Comme si la France, dit Bossuet, était obligée à reconnaître l'autorité de l'inquisition de Tolède ! » — Les approbateurs de l'ouvrage de Rocaberti calomnient les libertés de l'Église gallicane, qu'ils qualifient de *priviléges*, ajoutant que tous ceux dont elle a joui ne procèdent que de la grâce du pape et de sa *parole révocable ;* « sans songer, dit encore Bossuet, qu'une très-grande partie de ces libertés est fondée sur des *concordats exprès* entre le pape et le saint-siége, et les rois et le royaume de France. » — Bossuet relève ensuite d'autres *outrages contre la France*, et plusieurs *manquements de respect envers le roi ;* et il ne peut s'empêcher de remarquer que M. le grand-inquisiteur *s'est montré plus Espagnol que chrétien.* — En conséquence, Bossuet, en gardant d'ailleurs tous les ménagements vis-à-vis le saint-père, propose au roi de déférer le livre au parlement, et d'en faire *défendre le débit.* Ce qui fut effectivement ordonné par arrêt du 20 décembre 1695.

Bossuet ne s'en tint pas là : il sentit qu'il était temps de dérouler aux yeux du monde chrétien les preuves qui appuyaient la doctrine de la Déclaration de 1682, et de faire taire ses contradicteurs. Il les confondit par l'admirable ouvrage auquel il avait travaillé depuis long-temps, et qu'il publia seulement alors sous le titre de *Défense de la Déclaration du clergé de France ;* ouvrage que l'on doit regarder comme l'un des monuments les plus imposants de la prodigieuse érudition de son auteur et de son dévouement à la gloire de l'Église gallicane et aux vrais intérêts de la catholicité.

Il y démontre, avec la dernière évidence, que la doctrine de l'Église gallicane, renfermée dans les quatre articles, *n'est que la doctrine même de l'Écriture et de la tradition*, et que, loin d'affaiblir et de diminuer la primauté et l'autorité du souverain pontife et du saint-siége, elle lui rend toute sa force, tout son éclat et son ancienne majesté, en écartant les prérogatives odieuses et fausses dont l'ignorance et la flatterie se sont efforcées, dans les derniers temps, de la charger et de l'obscurcir.

Les ultramontains ont prétendu que le clergé de France, et même Louis XIV, avaient abjuré la doctrine contenue dans cette *immortelle Déclaration*. C'est une erreur.

Il est très-vrai qu'Innocent XI, dont l'exemple en cela fut suivi par Alexandre VIII, son successeur, ayant refusé d'accorder des bulles aux évêques nommés qui avaient été membres de l'assemblée de 1682, on entama des négociations qui se continuèrent jusque sous Innocent XII. Dans le désir de se réconcilier avec le saint-siége, les évêques écrivirent au pape des lettres pleines de cette soumission qu'ils ne lui ont jamais déniée ; mais ils n'ont répudié ni leur propre ouvrage, ni les doctrines de l'Église gallicane[1].

Et Louis XIV, ce monarque si soumis dans les choses de foi, mais si fier dans le juste maintien des droits de sa couronne, aurait-il donc désavoué le clergé français, dont il avait demandé l'appui ? Ceux qui aiment à représenter ce grand roi agenouillé aux pieds de madame de Maintenon, et subjugué par un jésuite devenu son confesseur, ont cherché à accréditer cette idée ; mais que l'on consulte d'Aguesseau[2], et l'on saura que, loin de se montrer à ce point différent de soi-même, Louis XIV, au contraire, *refusa avec fermeté tout ce qui pouvait avoir l'*APPARENCE *d'une rétractation.*

Ce fut même à cause de ce refus, qu'il n'avait pu vaincre, qu'Alexandre VIII, en cela trop fidèle émule de son prédécesseur, déclara casser les délibérations et résolutions de l'assemblée de 1682, par une bulle en date du 4 août 1690, qu'il n'osa néanmoins publier que le 30 janvier 1691, veille de sa mort.

> C'est ainsi qu'en partant je vous fais mes adieux.

Louis XIV, par amour pour la paix, et lorsqu'il n'en coûtait rien à son autorité, a pu se montrer disposé à se relâcher un peu de la sévère exécution *de son propre*

---

[1] Ce fait est amplement démontré par Louis-Ellies Dupin, *Histoire du XVIIe siècle*, p. 722. Il est également expliqué dans ce même sens par Bossuet, dans le chap. X de la *Dissertation préliminaire de sa défense de la Déclaration du clergé.*

[2] Tome XIII de ses Œuvres, p. 418.

Edit ; mais il n'en faut pas induire qu'il ait en cela apporté quelque dérogation aux principes posés dans la Déclaration.

D'abord il n'aurait pas pu, de sa seule autorité, déroger, soit à cette Déclaration en elle-même dans ce qui tient à la foi, ni à son Édit, qui, par l'enregistrement au parlement de Paris, avait reçu le caractère de *loi du royaume ;* car il est de principe que, pour détruire un acte, il faut la même puissance que pour le fonder. *Secundum naturam est quæque eodem modo dissolvi quo colligata sunt.* Loi 35, § *de reg. jur.*

Ensuite il est très-constant, en point de fait, que Louis XIV n'a jamais rien dit ni écrit qui ait pu porter la moindre atteinte aux *principes posés par la Déclaration de 1682.*

Si la cour de Rome a voulu induire autre chose des termes de la lettre écrite par Louis XIV à Innocent XII, le 14 septembre 1693, elle a eu de bonnes occasions de se désabuser sur ce point.

Pour en être convaincu, il suffit de lire les instructions que le monarque français adressa le 7 juillet 1713 au cardinal de La Trémoille, chargé de ses affaires à Rome. Dans cette lettre (qui se trouve rapportée dans les Mémoires de d'Aguesseau, tome XIII de ses Œuvres, page 424), Louis XIV, parlant des maximes de l'Église de France, consacrées par la Déclaration, dit en propres termes : « Le pape Innocent XII ne me demanda pas de les *abandonner,* lorsque je terminai avec lui les différends commencés sous le pontificat d'Innocent XI : il savait que cette demande serait *inutile ;* » — et M. de La Trémoille est chargé de le répéter au pape, le roi pensant qu'*on ne peut lui en parler avec trop de force.*

Une lettre de Louis XV adressée au pape Clément XIII, à l'occasion d'une ordonnance de M. de Fitz-James, évêque de Soissons, censurée par l'inquisition, prouve évidemment que le roi ne jugeait pas que la lettre écrite par Louis XIV à Innocent XII, en 1693, eût porté atteinte à l'édit de 1682. « Je mettrai toujours, dit le roi dans cette lettre, ainsi que les rois mes prédécesseurs, au rang de mes devoirs les

plus stricts, de maintenir dans son intégrité la doctrine tenue et enseignée de tous temps par les évêques et les
écoles de mon royaume. Les maximes qui résultent de
cette doctrine, et qui n'en sont que le *précis*, réunissent le
double caractère de lois civiles et religieuses de mon Etat.
J'ai si fort à cœur de les faire observer, que je regarderai
comme infidèle à son roi et à sa patrie quiconque en
France osera y porter la moindre atteinte. »

Ainsi la doctrine de la Déclaration n'a été abandonnée
ni par le *clergé* ni par le *roi*. J'ajoute qu'elle a été retenue
par l'*école*.

En effet, cette doctrine se trouvait déjà en substance
dans la déclaration faite, dès l'année 1663, par la Faculté
de théologie ; et c'est ce qui fait dire à Bossuet, qu'indépendamment même de la déclaration du clergé, les principes qu'elle consacre n'en seraient pas moins constants [1].
D'ailleurs ils sont *inhérents* à l'*essence* même de la souveraineté.

La déclaration de 1682 a été enregistrée à la Sorbonne
et dans la Faculté de droit canon [2].

Elle y a été constamment enseignée [3].

Et c'est pour servir de base à cet enseignement que
Louis-Ellies Dupin, savant docteur de Sorbonne, publia, en
1707, son célèbre TRAITÉ DE L'AUTORITÉ ECCLÉSIASTIQUE
ET DE LA PUISSANCE TEMPORELLE, *conformément à la déclaration du clergé de France, en 1682, à l'Edit de
Louis XIV, même année, et à l'Arrêt du Conseil du 24
mai 1766 ; — à l'usage de ceux qui enseignent et qui étudient dans les universités, dans les colléges et dans les séminaires de l'Eglise gallicane.* « Excellent livre, dont on ne

---

[1] *Abeat ergo Declaratio quò libueril ; manet inconcussa et censuræ
omnis expers prisca illa Sententia Parisiensium.* (DISSERT. prævia Declarat. cleri gallicani, cap. X.) C'est pour cela que j'ai rapporté le texte
entier de cette déclaration, page 125.

[2] DUPIN, *Hist. du XVIIe siècle*, p. 340.

[3] Une déclaration de Louis XVI, du 7 juin 1777, confirme l'obligation
imposée aux ecclésiastiques de maintenir et professer les *libertés de
l'Eglise gallicane*, et notamment les quatre articles de la Déclaration de
1682.

» peut trop recommander la lecture, » dit l'auteur de l'*Essai historique sur les Libertés de l'Eglise* [1].

C'est pour cela qu'au lieu de me borner à indiquer l'ouvrage par son titre, j'ai donné (page 148 et suiv.) une *analyse* suivie de la doctrine développée par l'auteur [2].

La loi organique rendue à la suite du concordat de 1801 a renouvelé la disposition de l'édit de Louis XIV sur l'enseignement des quatre articles; et c'est peut-être ce qui a donné le plus d'humeur à la cour de Rome contre cette loi. Peut-être aussi faut-il attribuer à ce renouvellement de la défense la tentative que l'auteur du *Mémorial de Sainte-Hélène* atteste avoir été faite par le pape Pie VII auprès de Napoléon pour en avoir une rétractation, que celui-ci n'était pas plus disposé à lui donner que Louis XIV.

Aussi voit-on qu'en 1810 il a fait de nouveau promulguer la Déclaration de 1682 comme *loi générale de l'empire*, et qu'il l'a fait insérer dans le *Bulletin des lois*.

En 1814, cette déclaration a encore reçu une confirmation solennelle. Le 8 janvier, l'archevêque de Paris intro-

---

[1] Seconde édition, chap. V, p. 117.

[2] Louis-Ellies Dupin était ami de Bossuet et de Rollin. Le célèbre Recteur de l'Université fit son épitaphe, où il lui rend ce témoignage qu'il n'oublia jamais que les injures. En voici le texte :

HIC JACET

LUDOVICUS ELLIES DUPIN,

SACRÆ THEOLOGIÆ PARISIENSIS DOCTOR.
VERITATIS CULTOR ET INDAGATOR NON OTIOSUS,
VETERA ECCLESIÆ MONUMENTA
INDEFESSO LABORE ILLUSTRAVIT;
REGNI JURA
ET ECCLESIÆ GALLICANÆ LIBERTATES
ACRITER ET NON MINUS QUAM ERUDITÈ PROPUGNAVIT.
IMMENSÆ IN OMNI GENERE LECTIONIS ET DOCTRINÆ
LAUDE CONSPICUUS;
IDEMQUE ANIMO MITI AC MODESTO,
NIHIL, IN OMNI VITA, VISUS EST OBLIVISCI,
PRÆTER INJURIAS.
ECCLESIÆ MUNITUS SACRAMENTIS,
OBIIT SEXTO JUNII, ANNO R. S. H.
M. DCC. XIX., ÆTATIS VERO LXII.

duisit auprès du chef de l'État le chapitre de la métropole, qui avait demandé à lui présenter une adresse.

C'était M. Jalabert, vicaire-général, qui portait la parole. Après avoir protesté de son respect, de sa fidélité, de
son dévouement, de son amour, il ajouta ces paroles, que
les journaux de l'époque ont recueillies :

« Nous déclarons unanimement et solennellement que
nous sommes tous réunis par une *adhésion pleine et entière à la doctrine ainsi qu'à l'exercice des libertés de l'É-
glise gallicane*, dont l'Université de Paris, l'une des plus
belles restaurations de votre génie, a toujours été la plus
zélée dépositaire, et dont l'immortel évêque de Meaux,
notre oracle, sera toujours regardé comme le plus sage et
le plus invincible défenseur ; qu'invariablement fidèles à
notre éducation et à nos engagements, *nous soutiendrons
jusqu'à la mort les quatre propositions du clergé de France*
proclamées dans l'assemblée à jamais mémorable de 1682,
telles que le grand Bossuet, suffragant de cette métropole,
les a rédigées, développées et justifiées avec cette mesure
qui est la véritable force de la raison, en prouvant que depuis plusieurs siècles elles avaient été librement ensei-
gnées dans l'Église catholique.

» Nous ne nous séparerons dans aucun temps de ce
noble *enseignement héréditaire dans l'Église de France*,
dont la doctrine canonique, selon le langage de saint
Louis dans la *pragmatique sanction*, langage consacré par
le même Bossuet à l'ouverture des séances de 1682, n'est
autre chose que *l'ancien droit commun et la puissance des
ordinaires, suivant les conciles généraux et les institutions
des saints pères.* »

Cette adresse, lue par M. Jalabert, était signée *Coriolis*,
chanoine-secrétaire.

Depuis le rétablissement de la *Faculté de Théologie*, la
déclaration a toujours été rappelée dans toutes les *thèses* [1] ;

---

[1] Une thèse soutenue devant cette nouvelle faculté, le 11 décembre
1823, contenait l'énonciation suivante : « *Anno 1682, Declarationem de
ecclesiasticâ potestate edidit clerus gallicanus, quam ad sedis apostolicæ
auctoritatem labefactandam editam non fuisse, declarant satis et Bos-
suetii de unitate Ecclesiæ disertissima oratio, et constans ergà romanos*

et c'est en présence même de Bossuet, dont la statue orne la salle des exercices de l'ancienne Sorbonne, que les candidats doivent *argumenter*.

Des actes encore récents [1] attestent que le gouvernement royal ne permettrait pas impunément que l'on pût déconseiller en ce point la juste exécution des lois.

Et la Cour royale de Paris, par l'arrêt à jamais célèbre qu'elle a rendu le 3 décembre 1825, en rappelant que la Déclaration de 1682 *a toujours été reconnue et proclamée loi de l'Etat*, a suffisamment annoncé qu'elle ne laisserait pas impunies les infractions qui y seraient apportées, toutes les fois qu'il lui appartiendrait de les réprimer.

J'ai rapporté toutes ces autorités à la suite de la déclaration.

§ 6. *Concordat de l'an IX et loi du 18 germinal an X, contenant les articles organiques.*

Malgré les critiques de quelques esprits intraitables qui veulent toujours voir dans les affaires, non le possible, mais l'absolu, il restera éternellement vrai de dire que le Concordat de 1801 fut un grand bien pour la religion catholique et pour l'État. Je fais abstraction de tous les préjugés particuliers ; je ne vois que la chose, et je dis hautement : Ce concordat, qui rétablit la religion parmi nous, fait honneur au pape Pie VII de vénérable mémoire, et ce sera toujours un des plus beaux titres de gloire pour l'homme qui présidait alors aux destinées de la France.

L'Église avait voulu que son royaume fût de ce monde, et les révolutions de ce monde atteignirent cruellement ses

---

pontifices gallicanorum episcoporum reverentia et obedientia. » — Mais est-ce donc là toute la question! Sans doute Bossuet et les autres évêques français ont fait constamment preuve de révérence et soumission pour le saint-siége ; sans doute encore la Déclaration n'a pas été donnée pour diminuer la véritable puissance du saint-siége ; mais toujours est-il vrai qu'elle a eu pour objet de la renfermer dans de justes bornes. Sous ce point de vue, on peut aller plus loin que la thèse, et dire non-seulement que la déclaration n'a pas été portée *ad labefactandam Sedis Apostolicæ auctoritatem*, mais qu'elle a été donnée *ad firmandam istam auctoritatem*, puisque l'autorité légitime n'est jamais plus forte que dans ses propres limites.

[1] *Voyez* notamment l'ordonnance du 10 janvier 1824.

ministres. Ils s'étaient logés dans les fiefs : en abolissant la féodalité, il fallut bien les en déloger ; ils s'étaient associés à tous les priviléges de la noblesse, la dîme ecclésiastique pesait sur la terre et sur le laboureur aussi bien que la dîme seigneuriale et les autres droits féodaux ; la suppression de tous les priviléges vint donc atteindre les ecclésiastiques qui en jouissaient aussi bien que les seigneurs laïcs.

Des résistances s'étant manifestées dans le clergé comme dans la noblesse, l'effort du tiers-état porta sur les prêtres comme sur les nobles ; on fit table rase : — le retour au *droit commun*, l'*égalité devant la loi*, étaient à ce prix.

On aurait dû néanmoins s'arrêter devant un autre ordre d'idées, quand il s'agit du culte lui-même et de la nouvelle constitution qu'on voulait donner au clergé. Là le pouvoir temporel n'usa point avec discrétion de sa force ; il outrepassa le but. Des désordres s'ensuivirent, un schisme éclata ; et, bientôt, la religion même sembla, pour ainsi dire, abolie, ses ministres furent proscrits, le culte disparut !

Il faut se reporter à ces temps calamiteux, c'est-à-dire à ceux qui précédèrent le Consulat, pour juger s'il était facile de remédier à un mal devenu si profond.

Même après le Concordat conclu entre le premier consul et le saint-siége, que l'on considère un peu de quelles précautions il fallut s'entourer pour le faire accepter !

Heureusement un homme supérieur se rencontra, capable et digne de remplir la grande mission qui lui fut donnée dans cette mémorable circonstance. Membre éloquent d'un barreau qui avait été témoin de sa lutte et de sa victoire contre le célèbre Mirabeau ; jurisconsulte dans toute l'étendue de ce mot, également versé dans le droit public et le droit privé ; formé à l'étude du droit ancien, mais associé de bonne heure à l'esprit de la législation et des institutions nouvelles ; personnage vraiment consulaire, en possession du respect de ses contemporains et de l'estime de la postérité, et que nous avons déjà [1] nommé Portalis *le père*,

---

[1] Dans un discours sur le budget des affaires ecclésiastiques, séance du 7 juillet 1828.

comme les Romains disaient *Caton l'Ancien!* cet homme
d'État, ce sage conseiller, après avoir concouru à la rédaction du concordat et de la loi organique destinée à l'accompagner, fut chargé d'en exposer les motifs dans le
Conseil et au Corps législatif. Qu'on lise ses rapports, qui
réunissent à un si haut degré la sagesse et l'élévation des
idées, la certitude des principes, le mérite d'une diction
toujours pure et souvent animée, on verra quel long circuit
il se croit obligé de prendre pour arriver à faire goûter les
arrangements qu'il s'agissait de convertir en loi. « Une
première question se présentait, dit-il : *La religion en général est-elle nécessaire aux corps de nation? est-elle nécessaire aux hommes?* » Voilà où on était! (V. ci-après, p. 176.)

Il est impossible d'établir une religion nouvelle (p. 186) :
et l'orateur est bien obligé d'aborder ce point, puisque na-
guère un membre du gouvernement avait essayé de *créer*
une religion sous le nom de *théophilanthropie !*

Le christianisme! (p. 191), Portalis arrive enfin à en prononcer le nom, à en rappeler les maximes, à en montrer
l'excellence ! Et désormais, devenu maître des esprits, il
expose avec une admirable lucidité : 1o quelle est la véritable tolérance que les gouvernements doivent aux divers
cultes dont ils autorisent l'exercice (p. 193) ; — 2o la nécessité d'éteindre le schisme qui existait entre les ministres
catholiques, et l'utilité de l'intervention du pape pour pouvoir atteindre ce but (p. 198) ; — 3o le plan de la convention passée entre le gouvernement et le pape (p. 200) ; —
4o enfin il répond à quelques objections.

C'est ainsi que la loi fut votée. Et il en fallait bien une.
En effet, le concordat n'était pas un simple traité de paix,
qui n'eût pour objet que de régler des *relations extérieures*
entre deux puissances. Cette convention, se référant au
régime de l'Église gallicane, intéressait évidemment l'administration intérieure de l'État, soit sous le rapport des
circonscriptions territoriales, soit à cause des droits qu'elle
reconnaissait et attribuait au chef de l'État, soit à cause
des effets qu'elle devait produire sur les citoyens. Il fallait
donc que le Concordat fût reçu et promulgué comme *Loi.*

c.

Mais en dressant cet acte important, en rétablissant le culte catholique, les hommes d'État qui stipulaient pour la France ne durent pas négliger les précautions jugées nécessaires pour assurer la paix de l'Église et de l'État. L'un n'allait pas sans l'autre.

Aussi la *convention* (Concordat) et les *articles organiques* de cette convention furent-ils présentés ENSEMBLE par un seul et même acte à la sanction du Corps législatif; et c'est ainsi, et non autrement, que l'un et l'autre sont allés prendre place dans le Bulletin des Lois.

Dans cette loi, qui fut votée le 18 germinal an X (8 avril 1802), on doit surtout remarquer le titre Ier, qui traite *du régime de l'Église catholique dans ses rapports généraux avec les droits et la police de l'État.*

Là se retrouvent les principaux articles des Libertés de l'Église gallicane, ces maximes pour lesquelles nos plus grands rois [1] avaient combattu; et le Parlement, l'Université, la Sorbonne avaient lutté pendant plusieurs siècles.

Dans cette loi (art. 24) on renouvelle l'obligation imposée à ceux qui seront choisis pour l'enseignement dans les séminaires de souscrire la déclaration du clergé de France en 1682, et de se soumettre à enseigner la doctrine qui y est contenue. En cela le nouveau législateur n'a pas plus excédé ses pouvoirs que les auteurs des précédentes lois. En effet, ce n'est pas s'immiscer dans l'enseignement du dogme que de prescrire qu'il ne faut confier l'enseignement qu'à ceux qui seront fidèles, *non à de certaines croyances religieuses,* mais *à de certaines maximes d'ordre social.*

Ce n'est pas assurément qu'à cette époque il y eût la moindre apparence au danger de voir la puissance temporelle envahie par la puissance spirituelle; on n'imprimait pas alors que l'État est dans l'Église, et l'on ne prétendait pas que l'ordre civil doit être asservi à l'ordre religieux! Mais ce qui distingue l'homme d'État, c'est surtout la prévision, c'est-à-dire ce coup d'œil pénétrant qui dans le

[1] Saint Louis, auteur de la première pragmatique; Charles VII, qui avait affranchi le royaume du joug odieux des Anglais; Louis XIV, qui avait su inspirer à tout sa grandeur!... Et l'Empereur Napoléon!

calme du présent fait entrevoir les agitations possibles de
l'avenir.

On sait que l'Église, qui a beaucoup appris, n'a jamais
rien oublié. Elle se fie au temps pour tout. Chez elle on ne
voit ni minorités ni veuvages ; et ses affaires, menées avec
suite, dirigées avec habileté, secondées partout avec ensemble, avec zèle, par les hommes les plus capables et très-
souvent les plus adroits, peuvent à la longue amener des
chances et offrir des occasions dont elle a toujours su profiter avec une rare dextérité pour étendre son pouvoir et
ressaisir, s'il se pouvait, les rênes d'une domination qu'elle
regrette !... *avulsa imperii !*

Il était donc utile de maintenir, même alors, les respectables barrières que la Déclaration de 1682 et les doctrines
propres de l'Église gallicane avaient assignées à l'esprit
d'envahissement de l'autorité spirituelle.

Et l'expérience n'a pas tardé à prouver, sous l'Empire
même, — ensuite sous la Restauration, — et enfin de nos
jours, que ces précautions, à peine suffisantes, n'avaient
certainement rien d'exagéré ni de superflu...

§ 7. *Des appels comme d'abus.*

Sous l'ancien régime comme sous celui de la loi de germinal an X, les libertés de l'Église gallicane ont pour sanction *les appels comme d'abus.* La loi de germinal an X ne
les rétablit que par un mot, en attribuant leur jugement
au Conseil d'État ; mais, comme le disait M. Lainé, ministre de l'intérieur, à la chambre des députés, séance du
22 novembre 1817, cette attribution emportait avec elle
le droit « de statuer, dans tous les cas qui ne sont pas prévus
par les codes, *conformément* aux règles anciennes observées dans le royaume. » Toute la théorie se trouvait rétablie avec le mot.

J'ai toujours regretté que la connaissance de ces appels
comme d'abus, jadis dévolue aux parlements, n'eût pas été
restituée aux cours royales [1] sur la poursuite des procu-

---

[1] On réserverait seulement au conseil d'Etat l'enregistrement des bulles et la vérification des facultés des légats, comme objets de politique
et de haute administration.

reurs généraux. J'en ai déduit les raisons (prises de l'intérêt même du gouvernement, et pour lui épargner, hélas ! bien des perplexités et des embarras), dans plusieurs discours que j'ai prononcés sur ce sujet à la Chambre des députés, et surtout dans les fragments que j'ai rapportés sur l'art. 81 des Libertés. (Voyez p. 108.)

Le gouvernement l'avait déjà senti lui-même en 1847, car alors il proposait de revenir aux anciens errements sur ce point. Par malheur, cette proposition se liait à l'adoption du nouveau concordat si malencontreusement essayé à cette époque, et qu'on ne put jamais faire adopter. — Tôt ou tard on sera forcé d'en venir là. On le pourrait aisément en faisant la loi projetée sur le conseil d'État.

M. Lainé, habile jurisconsulte et qui avait des idées très-justes sur cette matière, disait à la Chambre des députés dans cette même séance du 22 novembre 1847 : « Tout » se réduit, en matière d'appels comme d'abus, à trois » chefs très-distincts : 1° l'excès de pouvoir en matière » spirituelle, ou la violation des saints décrets, maximes » et canons reçus en France ; 2° l'abus en matière mixte, » ou la violation des lois et règlements du royaume et des » droits des citoyens ; 3° l'outrage, les violences, les voies » de fait dans l'exercice des fonctions ecclésiastiques. »

Quelques personnes, qui croient qu'il n'y a répression que lorsqu'il y a *prison* ou *amende*, parlent avec dédain des appels comme d'abus, comme ne pouvant amener qu'une délibération dépourvue de sanction ! — Et l'on cite à cette occasion la réponse d'un prévenu atteint par un simple *blâme*, et qui en faisait *fi*, parce que cela, disait-il, ne l'empêcherait pas de continuer son métier. Mais, de ce qu'un homme grossier a pu répondre ainsi, parce qu'il ne comprenait pas l'effet de la force morale, peut-on en conclure que des hommes qui eux-mêmes n'ont à leur service d'autre force que la force morale, soient insensibles à une déclaration solennelle qui les signale à l'opinion publique comme ayant *abusé de leur pouvoir !*

Non, non ; une telle déclaration, quand elle est fondée sur de justes motifs, est toute-puissante chez une nation comme la nôtre; elle tient en quelque sorte au *point d'honneur!* et les hommes sages ne s'exposeront jamais légèrement à de telles censures.

D'ailleurs, il y a aussi d'autres moyens qui jadis étaient appliqués par les cours.... Et pour dernière raison, j'ajouterai que, si la législation actuelle était insuffisante..., les Chambres ne refuseraient pas au Gouvernement les moyens qui seraient jugés nécessaires pour maintenir chacun dans l'ordre, et pour faire respecter le droit de l'État.

Dans tout ce que je rapporte sur les appels comme d'abus, on lira, je pense, avec intérêt, l'analyse que je donne du Traité d'Edmond Richer, pages 251 et suiv.

§ 8. *Des Congrégations et Associations.*

Un des plus grands abus, parce que c'est un des plus dangereux, est celui qu'on peut faire à l'ombre des congrégations et associations qui ont pour cause et pour prétexte un objet religieux.

Les notions que j'ai réunies sur ce point pourront paraître complètes : le temps présent n'est pas celui où l'on pourrait se relâcher, sans avoir bientôt à s'en repentir, des règles salutaires et des exemples que nous ont légués les âges précédents.

§ 9. *Séminaires. Enseignement.*

Sous ce titre, j'ai réuni ce qui concerne l'organisation des séminaires métropolitains, les seuls dont parle le Concordat. — La loi qui règle cette organisation est précédée du rapport de M. Portalis, qui en développe parfaitement l'esprit et les motifs. Vient ensuite ce qui regarde les écoles secondaires ecclésiastiques, et l'épisode de 1828, avec les ordonnances du 16 juin.

Je reproduis l'ordonnance royale de 1825 et la circulaire de M. l'évêque d'Hermopolis sur le *rétablissement d'une maison des hautes études ecclésiastiques.* Rien ne serait plus désirable. Les séminaires font des curés ; ils feront difficilement de grands évêques, ils ne feront plus de docteurs! Que de motifs pour rétablir cette ancienne École, qui avait mérité le nom de *Concile permanent des Gaules,* et qui se montra fidèle gardienne des maximes françaises auxquelles Bossuet donna tout le poids de son savoir et de son génie !

Il faudrait aussi rétablir des chaires de droit canonique, non pas seulement dans les facultés de théologie, comme l'a fait M. Salvandy ; mais dans les facultés ordinaires de droit, pour les laïcs appelés à soutenir la lutte dans l'intérêt de l'ordre civil et temporel, soit comme administrateurs, soit comme magistrats ou comme hommes politiques.

La question de *liberté d'enseignement,* si vivement agitée depuis quelque temps, et soutenue par de si étranges moyens, m'a fourni l'occasion de préciser le droit de l'État en cette matière ; j'amène la question jusqu'au jour de la présentation de la loi actuellement soumise à la Chambre des pairs....

§ 10. *Autres objets compris dans ce volume*

Après toutes les questions qui précèdent, et qui constituent la partie la plus noble et la plus élevée du droit canonique et de la discipline ecclésiastique, viennent des objets secondaires qui ajoutent à l'utilité du livre, et que, par cette raison, je n'ai pas dû négliger d'y comprendre. Ce sont :

1° Les règles qui président à la conservation et administration des biens ecclésiastiques ;

2° Tout ce qui a rapport aux fabriques ;

3° Les dispositions législatives sur les inhumations.

Enfin, pour la plus grande commodité de ceux qui n'ont que fort peu de livres, et notamment pour les curés de campagne, j'ai placé à la fin :

1° Une chronologie des papes, avec une indication sommaire des faits les plus saillants de leur pontificat ; tels que les conciles œcuméniques, — les croisades, — les hardiesses ultramontaines contre les rois, — et les résistances que les rois y ont apportées ;

2° Une chronologie des rois de France, afin de pouvoir établir une corrélation par les dates entre eux et les pontifes contemporains ;

3º Une indication des principaux ouvrages sur le droit canonique, avec des notes qui font connaître leur mérite et celui de leurs auteurs, afin qu'on puisse y recourir au besoin ;

4º Enfin le calendrier romain et les règles du comput ecclésiastique.

· § 11. — Conclusion.

Tel est le livre que j'offre au public.

C'est l'ouvrage d'un catholique, mais d'un catholique gallican : d'un homme qui aime la religion, qui honore le clergé, et qui révère dans le souverain pontife le chef de l'Église universelle et le père commun des fidèles ; mais c'est l'œuvre aussi d'un jurisconsulte qui veut que les lois soient gardées et observées par tous les ordres de citoyens ; d'un homme public qui tient pour maxime que l'Église est dans l'État, et non l'État dans l'Église. Je laisse au pouvoir spirituel tout ce qui tient au dogme et à la foi ; mais je revendique pour le pouvoir politique le droit de veiller avec empire sur la discipline ecclésiastique et sur la police des cultes, et de contenir chacun dans le devoir ; — enfin je repousse tout ce qui a le caractère d'invasion du pouvoir spirituel sur le pouvoir temporel.

Je sais bien que ces maximes sont combattues par une doctrine contraire ; et cette doctrine, je veux la signaler pour montrer comment dans l'esprit de quelques ultramontains la haine des *libertés de l'Eglise gallicane* s'allie avec la haine des *monarchies constitutionnelles*. J'en trouve l'expression acérée dans un curieux passage du *Journal de Rome*, publié sous la *censure papale* (cahiers 15 et 18 du tome 5, à la date du mois d'août 1825, pag. 47). Ce passage est rapporté par M. l'archevêque de Malines, pag. 459 de son ouvrage intitulé : *Du Jésuitisme ancien et moderne.* — « Le journal de *** (y » est-il dit), est à notre avis celui des journaux français » qui, dans les dix dernières années, *a fait le plus de mal* » *en France, et nous pourrons, sans craindre de nous* » *tromper, ajouter en Europe;* non pas que ce journal se »soit ouvertement érigé en adversaire de la religion et en

» apologiste de l'anarchie, comme l'ont fait et le font encore
» trop souvent d'autres journaux. Le judicieux journal ***
» s'est, au contraire, toujours montré l'ardent défenseur de
» la Monarchie et du Christianisme ; *mais entendons-le bien,*
» *de la Monarchie suivant la Charte, et du Christianisme*
» *suivant les principes de Bossuet, c'est-à-dire, de la Mo-*
» *narchie telle que la* RÉVOLUTION *l'a faite, et du Christia-*
» *nisme tel que l'*HÉRÉSIE *voudrait le faire.*

» Une monarchie constitutionnelle n'est rien moins qu'une
» monarchie, comme un christianisme gallican n'est rien
» moins que le christianisme ! »

Ces doctrines, je ne crains pas de le dire, si on prétendait
sérieusement les accréditer parmi nous, feraient à la religion et au clergé autant de mal qu'elles en ont fait au
gouvernement de la branche aînée. — Seulement elles doivent être un avertissement pour les Peuples dont elles me-
naceraient la liberté, comme pour les Princes dont elles
compromettraient le pouvoir !

Pour moi, je ne puis penser qu'après tant de sévères
leçons données par l'expérience et par les révolutions,
nous soyons destinés à subir le retour des prétentions d'un
autre âge ; et je terminerai volontiers cet écrit par l'adju-
ration que le Premier Consul adressait au Clergé dans la
Proclamation dont il voulut accompagner la promulgation
du Concordat : « .... Ministres d'une religion de paix, que
» l'oubli le plus profond couvre vos dissensions, vos mal-
» heurs et vos fautes ; que cette religion, qui vous unit,
» vous attache tous par les mêmes nœuds, par des nœuds
» indissolubles, *aux intérêts de la patrie !* — Déployez *pour*
» *elle* tout ce que votre ministère vous donne de force et
» d'ascendant sur les esprits ; que vos leçons et vos exem-
» ples forment les jeunes citoyens *à l'amour de nos insti-*
» *tutions, au respect et à l'attachement pour les autorités*
» *tutélaires qui ont été créées pour les protéger* ; qu'ils
» apprennent de vous que le Dieu de la paix est aussi le
» Dieu des armées, et qu'il combat avec ceux qui défen-
» dent l'indépendance et la liberté de la France ! »

LIBERTÉS

DE

L'ÉGLISE GALLICANE.

I.

Libertez de l'Église gallicane.

Le titre même de cet ouvrage est à remarquer. Il renferme l'assertion des *Libertés de l'Église gallicane.*

J'ai déjà fait observer qu'on ne dit pas *Église gallicane* par esprit de dissidence ou de désunion avec l'*Église romaine*, comme si c'était une invention pour diviser l'unité de l'Église universelle.

« Soyons gallicans, mais soyons catholiques, a dit avec » raison M. l'évêque d'Hermopolis. Restons fermes dans » nos *maximes françaises*, mais ne prétendons pas nous » en faire un bouclier contre les droits divins du saint-» siége ou de l'Église universelle. » J'adopte cette proposition, et j'en retiens tout le sens, en renversant seulement ses termes pour mieux expliquer ma propre pensée. Respectons tous les droits légitimes du saint-siége ; adhérons invariablement à l'Église universelle et au chef spirituel, qui est le centre de la foi et le lien de l'unité entre les fidèles : mais soyons fermes dans nos maximes françaises ; mais résistons aux prétentions exagérées, aux empiéte-

1

ments illégitimes, aux usurpations qui mettraient en péril nos justes libertés ; soyons catholiques, mais soyons gallicans.

II.

Définitions de nos Libertés.

Ce que nos peres ont appellé *Libertez de l'Église gallicane*, et dont ils ont esté si fort jaloux, ne sont point passe-droicts ou privileges exorbitans, mais plustost franchises naturelles et ingenuitez ou droicts communs ; *quibus* (comme parlent les prélats du grand concile d'Afrique, escrivans sur pareil sujet au pape Celestin) *nulla patrum definitione derogatum est Ecclesiæ gallicanæ :* esquels nos ancestres se sont tres-constamment maintenus, et desquels partant n'est besoin monstrer autre tiltre que la retenue et naturelle jouyssance.

Franchises naturelles.] Antoine Hotman, célèbre jurisconsulte du XVIᵉ siècle (*fort savant, courageux et bra e dans ses opinions, très-pauvre,* dit l'un de ses biographes), a très-bien expliqué, en parlant des libertés de l'Église gallicane, « que ces libertés ne sont point concessions des papes, ne sont point droits acquis contre le droit commun. Car pour s'estre la France conservée en liberté plus qu'autre nation qui soit catholique, on ne peut pas dire qu'elle ait esté affranchie ; elle est franche et libre dès sa première origine ; elle s'est mieux conservée que les autres en son premier estat, sans s'estre abandonnée à la prestation de plusieurs droits qui se recueillent dans les pays qu'on appelle *d'obédience*. La liberté de l'Église gallicane peut compatir avec la dignité du saint-siége, et ne sont point deux choses contraires l'une à l'autre : elles sont toutes deux légitimes ; et cette proportion maintient l'Église et en retranche l'hérésie. »

Très-constamment maintenus.] Ce serait donc parler improprement que de qualifier ces libertés anciennes de l'Église gallicane du nom de *priviléges;* parce que les priviléges sont des concessions ordinairement sujettes à être révoquées, n'étant par leur nature que des dérogations ou des exceptions faites au droit commun, auquel on aime toujours à revenir. Au contraire nos *libertés* sont un droit naturel et public, que nous avons constamment observé, et invariablement retenu au milieu des altérations et des changements que l'on a fait subir à l'ancien droit ecclésiastique. Ainsi, les libertés de l'Église gallicane sont *restées* droit commun chez nous, comme le droit moderne est *devenu* droit commun chez les autres nations, celles-là du moins qui ont eu le malheur et la faiblesse de laisser périr les libertés et franchises naturelles qui, dans l'origine, leur étaient communes avec les autres peuples de la chrétienté.

Voyez le savant ouvrage intitulé *Essai historique sur les libertés de l'Église gallicane,* et des autres Églises de la catholicité, *pendant les deux derniers siècles,* imprimé chez les frères Baudouin en 1820 ; 1 vol. in-8°.

Autre tiltre.] Voyez la note finale sur l'article suivant et les art. V et VI.

III.

Nos Libertés dérivent de deux maximes fondamentales.

Les particularitez de ces libertez pourront sembler infinies, et neantmoins, estans bien considérées, se trouveront dependre de deux maximes fort connexes que la France à toujours tenues pour certaines.

La France.] « Il ne faut pas s'imaginer que les ecclésiastiques français composent seuls le corps de l'Église gallicane. Toute la France, c'est à-dire tous les catholiques français, composent tous ensemble le corps de cette Église. » DUPUY. Aussi les rois de France, pour le règlement des affaires ecclésiastiques de leur royaume, ne consultaient pas seulement les membres du Clergé; mais le Parlement, l'Université, la Sorbonne, et tels autres *savants* dont il leur plaisait de prendre le conseil.

Cette proposition se trouve fortifiée par le sentiment du célèbre Marca : *Longè à proposito aberrant*, dit cet antique ARCHEVÊQUE DE TOULOUSE, *qui Ecclesiam gallicanam clero coercent; latior est illius significatio, quæ laicos ipsumque Regem comprehendit.* (MARCA, cap. I, lib. II : *De concordiá Sacerdotii et Imperii.*)

Pour certaines. [Encore bien qu'elles ne fussent pas rédigées par écrit en forme de *charte* : comme le répondit, avec autant de raison que de vigueur, mon compatriote GUY COQUILLE, député du Nivernais aux États de Blois, à l'un de ses collègues (ultramontain sans doute), qui lui objectait que ces libertés « estoient comme chimères sans » substance de corps ; pour ce, disait-il, qu'*il n'y en avoit*

» *rien d'escrit.* »—Une possession de plusieurs siècles n'est-elle donc pas le plus puissant de tous les titres ! surtout lorsque cette possession a pour base les anciens canons de l'Église universelle, « puisqu'en effet les libertés de l'Église gallicane ne procèdent que de la constance avec laquelle les Français se sont perpétuellement maintenus au droit d'empêcher que les papes n'entreprissent rien en ce royaume au préjudice de la disposition de ces anciens canons, si ce n'est au moins du consentement du roi et du peuple. » (DUPUY.) — Cet incident fut sans doute cause que Guy Coquille composa son *Traité des Libertés de l'Église gallicane*, en 1594.

IV.

PREMIÈRE MAXIME : *Nos rois sont indépendants du pape pour le temporel.*

La première est que les papes ne peuvent rien commander ny ordonner, soit en général ou en particulier, de ce qui concerne les choses temporelles ès pays et terres de l'obeissance et souveraineté du roy tres-chrestien ; et s'ils y commandent ou statuent quelque chose, les sujets du roy, encore qu'ils fussent clercs, ne sont tenus leur obéir pour ce regard.

Souveraineté du roy.] C'est une maxime fondamentale en France, que *le roi ne tient que de Dieu et de son épée.* Cette règle était écrite dès le temps de saint Louis ; car on lit dans ses Établissements que *le roy ne tient de nullui, fors de Dieu et de lui.* (LIV. I, chap. 78 ; et liv. III, chap. 13 et 19.)

1.

Sous Philippe-le-Bel, lorsque Boniface VIII osa attenter à l'indépendance de la couronne de France, toute la nation s'émut en faveur de son roi. L'université de Paris, les évêques, les théologiens, s'élevèrent contre cette révoltante prétention. La noblesse et le tiers-état parlèrent le même langage, et supplièrent le roi de ne point se relâcher sur les droits de sa couronne. On trouve à ce sujet, dans le *Recueil des preuves*, de Dupuy, tom. I, p. 108, n° 17, édit. de 1651, une pièce très-curieuse intitulée : *la Supplication du peuple de France au roy contre le pape Boniface VIII.* Elle commence en ces termes : « A vous, très-noble prince, nostre père, par la grâce de Dieu, roy de France, supplie et requiert le peuple de vostre royaume, pour ce que il li appartient que ce soit faict, que vous gardiez la souveraine franchise de vostre royaume , qui est telle que vous ne recognissiez de vostre temporel souverain en terre, *fors que Dieu.* »

Aux États tenus en 1614, les députés de la noblesse du bailliage de Dourdan avaient charge de requérir « qu'il sera déclaré auxdits États, et passé en *loi fondamentale* d'état, que le roi ne reconnaît et ne tient *que de Dieu et de son épée*, et n'est sujet à aucune puissance supérieure sur la terre pour le temporel de son état. »

Ribier, dans son apologie du premier article du cahier du tiers, reproche à la noblesse d'avoir oublié «son bon mot ordinaire, que le roi ne tient sa couronne, *sinon de Dieu et de son épée ;* d'être prêt à l'abandonner et le soumettre à la mitre. » (*Les Erreurs de l'Examen du Traité de la Souveraineté de Savaron*, p. 123.)

Arrêt du Parlement du 2 janvier 1645, qui proclame le principe de l'indépendance absolue de la couronne. (Durand de Maillane, tome 1er, p. 58.)

L'auteur des *Traités du droit français, à l'usage du duché de Bourgogne*, tome 1er, p. 21, interprète cette règle très-bien et en peu de mots : «Nos rois, dit-il, ne tiennent que de Dieu, parce qu'ils ne sont dépendants d'aucune autre puissance ; et *c'est pour cela* qu'ils se qualifient *rois par la grâce de Dieu*. — Ils ne tiennent que de leur épée, en ce que, *ne reconnaissant point de juges sur la terre*, c'est par la force de leurs armes qu'ils se font rendre la justice qui leur est due, et qu'ils maintiennent leur autorité et les droits de leur couronne. »

Nec unquàm contrarium teneas, ne sacrilegii reus et majestatis fias, disait Jean Lecocq, *Question* 60.

Cette maxime est trop enracinée dans l'esprit et dans le cœur de la *nation française*, pour que nous puissions craindre qu'il y soit jamais porté sérieusement atteinte.

V et VI.

SECONDE MAXIME : *La puissance du pape est bornée par les saints canons.*

La seconde, qu'encore que le pape soit recogneu pour suzerain ès choses spirituelles, toutesfois en France la puissance absolue et infinie n'a point de lieu, mais est retenue et bornée par les canons et regles des anciens conciles de l'Église receus en ce royaume : *et in hoc maximè consistit libertas Ecclesiæ gallicanæ*, comme en propres termes l'université de Paris (qui garde, comme dit l'ancien roman françois, la clef de notre chrestienté, et qui a esté iusques-à cy tres-soigneuse promotrice et conservatrice de ces droits) feit dire et proposer en pleine cour de parlement, lors qu'elle s'opposa à la vérification des bulles de la légation du cardinal d'Amboise.

De ces deux maximes dépendent, ou conjointement, ou séparément, plusieurs autres particulieres qui ont esté plustost pratiquées et executées qu'escrites par nos ancestres, selon les occurrences et sujets qui se sont presentez.

De la premiere semble principalement dependre ce qui s'ensuit.

Suzerain ès choses spirituelles.] Cette plénitude de puissance que le saint-siége a sur les choses spirituelles ne va cependant pas jusqu'à lui donner le droit de réformer, ni d'abroger les décrets des conciles œcuméniques. Le pape Zozime l'a dit en propres termes : *Contrà statuta Patrum condere aliquid, vel mutare, nec hujus quidem sedis apostolicæ potest'auctoritas.*— Ajoutons que, dans les décisions nouvelles, « le jugement du pape n'est pas irréformable, si le consentement de l'Église n'intervient. » (Déclaration de 1682, art. 4.)

Une preuve d'ailleurs que le pape n'est pas *infaillible* se tire de ce que dit saint Bernard, à titre d'éloge, dans sa 180ᵉ épître : Que le pape peut se réformer lui-même, et révoquer ses premieres décisions, s'il s'aperçoit qu'elles sont erronées : *Hoc solet habere præcipuum apostolica sedes, ut non erubescat revocare quod à se fortè deprehenderit fraude elicitum, non veritate promeritum. Res plena æquitate, et laude digna, ut de mendacio nemo lucretur, præsertim apud sanctam et summam sedem.*

Voyez ci-après l'article XL.

L'ancien roman françois.] *Le Roman de la Rose,* où Jean de Méun a mis ces quatre vers :

Si n'estoit la bonne garde
De l'Université qui garde
La clef de la Chrestienté ;
Tout eust esté bien tourmenté.

En pleine cour de parlement.] Le plaidoyer de l'avocat du roi, en cette occasion, est rapporté au chap. XXIII, nombre 13, des *Preuves des Libertés.*

Plustost pratiquées qu'escrites.] *Voyez* la note sur l'article III.

VII.

Titres particuliers de nos rois, et formé de leur obédience envers les papes.

Le roy tres-chrestien oinct, premier fils et protecteur de l'Église catholique, envoyant ses ambassadeurs au pape eleu pour le congratuler de sa promotion et le recognoistre comme pere spirituel et premier de l'Église militante, n'a accoustumé d'user de termes de si precise obeissance que plusieurs autres princes, qui d'ailleurs ont quelque spécial devoir ou obligation particulière envers le sainct siege de Rome, comme vassaux, tributaires ou autrement ; mais seulement *se recommande* et le royaume que Dieu luy a commis en souveraineté, ensemble l'Église gallicane, aux faveurs de sa saincteté. Et telle est la forme contenue és plus anciennes instructions de telles charges et ambassades, notamment és lettres du roy Philippes le Bel au pape Benedict XI, jadis envoyées par le sieur de Mercueil, messire Guillaume du Plessis, chevalier, et maistre Pierre de Belle-

Perche, chanoine en l'église de Chartres, ses conseillers
et ambassadeurs à cette fin, ausquels toutesfois il donne
encor pouvoir de rendre à sa Beatitude plus ample tes-
moignage de toute reverence et devotion. Et plus grande
submission que le roy Loys onzième, à son advenement
à la couronne voulut faire par le cardinal d'Alby au pape
Pie second, pour aucunes particulieres occasions, dont
se trouvent encore quelques remarques, ne fut trouvée
bonne par ses sujets, notamment par sa cour de parlement, qui luy en feit de fort grandes remonstrances et
de bouche et par escrit, dés lors oublié; et depuis encor, tous les trois Estats du royaume assemblez à Tours
en feirent unanimement plaintes, dont se peuvent voir
le reste és cayers lors presentez par maistre Jean de
Rely, docteur en la Faculté de Théologie, et chanoine
de l'Église de Paris, deputé desdicts Estats.

Le roy tres-chrestien.] « Le royaume de France a tout
grand besoin et extrême nécessité avoit de tout temps eu
l'épée au poing pour augmenter, secourir et défendre l'É-
glise; dont pour le loyer de ses mérites, en portoit entre
les autres royaumes chrétiens l'excellent titre d'honneur
souverain du nom *très chrétien.* » (Jean d'Auton, *Hist. de
Louis XII*, sur l'an 1506.)

Premier fils.] *Fils aîné* de l'Église; de même que l'Université s'appelait *fille aînée* de nos rois : fille aînée, mais
toujours mineure, et sous la tutelle de son père.

Protecteur.] Le roi était *patron* de toutes les Églises de
son royaume; et dans les inféodatious et concessions,
même à titre d'apanage, sa majesté se réservait toujours
la garde des Églises.

Ambassadeurs au pape eleu.] Plus anciennement les papes commençaient par prévenir les rois de France de leur élection. (*Hist. de Thou, lib. 4.*) — Voyez ci-après article IX. On trouve des monuments curieux de cet usage continué, jusqu'au règne de Charles VII, dans les *Preuves des Libertés,* chap. II, nº 8. La note surtout est importante.

De si precise obeissance.] De simple obéissance *filiale.* Ce que l'historiographe du pape Pie II explique très-bien, lorsqu'en parlant de l'obédience prêtée à ce pontife par l'envoyé du roi Charles VII, il dit : *Obedientiam regis Galliæ nomine præstitit;* filialem *illam appellavit, ut* servilem *excluderet.* Voyez ci-après art. VIII.

Se recommande.] Sur quoi Dupuy fait une remarque très-judicieuse : « Il serait à désirer, dit-il, que lorsque nos rois rendent ces *civilités* aux papes, l'on fust aussi scrupuleux que l'on estoit le tems passé, pour ne point donner l'avantage à ceux de Rome, *qui tirent tout à leur profit,* et ne laissent perdre aucune occasion d'augmenter leur autorité, *et puis en tirent des conséquences, qu'ils font passer pour droits qu'ils ne quittent jamais.* »

Pour aucunes particulieres occasions.] Louis XI voulant obtenir du pape qu'il assistât la maison d'Anjou, pour le royaume de Sicile, contre le roi Ferdinand, avait consenti à l'abolition de la Pragmatique-sanction, et avait rendu au saint-père des devoirs extraordinaires par le cardinal d'Albi, son ambassadeur.

Es cayers.] Où il est dit : « Pareillement s'est vuidé grand' finance de ce royaume, et est écoulée en cour de Rome par cette grande playc que fit le cardinal d'Albi quand il porta la lettre du roi defunt (Louis XI) que Dieu absolve, *obtenue par mauvaise suggestion;* par laquelle le roy soubmettoit tout le faict de l'Église, et les biens d'icelle, en la volonté de notre saint pere, pour en user en ce royaume, *prout vellet*, sans avoir égard aux libertés de l'Église gallicane. » — Au surplus, cela s'explique par le caractère de Louis XI : il ne craignait pas de promettre beaucoup, parce qu'il se réservait toujours de ne rien tenir. Il ne songeait jamais qu'à se tirer d'affaire pour le moment ; et il était alors fort embarrassé par ses affaires d'Italie.

VIII.

Les rois de France, protecteurs et défenseurs du saint-siége, ne promettent au pape qu'une obéissance filiale.

En somme, les rois tres-chrestiens ayant exposé non-seulement leurs moyens, mais aussi leurs propres personnes, pour mettre, restablir et maintenir les papes en leur siege, accroistre leur patrimoine de tres-grands biens temporels, et conserver leurs droits et authorité par tout, les ont tousjours recogneus pour peres spirituels, leur rendant de franche volonté une obeissance non servile, mais vrayement filiale, et comme disoyent les anciens Romains en chose non du tout dissemblable : *Sanctitatem apostolicæ sedis sic comiter conservantes, quemadmodùm principes liberos decet, si non æquo jure* (comme il faut recognoistre qu'és choses spirituelles, il y a prééminence et supériorité de la part du sainct siege apostolique) *certè non ut dedititios, aut fundos.*

Comiter conservantes.] CIC. Orat. *pro Corn. Balb.*

IX.

*Si les papes doivent envoyer leur profession
de foi aux rois de France.*

Aucuns de nos docteurs françois ont aussi dit et laissé
par escrit, que les papes à leur advenement estoient
tenus envoyer au roy très-chrestien la profession de leur
foy telle qu'elle se trouve en l'ancienne collection du
cardinal Deus-dedit, et en quelque registre du thresor
du roy, sous le nom de Benedictus; adioustans que le
pape Boniface VIII l'envoya *sub plumbo,* à l'exemple
de celle de Pelagius au roy Childebert, dont se voyent
quelques eschantillons au decret de Gratian. Ce que je
ne trouve avoir esté continué par forme de coustume
louable ou autrement; et semble que cela ayt esté faict
par aucuns papes à la priere des rois de France, pour
le devoir commun de tous chrestiens, qui sont admo-
nestez d'estre tousiours presis à rendre compte de leur
foy quand ils en sont requis; sinon que quelcun voulust encores remarquer cela pour un reste de l'ancienne
façon de faire qui se practiquoit lorsque les papes avoient
accoustumé d'envoyer leurs elections aux roys de France
pour les agréer et confirmer.

Par aucuns papes.] « Il ne paraît pas, dit Lenglet-Du-
fresnoy, que ç'ait été un droit commun; mais seulement
que des conjonctures particulières avaient engagé nos rois
à demander à ces deux papes une profession de foi qui pût
détruire dans leur esprit, et parmi leur peuple, *les mau-*

vais bruits qu'on avait semés contre leur doctrine et leur élection. »

Agréer et confirmer.] Voyez la note 4 sur l'art. VII.

X.

Les rois de France ont le droit d'assembler des conciles dans leurs États, et de faire des lois et règlements sur les matières ecclésiastiques.

Les rois tres-chrestiens ont de tout temps, selon les occurrences et necessitez de leur pays, assemblé ou fait assembler synodes ou conciles provinciaux et nationaux, esquels, entre autres choses importantes à la conservation de leur Estat, se sont aussi traitées les affaires concernant l'ordre et discipline ecclesiastique de leur pays, dont ils ont faict faire reigles, chapitres, loix, ordonnances et pragmatiques sanctions, sous leur nom et authorité : et s'en lisent encor aujourd'hui plusieurs ès recueils des decrets receus par l'Église universelle, et aucunes approuvées par conciles generaux.

De tout temps.] Même du temps de Clovis. Ce prince, aussitôt après sa conversion, fit assembler, à Orléans (l'an 511), un concile dans lequel les évêques s'expriment en ces termes : *Domino suo, catholicæ Ecclesiæ filio, Clodovæo gloriosissimo regi, omnes sacerdotes quos* AD CONCILIUM VENIRE JUSSISTIS. — Toute l'histoire intermédiaire, jusqu'à nos jours, atteste que les conciles provinciaux et nationaux n'ont jamais été assemblés que par l'ordre et avec la permission de nos rois. — Enfin, la loi du 18 germinal an X, article 4, porte ce qui suit : « Aucun concile national ou métropolitain, aucun synode diocésain, aucune assemblée délibérante n'aura lieu *sans la permission expresse du gouvernement.* »

Loix et ordonnances.] Témoin tous les règlements en matière ecclésiastique, qui abondent dans notre législation ancienne et moderne.

Sous leur nom et authorité.] On peut citer pour exemple l'*ordonnance de Blois*. Plusieurs articles de cette *ordonnance*, concernant la discipline de l'Église, sont conformes aux décrets du *concile de Trente*. Cependant, on ne peut pas dire qu'ils tirent leur autorité de ce concile, mais du roi, qui, de l'avis des États de son royaume, en a fait une *ordonnance*. — Et de fait, Henri IV, par son édit de 1606, confirmant l'art. 40 de l'ordonnance de Blois, touchant les mariages, et enjoignant aux juges d'Église de le garder, ne dit pas qu'ils seront tenus de *garder les décrets du concile de Trente* dont cette ordonnance est tirée, mais seulement l'ordonnance : « à la charge, porte l'édit, qu'ils seront » tenus de *garder les ordonnances,* même celle de Blois en » l'art 40. »

Nous présenterons ici, comme un excellent résumé des principes sur cette matière, ce qu'a dit, de la pragmatique de Charles VII, M. Dubois, dans son *Recueil des Maximes,* et après lui Durand de Maillane, t. II, p. 29 : « La pragmatique est composée de trois parties. La première, qui est la préface, nous apprend, 1º que le concile de Bâle, ayant députe des ambassadeurs vers le roi Charles VII pour le supplier de recevoir quelques-uns de ses décrets, reconnut que la réception d'un concile, dans toutes les matières de police, dépend absolument de nos rois ; et cette reconnaissance justifie le refus que l'on fait d'avoir égard aux bulles du pape qui ne sont point accompagnées de lettres patentes ; — 2° que le roi, dans son conseil composé de tous les Ordres de son État, peut faire des règlements touchant la discipline ecclésiastique.

» La seconde, qui contient les articles du concile de Bâle, avec les modifications de l'assemblée de Bourges, justifie que nos rois n'acceptent les règlements de la police ecclésiastique faits par les conciles, qu'autant qu'ils sont convenables au bien de l'État, quoiqu'ils reçoivent avec soumission et déférence filiales les définitions qui regardent la foi ; ce qui sert à faire voir que la manière avec laquelle nous avons reçu le concile de Trente n'est pas nouvelle, mais conforme aux règles de l'Église gallicane.

» La troisième, qui est la conclusion, dans laquelle l'assemblée de Bourges ayant arrêté qu'il sera fait instance au concile pour autoriser les modifications, et que néanmoins elles seront exécutées par provision, est une excellente preuve de l'autorité du roi pour les règlements provisionnels sur les affaires ecclésiastiques, et du pouvoir légitime de ses parlements pour le secours de ses sujets, en cas de refus ou des papes, ou des ordinaires. »

On peut voir aussi, sur le même sujet, un savant ouvrage en 2 vol. in-12, imprimé à Paris, en 1766, sous ce titre : « *Histoire de la réception du concile de Trente dans les différents États catholiques*, avec les pièces justificatives, servant à prouver que les décrets et règlements ecclésiastiques ne peuvent et ne doivent être exécutés sans l'autorité des souverains. »

XI.

Des légats à latere, *et de leurs pouvoirs en France.*

Le pape n'envoye point en France legats *à latere* avec faculté de reformer, juger, conferer, dispenser, et telles autres qui ont accoustumé d'estre specifiées par les bulles de leur pouvoir, sinon à la postulation du roy tres-chrestien ou de son consentement; et le legat n'use de ses facultez qu'après avoir baillé promesse au roy par escript sous son seing, et juré par ses sainctes ordres de n'user desdites facultez és royaumes, pays, terres et seigneuries de sa sujettion, sinon tant et si longuement qu'il plaira au roy; et que si tost que ledit legat sera adverty de sa volonté au contraire, il s'en desistera et cessera. Aussi qu'il n'usera desdites facultez sinon pour le regard de celles dont il aura le consentement du roy, et conformement à iceluy, sans entreprendre ny faire chose prejudiciable aux saincts decrets, conciles generaux, franchises, libertez et privileges de l'Église gallicane, et des universitez et *estudes publiques* de ce royaume. Et à ceste fin se presentent les facultez de tels legats à la cour de parlement, où elles sont veues, examinées, vérifiées, publiées et registrées sous telles modifications que la cour voit estre à faire pour le bien du royaume, suivant lesquelles modifications se jugent tous les procés et differends qui surviennent pour raison de ce, et non autrement.

2.

Le légat.] Les légats ne sont que des ambassadeurs sans juridiction. Toute notre histoire dépose du soin avec lequel le parlement et la cour de France ont veillé au maintien de cet article de nos libertés. (Voyez les pièces qui composent le chap. XXIII des *Preuves des Libertés*, ainsi que les articles 11, 45, 58, 59 et 60 des *Libertés*.) On retrouve une règle précise sur ce point dans l'art. 2 du titre Ier de la loi du 10 germinal an X, et l'on a un exemple de son observation dans l'arrêté relatif à l'enregistrement des bulles du cardinal Caprara, légat *à latere*, qui prescrit les formalités à observer par ce légat pour l'exercice des facultés énoncées dans lesdites bulles. Cet arrêté, en date du 18 germinal an X, est ainsi conçu :

« Art. Ier. Le cardinal *Caprara*, envoyé en France avec le titre de légat *à latere*, est autorisé à exercer les facultés énoncées dans la bulle donnée à Rome le lundi 6 fructidor an IX, à la charge de se conformer entièrement aux règles et usages observés en France en pareil cas, savoir :

» 1º Il jurera et promettra, suivant la formule usitée, de se conformer aux lois de l'État et aux libertés de l'Église gallicane, et de cesser ses fonctions quand il en sera averti par le premier consul de la république.

» 2º Aucun acte de la légation ne pourra être rendu public, ni mis à exécution, sans la permission du gouvernement.

» 3º Le cardinal légat ne pourra commettre ni déléguer personne sans la même permission.

» 4º Il sera obligé de tenir ou faire tenir registre de tous les actes de la légation.

» 5º Sa légation finie, il remettra ce registre et le sceau sa légation au conseiller d'État chargé de toutes les affaires concernant les cultes, qui le déposera aux archives du gouvernement.

» 6° Il ne pourra, après la fin de sa légation, exercer directement ou indirectement, soit en France, soit hors de France, aucun acte relatif à l'Église gallicane.

» Art. 2. La bulle du pape contenant les pouvoirs du cardinal légat, sera transcrite en latin et en français sur les registres du conseil d'État, et mention en sera faite, sur l'original, par le secrétaire du conseil d'État; elle sera insérée au Bulletin des lois. »

Le cardinal lui-même se conforma aux termes de cet arrêté lors de sa présentation « *auprès de notre très-cher fils en Jésus-Christ Napoléon Bonaparte, premier consul de la République Française* [1], » à l'audience du 19 germinal an X, en présence des ministres, des conseillers d'État, du corps diplomatique, etc....

DISCOURS DU CARDINAL LÉGAT.

« Général premier consul, c'est au nom du souverain pontife, et sous vos auspices, général premier consul, que je viens remplir au milieu des Français les augustes fonctions de légat *à latere*.

» Je viens au milieu d'une grande et belliqueuse nation, dont vous avez rehaussé la gloire par vos conquêtes et assuré la tranquillité extérieure par une paix universelle, et au bonheur de laquelle vous allez mettre le comble en lui rendant le libre exercice de la religion catholique. Cette gloire vous était réservée, général consul; le même bras qui gagna des batailles, qui signa la paix avec toutes les

[1] Les mots soulignés appartiennent au Texte de la bulle de nomination du cardinal Caprara.

nations, redonne de la splendeur aux temples du vrai Dieu, relève ses autels et raffermit son culte.

» Consommez, général consul, cette œuvre de sagesse si long-temps désirée par vos administrés, je ne négligerai rien pour y concourir.

» Interprète fidèle des sentiments du souverain pontife, le premier et le plus doux de mes devoirs est de vous exprimer ses tendres sentiments pour vous et son amour pour tous les Français. *Vos désirs régleront la durée* de ma demeure auprès de vous ; je ne m'en éloignerai qu'*en déposant entre vos mains les monuments* de cette importante mission, pendant laquelle vous pouvez être sûr que je ne me permettrai *rien qui soit contraire aux droits du Gouvernement et de la nation.* Je vous donne pour garant de ma sincérité et de la fidélité de ma promesse, mon titre, ma franchise connue, et, j'ose le dire, la confiance que le souverain pontife et vous-même m'avez témoignée. »

Universitez et estudes publiques.] Cette réserve quant aux *estudes publiques* est remarquable. Elle atteste le droit que l'État a toujours exercé *sur l'enseignement.*

XII.

Du ci-devant légat d'Avignon, et de ses pouvoirs.

Semblablement le legat d'Avignon, quand ses facultez s'estendent outre le comtat de Venise et terres dont le pape jouit à présent, auparavant qu'user de ses facultez és pays de l'obeissance et souveraineté du roy, fait pareil serment et baille semblable promesse par escrit, et notamment de n'entreprendre aucune chose sur la juridiction seculiere, ny distraire les sujets, interdire ou excommunier les officiers du roy, ou faire chose contre les libertez de l'Église gallicane, edicts, coustumes, statuts et privileges du pays. Et sous ces modifications et à la charge d'icelles, sont ces facultez et celles de ses vice-legats vérifiées en la cour de parlement de Dauphiné, et autres respectivement pour ce qui est de leur ressort, apres qu'elles ont esté presentées par eux avec placet et lettres du roy.

Légat d'Avignon.] Avignon fait actuellement partie intégrante du royaume de France, et ne reconnaît d'autre souveraineté que celle du roi, ni d'autres lois que celles de la France.

XIII.

Les prélats français ne peuvent sortir du royaume sans permission du roi.

Les prelats de l'Église gallicane, encore qu'ils soient mandez par le pape pour quelque cause que ce soit, ne peuvent sortir hors le royaume sans commandement ou licence et congé du roy.

Sans congé du roi.] Loi du 18 germinal an X, art. 20. La raison en est parce qu'ils sont *sujets du roi de France*, et non d'aucun autre souverain. C'est pour cela que nos lois exigent, pour qu'on puisse être nommé évêque, que l'on soit *originaire Français.* (Loi du 18 germinal an X, tit. II, art. 16.) Voyez encore la même loi, art. 32 ; et dans les *Opuscules* de P. Pithou, p. 600, le fragment intitulé : *Estrangers ne peuvent tenir bénéfice en France.*

Lorsque le cardinal de Bouillon écrivit à Louis XIV, de Rome, où il avait été envoyé pour les affaires du Quiétisme : *Je ne suis plus votre sujet !* (ce cardinal prétendait qu'ayant prêté serment au pape, et présidant à Rome le sacré collége, il était par là même dispensé d'obéir aux ordres du roi de France, qui le rappelait), d'Aguesseau, alors procureur-général, consulté sur le caractère de cette arrogante assertion, établit victorieusement, dans le mémoire qu'il nous a laissé sur ce sujet, que M. le cardinal de Bouillon n'avait pas pu, par sa seule volonté, abdiquer les devoirs et les obligations de sujet. Voyez les *Annales du Barreau français,* publiées par Warée, tom. X, 2ᵉ pare, pag. 329.

Jusqu'à quel point est-il permis ou défendu aux prélats français de correspondre avec le saint-siége sans la permission ou l'aveu du gouvernement? Voyez l'arrêt du Conseil du 28 février 1765, dans Durand de Maillane, t. Iᵉʳ, p. 194.

Le code pénal de 1810, art. 207 et 208, prononce des peines contre les ministres des cultes qui entretiendraient des correspondances avec les cours ou puissances étrangères sur des matières de religion sans en avoir *préalablement* informé le ministre des cultes.

XIV.

Le pape ne peut lever deniers en France.

Le pape ne peut lever aucune chose sur le revenu du temporel des benefices de ce royaume, sous pretexte d'emprunt, impost, vacant, despouille, succession, deport, incompatibilité, commande, neuviesme, decime,

annate, procuration, communs ou menus services, pro-
pine, ou autrement, sans l'authorité du roy et consentement du clergé : mesmes ne peut par ses bulles de
pardons et indulgences charger les sujets du roy de
donner deniers ou autres aumosnes pour iceux gagner ;
ny, en donnant dispenses, se reserver ou attribuer à sa
chambre les deniers des amendes : et sont telles causes
reputées abusives.

Le pape ne peut lever.] SAINT LOUIS, en l'année 1247,
défendit une levée que le pape Innocent IV voulait faire en
son royaume. (MATTH. PARIS, p. 960.) — JOANNES GALLI,
quæst. 60, dit que toute tentative de lever un impôt en
France sans le consentement du roi (*qui omnium est su-
perior in suo regno*), est un crime de lèse-majesté. —
Charles-le-Bel, en 1326, s'opposa à une contribution que
le pape prétendait lever en son royaume sur son clergé.
« Car oncques, dit l'ancienne chronique, n'avoit été fait en
son royaume. Mais le pape lui récrivit. Après, le roi considérant, *donne m'en, je t'en donray,* lui octroya de lever,
dont le pape lui donna la dîme des églises jusqu'à deux
ans : ainsi, sainte Église, *quand l'un lui tolt, l'autre l'es-
corche !* » (Chronique de Saint-Denis, vie de Charles-le-
Bel, chap. XXVIII.) — Ce passage explique beaucoup de
conventions réciproques, inusitées, affligeantes, qui contrastent avec les principes, mais sans avoir pu prévaloir
sur leur imprescriptible autorité.

Sous prétexte d'emprunt, impost, etc.] Toute l'énumération qui suit prouve à quel raffinement on était descendu, et
sous combien de formes on s'était déguisé pour obtenir de
l'argent. Tout ce cortège de redevances usurpées et prétendues composait ce qu'on a appelé, dans la jurispru-

dence canonique, *les exactions de la cour de Rome.* Il n'est point d'article sur lequel les preuves soient en plus grand nombre ; car, suivant la remarque d'un canoniste, « cette matière est, de toutes, la plus susceptible d'abus ; c'est comme une proie que chacun veut prendre ou retenir. » (Durand de Maillane, *Nouv. Comment.*, t. I, p. 229).

Sans l'authorité du roy.] Ajoutons qu'aujourd'hui le pape ne pourrait pas lever un impôt quelconque en France, même avec l'autorisation du roi. En effet, d'après la loi fondamentale de l'État, « aucun impôt ne peut être établi ni perçu s'il n'a été *consenti par les deux chambres* et sanctionné par le roi. » (Charte, art. 40.) Or, si le roi ne peut lever aucun impôt dans son propre royaume *sans le consentement des chambres*, il ne pourrait donc pas autoriser un souverain étranger à nous imposer en façon quelconque : *Nemo enim plùs juris in alium transferre potest quàm ipse haberet.*

Et consentement du clergé.] Le roi pouvait consentir comme *souverain*; mais il fallait que le clergé consentît, de son côté, comme *bienstenant.* — *De suo enim quisque largiri debet, non de alieno.*

Pardons et indulgences. — Au chap. XXV des *Preuves*, on trouve de nombreux exemples du soin avec lequel nos rois et leurs parlements ont toujours prohibé cette sorte d'exaction. Lenglet en donne une raison qui mérite d'être remarquée. « L'on a été plus soigneux en France qu'en aucun autre pays, dit-il, de ne point admettre ces sortes de pardons et d'indulgences, qu'on faisait moins servir à la piété du peuple qu'à l'avarice de ceux qui étaient envoyés pour les publier. L'exemple funeste de l'apostasie de Luther, qui a tiré de là son origine, a rendu les princes plus circonspects qu'ils ne l'étaient auparavant. » — Ainsi cette réserve même a tourné au profit de la foi catholique, en retranchant un des prétextes dont les réformateurs s'étaient le plus autorisés contre le saint-siége.

Les *quêtes* elles-mêmes doivent être permises et réglées par l'autorité temporelle. (DURAND DE MAILLANE, t. Ier, p. 245.) Voyez l'ouvrage de M. Vuillefroy au mot *Quêtes*.

XV.

Sujets du roi ne peuvent être dispensés par le pape du serment de fidélité.

Le pape ne peut exposer en proye ou donner le royaume de France et ce qui en depend, ny en priver le roy ou en disposer en quelque façon que ce soit : et quelques monitions, ou excommunications, ou interdictions qu'il puisse faire, les sujets ne doivent laisser de rendre au roy l'obéissance deue pour le temporel, et n'en peuvent estre dispensez ny absous par le pape.

Le pape ne peut.] Conçoit-on qu'il ait été besoin d'un pareil article? Hélas ! oui. « Cet article a pour but de combattre la doctrine de Grégoire VII, qui l'a réduite en art, et qui a été suivie par ses successeurs. » (DUPUY.) Ils ont cherché à la mettre en pratique en France, et sont venus à bout d'y former des ligues et d'exciter des troubles et des guerres civiles; mais jamais le principe de la franchise et de l'indépendance de la couronne n'a succombé sous leurs attaques. Ces papes abusaient étrangement de la faiblesse des rois et de la crédulité des peuples ! Sans doute, les rois, comme chrétiens, reconnaissent la puissance spirituelle du père commun des fidèles, ils lui ont voué à ce titre une obéissance filiale. Mais, si la personne des princes est ainsi sujette à la puissance du saint-siége dans les choses spirituelles, elle en est totalement indépendante pour ce qui concerne le droit des couronnes et le pouvoir temporel de la souveraineté ; car c'est Jésus-Christ lui-même qui, sous ce rapport, a commandé à ses propres ministres d'être soumis partout aux puissances temporelles, parce qu'elles viennent aussi de Dieu. *Omnis potestas à Deo.*

L'indépendance que la couronne de France a su garder contre de telles attaques est donc conforme aux droits de l'Évangile ; elle est justifiée par le droit naturel et légitime des souverains, et par la sage discrétion avec laquelle les pontifes de la primitive Église ont usé de leur autorité. Saint Ambroise, fermant la porte de l'église à Théodose, ne laissa pas de prêcher l'obéissance que l'on devait à ce prince. Il obéissait à ses lois et à ses officiers. L'empereur ne sentit aucune diminution de sa puissance ; il était obéi dans tout son empire comme s'il n'eût point failli. Réduite à ces termes, l'excommunication purement spirituelle fût devenue un moyen précieux d'avertir les rois de leurs fautes, et de les rappeler à l'exercice modéré de leur puissance, sans y porter la moindre atteinte. Mais l'excommunication qui dépouillait les rois de leur pouvoir, qui déliait les sujets du serment de fidélité, qui livrait les princes à la persécution, et appelait l'assassinat sur leurs personnes, qui exposait les royaumes *en proye,* divisait les peuples, et les excitait à la guerre civile en servant de prétexte aux factions ; cette excommunication est un attentat ; c'est un crime de lèse-majesté divine et humaine. La personne de nos rois est *inviolable et sacrée,* non-seulement pour leurs sujets, mais pour le pape. Ils sont aussi les *oints* du Seigneur ! fils aînés de l'Église, ils ont été de tout temps ses plus zélés protecteurs, mais sans jamais lui laisser le droit d'attenter à une puissance qu'ils exercent par la grâce de Dieu et non par celle du pape.

Voyez tout le chap. IV des *Preuves des libertés.*

Dispenses.] Je n'ai jamais pu comprendre la dispense du serment ! Le serment est un contrat fait avec Dieu ; et, lorsqu'il est valable dans son principe, c'est-à-dire lorsqu'il s'applique à une obligation dont la cause est légitime, et qu'il a été librement consenti et juré par personne capable de s'engager, nulle puissance, à mon avis, ne peut dispenser de tenir ce qu'on a ainsi promis.

J'ai eu occasion de rappeler et de développer ces principes devant la Cour de cassation dans une question de discipline portée devant elle au commencement de cette année (1844). Il s'agissait précisément de réfuter les funestes doctrines alors employées par les partis pour affaiblir la foi due au serment. J'avais à parler tout à la fois sur le serment judiciaire et sur le serment politique : je le fis en ces termes.....

« La nomination ne suffit pas pour constituer le juge ; il faut aussi l'institution avec les formalités requises, c'est-à-dire la prise de possession, l'installation après *prestation de serment.* « Et c'est ce serment, dit un de nos plus grands » jurisconsultes [1], qui attribue et accomplit dans l'officier » l'ordre et le grade, et, s'il faut ainsi parler, le caractère » de son office, et qui lui défère la puissance publique. » C'est par le serment que le juge nommé déclare accepter les fonctions qui lui sont déférées, et qu'il s'engage solennellement à les exercer au nom du prince, en gardant la fidélité qu'il doit à sa personne, à la constitution de l'État et aux lois du royaume qu'il est chargé de faire observer.

[1] Loyseau, *Traité des offices,* ch. 4, nᵒ 71.

» Les plus graves auteurs ont insisté sur la sainteté de ce serment, et ce qu'il paraîtrait superflu de rapporter à ce sujet, en d'autres temps et surtout devant une compagnie aussi profondément pénétrée de ses devoirs, vous le comprenez, messieurs, il devient utile, il est même nécessaire de le répéter aujourd'hui.

» Interrogeons d'abord les oracles qui ont parlé dans ce sanctuaire. Un des plus illustres chefs de la Cour, le vertueux Henrion de Pansey, dans son grand ouvrage de l'*Autorité judiciaire*, a consacré un chapitre entier à traiter *du serment des juges et de l'étendue des obligations qu'il leur impose.* Après avoir dit que le *premier* acte de celui qui est appelé à remplir des fonctions judiciaires est le serment qu'il doit prêter *publiquement* et dans la forme la plus solennelle, il ajoute : « Ce serment proféré, l'obligation d'obéir » aux lois, cette obligation commune à tous les citoyens, » *prend pour le juge un caractère tout particulier;* elle » devient un *devoir de conscience* qu'il ne peut pas violer » sans se rendre coupable de parjure » — ou de perfidie [1].

» En effet, messieurs, celui qui contracte une obligation sous la foi du serment ne contracte pas seulement avec les hommes, il contracte aussi avec Dieu : « Le serment du » juge, dit Larocheflavin dans son *Traité des Parlements*, » liv. V, chap. III, p. 407, est une assévération religieuse » par laquelle nous appelons Dieu à témoin de ce que nous » disons ou promettons; et non-seulement à témoin, mais » à juge, caution, séquestre, dépositaire, conservateur et » exécuteur, voire, ce qui est encore davantage, punisseur » et persécuteur très-sévère de celui qui y contreviendra. »

» Il n'y a pas moins de force et de dignité dans ce que dit du serment l'éloquent auteur du traité *De Officiis.* « Ré-

---

[1] Alexandre Sévère, dans la loi première, au code *Si adversus vendit.*

» gulus, dit-il, n'avait rien à craindre de Jupiter, qui n'a
» point coutume de se mettre en colère et d'agir avec pas-
» sion, *qui neque irasci solet, neque nocere;* mais en tout
» serment, ce qu'il faut considérer, ce n'est pas la crainte
» des peines, mais l'autorité de l'acte. Une promesse faite
» en quelque sorte sous la garantie des dieux doit être
» gardée, non par la crainte de leur courroux, mais en son-
» geant à la justice et à la bonne foi. En effet, celui qui
» manque à son serment viole cette foi que nos ancêtres
» ont placée dans le Capitole à côté du maître des dieux...
» *In jurejurando, non qui metus, sed quæ vis sit, debet in-*
» *telligi... hoc non ad iram deorum, sed ad justitiam et*
» *ad fidem pertinet. Qui igitur jusjurandum violat, is*
» *fidem violat, quam in Capitolio vicinam Jovis optimi*
» *maximi majores nostri esse voluerunt.* » (Cic. *de Offi-*
ciis, lib. III, cap. XXIX, n° 104.)

» Si les païens avaient une si haute idée du serment, quel
respect ne devons-nous pas avoir pour un tel acte, nous,
chrétiens, dont l'une des premières règles est de *ne point
jurer le nom de Dieu en vain!*

» Cette règle est si impérieuse qu'on a, avec raison, denié
aux papes le droit de *délier les sujets de leur serment de
fidélité envers le souverain;* le malheur des temps anciens
a rendu nécessaire de faire de cette décision un article
exprès de nos libertés gallicanes, qui ne sont pas seulement
des libertés religieuses, mais aussi des libertés politiques
du premier ordre; c'est l'art. 15. On a posé en principe
que le souverain pontife lui-même ne peut pas *dispenser
de la loi divine;* à plus forte raison ne peut-on pas se
donner des dispenses à soi-même au gré de son inconstance
et de ses caprices.

» Cependant, messieurs, une déplorable et fatale doctrine
s'est produite dans ces derniers temps. L'esprit de parti

3.

pour attirer ou retenir plus aisément dans ses liens des adeptes, a ouvert à la crédulité méticuleuse et peu éclairée, ainsi qu'à l'effronterie et la mauvaise foi, une distinction entre les serments qui engagent et ceux qui n'engagent pas. Réservant l'honneur et la pudeur pour les engagements privés, de malheureux sophistes ont prétendu qu'il n'en était pas de même pour le *serment politique;* qu'à la vérité on devait tenir le serment prêté dans la *monarchie;* mais que du serment de maintenir une *constitution populaire,* il ne peut naître un engagement proprement dit [1]. Suivant cette doctrine, qui peut aller de pair avec celles des *restrictions mentales* et du *probabilisme* en toute chose, on peut prêter serment à la constitution de 1830, et n'en rester pas moins fidèle à la dynastie qui avait donné la charte de 1814. On a pu se lier envers la branche aînée, parce que le serment qu'on lui prêtait était un *serment monarchique;* mais le serment prêté depuis 1830 étant prêté à un *gouvernement populaire,* c'est-à-dire un serment que chacun se prête à soi-même comme membre de la souveraineté nationale, on peut s'en jouer à volonté : *atque ideo intrepidi quæcumque altaria tangunt!*

» A l'aide d'un tel sophisme, ceux qui l'admettent se font aisément une fausse conscience ; et quand on leur objecte qu'on ne peut pas être tout à la fois fidèle serviteur du roi Louis-Philippe, et le féal de M. le duc de Bordeaux, qu'agir ainsi c'est violer le serment qu'on a prêté au Roi et à la constitution de 1830, on répond avec un sang-froid imperturbable : qu'*en cela on n'a rien fait de contraire à son serment.*

» Nous n'hésitons pas à le déclarer, une telle doctrine est impie : elle mérite le nom de *droit haineux,* c'est-à-dire

---

Gazette de France du 29 novembre 1843.

Ajoutez le numéro du 15 décembre, note 4.

ennemi, que nos ancêtres donnaient à certaines dispositions contraires au bon et véritable droit [1] : — elle est criminelle; elle constitue à mes yeux l'outrage *à la morale publique* le plus flagrant, le plus périlleux : plus propre, mille fois, à pervertir les âmes que les expositions des images les plus obscènes, dont une personne chaste peut détourner les yeux, tandis qu'ici le sophisme peut surprendre des esprits inattentifs, s'ils sont peu éclairés et s'ils ne se tiennent en garde.

» Eh quoi ! en matière civile, prêter un faux serment constitue le parjure, et nos lois le punissent de la dégradation civique (Code pénal, art. 366), c'est-à-dire d'une peine infamante ! et en matière politique, quand il s'agit de l'intérêt de l'État, on pourrait impunément violer le serment qu'on aurait prêté ! Le parjure ne serait qu'un jeu ! ou plutôt il perdrait son nom de parjure et passerait pour l'exercice d'un droit !

» Ah ! messieurs ! cette cause n'aurait fourni que l'occasion de s'élever contre d'aussi funestes théories, il sera heureux du moins que vous puissiez vous en saisir pour raffermir les principes, pour les proclamer à la face du pays et rétablir aux yeux de tous ces notions immuables de loyauté et d'honneur, qui sont la base des sociétés et de la confiance que les hommes doivent placer dans leur parole mutuelle. »

La Cour de cassation, toutes les chambres assemblées, a sanctionné cette doctrine par son arrêt du 12 janvier 1844.

---

[1] Boutillier, tit. Ier *De la somme rurale.* Casencuve, *Du franc-all* tit. Ier, ch. 7, p. 60.

XVI.

Les officiers du roi ne peuvent être excommuniés pour le fait de leurs charges.

Ne peut aussi excommunier les officiers du roy pour ce qui concerne l'exercice de leurs charges et offices; et, s'il le fait, celui qui l'a poursuivy est contraint par peines et amendes, et par saisie de son temporel, ores qu'il fust ecclesiastique, faire revoquer telles censures. Aussi ne sont lesdits officiers censez compris ès termes des monitions générales pour ce qui concerne leursdites charges.

Excommunier les officiers.] Sans cet article, celui qui précède eût été inutile. En effet, comme le roi ne peut pas exercer par lui-même toutes les fonctions nécessaires au gouvernement de l'État, et qu'il est obligé d'en déléguer une partie à ses officiers, il s'ensuit qu'en frappant d'excommunication tous les fonctionnaires publics du royaume, on réduirait le roi à l'impuissance de gouverner : *et sic majestas imperii minueretur.* (MARCA, *de Concordiâ*, lib. IV, cap. XXI, n° 9; *adde* Epist. ad Rom. V, 13, 7; Epist. XV Petri, cap. I, V, 13, 14; et la Déclaration faite à ce sujet par les prélats français dans l'assemblée de 1765, citée par Durand de Maillane, t. I, p. 295.)

Peines et amendes.] Car telle entreprise est un délit. *Voy.* l'art. 23 de l'ordonnance de 1629.

Saisie du temporel.] Tout le chapitre V des *Preuves* est rempli d'arrêts du parlement qui ont prononcé de semblables saisies.

Ores que.] Encore que.

— De pareilles saisies, avec peines et amendes, seraient encore plus certainement encourues aujourd'hui que « tout » privilége portant exemption ou attribution de la juridic- » tion épiscopale est aboli. » (Loi du 18 germinal an X, article 10.)

— Que « les mêmes délits sont punis des mêmes peines, sans aucune distinction des personnes. » (Loi du 14 septembre 1791, tit. Ier.)

— Et que le Code pénal, notamment dans ses articles 199 et suivants, sévit directement contre tous ministres du culte qui commettraient les délits qui y sont spécifiés.

XVII.

La bulle In cœnâ Domini *n'est point reçue en France.*

Les clauses insérées en la bulle *In cœnâ Domini*, et notamment celles du temps du pape Jules II, et depuis, n'ont lieu en France pour ce qui concerne les libertés et privileges de l'Église gallicane, et droicts du roy ou du royaume.

En la bulle.] Une loi n'oblige pas tant qu'elle n'est pas promulguée dans le pays où il s'agit de l'exécuter. Peu importe qu'une bulle *faite* à Rome ait été publiée à Rome et en Italie, ou même en d'autres royaumes. Pour être exécutoire en France, il faudrait qu'elle y eût été reçue et publiée : car les lois mêmes de France, et les ordonnances du roi ne sont exécutoires qu'après leur promulgation en la forme légale. — Or, aucune bulle du pape ne peut être reçue ni publiée en France qu'après l'autorisation du gouvernement (*voyez* art. XLVIII ci-après); et cette autorisation n'a jamais été accordée pour la bulle *In cœnâ Domini*, « parce qu'elle est en bien des chefs contraire aux droits » du roi (et du royaume), aussi bien qu'aux libertés de » l'Église gallicane. » (LENGLET, *adde* DURAND DE MAILLANE, t. I, p. 304). «Elle contient presque autant d'atten- » tats contre la puissance des souverains, et contre nos » mœurs en particulier et nos maximes, qu'elle renferme » de dispositions. » (DISCOURS de l'avocat-général CAPPOT au conseil souverain du Roussillon, le 15 mars 1763.)

Jules II.] « Cet article porte particulièrement contre la bulle du pape Jules II, parce que ce pape avait voué une haine implacable à la France. Aussi avait-il été arrêté en assemblée du clergé, tenue à Tours en 1510, que le roi Louis XII pouvait se soustraire de l'obéissance du pape Jules II (que du Tillet, évêque de Meaux, appelle, en sa chronique, *perfidiosus*, *sceleratus et vecors*), et que les censures qu'il pourrait prononcer contre le roi étaient nulles et ne le pouvaient lier. Ce bon roi, quoiqu'il fît la guerre au pape, ne laissa pas que d'être tenu et réputé pour Père du peuple. » (DUPUY.)

A propos de Jules II et de sa haine contre Louis XII, je rappellerai que Jules III ne détestait pas moins Henri II ; je raconterai une anecdote honorable pour le barreau français, et qui servira d'autant à prouver (ce que d'ailleurs toute notre histoire atteste) que les jurisconsultes français, surtout dans ces temps de barbarie et d'ignorance, où les droits les plus certains étaient souvent obscurcis et révoqués en doute, ont puissamment concouru à la défense des droits de la monarchie et des libertés de l'Église gallicane.

Le pape Jules III avait dénoncé la guerre au roi
Henri II, et s'y portait avec tant d'animosité et de fureur,
qu'il ne pouvait être surmonté ni par prière, ni par argent,
ni par la force des armes ; et cependant ce pontife fut tellement troublé et effrayé par un petit livret (le *Commentaire sur l'édit des petites dates*) que Dumoulin fit contre
lui, qu'il le contraignit non-seulement de mettre bas les
armes, mais aussi, comme se reconnaissant vaincu, de
donner la carte blanche, demander la paix et en accorder
toutes les conditions, etc. C'est aussi le témoignage qu'en
rendit au roi le connétable Anne de Montmorency, qui, en
présentant notre jurisconsulte à la cour, dit : « Sire, ce
que votre majesté n'a pu faire et exécuter avec trente
mille hommes, de contraindre le pape Jules à lui demander
la paix, ce petit homme (car Dumoulin était de petite
stature) l'a achevé avec un petit livret.» (*Vie de Dumoulin*,
livre II, chap. II.) — Doit-on s'étonner après cela que les
œuvres de ce jurisconsulte aient été mises à l'*index*?

XVIII.

Le pape ne peut connaître des droits de la couronne.

Ne peut le pape juger ni deleguer pour cognoistre de
ce qui concerne les droicts, preeminences et privileges
de la couronne de France et ses appartenances ; et ne
plaide jamais le roy de ses droicts et pretentions qu'en
sa cour propre.

Juger.] En France, *toute justice émane du roi.*

Priviléges de la couronne.] Le premier de ces priviléges est l'indépendance. Voyez ce que nous avons dit sur l'art. IV.

Qu'en sa propre cour.] C'est la suite de la règle que le roi n'a point de supérieur en son royaume ; et cependant, comme il veut que justice soit faite, lorsqu'il y a lieu de plaider contre lui, on le peut librement ; et l'on tient même pour maxime qu'*il faut qu'il ait deux fois raison pour gagner son procès.*

Du Tillet, dans son *Recueil des rois de France*, édit. de 1618, p. 252, a là-dessus un passage remarquable. « La justice de France, gardant la droiture ès procès des rois, qui le veulent et endurent ou plutôt le commandent, rend à toute la terre très-grande preuve de la bonté et équité desdits rois, auxquels ne peut advenir plus grand honneur, puisque justice est fermeté du trône royal. Les arrêts et jugemens ès causes du roi sont en son nom ; *et, par ses juges, il se condamne quand il a tort.*» (*Adde* BRILLON, au mot *Plaider*, n° 10.)

Ceci, néanmoins, ne s'entend que des matières civiles ; car, pour sa personne et les droits de la couronne, le roi n'est justiciable de qui que ce soit ; ou, comme il est dit au Trésor des chartes, régale II, n° 46 : « .... Le roy, en sa » personne, est fontaine et mer de droit commun, quand » aux choses qui lui appartiennent de son droit royal. » — Ce qu'il ne faut pas pour cela entendre en ce sens, qu'il ait un pouvoir arbitraire et despotique, auquel il ne prétend rien, et qu'aucun bon Français ne lui souhaite ; mais en ce sens, qu'il est inviolable, qu'il ne reconnaît pas de supérieur étranger, qu'il n'est sous la juridiction de personne, et qu'il trouve en lui-même tout le pouvoir nécessaire pour défendre les droits qui lui appartiennent légitimement, d'après les lois fondamentales de l'État.

XIX.

Comtes palatins ne sont reconnus en France.

Les comtes qui s'appellent palatins, créés par le pape, ne sont recogneus en France pour y user de leurs pouvoirs ou privileges, non plus que ceux créés par l'empereur.

Comtes palatins.] Je ne sais s'il y a encore des comtes palatins, du moins on n'en voit point en France ; et s'il en venait quelqu'un nous visiter, on ne lui permettrait certainement pas plus aujourd'hui qu'autrefois de se prévaloir en France de sa dignité, pour y exercer le moindre pouvoir. — Chacun chez soi.

XX.

Des notaires apostoliques.

Les notaires apostoliques ne peuvent recevoir contrats de choses temporelles et profanes entre les sujets du roy ; et ne portent les contracts par eux receus comme ventes, eschanges, donations, et iels autres, aucune hypotheque sur les biens assis en ce royaume, mais sont reputez sans effet pour ce regard.

Aucune hypothèque.] Cet article, qui est toujours une conséquence de l'indépendance des souverainetés, était consacré dans l'ancien droit par la jurisprudence des cours souveraines, attestée par Dumoulin dans son *Commentaire sur l'édit des petites dates,* p. 27, 28 et 45 ; et par l'ordonnance de 1629, art. 121. Au reste, il n'y a plus en

4

France de *notaires apostoliques*, mais seulement des *notaires royaux*; et si les actes étaient passés par des notaires de Rome, les articles 2123 et 2128 du Code civil seraient applicables.

XXI.

Le pape ne peut légitimer bâtard au temporel.

Le pape ne peut legitimer bastards et illegitimes pour les rendre capables de succeder ou leur estre succedé, ny pour obtenir offices et estats séculiers en ce royaume; mais bien les dispenser, pour estre pourveus aux ordres sacrez et benefices : ne faisant toutesfois prejudice pour ce regard aux fondations seculières ou privileges obtenus en faisant icelles, par les seculiers ou ecclesiastiques sur leurs patrimoines et biens seculiers; ny pareillement aux statuts, coustumes et autres constitutions seculières.

Ne peut légitimer bastards. [Dans notre ancien droit français, les bâtards pouvaient être légitimés *par lettres du prince.* Notre législation actuelle n'admet que la légitimation *par mariage subséquent.* Mais, en aucun temps, on n'a admis la légitimation des bâtards *par lettres du pape,* à l'effet de les rendre capables de succéder. Ceci est un *effet civil* qui dépend essentiellement du pouvoir temporel.

Aux ordres sacrés.] Ici le pape rentre dans son droit : il ne s'agit que de *choses purement spirituelles.*
Quelle est l'origine de l'empêchement canonique des bâtards? Van Espen enseigne que l'irrégularité attachée à la bâtardise n'a d'abord été imposée, dans des temps de désordre, qu'*aux bâtards des prêtres,* pour empêcher l'o-

dieuse hérédité des titres et bénéfices ecclésiastiques, et qu'ensuite l'Église a trouvé bon de l'étendre à tous les enfants illégitimes. Dans l'église de Bayeux, les chanoines étaient tenus de jurer, à leur réception, qu'ils étaient nés de mariage légitime (*Mém. du clergé*, t. XII, p. 710).

Ne faisant toutefois préjudice.] Il convient toujours de réserver le *droit des tiers* : ce droit, ici, résulte du contrat formé par la condition sous laquelle la fondation a été faite et acceptée. Il n'est pas permis de déroger au droit acquis en vertu de ce contrat.

XXII.

Le pape ne peut restituer les laïques contre l'infamie.

Ne peut aussi aucunement restituer les laïcs contre l'infamie par eux encouruë ; ni les clers, sinon aux fins d'estre receus aux ordres, offices et actes ecclesiastiques, et non autrement.

Restituer les laïcs contre l'infamie.] Le roi seul a le droit de faire grâce et de commuer les peines (CHARTE, art. 58). Voyez art. XXXI des *Libertés*, vers la fin.

Sinon aux fins.] Et dans le cas seulement où la loi civile n'y mettrait pas empêchement, auquel cas il faudrait avoir la grâce du roi.

XXIII.

Le pape ne peut remettre l'amende honorable.

Ne peut remettre en ce royaume l'amende honorable adjugée à un laïc, encores que la condemnation fust de juge ecclésiastique et contre un clerc : comme faisant telle condemnation honnorable, partie de la reparation civile.

Remettre l'amende honorable.] Voyez la note sur l'art. précédent. Voyez aussi, dans le recueil des *Preuves des Libertés*, chap. 7, n° 46, l'arrêt du 11 octobre 1541, qui a déclaré abusif un rescrit apostolique contenant remise d'amende honorable encourue par *plusieurs escoliers étudians en l'université de Bourges.* Ainsi, lorsque sous la Restauration l'amende honorable a reparu dans notre législation avec la loi du *sacrilége,* le roi seul aurait pu remettre cette peine, et non le pape. Mais cette loi elle-même a heureusement disparu de nos codes.

XXIV.
Le pape ne peut proroger exécution testamentaire.

Ne peut proroger le temps donné aux executeurs de testamens pour faire l'execution d'iceux, au prejudice des heritiers, legataires, creanciers, et autres y ayans interest civil.

Exécuteurs de testaments.] On ne conçoit pas aujourd'hui comment il a été besoin de faire de cela un article de nos *libertés.* Mais l'abus allait jusque-là, puisqu'il a fallu y remédier. « Il a été un temps, dit Dupuy, où les exécutions des testaments étoient non-seulement prétendues par les ecclésiastiques, mais aussi ils exerçoient un droit bien plus extravagant, de faire faire des testaments pour ceux qui étoient morts intestats, et en bailloient la commission aux curés ou autres, et faisoient parler les morts intestats comme bon leur sembloit, et en tiroient les advantages qu'ils pouvoient. » Dumoulin relève aussi cet abus avec son énergie accoutumée : *Solent etiam cadavera defunctorum ab intestato angariare vel tributum exigere, quod etiam Petrus* LISET, *patronatu fisci fungens, jus satanicum esse exclamabat, ut vidi et audivi.* (Not. margin. ad quæst. 102. JOAN. GALLI.) — Dupuy cite l'extrait d'un rouleau qui est au trésor des chartes, et où il est dit : « La justice du roi se plaint qu'en quelques lieux de la France les ecclésiastiques prétendoient quelque chose sur le bien de ceux qui étoient morts intestats, et par conséquent sur les biens des enfants qui ne pouvoient pas encore parler. »

« Si l'on mouroit sans faire de testament, dit Montesquieu, il falloit que les parents obtinssent de l'évêque qu'il nommât, concurremment avec eux, des arbitres pour fixer ce que le défunt auroit dû donner en cas qu'il eût fait un testament. » (*Esprit des lois*, liv. XXVIII, ch. 41.)

Durand de Maillane (t. I, p. 367) en rapporte un exemple bien frappant, en citant le Réquisitoire de Jacques Olivier, avocat du roi, qui, le 24 janvier 1505, se plaignait au parlement que les curés refusaient d'inhumer les corps avant qu'on leur eût montré et exhibé les testaments des défunts. « Et même quand une pauvre personne va à trépas, qui n'a pas de quoy payer ce que lesdits curés demandent pour ladite sépulture, ils ne la veulent inhumer; mais il faut quester jusqu'à la somme qu'ils demandent, qui est un abus scandaleux. » L'ordonnance d'Orléans, de 1560, y a pourvu, en défendant d'exiger pour les sépultures rien autre chose que ce qui est offert volontairement. Pour le droit moderne, voyez *Décret du* 23 *prairial an* XII, art. 18 ; Carré, *Gouvernement des paroisses* n°s 159 160 et 321 ; et M. Vuillefroy, *Administration du culte catholique*, aux mots *Sépulture* et *Cimetière.*

Aujourd'hui on peut donner à l'Église par testament ;

4.

mais les ecclésiastiques n'ont pas la permission de faire eux-mêmes le testament. On peut même en demander la nullité, lorsqu'il a été obtenu par suggestion, ou la réduction lorsqu'il y a excès dans la libéralité.

Quant au droit de proroger la durée de l'exécution testamentaire, droit que le pape n'a jamais eu, le magistrat civil même ne l'aurait pas aux termes de l'art. 1026 du Code civil.

XXV.

Le pape ne peut connaître des legs pies.

Ne peut convertir aucuns legs, ores qu'ils fussent pitoyables, en autre usage contre la volonté des deffunts, sinon és cas esquels telle volonté ne pourroit estre accomplie formellement, ou qu'il fust besoin de faire ladite commutation : pourveu encores qu'esdits cas elle soit equipollente à ce qui avoit esté ordonné par le testament, ou autre disposition de derniere volonté; dont neantmoins, outre le cas de conscience, la congnoissance appartient au iuge laïc.

Ores.] Encore que.

Sinon és cas.] Dans ces cas même, la conversion doit être autorisée par l'autorité séculière de concert avec l'autorité ecclésiastique, et en consultant les héritiers.

XXVI.

Pape ne peut permettre de tester au préjudice des lois.

Ne peut bailler permission aux gens d'Église estans de l'obéissance du roy, ou à autres tenans benefice en ce

royaume, mesmes aux reguliers et religieux profez, de
tester des biens et fruicts de leurs benefices situez en ce
royaume, au prejudice des ordonnances et droicts du
roy, et des coustumes des pays et des provinces d'icelui ;
ni empescher que les parens desdits clercs decedez, ou
religieux faisans profession, ne leur succedent en tous
leurs biens, mesmes és fruits de leurs benefices.

Tester.] « La faculté de tester est une faveur accordée
par *la loi civile,* et non par *la loi naturelle,* qui par elle-
même ne rend pas les volontés des testateurs efficaces. »
(LA JANNÈS, *Princip. de la jurisprud. française,* n° 108.)
La conséquence est que le *pouvoir spirituel* n'a pas à
s'immiscer dans une matière où la capacité ne peut être
conférée *que par la loi civile.*

Succéder.] Les successions sont également du *droit civil.*
Le pape ne peut donc déroger aux règles que ce droit a
établies.

Les règles qu'on observait à cet égard sont celles-ci :
1° les parents et lignagers des évêques et autres gens
d'Église séculiers leur succèdent ; 2° les biens de ceux qui
font profession de religion appartiennent, à l'instant de
leur profession, à leurs plus proches parents habiles à
leur succéder, comme si, dès cette époque, ils étaient
morts de mort naturelle ; 3° les religieux ou religieuses
profès ou professes ne succèdent pas à leurs parents, ni le
monastère pour eux.

La première de ces règles est en pleine vigueur : les
deux autres sont sans objet tant que les vœux monastiques n'auront pas été autorisés *par une loi* qui abroge
celle qui, quant à présent, déclare ne pas les reconnaître. En attendant, tous les Français, clercs ou laïcs,

ont également le droit de tester dans les limites prescrites par la loi. Mais comme il y a, de fait, des communautés non autorisées par la loi, rien n'est plus fréquent aujourd'hui que des dispositions faites au profit de ces communautés par les gens qui en font partie, et qui y apportent le patrimoine de leurs familles, en fraude de la loi.

XXVII.

Biens possédés contre la disposition des lois.

Ne peut aussi permettre ou dispenser aucun de tenir et posseder biens en ce royaume, contre les loix, statuts ou coustumes des lieux, sans congé et licence du roy.

Posséder biens.] « Les immeubles situés en France, même ceux possédés par des étrangers, sont régis par la loi française. » *Cod. civ.* art. 7. Si donc cette loi déclarait un individu quelconque incapable de posséder telle ou telle espèce de biens, on conçoit que l'autorité spirituelle excéderait ses pouvoirs en permettant en France ce que la loi française y défend ; il y aurait abus, et cet abus ne serait point toléré.

XXVIII.

De la vente des biens d'Église.

Ne peut permettre aux ecclesiastiques d'aliener les biens immeubles des Églises et benefices assis en France pour quelque cause d'utilité evidente ou urgente necessité que ce soit, et par quelque forme de contrat que ce puisse estre, comme par vendition, eschange, infeudation, bail à cens ou à rente, emphyteose à longues aunées : encore que lesdits benefices soyent de ceux qui se dient exempts, et immediatement sujets au sainct siege apostolique ; mais bien peut bailler rescrits ou delegation à sujets et habitans de ce royaume, à fin de cognoistre, traiter et juger de l'utilité evidente ou urgente necessité ; et ce faict, suivant la forme du droict, interposer sa confirmation et son decret selon que la matiere le requiert, sans toutefois entreprendre sur ce qui est de la jurisdiction seculiere.

D'aliéner.] Ces biens étant censés du domaine public, avec la destination à laquelle ils sont affectés, on ne peut en disposer que conformément au droit public, c'est-à-dire en vertu d'une loi. Si le concours du clergé peut être nécessaire, au moins il est certain que la volonté du pape seul n'a jamais pu suffire ni suppléer au défaut du consentement de la puissance séculière. Si, dans le concordat de 1801, le Gouvernement français a exigé de sa sainteté une déclaration que ni elle ni ses successeurs ne troubleraient, en aucune manière, les acquéreurs des biens ecclésiastiques aliénés, et que ceux-ci en demeureraient *propriétaires incommutables,* ainsi que leurs ayants cause ; ce n'est que *pour le bien de la paix,* comme le dit l'article ; pour éviter qu'un trouble quelconque ne fût apporté, même aux consciences ; et non en vue d'une ratification jugée absolument nécessaire. Ce n'est pas, au reste, que j'approuve en aucune façon l'emparement total, effectué en 1791, de la dotation immobilière du clergé. Je ne défends que le principe posé par Pithou, savoir : que l'intervention du pape est impuissante pour autoriser la vente des biens d'église situés en France ; et que cette vente, dans le cas où il est reconnu qu'elle doit avoir lieu, ne peut se faire que conformément aux lois du royaume.

Sur le droit incontestable d'avoir recours sur ces biens dans les urgentes nécessités du royaume, voyez la reconnaissance qu'en a faite le clergé lui-même aux États de Blois, dans Durand de Maillane (t. I, p. 407 et 408.)

Quant au droit de lever des impôts sur les biens de l'Église, comme sur tous autres, sans et même malgré le pape ou le clergé, et par le seul effet de la loi temporelle, c'est une règle de notre droit public. (Voyez la Charte constitutionnelle, art. 2.)

XXIX.

Suite du précédent.

Moins encore peut-il ordonner ou permettre aucune alienation desdicts immeubles avec clause *invitis clericis.*

Invitis clericis.] Car alors ce ne serait pas seulement blesser le droit public du royaume, mais encore le droit particulier du clergé français.

XXX.

Le pape ne peut déroger aux fondations.

Ne peut deroger ni prejudicier, par provisions beneficiales, ou autrement, aux fondations laïcales et droits des patrons laïcs de ce royaume.

Fondations laïcales.] Une fondation faite à certaines conditions, et acceptée sous ces conditions, devient un contrat. Nul ne peut y déroger; ni le pape, car il est à cet égard sans pouvoir, s'agissant de biens situés en France et régis par la loi française; ni la puissance temporelle elle-même, parce qu'elle est liée par son contrat. « Il n'est pas juste, porte le concile de Trente, d'ôter les droits légitimes de patronage ; ni de violer les pieuses intentions que les fidèles ont eues dans leur institution. » « (*Sess.* 25, *cap.* IX *de Ref.*) Du reste, les évêques ont, avec la permission du roi, l'inspection sur l'exécution des fondations pieuses, sauf le recours à l'autorité temporelle lorsque la matière devient contentieuse. Voyez mon *Introduction aux lois des communes*, p. 200 : *Des fondations.*

XXXI.

Actes qui sont hors la juridiction du pape ou de ses délégués.

Le pape ne peut par luy ny par son legat *à latere*, ou par ses subdeleguez, exercer jurisdiction sur les sujets du roy, mesme de leur consentement, en matieres de petition de dot, separation de mariez quant aux biens, crimes d'adultère, de faux, de parjure, sacrilege, usure, ou restitution de biens mal prins par contracts illicites ou usuraires, perturbation de repos public, soit par introduction de nouvelles sectes seditieuses ou heretiques, quand il n'est question que de faict ; ny autrement en quelque matiere que ce soit, és cas dont la cognoissance appartient au roy et aux juges seculiers ; ny pareillement absoudre les sujets du roy desdits cas, sinon quant à la conscience et jurisdiction penitentielle seulement.

Jurisdiction.] En France toute justice émane du roi : elle s'exerce par les juges qu'il nomme et qu'il institue, elle ne peut donc l'être par des juges délégués par un souverain étranger. Ceux-ci sont incompétents, lors même que les sujets du roi renonceraient à opposer l'incompétence ; car, en se soumettant ainsi volontairement à une juridiction étrangère et illégale, ce serait désobéir au roi, à qui ils doivent fidélité, et violer les lois de l'État, qui leur défendent de reconnaître pour juges des étrangers qui viendraient en France pour y usurper les droits du roi. — Voyez le discours de l'abbé Fleury *sur la juridiction ecclésiastique*. Les officialités ont été supprimées par la loi du 7 septembre 1790, titre XIV, art. 13. Voyez l'écrit de M. de Lanjuinais sur cette juridiction, brochure in-8° ; Loyseau *sur les Seigneuries*, chap. XV, passage remarquable ; Durand de Maillane *sur l'art.* 37, t. I, p. 671 et suivantes.

En matières de pétition de dot, etc.] Cette longue énumération prouve que la juridiction ecclésiastique s'était essayée de tous les côtés, et qu'elle voulait envahir là presque totalité des affaires. Heureusement les parlements y ont mis bon ordre ; et aux services qu'ils ont rendus de leur temps, se joint encore le bon exemple qu'ils ont laissé à leurs successeurs, à qui Dieu fasse la grâce d'en savoir toujours profiter.

Quant aux biens.] Ni même *quoad torum*, d'après le dernier état de la jurisprudence. (*Note marginale du Commentaire* de Dupuy.) — Surtout aujourd'hui que le mariage est un contrat essentiellement civil, auquel l'Église adapte seulement sa bénédiction, pour y attacher les grâces du sacrement.

Nouvelles sectes.] Par exemple, les Jésuites ont pu être rétablis par le pape comme institut religieux dans ses États, et pour les pays qui voudront bien les recevoir. Mais cette bulle est impuissante pour les faire admettre en France ; il faudrait d'abord une *loi*.

XXXII.

Suite du précédent.

Ne peut user en France de sequestration reelle en matiere beneficiale ou autre ecclesiastique.

Séquestration.] Toule saisie ou séquestration de fonds ou de fruits, étant une *exécution* par laquelle on met les objets saisis *sous la main de justice*, ne peut avoir lieu que par les officiers du roi, et seulement *de par le roi*, qui tient *la main de justice* parmi les attributs de sa royauté. L'article 2 des cinquante-sept articles présentés au roi par le clergé, en 1583, est conforme à ce que nous venons de dire. (Voyez l'ordonnance civile de 1667, tit. V, *sur la Complainte en matière de bénéfices.*)

XXXIII.

Le pape ne peut exercer la juridiction criminelle.

Ne peut cognoistre des crimes qui ne sont purs ecclesiastiques, et non mixtes, à l'encontre des purs laïcs; mais bien à l'encontre des gens d'Eglise seulement, contre lesquels il peut user de condemnation selon les sanctions canoniques, decrets conciliaires et pragmatiques, conformement à iceux. Et quant aux laïcs, pour les crimes purs ecclesiastiques, ne peut user contre eux de condemnation d'amendes pecuniaires ou autres concernans directement le temporel.

User de condemnations.] L'Église ne peut pas prononcer d'autres peines que la *pénitence* et l'*excommunication.* —

5

Au delà, si elle a besoin de protection, il faut qu'elle ait recours au bras séculier.

Quant aux laïcs.] Les laïcs ne sont justiciables de l'autorité ecclésiastique que comme chrétiens, dans l'ordre spirituel seulement : hors de là, leurs personnes et leurs biens sont sous la protection immédiate de la justice du roi. Ils n'en connaissent pas d'autre; et l'on ne peut les distraire de leurs juges naturels (art. 53 de la Charte de 1830). Des clercs, sans distinction, sont aussi justiciables des tribunaux ordinaires, pour les crimes et délits dont ils se rendraient coupables (*voyez* le réquisitoire et l'arrêt de 1710 contre le cardinal de Bouillon, et ci-après l'article XXXVIII). Sous la Restauration, les pairs ecclésiastiques étaient, en cette qualité de pairs, justiciables de la Cour des Pairs (Charte de 1814, art. 34),

XXXIV.
Compétence du juge séculier sur la discipline monastique.

Encores que les religieux, mendians ou autres, pour ce qui concerne leur discipline, ne puissent s'adresser aux iuges seculiers sans enfreindre l'obedience, qui est le nerf principal de leur profession, toutesfois, en cas de sedition ou tumulte et grand scandale, ils y peuvent avoir recours par requisition de l'impartition de l'ayde du bras seculier ; et pareillement à la cour de parlement, quand il y a abus clair et evident par contravention aux ordonnances royaux, arrests et jugemens de ladite cour, ou statuts de leur reformation authorisez par le roy et par ladite cour, ou aux saincts canons conciliaires et decrets, desquels le roy est conservateur en son royaume.

Les religieux.] La loi actuellement en vigueur ne reconnaît plus de vœux monastiques : et s'il s'en fait encore, ils ne sont pas obligatoires dans le *for extérieur*. Mais si l'on rétablissait des moines ou religieux quelconques, la doctrine établie dans cet article leur serait pleinement applicable.

En cas de sédition, etc.] Dans ces divers cas, les fonctionnaires publics chargés de la police du pays doivent intervenir, sans distinction de personnes, pour rétablir l'ordre et faire observer les lois.

Par réquisition.] On peut appliquer ici l'art. 16 de la constitution de l'an VIII, lequel est ainsi conçu : « La mai-
» son de toute personne habitant le territoire français est
» un asile inviolable. Pendant la nuit, nul n'a le droit d'y
» entrer, que dans le cas d'incendie, d'inondation ou *de*
» *réclamation faite de l'intérieur de la maison*. Pendant
» le jour, on peut y entrer pour un objet spécial, déter-
» miné, ou *par une loi*, ou *par un ordre* émané d'une au-
» torité publique. » — Par exemple, s'il y avait plainte en séquestration de personnes, conspiration, recel d'armes ou de poudres, crime ou délit quelconque, le procureur du roi et le juge d'instruction pourraient faire une descente sur les lieux, et se faire ouvrir les portes.

Réformation.] L'établissement des maisons religieuses ne pouvait avoir lieu dans le royaume qu'en vertu de *lettres patentes dûment enregistrées*, et que les parlements étaient dans l'usage de vérifier soigneusement, c'est-à-dire qu'il fallait une *loi* (*Voyez* art. XXVI). Pareillement, lorsqu'il y avait lieu de procéder à la réformation d'un ordre reli-

gieux, cette réformation devait être autorisée par le roi et
par le parlement. Les chapitres 33 et 34 des *Preuves* ne
sont composés que d'arrêts de différentes cours souveraines qui ont statué sur de semblables réformations.
Le plus grand nombre sont du commencement du XV°
siècle.

Le roi est conservateur.] Le roi est conservateur, gardien suprême de toutes les lois, et comme les canons sont
aussi des lois (en tant qu'ils sont reçus par l'Église gallicane, et ne sont pas contraires aux lois et franchises du
royaume), le roi, par ses ministres, veille à ce qu'ils soient
exécutés comme les autres lois.

XXXV.

Excommunications défendues pour les affaires civiles.

Monitoires ou excommunications avec clause satisfactoire, qu'on appelloit anciennement *super obliga-
tione de nisi,* ou *significavit,* comprenant les laïcs,
et dont absolution est réservée *superiori usque ad
satisfactionem,* ou qui sont pour choses immeubles,
celles qui contiennent clauses imprecatoires contre la
forme prescrite par les conciles, et pareillement celles
dont l'absolution est par exprès reservée à la personne
du pape, et qui emportent distraction de la jurisdiction
ordinaire, ou qui sont contre les ordonnances du roy
et arrests de ses cours, sont censées abusives; mais est
permis se pourvoir pardevant l'ordinaire par monition
generale *in formâ malefactorum, pro rebus oc-
cultis mobilibus, et usque ad revelationem*

duntaxat. Et si le lay s'y oppose, la cognoissance de son opposition appartient au juge lay, et non à l'ecclesiastique.

Monitoires.] *A monendo.* Les monitoires doivent, en général, précéder les excommunications. Ces avertissements sont fondés sur la charité et la douceur, qui accompagnent ou doivent accompagner toujours les jugements de l'Église. *Moneat, priusquàm feriat.*

Avec clause satisfactoire.] Il est constant qu'autrefois les officiaux excommuniaient les débiteurs lorsqu'ils ne satisfaisaient pas leurs créanciers à jour préfix. Et quoique les canonistes crussent qu'il n'était pas permis de se soumettre par convention à la peine d'encourir les censures d'Église, néanmoins le mauvais usage l'avait emporté sur la raison ; de manière que les notaires apostoliques, qui recevaient toutes sortes de contrats et d'obligations entre personnes séculières et pour choses profanes, dans le désir qu'ils avaient de favoriser, autant qu'il était en eux, la juridiction ecclésiastique, n'oubliaient jamais d'insérer dans leurs actes la clause : « Et si le débiteur ne paye pas aussitôt après le premier commandement qui lui en sera fait, il se soumet à la sentence d'excommunication qui sera encourue à défaut de payement. « ET NISI *debitor satisfecerit statim post denuntiationem, sententiæ excommunicationis se summittet, eam incursurus, nisi solverit.*» — Aussi Le Maistre fait-il remarquer, dans son *Traité de l'abus*, qu'un monitoire expédié en cour ecclésiastique avec la clause de NISI était abusif.

Pardevant l'ordinaire.] Cet article suppose l'existence des tribunaux ecclésiastiques que la loi ne reconnaît plus (loi du 18 germinal an X, art. 10). Les fidèles ne sont justiciables de l'autorité ecclésiastique qu'au *tribunal de la pénitence*, pour les affaires de leur conscience ; et, pour le reste, devant les tribunaux ordinaires institués par la loi. — Mais, une simple monition, pour obtenir une révélation d'un crime óu délit, ou amener les coupables à résipiscence, n'a rien de dangereux pour l'ordre public, et peut avoir souvent un résultat avantageux.

XXXVI.

De l'absolution à cautèle.

Pendant l'appel comme d'abus de l'octroy ou publication d'une monition, la cour du roy peut ordonner que, sans préjudice du droit des parties, le benefice d'absolution à cautele sera imparty à l'appellant, soit clerc ou lay ; et qu'à ce faire et souffrir l'evesque sera contraint, mesme par saisie de son temporel, et son vicegerent par toutes voyes deuës et raisonnables.

La cour du roy.] Les excommunications peuvent engendrer l'appel comme d'abus devant la juridiction séculière, pour empêcher l'effet extérieur de ces sortes de censures. Moins redoutées aujourd'hui, elles sont aussi bien moins fréquentes qu'autrefois. Il faut se reporter aux temps anciens pour se faire une idée du triste état d'un *excommunié !* Comme ces excommunications pouvaient être injustes, il fallait bien que les sujets, qui s'en prétendaient victimes, pussent recourir à la cour du roi, pour y chercher la protection qu'il doit à ses sujets contre toute espèce de violence et d'oppression ; et pour premier secours, on avait introduit les absolutions à cautèle, sorte de provisoire qui, en prévenant tout scandale, donnait à l'excommunié la liberté de pourvoir à la défense de son droit.

XXXVII.

Liberté individuelle est à l'abri de l'inquisition.

Un inquisiteur de la foy n'a capture ou arrests en ce royaume, sinon par l'ayde et authorité du bras seculier.

Un inquisiteur.] Nos libertés vont plus loin aujourd'hui que du temps de P. Pithou. Il ne s'agit pas seulement des *libertés de l'Eglise gallicane,* mais des *libertés de tous les Français.* Or, d'une part, « leur liberté individuelle est garantie, personne ne pouvant être poursuivi ni arrêté que dans les cas prévus par la loi et dans la forme qu'elle prescrit » (Charte, art. 4). D'autre part, la loi, bien loin d'autoriser l'*inquisition* ou de donner *capture* ou *arrêt* en ce royaume, pour cause d'*hérésie,* dit au contraire : « Chacun professe sa religion avec une *égale liberté,* et obtient pour son culte la *même* protection » (Charte, art. 5). — Voilà le *droit public des Français !* (Voyez l'Histoire de l'inquisition par le savant et malheureux Llorente, et l'abrégé in–18 qu'en a donné M. Gallois).

XXXIII.

Droit du roy sur ses officiers clercs.

Le roy peut justicier ses officiers clercs, pour quelque faute que ce soit, commise en l'exercice de leurs charges, nonobstant le privilege de clericature.

Privilége de cléricature.] Ce privilége n'existe plus. (Voyez la note dernière sur l'article XVI et les articles du Code pénal qui y sont cités ; voyez aussi la note sur l'article XXXIII.

XXXIX.

Les étrangers ne peuvent tenir bénéfice en France.

Nul, de quelque qualité qu'il soit, ne peut tenir aucun benefice, soit en tiltre ou à ferme, en ce royaume, s'il n'en est natif, ou s'il n'a lettres de naturalité ou de dispense expresse du roy à ceste fin, et que ses lettres ayent esté vérifiées où il appartient.

S'il n'en est natif.] « Aucun *étranger* ne pourra être employé dans les fonctions du ministère ecclésiastique sans la permission du gouvernement » (loi du 18 germinal an X, art. 32). Mais cette permission pourrait-elle être accordée à un étranger pour posséder un évêché? — Non ; l'article 16 de la même loi portant que « l'on ne pourra être nommé évêque, si l'on n'est *originaire* Français. » D'où il semble résulter que des lettres même de naturalisation ne suffiraient pas pour rendre apte à posséder un évêché. — « Eh ! qu'on ne regrette pas cette exclusion donnée aux étrangers qui, comme le dit Dupuy, ignorent les droits du pays où ils n'ont pas été élevés, insinuent aux peuples et les mœurs et les coutumes étrangères, et n'ont pas l'affection telle que les naturels ! Aussi, ajoute-t-il, tous les princes sont soigneux de l'observer. »

Lettres de naturalité.] Charles VIII en avait trop accordé ; Louis XII les révoqua toutes par son ordonnance de l'an 1499. L'ordonnance de Blois porte, art. 4, qu'aucun ne pourra être pourvu d'évêchés, ni d'abbayes de chef-d'ordre, soit par mort, résignation ou autrement, qu'il ne soit *originaire* français, nonobstant quelque dispense

ou clause dérogatoire qu'il puisse obtenir. — Malgré cette
sage disposition, Charles VIII a trouvé plus d'imitateurs
que Louis XII.

Quant aux bénéfices dont il est question dans cet article,
il n'était pas dans le vœu de la loi du 18 germinal an X
de rétablir ces *sinécures* ecclésiastiques, à en juger du
moins par la disposition des articles suivants. — Art. 6.
« Les archevêques et évêques pourront, avec l'autorisation
du gouvernement, établir dans leur diocèse des chapitres
cathédraux et des séminaires. *Tous autres établissements
ecclésiastiques sont supprimés.* » — Art. 73. « Les fondations
qui ont pour objet l'entretien des ministres et l'exercice du
culte ne pourront consister *qu'en rentes constituées* sur l'État;
elles seront acceptées par l'évêque diocésain, et ne pourront être exécutées qu'avec l'autorisation du gouvernement. » — Art. 74. « Les immeubles autres que les édifices
destinés au logement et les jardins attenants ne pourront
être affectés à des *titres ecclésiastiques*, ni possédés par
les ministres du culte, à raison de leurs fonctions. »

Depuis, à la vérité, d'autres lois ont permis au clergé
d'accepter des donations et legs de biens immeubles, et
n'ont pas renouvelé la défense d'attacher ces immeubles à
des *titres* quelconques : ainsi, avec le temps, *il y aura
des bénéfices !*

Alors, tous les articles de nos libertés qui avaient pour
objet de mettre la collation des bénéfices à l'abri des entreprises de la cour de Rome, retrouveront leur équitable
et utile application.

Nota. Voyez pour l'ancienne législation l'édit de Charles VII, publié
le 10 mars 1431, l'ordonnance de Louis XIII de l'an 1499, celle de
François Ier de 1525, l'article 4 de l'ordonnance de Blois et une ordonnance du 1er mars 1683.

XL.

Le concile universel est au-dessus du pape.

De la seconde maxime dépend ce que l'Église gallicane a tousjours tenu, que combien que, par la reigle
ecclesiastique, ou (comme dit sainct Cyrille escrivant
au pape Celestin) par l'ancienne coustume de toutes les
Églises, les conciles generaux ne se doivent assembler
ni tenir sans le pape, *clave non errante,* recogneu
pour chef et premier de toute l'Eglise militante, et pere
commun de tous chrestiens, et qu'il ne s'y doive rien
conclure ny arrester sans luy et sans son authorité :
toutesfois il n'est estimé estre par dessus le concile universel, mais tenu aux decrets et arrests d'iceluy, comme
aux commandemens de l'Eglise, espouse de notre Seigneur Iésus-Christ, laquelle est principalement repre-
sentée par telle assemblée.

Seconde maxime.] Tous les articles qui précèdent sont
une suite de la PREMIÈRE, touchant l'indépendance de nos
rois et de leur gouvernement dans tout ce qui est du ressort
de la puissance temporelle. — La SECONDE maxime, posée
dans l'art. 40, domine tous ceux qui vont suivre, et consacre la doctrine de l'Église gallicane sur l'autorité du
concile universel. (Voyez tout le chapitre XII des *Preuves.*)

Concile universel.] *Ultimum Ecclesiæ judicium generale
Concilium.*

Le gouvernement de l'Église n'est pas un gouvernement
despotique ni absolu : c'est un *gouvernement constitutionnel et représentatif.* Il a sa charte, qui est l'Évangile ; son
chef monarchique, qui est le pape ; ses états-généraux,

qui sont les conciles œcuméniques, autrement dits univer-
sels; ses précédents, qui sont attestés par la tradition; et
une loi électorale, dont anciennement le premier article
était : *Vox populi, vox Dei.*

Le clergé de France a été jusqu'à dire la *république
chrétienne*[1] : non par esprit d'insubordination à l'égard du
saint-siége, dont il n'a cessé de reconnaître la prééminence; mais pour exprimer que le gouvernement de l'Église
n'avait rien d'absolu et qu'il avait pour base l'intérêt
commun de la chrétienté. (Voyez la note Ire sur les art.
V et VI.)

M. l'évêque d'Hermopolis s'exprime ainsi sur le même
sujet : « Les ultramontains, dit-il, portant plus loin que
nous la puissance du chef, en font un monarque absolu.
Quant à nous, nous ne regardons point le pape comme
l'unique législateur dans la société chrétienne : nous n'en
faisons pas le principe unique de toute juridiction; nous
pensons que les évêques participent avec lui à la puissance
suprême dans les choses de la religion, et sont appelés,
quoiqu'avec une autorité moindre, à juger, à gouverner
comme lui. Ainsi le saint-siége est pour nous le *centre où
tout aboutit,* et non pas la *source d'où tout émane.* A nos
yeux l'Église n'est donc ni une monarchie pure, ni une
démocratie; c'est une monarchie tempérée par l'aristo-
cratie, et qui a cela de *populaire,* qu'une de ses règles
capitales, c'est que les emplois doivent être donnés au
mérite : si bien que, dans leur distribution, la naissance
et le crédit ne peuvent être comptés pour quelque chose
qu'autant qu'ils seraient un moyen de plus d'opérer le bien. »
(*Les vrais principes de l'Église gallicane,* p. 93, édit. de
1826.)

---

[1] Lettre de l'assemblée du clergé de France aux autres prélats, du
19 mars 1682.

On conviendra avec M. l'évêque de Tournai (Choiseul), dans son célèbre rapport à l'assemblée de 1682, que « la question de l'*infaillibilité* du pape et celle de la *supériorité du concile général* sont renfermées l'une dans l'autre. Car s'il est vrai que le concile est supérieur au pape en ce qui touche la foi, les mœurs et la réformation générale de l'Église, il est constant que le concile peut *réformer* les décrets du pape, et que le pape peut *faillir,* puisque *pouvoir faillir* et *pouvoir être réformé* est la même chose. »

La doctrine de l'Église gallicane sur cette double question (la suprématie du concile universel et la non-infaillibilité du pape) est consacrée en termes formels par l'art. 4 de la Déclaration de 1682, qui dit : « Le jugement du pape n'est pas irréformable, si le consentement de l'Église n'intervient. »

De là l'usage pratiqué par ceux qui se sentaient trop vivement pressés par les papes, d'appeler au futur concile, *à Papâ ad Concilium....*

Voyez, dans D'HÉRICOURT, *Lois ecclésiastiques,* le chapitre intitulé *du Pape.*

C'est ici néanmoins que s'établit la plus vive controverse entre les gallicans et *ceux d'Italie* qui soutiennent l'infaillibilité du pape, et vont même jusqu'à prétendre que cette doctrine est un *article de foi.* Écoutons à ce sujet le judicieux Dupuy : « Leur intérêt (dit-il en parlant de ces derniers) les oblige de maintenir cette doctrine ; celui en faveur de qui ils écrivent, qui est le pape, pouvant les récompenser et les élever aux dignités les plus éminentes, et eux-mêmes pouvant parvenir à cette dignité de l'Église ; et c'est cet intérêt qui les a poussés d'en écrire avec tant de chaleur. Au contraire, ceux qui ont écrit en faveur du concile n'ont aucune espérance de biens ni de grandeurs ;

il ne leur reste que cette consolation, d'avoir soutenu la plus saine doctrine. »

Un docte personnage d'Italie a donné un tour plus piquant à cette réflexion, en disant : Celui qui parle pour le pape peut fort bien devenir pape à son tour ; mais à parler pour le concile, il n'y a nul intérêt personnel, puisque personne ne peut aspirer à devenir concile, mais seulement à faire la cinq centième partie d'icelui.....: *Veramente, il parlare a favore del concilio, non può toccare all' interesse proprio, poichè nessuna persona può aspirare à diventar concilio; mà solo da esser una quingentesima parte di esso.*

XLI.

L'Église de France ne reçoit pas indistinctement tous les canons et décrétales.

Aussi l'Eglise gallicane n'a pas receu indifferemment tous canons et epistres decretales, se tenant principalement à ce qui est contenu en l'ancienne collection appellée *Corpus canonum,* mesme pour les epistres decretales jusques au pape Gregoire II.

N'a pas receu indifferemment tous canons.] Voyez déjà la note sur l'art. X ci-dessus, pages 14-16; et dans le *Recueil des Preuves* le chapitre XIV, qui a pour sommaire : « Que les conciles généraux ne sont point reçus » ni publiés en France que par la permission et autorité » du roi. » *Exemplum est in pragmaticâ sanctione, in quâ rex noluit acceptare omnia decreta concilii Basiliensis, sed tantùm ea quæ consona juris forent, et quæ in nullo poterant suæ reipublicæ præjudicare vel derogare.* (Mé-

6

MOIRE *du procureur du roi de Troyes contre l'évéque de
cette ville, en* 1460, *apud* DUPUY.)

L'ancienne collection.] Cet ancien corps de canons est
la compilation qui fut faite à la suite des quatre conciles
généraux de Nicée, Constantinople, Éphèse et Chalcédoine, et des cinq conciles particuliers d'Ancyre, de
Néocésarée, de Gangres, d'Antioche et de Laodicée,
confirmés et approuvés par les quatre conciles généraux
dont on a parlé. Cette compilation fut intitulée *Corpus
canonum,* et l'Église d'Orient y avait recours, non-seulement pour ce qui était de la foi, mais aussi pour la
décision des controverses qui regardaient les mœurs et la
discipline ecclésiastiques. Ce code était déjà en usage en
Orient avant le concile d'Antioche, et avait été compilé
sur une collection plus ancienne, faite de l'autorité des
évêques. Il fut approuvé par six cent trente évêques,
au concile de Chalcédoine, et autorisé par Justinien
(novelle 134); et c'est de ce code canonique que le
même Justinien et les autres empereurs tirèrent la plupart des constitutions qu'ils firent pour la police ecclésiastique. — Pour ce qui est de l'Église d'Occident, elle se
servit d'abord d'une traduction latine de cet ancien code
canonique de l'Église d'Orient et de l'Abrégé des canons
de Fulgentius Ferrandus; mais, vers l'an 527, Denis-
le-Petit fit une autre traduction du code de l'Église universelle; et, dans sa compilation, composée des conciles
tant grecs que latins, il fit entrer cinquante canons des
apôtres, reçus et approuvés par l'Église, et quelques
décrétales et constitutions des papes, depuis Sirice jusqu'à Hormisdas. Cette compilation fut si bien reçue de
toute l'église romaine, qu'on lui donna le titre de *Codex
canonum Ecclesiæ romanæ,* ou bien *Corpus canonum.*
C'est de ce code, ou corps des canons, que le pape

Adrien II donna à l'empereur Charlemagne un *epitome*, afin d'inviter ce prince à le faire toujours observer dans ses états, comme ses prédécesseurs avaient fait, et il le pria de l'envoyer à toutes les églises d'Occident. (Voyez dans le *Recueil* de Durand, tome I, page 84, l'épître en vers latins qu'on suppose avoir été adressée à ce sujet par le pape Adrien à Charlemagne.)

Corpus canonum.] Les frères Pithou en ont laissé une très-bonne édition, qui a été exécutée avec luxe à l'Imprimerie royale en 1687. On lit en tête de l'avertissement au lecteur : *Corpus hoc canonicum primò Moguntiæ editum anno 1525, ut adversùs Lutherum Ecclesia eo se tueretur, posteà Parisiis anno 1609, à Francisco Pithæo, tibi repræsentamus, duabus partibus constans : canonibus iis qui dicuntur apostolorum et quorundam conciliorum; dein, decretis pontificum romanorum. Ex his compositus est Codex canonum vetus Ecclesiæ.*

Epîtres décrétales.] Il importe de distinguer les vraies Décrétales des *fausses Décrétales*, qu'on a ainsi nommées parce qu'elles ne sont point des papes, auxquels leur titre les attribue, et que le fond même de ces pièces est un ouvrage supposé. L'ambition et la politique firent fabriquer ces décrétales : l'ignorance et la crédulité de ces temps les accréditèrent. Gratien les a rapportées dans son Décret comme pièces authentiques, ce qui est un grand défaut dont sa compilation n'a jamais été purgée. Les principaux objets de ces décrétales furent d'attribuer aux ecclésiastiques l'indépendance de toute juridiction séculière, d'étendre beaucoup l'autorité du pape, et de faire des plaintes sur l'usurpation du temporel des Églises. On y suppose d'anciens canons, portant qu'on ne tiendra jamais un seul concile provincial *sans la permission du pape,* et que toutes les causes ecclésiastiques *ressortiront à lui.* On y fait parler les successeurs immédiats des apôtres ; on leur suppose des écrits. Tout se ressent du mauvais style du viiie siècle ; tout est plein de fautes contre l'histoire et la géographie. Il a fallu toutes les lumières et toute la critique du xviie siècle pour en démêler la fausseté ; et, quand l'erreur a été reconnue, plusieurs usages, auxquels ces pièces avaient donné lieu, n'ont pas laissé de subsister : la longue possession a prévalu.

XLII.

Choses dont le pape ne peut dispenser.

Le pape ne peut dispenser, pour quelque cause que ce soit, de ce qui est de droit divin et naturel, ny de ce dont les saincts conciles ne lui permettent de faire grace.

Droit divin et naturel.] C'est le cas d'appliquer ici la maxime : *Civilis ratio jura naturalia corrompere non potest.* Dispenser de ce qui est à la fois de droit divin et naturel, ce serait autoriser le crime ; car on ne nomme ainsi que ce qui est contre les lois, et des lois souvent moins respectables. « Aucun ecclésiastique, même le pape, ne peut donner de telles dispenses, même sous prétexte d'éviter un plus grand mal ; puisqu'il n'est pas permis de faire un mal pour qu'il en arrive un bien. » D'Héricourt, E. XVIII, 23.) — « Accorder des dispenses sans cause, dit le même auteur, c'est détruire la discipline ecclésiastique. » (*Ibid.*, n° 24.) — En pareil cas, suivant saint Bernard, *non planè fidelis dispensatio, sed crudelis dissipatio est.* (Lib. III, *de Considerat.* ad Eugen. papam.)

Les ultramontains (et surtout les ultramontains jésuites) professent d'autres maximes; ils prétendent que le pape a le pouvoir le plus indéfini de dispenser de l'exécution de toutes les lois, de l'observation de toutes les règles (M. de Pradt, *du Jésuitisme*, p. 156 en note); et c'est en faisant allusion à ce prétendu pouvoir que le poète a dit :

. Est-il quelque serment dont Rome ne relève !

Mais cette doctrine a rencontré de puissants contradicteurs. « Quelques-uns (disait Geoffroy de Vendôme écrivant au cardinal Pierre Léon) croient que *tout est permis à l'Église romaine*, et qu'elle peut faire par dispense autrement que l'Écriture ne prescrit. Cette opinion est *insensée*. L'Église romaine n'a pas plus de pouvoir que saint Pierre ni que Jésus-Christ même, qui n'est pas venu abolir la loi, mais l'accomplir. Elle doit donc se servir de la puissance que Jésus-Christ lui a donnée, non selon sa volonté, mais selon la tradition de Jésus-Christ; et si le pape est averti par quelqu'un de corriger ce qu'il a fait excédant les bornes de la justice, il doit recevoir cet avis comme saint Pierre reçut celui de saint Paul. » — Ces paroles, dit Fleury, dans son *Hist. ecclés.*, liv. LXVII, n° 26, sont d'autant plus remarquables, qu'*elles sont d'un cardinal écrivant à un cardinal*.

Le même historien, livre LII, n° 16, *in fin.*, fait remarquer la fermeté des anciens papes à refuser les dispenses, pour s'en tenir inviolablement aux lois de la véritable discipline.

La règle posée en cette matière par le concile de Trente, sess. XXIV, chap. V., est qu'on ne peut donner des dispenses que *rarement, pour cause légitime et gratuitement*: et cependant Dieu sait quel abus et quel trafic on en a faits, et quels maux en sont résultés ! Le compilateur des

Mémoires du clergé, t. II, p. 808, remarque avec raison,
« qu'on a introduit plusieurs maximes dans le droit cano-
» nique romain, *pour avoir lieu de multiplier les dispenses*,
» qui ne sont pas suivies en France. »

Faire grâce.] Quand les conciles le permettent, alors le
pape emprunte de la loi même le droit de dispenser de
son exécution.

XLIII.
Quelles règles de chancellerie sont reçues en France.

Les reigles de chancellerie apostolique, durant mesme
le pontificat du pape qui les a faictes ou authorisées, ne
lient l'Eglise gallicane, sinon en tant que volontairement
elle en reçoit la practique, comme elle a faict des trois
qu'on appelle, *de publicandis resignationibus in
partibus, de verisimili notitiâ obitûs*, et *de infirmis resignantibus*, authorisées par les edits du roy,
et arrests de son parlement, ausquelles le pape ny son
legat ne peuvent deroger, fors à celle *de infirmis
resignantibus*, de laquelle on reçoit leur dispense,
mesme au prejudice des graduez nommez en leur mois.

Comme elle a fait des trois.] « Ces trois règles de chancellerie reçues en France sont observées comme les lois
faites par nos rois, et non pas comme règles de la chancellerie de Rome, et sont tenues comme lois perpétuelles
et fixes, sans que, par la mort du pape, elles puissent
être révoquées ou autrement altérées. » Dupuy.

De publicandis resignationibus.] Cette règle porte que
la résignation d'un bénéfice est sans effet, si le résigna-

taire ne l'a publiée, et n'a pris possession dans les six mois, s'il est pourvu en cour de Rome.

De verisimili notitiâ.] Suivant cette règle, les provisions sur vacance par mort sont nulles, si, du jour de la date, il n'y a assez de temps pour faire que du lieu où la personne est décédée, la vacance ait pu vraisemblablement venir à la connaissance du pape. Quoique l'on ait satisfait à cette règle, les provisions seront nulles, s'il est prouvé que l'on ait fait partir le courrier avant la vacance, ce qui s'appelle *course ambitieuse.*

De infirmis resignantibus.] Si un malade a résigné, et est décédé *dans les vingt jours,* la provision sur cette résignation est nulle, et le bénéfice réputé vacant par mort. C'est ainsi que d'après l'art. 1975 du Code civil, « tout contrat de rente viagère est nul lorsqu'il a été créé sur la tête d'une personne atteinte de la maladie dont elle est décédée dans les vingt jours de la date du contrat. » — Cette troisième règle de chancellerie n'est plus d'usage en France, dit l'abbé Fleury. D'Héricourt, *Lois ecclésiastiques,* lettre F. XIV, n° 29, indique les cas d'exception où elle conserve sa force, et où il n'est pas permis d'y déroger.

XLIV.

Bulles du pape ne s'exécutent en France sans pareatis de l'autorité temporelle.

Bulles ou lettres apostoliques de citation executoriales, fulminatoires ou autres, ne s'executent en France sans pareatis du roy ou de ses officiers ; et l'execution qui s'en peut faire par le lay apres la permission, se faict par le juge royal ordinaire de l'authorité du roy, et non *authoritate apostolicâ,* pour eviter distraction et meslange de jurisdiction ; mesme celui qui a impetré bulles, rescrits, ou lettres portans telle clause, est tenu declarer qu'il 'entend que les deleguez ou executeurs, soi clercs ou laïcs, en cognoissent *jure ordinario:* autrement y auroit abus.

Ne s'exécutent en France.] Cet article de nos libertés se retrouve dans l'art. 1er de la loi du 18 germinal an X, portant que « aucune bulle, bref, rescrit, décret, mandat, provision, ni autres expéditions de la cour de Rome, même ne concernant que les particuliers, ne pourront être reçues, publiées, imprimées, ni autrement mises à exécution, sans l'autorisation du gouvernement. »

Depuis la promulgation de cette loi jusqu'à présent, les bulles qui ont été reçues l'ont été avec la clause suivante : « La bulle donnée à Rome le... contenant... sera publiée, sans approbation des clauses, formules ou expressions qu'elle renferme, et qui sont ou pourraient être contraires aux lois de l'Etat, aux libertés, franchises et maximes de l'Église gallicane. » Voyez au Bulletin des lois, *passim.*

Le recueil des *Preuves des Libertés* est rempli d'arrêts qui ont supprimé des productions apostoliques dont l'introduction en France n'avait pas été légalement autorisée. Voyez notamment tout le chap. X.

Je me contenterai de citer un exemple plus récent du soin avec lequel le gouvernement tient à l'observation de cette règle.

M. l'évêque de Poitiers ayant ordonné dans son diocèse la lecture d'un bref dont la publication n'avait pas probablement été autorisée par le gouvernement, le Roi a rendu, le 23 décembre 1820, une ordonnance ainsi conçue :

« Louis, etc. Vu un mandement de l'évêque de Poitiers, en date du 26 octobre 1820, par lequel il ordonne de lire, dans toutes les églises paroissiales de son diocèse, la lettre par lui écrite au saint-siége, le 8 août de la même année, au sujet des prêtres et des fidèles dissidents, et le bref de sa sainteté donné en réponse à Sainte-Marie-Majeure, le 27 septembre suivant ;

» Vu la déclaration du 8 mars 1772, et les articles 1ers de la loi du 8 avril 1802 (18 germinal an X), et du décret du 28 février 1810 ;

» Vu la lettre écrite à notre garde des sceaux par l'évêque de Poitiers, le 5 décembre présent mois, de laquelle il résulte qu'il a publié ledit bref non vérifié *par pure inadvertance* et sans aucune intention de contrevenir aux lois du royaume ;

» Considérant que l'évêque de Poitiers avait usé *de ses droits et de sa juridiction* lorsqu'il a interdit les prêtres dissidents, et averti ses diocésains qu'ils étaient sans pouvoirs pour administrer les sacrements ;

» Que, s'il jugeait à propos de *consulter* le pape sur cet acte d'administration de son diocèse, il ne pouvait publier le bref reçu de sa sainteté qu'*avec notre* PRÉALABLE *autorisation ;*

» Que c'est une des *règles les plus anciennes et les plus importantes de notre royaume,* que, sous aucun prétexte que ce soit, les bulles, brefs, rescrits, constitutions, decrets et autres expéditions de cour de Rome, à l'exception de ceux concernant le for intérieur seulement, et les dispenses de mariage, ne puissent être reçus ni publiés sans avoir été vus et vérifiés par le gouvernement ;

» Que s'il résulte de la lettre de l'évêque de Poitiers ci-dessus visée, qu'il n'a agi que *par inadvertance* et sans intention de contrevenir aux lois du royaume, il est toutefois d'une nécessité indispensable de maintenir l'observance desdites lois ;

» Sur le rapport de notre ministre secrétaire d'état au département de l'intérieur;

» Notre conseil d'état entendu,

» Nous avons ordonné et ordonnons ce qui suit :

Art. Ier. « Il y a *abus* dans le mandement de l'évêque de Poitiers sus-mentionné, en ce qu'il a ordonné la lecture et la publication d'un bref de sa sainteté sans notre autorisation, et ledit mandement est et demeure supprimé.

II. « Notre garde des sceaux, ministre secrétaire d'état de la justice, et notre ministre secrétaire d'état de l'intérieur, sont chargés de l'exécution de la présente ordonnance, qui sera insérée au Bulletin des lois. »

Voyez encore décret du 23 janvier 1811, Bulletin n° 6471.

Jure ordinario.] *Non autoritate apostolicâ.* (Arrêt du 14 février 1563.)

XLV.

Le pape ni son légat n'ont juridiction en France sur les sujets du roi.

Le pape ou son legat *à latere* ne peuvent cognoistre des causes ecclesiastiques en premiere instance, ny exercer juridiction sur les sujets du roy et demourans en son royaume, païs, terres et seigneuries de son obeyssance, soit par citation, delegation ou autrement, posé ores qu'il y eust consentement du sujet; ny entre ceux mesmes qui se dient exempts des autres juridictions ecclesiastiques, et immediatement sujets quant à ce au sainct siege apostolique, ou dont les causes y sont legitimement devolues; pour le regard desquels, en ce qui est de sa juridiction, il peut seulement bailler juges

deleguez *in partibus*, qui est à dire és parties desdits
royaume, terres et seigneuries où lesdites causes se
doivent traicter de droict commun, et au dedans des
mesmes dioceses : desquels juges deleguez les appellations
(si aucunes s'interjettent) y doivent aussi estre traictées
jusques à la finale décision d'icelles, et par juges du
royaume à ce deleguez. Et s'il se faict au contraire, le
roy peut decerner ses lettres inhibitoires à sa cour de
parlement, ou autre juge, où se peut la partie y ayant
interest pourvoir par appel comme d'abus.

Jurisdiction sur les sujets du roi.] Tout cet article repose sur deux maximes que j'ai déjà citées plusieurs fois :
1º qu'en France, *toute justice émane du roi;* donc elle ne
peut émaner ni du pape ni de ses délégués, *etiam à latere;*
2º que *nul ne peut être distrait de ses juges naturels;* d'où
il suit qu'aucun sujet du roi ne peut être tenu d'aller à
Rome; et si l'on essayait de l'y contraindre, il peut appeler
comme d'abus.

Posé ores.] Quand même !

Consentement du sujet.] Le consentement des particuliers ne fait point préjudice aux principes dans les questions
de droit public. Loi 45, § 1, ff. *de regulis juris.* On peut
voir, dans le *Recueil des preuves*, tout le chapitre IX, ayant
pour sommaire : « Citations des sujets du roi en cour de
Rome sont abusives : — Arrêts contre aucuns qui, ayant
décliné la justice royale, se sont pourvus en cour de Rome
ou autre justice ecclésiastique. » Veut-on avoir la raison
de cette jurisprudence? on la trouve dans ce passage des
remontrances du parlement du 3 mars 1555 :

« Ce n'est pas sans tres grande raison que les rois de
France n'ont jusques icy voulu ne esté conseillez permettre

l'extraction et transport d'aucun de leurs sujets en cour
de Rome, autre royaume ou potentat, pour quelque cas
que ce ayt esté : car les sujets originaires de France estans
dedans le royaume ne sont justiciables que de leur roy,
lequel Dieu leur a donné prince naturel et souverain : et
tout ainsi que ses sujets lui doivent obeïssance, subjec-
tion et service, il leur doit protection et justice; et est
l'*obligation si réciproque*, que leur roy, sans leur faire
tort, ne les peut delaisser ne abandonner à pape, empereur, roy ne autre prince; et, s'il le fait, il rend sa justice
suspecte, et ceux qui poursuivent l'extraction, taisiblement
arguent le roy d'injustice, déclinans la sienne et en de-
mandans une autre contre ses sujets. C'est bien au rebours
du temps que les estrangers soumettoient leurs querelles et
différends à celle de France!... *Ce n'est pas fuir la justice que d'avoir crainte d'une justice estrangere.* »

XLVI.

Suite du précédent.

Semblablement, pour les appellations des primats et
metropolitains en causes spirituelles qui vont au pape,
il est tenu bailler juges *in partibus et intra eamdem
diocesim.*

Il est tenu bailler juges.] Sinon, l'on n'est pas tenu de les
aller chercher *ultra montes.*

En causes spirituelles.] Voyez à cet égard le discours
de d'Aguesseau sur l'arrêt d'enregistrement des lettres
patentes en exécution de la bulle portant condamnation du
livre intitulé : *Explication des maximes des saints.* Ce
grand magistrat y établit avec sagesse et dignité les droits

du Pape et de chaque évêque dans les jugements par appel ou autrement, des causes concernant la foi. Voyez aussi l'arrêt du 1er avril 1710, et BOSSUET, *Defens. declarat.*, t. II, lib. xiv, cap. 1.

XLVII.

Le pape est collateur forcé pour les bénéfices en France.

Quand un François demande au pape un benefice assis en France, vacant par quelque sorte de vacation que ce soit, le pape lui en doit faire expedier la signature du jour que la requisition et supplication luy en est faite, sauf à disputer par apres de la validité ou invalidité par-devant les juges du roy, ausquels la cognoissance en appartient; et en cas de refus fait en cour de Rome, peut celui qui y prend interest presenter sa requeste à la cour, laquelle ordonne que l'evesque diocesain ou autre en donnera provision, pour estre de mesme effet qu'eust esté la datte prise en cour de Rome, si elle n'eust esté lors refusée.

Faire expédier.] Cet article et les suivants ont pour objet de démontrer que le pape n'est pas maître absolu dans les diocèses du royaume, comme le prétendent les ultramontains. Dans la dispensation des bénéfices en France, nos auteurs n'ont jamais considéré le pape que comme un collateur extraordinaire, à qui le temps et la possession ont acquis des droits qui sont dus naturellement et d'origine aux évêques. Si bien, qu'en partant de ce principe, dont les articles qui vont suivre ne sont que des corollaires, on a limité l'exercice de ces nouveaux droits et des prétentions qui s'y rattachent, de telle sorte qu'il n'est plus permis aux officiers de la chancellerie romaine de s'en servir pour nous vexer.

Par-devant les juges.] Cette règle est très-bien exprimée dans le sommaire du chapitre XXI des *Preuves*, portant : « En cas de refus fait en cour de Rome, ou par les ordinaires, de conférer le bénéfice requis, le roi et les cours de parlement y mettent l'ordre convenable. » *Adde* : Ordonn. de Blois, art. 64; ord. de 1629, art. 22; édit de 1695, art. 2 jusqu'à 9. — Aujourd'hui ce n'est plus l'autorité judiciaire qui connaît de cette espèce de contentieux, mais l'autorité administrative, sauf recours au conseil d'état.

Pour estre de mesme effect.] « L'ordre contenu en cet article a été prudemment introduit pour prévenir mille difficultés que l'on invente en cour de Rome pour traverser les affaires, ce qui consume en dépenses ceux qui les poursuivent, et ce moyen retranche toutes les chicaneries. » (Dupuy.)

XLVIII.

De la taxe des provisions.

Le pape ne peut augmenter les taxes de provisions qui se font en cour de Rome des benefices de France, sans le consentement du roy et de l'Église gallicane.

Augmenter les taxes.] Ces taxes ayant été agréées par le roi de France et l'Église gallicane, il en résulte un véritable pacte, qui ne peut plus être augmenté par la chancellerie romaine au préjudice de ceux qui n'y sont soumis que dans les limites convenues. — Dans les instructions données par le roi aux cardinaux de Tournon et de Grammont, envoyés par sa majesté au pape en 1532, il est dit :

« D'autre part remonstreront à icelle sa sainteté, que ceux
de l'Église gallicane se sont grandement dolus et plaints
audit seigneur roy tres-chretien *des nouvelles et induës
exactions* qu'ils disent que l'on fait à Rome à l'expédition
des bulles, par lesquelles l'argent de ce royaume se vuide
journellement et est transporté hors d'iceluy. » Du temps de
Charles VI, en 1406, le 18 février, un arrêt notable avait
déjà dit : « que toutes exactions nouvelles, venant de Rome,
cesseraient. »

XLIX.

Des unions de bénéfices.

Le pape ne peut faire aucunes unions ou annexes des
benefices de ce royaume à la vie des beneficiers, ny à
autre temps ; mais bien peut bailler rescrits delegatoires
à l'effect des unions qu'on entendra faire selon la forme
contenuë au concile de Constance, et non autrement ;
et ce avec le consentement du patron et de ceux qui y
ont interest.

Unions ou annexes.] D'Héricourt, *Lois ecclésiastiques*,
lettre F, chap. xxi, traite à fond *de l'union et de la division des bénéfices.* Ces unions, quelquefois utiles, donnaient
aussi lieu à de graves abus. Le procureur-général Brulart
a remarqué dans ses mémoires « que l'abus était venu à
tel excès, qu'on avait vu un procureur en cour de Rome,
qu'il nomme, tenir en Bretagne vingt mille livres de rentes,
en cures et autres bénéfices, par unions personnelles (cu-
mulation) dont il avait vingt-cinq ou trente, et s'il ne vit
jamais ni cures, ni paroissiens. » L'auteur de l'*Hist. des
Confesseurs des Rois*, p. 123, cite aussi l'exemple d'un bâ-
tard de Henri IV, évêque à l'âge de sept ans et chargé de

dix riches abbayes. — On avait remédié à cet abus dans
les derniers temps. (Voyez dans la *Vie de Bossuet*, tom. II,
p. 108, une note très-intéressante de M. de Bausset sur la
répartition des bénéfices avant 1791. Voyez aussi l'édit
de Louis XV, du mois de septembre 1718, qui défend toute
union de bénéfices sans lettres patentes; et les déclarations
d'avril et juillet 1719 sur le même sujet.

Concile de Constance.] . . . . . *Si non ex rationalibus
causis et veris factæ fuerint, licèt apostolicæ sedis auctoritas intervenerit, revocabimus justitiâ mediante.* Session 43. — Voyez l'art. LXXII, sur *la Pluralité des bénéfices*, p. 102 *infrà*.

L.

Le pape peut-il créer pensions sur les bénéfices de France?

Ne peut creer pensions sur les benefices de ce
royaume, ayans charge d'ames, ny sur autres, ores que
ce fust du consentement de beneficiers, sinon conformement aux saincts decrets conciliaires et sanctions canoniques, au profit des resignans quand ils ont resigné
à ceste charge expresse, ou bien pour pacifier benefices
litigieux; et ne peut permettre que celui qui a pension
créée sur un benefice la puisse transferer en autres personnes, ny qu'aucun resignant retienne au lieu de pension tous les fruicts du benefice resigné, ou autre quantité desdits fruits excedans la tierce partie d'iceux, ores
que ce fust du consentement des parties, comme dit est.

Pensions sur les benefices.] Lorsqu'il y aura assez de bénéfices pour que l'on soit tenté à Rome de les grever de
pensions, cet article recevra son application, ainsi que les

édits du 4 octobre 1670, juin 1671, et déclaration du 9 décembre 1673 sur le même sujet.

Ores que.] C'est-à-dire « encore que ce soit du consentement desdits bénéficiers. » Lettres patentes de Charles IX du 6 juin 1565, et l'arrêt de vérification donné à Toulouse le 20 août suivant.

LI.

Componendes pour fruits mal perçus sont défendues.

Ne peut composer avec ceux qui auroyent esté vrais intruz és benefices de ce royaume, sur les fruicts mal prins par eux ; ny les leur remettre pour le tout ou en partie au profit de sa chambre, ny au prejudice des eglises ou personnes au profit desquelles tels fruicts doivent estre convertis.

Ne peut.] Le pape ou son légat.

Fruicts mal prins.] Ces fruits doivent être rendus aux véritables ayants droit, et ne peuvent devenir la matière de gratification au profit de tiers. On ne peut pas faire de donations avec le bien d'autrui.

Voyez au sujet des componendes et de leur abus le discours de M. Chéron, promoteur en l'assemblée du clergé de France en 1687.

LII.

Des procurations ad resignandum.

Les collations et provisions des benefices resignez és mains du pape ou de son legat, ne doivent contenir clause par laquelle soit ordonné que foy sera adjoustée au contenu des bulles, sans qu'on soit tenu d'exhiber les procurations en vertu desquelles les resignations sont faictes, ou sans faire autre preuve valable de la procuration au préjudice du resignant, s'il denie ou contredit telle resignation.

Preuve.] Sans cela on eût pu supposer impunément toute espèce de résignations. Art. 9 de l'édit de 1691. Au surplus, on m'assure qu'il n'y a plus de résignation aujourd'hui.

LIII.

Clauses dont le pape ne peut user.

Aussi ne se peut és collations et provisions de benefices mettre clause *anteferri*, ou autre semblable, au prejudice de ceux ausquels paravant et lors de telle provision seroit acquis droit pour obtenir le benefice.

Clause anteferri.] Ces collations avec la clause *anteferri* eurent cours principalement pendant le grand schisme d'Occident, où les papes, pour favoriser les cardinaux qui étaient de leur obédience, cherchaient à les accabler de bénéfices, au préjudice même de ceux qui avaient déjà un droit acquis auxdits bénéfices; et pour cela inséraient dans leurs bulles la clause *anteferri*, voulant qu'ils fussent préférés à tous autres. » (LENGLET.) C'est ce que nous explique *la grande Chronique de Saint-Denis*, au tome III, en la vie de Charles VI, sur l'an 1381. « Le schisme entre Urbain et Clément pape, y est-il dit, fit de grands dommages à l'Église, au royaume de France, et autre part avec. Clément avoit bien trente-six cardinaux, lesquels, mus de grands avarices, soutinrent d'avoir à peine tous les bénéfices de ce royaume, par divers moyens; et envoyèrent

leurs serviteurs parmi le royaume, enquerrant à la valeur
des prélatures, prieurés et autres bénéfices ; et usoit Clément de réservations, donnoit grâces expectatives aux
cardinaux et *anteferri*. Et fut la chose en ce point que nul
homme de bien, tant de l'université que autres, ne pouvoit
avoir bénéfices. » Aussi Louis XI se vit contraint de publier en 1464, le 10 septembre, un édit pour empêcher
qu'à l'avenir on n'eût aucun égard à cette clause, si préjudiciable au bien de l'Église de France et aux sujets du
royaume. Et cependant l'abus continua ; car les États assemblés à Tours, en 1483, s'en plaignirent au roi, le priant
d'y apporter prompt remède. « . . . Mais (portent les cahiers des trois Ordres) l'on ne sceut si bien lier la plaie par
concordats, que la subtilité romaine ne ouvrist ladite plaie
par nonobstances et *anteferri*; tellement, qu'infinie somme
d'or et d'argent alla en cour de Rome. »

LIV.

Des mandats et réserves condamnés.

Mandats *de providendo*, graces, expectatives ge-
nerales ou speciales, reservations, regrez, translations,
mesmes de prelatures, dignitez, et autres benefices estans à la nomination du roy, ou presentation de patrons
laïcs, et telles autres usances de cour de Rome decla-
rées abusives par les edits du roy et arrests de son parlement, ne sont receues et n'ont lieu en France.

Mandats de providendo.] « On nomme mandat *de providendo* un rescrit du pape qui mande à l'évêque ou autre
collateur de pourvoir de bénéfice celui qui est nommé
par le pape, lorsque le bénéfice vaquera. Il n'y a pas
plus de quatre cents ans que l'on en a usé. Voyez l'ordon-

nance de Louis XII, de l'an 1500, notable contre les mandats, et la déclaration de François Ier de 1527. » Dupuy.

Graces expectatives.] Ce sont lettres gracieuses, fondées en la seule grâce du pape, sans rigueur aucune de justice, avec condition, si l'impétrant est trouvé digne pour le bénéfice dont est question non encore vacant. *Est votum captandæ mortis.* » (Id.)

Les papes s'étaient aussi attribué le droit de donner à des chanoines des coadjuteurs, *sub exspectatione futuræ prebendæ*. (Voyez l'art. LXII ci-après.)

Reservations.] « C'est quand le pape réservait à sa collation et entière disposition les évêchés et autres prélatures lorsqu'elles viendront à vaquer, en interdisant l'élection ou collation ordinaire à ceux à qui elle appartient. Ces bénéfices réservés étaient appelés *consistoriaux*, par un titre spécieux, pour donner à entendre que le pape seul ne les voulait conférer, mais lui avec les cardinaux en consistoire, comme si la suffisance et la capacité étaient mieux connues à Rome que sur les lieux où sont les prélatures. » (Dupuy.)

On voit par là, et par beaucoup d'autres entreprises de ce genre, que Rome avait aussi son système de *centralisation.*

L'abus des *réserves* avait été porté à l'excès. On en jugera par ce passage, que j'extrais encore de Dupuy : « Il y en a, dit-il, qui ont parlé de réservations *mentales* (ou *in petto*) dont les papes se sont servis, et qui furent fort blâmées au concile de Trente; car c'étaient de vraies fraudes indignes et intolérables. C'était vouloir donner de la vertu à une pensée non communiquée ni publiée, et dont même il y avait sujet de croire qu'elle n'est pas seulement conçue en l'esprit, mais forgée après que le fait est arrivé. »

Regrez.] « La gràce de regrez est quand un homme qui a
résigné son bénéfice a la faculté de rentrer en la jouissance
d'icelui venant en convalescence. » DUPUY. (Voyez D'HÉ-
RICOURT, lettre F, chap. XIV, n° 24 .)

Translation.] « Comme le pape ne peut eriger des archevêchés ou évêchés en ce royaume, sinon à la demande du
roi et de son consentement, il ne peut aussi faire des translations de prélatures, dignités et autres bénéfices étant à la
nomination du roi sans son consentement. » (LENGLET.)

L V.

De la prévention : jusqu'à quel point elle est tolérée.

Et quant à la prevention , le pape n'en use que par
souffrance , au moyen du concordat publié du tres-expres
commandement du roy contre plusieurs remontrances
de sa cour de parlement, oppositions formées , protestations et appellations interjetées. Et depuis encores tous
les trois Estats du royaume assemblez en firent plainte ,
sur laquelle furent envoyez ambassadeurs à Rome pour
faire cesser ceste entreprise , qu'on a parfois dissimulée
et tolérée en la personne du pape, mais non d'autre,
quelque delegation , vicariat, ou faculté qu'il eust de sa
saincteté ; et si on l'a restraint tant qu'on a peu, jusques à juger que la collation nulle de l'ordinaire em-
pesche telle prevention.

Et quant à la prevention.] On nomme *prévention* le droit
que s'est attribué le pape de conférer les bénéfices vacants,

quand les provisions qu'il en accorde précèdent la collation de l'ordinaire ou la présentation du patron ecclésiastique au collateur. On conçoit alors l'empressement des
solliciteurs à se pourvoir en cour de Rome ; ils eussent
employé même le *télégraphe* pour donner avis des vacances ! Mais aussi, quelle source d'abus ! On les trouve
signalés dans les *instructions* données par Charles IX au
président Du Ferrier, lorsqu'il l'envoya au pape pour traiter des annates et préventions, en 1564 : « Et pour le regard des *préventions,* y est-il dit, il se trouve que plusieurs
ignorans et malvivans étoient pourvus de bénéfices, pour
être, par le moyen desdites préventions, conférés *à ceux
qui courent le mieux,* et non pas *à ceux qui le plus méritent* et en sont dignes ; qui est cause que plusieurs et divers scandales adviennent à l'Église, pour être administrée
par gens non suffisans et capables, et là-dessus naissent
et engendrent ordinairement les troubles en la religion,
tels et si grands que nous les voyons aujourd'hui. » Cette
instruction est aux *Preuves,* chap. XXII, n° 34, ainsi que la
*harangue dudit sieur Du Ferrier au pape, en conséquence
de ladite instruction,* n° 35.

Tres-expres commandement du roy.] Sans quoi il n'eût
certainement pas été enregistré.

Plusieurs remontrances.] Pithou a eu raison d'énumérer
tous ces actes de résistance, qui prouvent que le concordat
n'a jamais été reçu avec l'assentiment libre et cordial qu'obtiennent ordinairement les bonnes lois ; mais qu'il a été
imposé par *puissance absolue.* Ce qui a inspiré à Pibrac ce
quatrain si connu ;

> Je hais ces mots de *puissance absolue,*
> De plein pouvoir, de propre mouvement :
> Aux saints décrets ils ont premièrement,
> Puis à nos lois la puissance tolluc.

Les trois Etats.] Les États d'Orléans, en 1560, sous Charles IX.

Tolerée.] Heureusement que les actes de tolérance ne peuvent fonder aucun droit.

Restraint.] Il faut au moins restreindre les abus, quand on ne peut tout à fait les empêcher.

LVI.

Des résignations en faveur.

Resignations ou procurations portant clause *in favorem certæ personæ, et non aliàs, aliter, nec alio modo,* et les collations qui s'en ensuivent sont censées illicites et de nulle valeur, comme ressentant simonie, et ne tiennent, mesmes au prejudice des resignans, encor que les collations eussent esté faictes par le legat *à latere,* en vertu de ses facultez. Toutesfois celles faictes par le pape mesmes s'exceptent de ceste reigle et maxime.

In favorem.] La résignation en faveur était un acte par lequel le titulaire d'un bénéfice déclarait au pape qu'il se démettait entre ses mains du bénéfice dont il était pourvu, à condition que le pape le conférerait à la personne qui était nommée dans l'acte de démission. — C'est ce que signifie la clause insérée dans toutes les résignations en faveur : *non aliàs, non aliter, non alio modo.*

Ressentant simonie.] On suppose un pacte intéressé entre le résignant et le résignataire.

Par le pape mesmes.] « En France, dit d'Héricourt, nous ne reconnaissons pas d'autre collateur ecclésiastique que le pape qui puisse véritablement conférer une résignation

en faveur. » (*Lettre* F. XIV, n° 2.) — Je crois même
qu'aujourd'hui, s'il y avait des bénéfices à conférer, l'autorité administrative pourrait bien s'en mêler, de concert
avec les évêques, mais qu'on ne laisserait pas à la cour de
Rome l'embarras d'y pourvoir de si loin.

LVII.

Le pape ne peut dispenser les gradués du temps d'étude.

Le pape ny son legat ne peuvent dispenser les graduez
dès temps et cours de leurs estudes, ny autrement, pour
les rendre capables de nominations de benefices, et tels
autres droits et prerogatives.

Dispenser les graduez.] *Promovere ad gradus per saltum.*
Ce serait donner capacité à ceux qui ne l'ont pas; ce serait faire exception aux lois de la puissance temporelle qui
a établi les conditions sous lesquelles les grades peuvent
être conférés. — Il était aussi défendu de dispenser les
gradués de leur tour et rang, afin de ne pas décourager
ceux à qui l'on aurait fait des passe-droits. Il existe beaucoup d'édits et plusieurs anciens ouvrages sur les droits
des gradués.

LVIII.

Le légat ne peut subdéléguer.

Le legat *à latere* ne peut deputer vicaires, ou subdeleguer pour l'exercice de sa legation, sans le consentement exprés du roy, mais est tenu exercer luy-mesme
son pouvoir tant qu'il dure.

Subdeleguer.] Puisqu'il est de règle que les légats soient
agréés par le roi, la même forme est indispensable pour

leurs *délégués*. Ajoutez à cela que, lorsqu'on admet les légats, c'est toujours en modifiant leurs *facultés*, c'est-à-dire le mandat qu'ils ont reçu du saint-siége. Or cette règle se trouverait éludée si la subdélégation n'était pas soumise au même examen. Enfin, n'oublions pas que cet article de nos libertés a reçu un nouveau degré de précision par la rédaction de l'article 3 du titre 1er de la loi du 18 germinal an X, suivant lequel « aucun individu se disant nonce, légat, vicaire ou commissaire apostolique, ou se prévalant de toute autre dénomination, ne pourra, sans l'autorisation du gouvernement, exercer sur le sol français, *ni ailleurs*, aucune fonction relative aux affaires de l'Église gallicane. »

LIX.

Le légat est sans caractère hors du royaume.

Et si ne peut user de la puissance de conferer les benefices de ce royaume, quand il est en pays hors l'obeyssance du roy.

Hors l'obéyssance du roy.] « Le pouvoir du légat ne dure que tant qu'il plaist au roy, et tant qu'il est dans le royaume és terres de sa majesté, hors lesquelles son pouvoir cesse à l'égard du roy et de ses sujets, quoyque ses facultés s'étendent dans les estats des princes voisins ; et tout ce qu'il peut faire et ordonner, estant dans ces estats voisins, à l'égard de la France, est nul, et n'y a-t-on aucun égard. » (*Preuves des Libertez*, chap. XXIII, n° 49, note *in fine.*)

Cette précaution est sage, car on est ordinairement plus hardi de loin que de près ; et l'on n'a pas dû laisser au légat le droit qui, règle générale, n'appartient à aucun magistrat, hors du territoire qui lui est départi.

Dupuy donne encore une autre raison de cet article. « Comme les légats, dit-il, sont obligés, avant que de sortir du royaume, de laisser les registres de leur légation, afin que les sujets du roi y ayent facilement recours en leurs affaires ; il estoit aussi nécessaire d'ordonner qu'ils ne pourroient user de leur pouvoir estant hors de la France, leur charge estant finie, n'y ayant que les expéditions qui sont dans les registres qu'ils ont laissés avant que de partir qui soient valables. » *Voyez* l'article suivant.

LX.

Sceau et registre que le légat doit laisser à son départ.

Et à son partement est tenu laisser en France les registres des expeditions faictes du temps de sa legation pour ce qui concerne le royaume de France, ensemble les sceaux d'icelle, és mains de quelque fidelle personnage que le roy depute pour expedier ceux qu'il appartiendra. Et sont les deniers procedans desdites expeditions convertis en œuvres pitoyables, selon qu'il plaist à sa majesté en ordonner.

Et à son partement.] *Voyez* la note sur l'article précédent.

Laisser en France.] Comme il n'est pas permis d'attirer les sujets du roi hors de France ni de les faire plaider dans une juridiction étrangère, on tomberait dans cet inconvénient si l'on permettait aux légats d'emporter avec eux les registres de leur légation. Aussi fait-on de cet article une condition fondamentale dans la vérification de toutes les facultés des légats.

Les sceaux d'icelle.] *Voyez* sur la remise de ces sceaux la remarque de Papon, et l'usage par lui attesté, liv. I, tit. V, art. 6 et 7.

Voyez aussi le discours du cardinal Caprara, rapporté ci-devant sous l'art. XI.

LXI.

Le pape ne peut conférer ni unir les hôpitaux.

Le pape ne peut conferer ny unir hospitaux ou leproseries de ce royaume, et n'a lieu en iceux la reigle *de pacificis.*

Le pape ne peut.] Tout cela est d'administration intérieure du royaume. (*Voyez* l'art. XLIX.)

La reigle de pacificis.] La règle *de pacificis possessoribus,* qui met le titulaire d'un bénéfice à l'abri de toute recherche lorsqu'il a possédé sans trouble pendant trois ans. — Comme il y aurait ici abus dans la collation que ferait le pape, la longue possession ne couvrirait pas la nullité. (*Voyez* aux *Preuves,* chap. XXXVI, n° 32, *in fine.*)

En effet, c'est une maxime générale en fait d'abus que *le temps ne fait rien à l'affaire.* L'abus une fois formé est imprescriptible; plus il vieillit, plus il est abus. *Abusus enim perpetuò et continuò gravat, ideòque ab eo in perpetuum appellatur.* (Fevret, *Traité de l'Abus,* liv. I, chap. II, n° 13.)

La raison en est simple : « Rien ne peut couvrir l'abus, parce que rien ne peut déroger à l'autorité du roi, à l'intérêt de l'Église et de l'État. » (Durand de Maillane, Dict. de Droit can., v° *Abus.*)

Cela est conforme au principe du Droit Romain. *Præ-*

scriptio temporis juri publico non debet obsistere. L. 6, au Cod. *de operib. publicis.* (*Voyez* le plaidoyer de Talon, du 24 mars 1664, pour l'évêque de Chartres contre le chapitre.)

LXII.

Le pape ne peut créer de chanoines en expectative.

Ne peut créer chanoines d'eglise cathedrale ou collegiale, *sub exspectatione futuræ prebendæ, etiam* du consentement des chapitres, sinon à fin seulement de pouvoir retenir en icelles dignité, personat ou office.

Ne peut créer.] *Voyez* la deuxième note sur l'article LIV, — et l'arrêt du parlement du 16 décembre 1551, rapporté aux *Preuves*, chap. XXIII, n° 54.

LXIII.

Dignités que le pape ne peut conférer.

Ne peut conferer les premieres dignitez des eglises cathedrales *post pontificales majores*, ny les premieres dignitez des eglises collegiales, esquelles se garde la forme d'election prescrite par le concile de Latran.

Par le concile de Latran.] Au chapitre *quia propter,* DE ELECTIONIBUS. (*Voyez* aux *Preuves*, chap. XXIII, n° 54; voyez aussi la loi de germinal an X, art. 35 et suiv.)

LXIV.

Coutumes et statuts auxquels le pape ne saurait déroger.

Ne peut dispenser au préjudice des louables coustumes et statuts des eglises cathedrales ou collegiales de ce royaume, qui concernent la décoration, entretenement, continuation et augmentation du service divin, si sur ce y a approbation, privilege et confirmation apostolique octroyée pour la susdite cause ausdites eglises, à la requeste du roy, patron d'icelles : encores que lesdits privileges ainsi octroyez fussent subsequents les fondations desdites eglises.

Louables coustumes.] On appelle *louables coutumes*, par opposition à *mauvaises coutumes*, celles qui ne sont contraires à aucune loi positive, qui sont fondées en raison, et qui, par ce motif, ont commandé l'acquiescement du législateur et l'approbation universelle. Dans ces sortes de changements, le mieux est souvent l'ennemi du bien. On peut dire qu'à côté de l'avantage d'améliorer est le danger d'innover; ce qui s'accorde très-bien avec cette pensée de saint Augustin, épître 119, où il dit : *Ipsa mutatio consuetudinis, etiam quæ adjuvat utilitate, novitate perturbat.* (*Voyez* l'article 3 de la Déclaration de 1682.)

Et statuts des églises.] Par exemple, le pape ne pourrait pas, de sa seule autorité, déroger au décret du 30 novembre 1809, concernant les *fabriques des églises;* ni à l'article 39 de la loi du 18 germinal an X, portant « qu'il n'y aura qu'une liturgie et un catéchisme pour toutes les églises catholiques de France; » ni à l'art. 44, suivant lequel « au-

cune fête, à l'exception du dimanche, ne peut être établie
sans la permission du gouvernement. » Quant aux Rituels
et Bréviaires, voir ci-après, pag. 368.

LXV.

Expéditions des provisions des bénéfices.

On peut en France prendre possession d'un benefice
en vertu de simple signature, sans bulles expediées
soubs plomb.

Soubs plomb.] Qui coûtent beaucoup d'*argent.*

LXVI.

Du droit de régale.

Le droict qu'on appelle de *regale*, approuvé par aucuns saincts decrets, semble se pouvoir mettre entre les
libertez de l'Eglise gallicane, comme dependant du premier chef de la maxime generale cy-dessus. Car encores
qu'aucuns grands personnages ayent voulu faire deux
sortes ou especes de regale, distinguans le temporel du
spirituel : ce neantmoins, le considerant de plus près,
il ne s'en trouvera qu'un procedant de mesme source,
et se pourra dire droict, non à la vérité de rachapt ou
relief, mais plustost de bail, garde, protection, main-
bournie ou patronage, et emporter la collation des
prebendes, dignitez et benefices non cures vacants de
droit et de faict ensemble, ou de fait, ou de droit tant
seulement, comme faisant à present telle collation aucunement partie des fruits de l'evesché ou archevesché,

lesquels se partagent au reste entre le roy et les heritiers du defunt prelat, au prorata de l'année, mesmes pour le regard des jà perceus auparavant le decez. Mais outre, ha ce droict quelques singularitez et privileges particuliers, comme de durer trente ans, d'estre ouvert par la promotion au cardinalat ou patriarchat, de n'estre clos par souffrance ny autrement, jusques à ce que le successeur, evesque ou archevesque, ait faict et presté au roy le serment de fidélité, et presenté et faict registrer les lettres d'iceluy en la chambre des comptes, après avoir baillé les siennes adressantes au roy, et que le receveur ou commissaire de la regale ait receu mandement de la ladite chambre pour lui delaisser la pleine jouissance de son benefice. Aussi ha la regale ceste preeminence de ne se cumuler d'autres droicts que du roy, non pas de ceux du pape mesmes : de n'estre sujette à la jurisdiction et cognoissance d'autre que du roy et de sa cour de parlement ; ny pareillement aux reigles de la chancellerie de Rome, mesme à celles *de verisimili notitiâ obitûs,* ny encore à celle *de pacificis,* sinon quand le differend est entre deux regalistes qui s'aident de leur possession ; ny aux facultez de legats, dispenses, devolutz, nominations, et pareilles subtilitez du droict canon.

De regale.] C'est un droit royal, *jus regium,* comme le nom l'indique. Il tient à la prérogative. « La régale, dans le sens de cet article, est le droit qui appartient au roi de France de conférer les bénéfices non cures, dépendants de la collation des évêques de France, quand ils vaquent ou qu'ils se trouvent vacants dans le temps de la vacance du siége épiscopal, avec l'administration des fruits temporels de l'évêché. » (D'Héricourt, *lettre* F. VI, n° I.)

Ce droit est très-ancien ; les plus saints de nos rois s'en sont servis dès le commencement de la troisième race ; tous leurs successeurs ont suivi leur exemple ; plusieurs papes et un concile général l'ont approuvé (Voyez les autorités citées par D'Héricourt, *ibid.*, n° 2, et dans le livre des *Preuves* tout le chapitre XVI, qui est exclusivement consacré au *droit de régale*. Voyez ce que j'en dis dans mon *Introduction*. Durand de Maillane a joint à cet article un Commentaire qui comprend plus de 80 pages in-4°.)

Ce droit s'exerce sur tous les évêchés du royaume. (D'Héricourt, *ibid.*, n°s 3 et 4.)

Le droit de régale, en tant que féodal, parce qu'il procédait aussi du droit de garde-noble, serait aboli ; mais on peut retrouver aujourd'hui un équivalent de ce droit dans la retenue des traitements et revenus pendant la vacance des siéges.

On ne voit pas en effet comment et par qui ce droit pourrait être contesté au gouvernement, aujourd'hui que les revenus des évêques consistent principalement dans le traitement que leur fait l'État ; en telle sorte que le droit de l'État s'opérerait moins en ce cas *jure revendicationis* que *jure retentionis*. Le trésor garde par cela seul qu'il n'y a pas de titulaire à qui il puisse payer.

La régale reste ouverte jusqu'à ce que le successeur évêque, légitimement pourvu, ait fait en personne le serment de fidélité qu'il doit au roi.

L'ancienne formule de ce serment était ainsi conçue : — « Je..., évêque ou archevêque de..., jure le très-saint et très-sacré nom de Dieu, et promets à votre majesté que tant que je vivrai je lui serai *fidèle sujet* et serviteur ; que je procurerai le bien de son État, que je n'assisterai jamais à aucun conseil ou assemblée qui se trouve contre son service ; et, s'il vient quelque chose à ma connaissance au préjudice d'iceux, d'en avertir votre majesté. Ainsi, Dieu me soit en aide et ses saints Évangiles par moi touchés. »

Le concordat de 1801 dispose, art. 6, que les évêques prêteront *directement*, c'est-à-dire en personne, entre les mains du chef de l'Etat *le serment de fidélité qui était en usage avant le changement de gouvernement* (c'est celui que nous venons de rapporter) ; mais l'article ajoute : *exprimé dans les termes suivants*, qui dès lors ont remplacé l'ancienne formule, et nous semblent en effet rédigés avec plus de précision : « Je jure et promets à Dieu, sur les saints Évangiles, de garder *obéissance* et *fidélité* au gouvernement établi par la constitution (aujourd'hui : *au roi et à la charte*). Je promets aussi de n'avoir aucune intelligence, de n'assister à aucun conseil, de n'entretenir aucune *ligue*, soit au dedans, soit au dehors, qui soit contraire à la tranquillité publique ; et si, dans mon diocèse ou ailleurs, j'apprends qu'il se trame quelque chose au préjudice de l'État, je le ferai savoir au gouvernement. »

Il est évident que ce serment, stipulé et autorisé par l'article 6 du concordat, ne peut pas être paralysé, modifié, ni infirmé, en quoi que ce soit, par cet autre serment des évêques au pape, tel qu'il est consigné dans le *Pontifical romain*.

Par le serment prêté au pape, l'évêque s'oblige à défendre les domaines de saint Pierre contre tout agresseur, autant que le permettra son ordre et son caractère ; à ne jamais déceler les secrets que les papes pourront lui confier par eux-mêmes ou par leurs nonces. *J'aurai soin*, dit l'évêque, *de conserver, augmenter, accroître les droits, honneurs, priviléges et autorité de notre seigneur le pape et de ses successeurs*, et, plus loin, *leurs droits, honneurs, état et puissance.* Il jure d'observer et de faire observer par les autres, de toutes ses forces, les décrets, les ordonnances ou dispositions, les réserves, les provisions et les *mandats de la cour de Rome.* Il jure enfin de poursuivre et de combattre, autant qu'il en aura les moyens, les hérétiques, les schismatiques, et quiconque ne rendra pas au pape l'obéissance qu'il exige.....

Rome s'est obstinée à exiger ce serment, malgré les réclamations les plus fortes; elle va jusqu'à l'exiger des évêques mêmes qui ont pour souverains des hétérodoxes. La cour de Rome veut donc qu'ils s'obligent par leur serment à poursuivre et à combattre de toutes leurs forces leur souverain même.

Les évêques d'Allemagne ont cru devoir mettre des restrictions à ce serment, comme outrageux pour l'épiscopat et contraire à la hiérarchie.

Des évêques de Toscane et du royaume de Naples en ont prouvé l'absurdité. Des évêques de Hongrie s'en étaient déjà plaints.

Ce serment, injurieux aux libertés gallicanes, était inconnu dans les bons siècles de l'Église. Il doit son origine au pape Grégoire VII, qui fit des entreprises si révoltantes contre l'autorité civile....

Les évêques doivent être unis au pape comme à leur chef; mais, n'étant pas ses *vassaux,* ils ne lui doivent aucun serment; tandis qu'ils en doivent un au gouvernement de l'État auquel ils appartiennent et dont ils sont les *sujets.*

Ce que nous venons de dire sur le serment des évêques au pape nous conduit naturellement à parler de la formule, *évêque.... par la grâce du Saint-Siége apostolique,* usitée par les évêques dans leurs mandements.

Cette formule, inconnue aux douze premiers siècles de l'Église, paraît ne dater que de l'an 1251. Ce fut l'archevêque de Nicosie qui, dit-on, l'employa le premier dans les constitutions qu'il publia cette même année. Il fut imité par quelques-uns de ses successeurs. On voit en 1351 les archevêques de Narbonne prendre cette qualité ; en général les évêques de France ne l'ont adoptée que plus tard : encore, dit le père Thomassin, t. I, liv. I, n'est-ce que par une erreur.

Ce style de nouvelle date est absurde, en ce qu'il suppose que les évêques tiennent leurs pouvoirs de la libéralité du pape. Pavillon, évêque d'Alet, à qui on en fit la remarque, supprima cette formule. Bossuet s'intitulait évêque *par la permission divine*.

Aux *Actes des apôtres*, il est dit que les évêques sont établis par le Saint-Esprit pour gouverner l'Église de Dieu ; et la déclaration de 1682 reproduit cette expression : ils ne sont donc point établis par le pape, ils ne sont pas simples délégués ou vicaires du pape ; leurs pouvoirs émanent, non de lui, mais de Dieu : ils ont *mission divine*.

Une conséquence naturelle de ces principes, c'est que les pouvoirs des évêques doivent s'exercer dans toute leur plénitude. Le pape est de droit divin le chef *ministériel* de l'Église, comme l'appelle le concile de Bâle ; le *pouvoir exécutif* de l'Église, selon l'expression de l'immortel Gerson ; mais l'usage de recourir à Rome pour l'absolution de certains cas réservés au pape, ou pour obtenir des dispenses de quelques empêchements, est nouveau. Les évêques des premiers siècles dispensaient des canons et des lois apostoliques lorsque la nécessité publique l'exigeait, sans faire intervenir ni le Saint-Siége, ni les conciles provinciaux. (Thomassin, t. II, p. 1362. Voyez ci-après l'article LXXI.)

LXVII.
Des assemblées pour les élections.

Se peut aussi mettre en ce mesme rang le droict de donner licence et congé de s'assembler pour eslire, et celui de confirmer l'election deuement faicte, dont les rois de France ont tousjours jouy tant que les élections ont eu lieu en ce royaume, et en jouissent encor à present en ce qui reste de ceste ancienne forme.

Congé de s'assembler.] «... Aucune assemblée délibérante n'aura lieu sans la permission expresse du gouvernement. » (Loi du 18 germinal an X, art. 4.)

Tant que les élections ont eu lieu.] Voyez le chapitre XV des *Preuves* et les notes sur l'article suivant.

LXVIII.
De la nomination du roi aux dignités ecclésiastiques.

Mais on pourroit douter si le droict de nomination doit estre mis entre les libertez plustost qu'entre les privileges, d'autant qu'il peut sembler tenir quelque chose de passedroit ; attendu mesme ce que Loup, abbé de Ferrieres, prelat fort sage et des plus sçavans du temps du roy Charles-le-Chauve, tesmoigne que les Merovingues et Pepin eurent encore sur ce le consentement du pape Zacharie en un synode, à ce que le roy, pour maintenir son estat en repos, peut nommer aux grades et importantes dignitez ecclesiastiques personnes de son royaume ses subjets, dont il s'asseurast, dignes neantmoins de la charge. Et toutesfois ce droict se voit indifferemment pratiqué par les moindres patrons laïcs ; ce qui le doit faire trouver plus legitime et tolerable en la personne du roy très-chrestien, *premier et universel patron et protecteur des Églises de son royaume,* pour le regard duquel on a tenu et pratiqué ceste maxime, mesme depuis les derniers concordats :

Qu'en tous archeveschez, eveschez, abbayes, prieurez, et autres benefices vrayment electifs, soit que ils ayent privilege d'elire ou non, resigner en cour de Rome *in favorem*, ou bien *causâ permutationis,* est requise et necessaire la nomination du roy, sous peine de nullité ; sinon qu'il y eust possession triennale paisible depuis la provision, et que lesdits droicts de regale et nomination ont lieu, encores que le beneficié soit mort à Rome, et que le benefice ait vacqué *in curiâ romanâ.*

L'on pourroit douter.] « La provision aux prélatures et dignités de l'Église s'est faite de tout temps si diversement, et par des formes le plus souvent si contraires les unes aux autres, qu'il est difficile de dire celle qui a été jugée la plus légitime. — L'on ne peut pas nier que les élections n'aient eu lieu dès le temps des apôtres : l'on peut aussi montrer que dès lors on a varié et usé d'autre voie que de l'élection. — Le pape a prétendu que ce droit lui appartenait privativement à tout autre : le prince a eu cette même prétention, et l'un et l'autre en ont joui. — Quelquefois les évêques de la province seuls y ont pourvu. — En autre temps, le clergé et le peuple élisaient leurs pasteurs. — En autre temps, le prince, le clergé et le peuple, par communs suffrages. — Quelquefois, tout le clergé ensemble sans le peuple ; quelquefois, les chanoines seuls sans le clergé. » (Dupuy.)

« Cette diversité, ajoute le même auteur, fait voir que l'on n'a jamais cru qu'il y eût rien en cela de droit divin, et qu'il a été licite aux puissances séculières d'en user selon leurs intérêts ; et elles ont eu d'autant plus raison, que l'on a tenu ces personnes élevées à ces premières dignités capables de posséder toutes sortes de biens temporels, non-seulement des villes, mais des provinces entières. »

Quoique cette raison se soit à peu près évanouie, soit par la confiscation des biens immeubles du clergé, soit par l'abolition de la féodalité, il y en a d'autres qu'une sage politique ne doit jamais perdre de vue. J'aime encore à les emprunter à un auteur devenu classique en cette partie : je veux parler du laborieux compilateur des *Preuves.* « Il n'y a point de raison d'État, dit-il, qui puisse souffrir qu'un prince étranger (car le pape est étranger à cet égard) choisisse telles personnes que bon lui semblera, *lui qui ignore nos intérêts, ou en peut avoir de contraires.* L'on lui laisse volontiers la provision, les droits pour les expéditions, et la consécration, pourvu qu'il laisse aux rois le choix de leurs sujets pour être promus aux prélatures, en tel ou tel lieu. Car, que ne peuvent point les évêques dans un État ? personne ne peut prêcher, ni aujourd'hui confesser, sans leur permission ; ils disposent d'une bonne partie des cures, pourvoient à toutes [1]. Et quelle autorité n'ont point sur les peuples les curés, les prédicateurs et les confesseurs, pour insinuer l'obéissance qui est due aux rois ? Ce sont les moyens par lesquels les *ligues* se forment

---

[1] *Voyez* loi du 18 germinal an X, art. 19 ; et, pour les desservants de succursales, l'ouvrage de M. Carré sur le *Gouvernement des paroisses*, n° 37.

dans les États, et s'y fomentent ; l'exemple n'en est malheureusement que trop récent dans ce royaume. »

En résumé, les élections pour les prélatures ont été abrogées par le concordat de François Ier ; et le droit d'y nommer a été transféré tout entier au roi, sur la présentation duquel le pape doit accorder des bulles, quand celui qui est nommé a les qualités requises pour posséder la prélature. Ce qui a fait dire que Léon X et François Ier s'étaient donné réciproquement ce qui ne leur appartenait pas : le pape cédant au roi le spirituel et le roi lui accordant le temporel ; le pape usurpant les droits de l'Église et le roi ceux de la nation. (*Essai sur les Lib. de l'Église*, par l'ancien évêque de Blois ; édit. de 1820, p. 218.)

Le concordat de 1801 n'a établi à cet égard aucune disposition nouvelle. Les articles 4 et 5 de cette convention se réfèrent à l'usage préexistant, et ne font que rappeler et confirmer sa disposition. C'est notre droit public. *Charte*, art. 13.

Un décret du 7 janvier 1808 porte que l'autorisation de sa majesté est nécessaire à tout ecclésiastique français pour poursuivre ou accepter la collation même d'un évêché *in partibus*.

(Voyez ce que dit M. Frayssinous, dans son chap. IV, *de la promotion des évêques*.)

LXIX.

De l'indult des parlements.

Je compteray plustost entre les privileges les indults d'aucunes cours souveraines, encores qu'ils soyent plus anciens qu'aucuns ne pensent, et qu'il s'en trouve quelques remarques dés le temps du pape Sixte IV, voire et sous le regne de Philippes-le-Bel.

Indult.] En général, on nomme *indult* une grâce que le pape accorde, par bulles, à quelque corps ou communauté, ou à quelque personne distinguée, par un privilége particulier, pour faire et obtenir quelque chose contre la disposition du droit commun. (Indult, *ab indulgendo.*)

Les indults accordés par le pape au chancelier et aux principaux membres des cours souveraines, avaient pour but de s'y faire des partisans, afin que dans l'occasion ils fussent moins fermes dans leurs oppositions. Cl. Fauchet, dans son Traité des *Libertés de l'Eglise gallicane*, cite un indult de l'an 1440, qui fut donné pour *faire taire le parlement de Paris, qui s'opposait aux injustes levées du pape.*

Cette matière, au reste, n'est plus que du domaine de l'histoire. Ceux qui voudraient en savoir plus long sur ce point pourront consulter le *Traité de l'indult,* par le président de Saint-Vallier.

LXX.

Priviléges des rois et reines de France.

Et pareillement plusieurs autres priviléges octroyez particulierement aux rois et reines de France, à leurs enfants, princes du sang, et à leurs serviteurs, familliers et domestiques, dont le rapport n'a semblé estre de ce memoire, ains plustost appartenir à aultre traité.

Privilége.] Dutillet a publié un inventaire fort exact de tous ces priviléges dans son *Recueil des Rois de France, leur Couronne et Maison.*

LXXI.

Des exemptions.

Mais je n'y obmettray les exemptions d'aucunes eglises, chapitres, corps, colleges, abbayes et monasteres

de leurs prelats legitimes et ordinaires, qui sont les diocésains et métropolitains, lesquelles exemptions ont au-
tresfois esté octroyées par les rois et princes mesmes, ou
par les papes à leur poursuite, et pour très-grandes et
importantes considérations, depuis debattues et souste-
nues és conciles de Basle et de Constance : dont furent
dés lors publiez quelques memoires. Tant y a qu'on
peut dire avec vérité, pour ce regard, que nul monas-
tere, eglise, college, ou autre corps ecclesiastique, ne
peut estre exempté de son ordinaire, pour se dire dependre immediatement du saint-siege, sans licence et
permission du roy.

Exemptions.] On tient en France pour maxime constante que la juridiction des évêques est de droit divin,
parce qu'ils l'ont reçue immédiatement de J.-C. ; en sorte
qu'il n'est point au pouvoir du pape de se l'arroger, ou de
l'étendre et diminuer à son gré, comme le prétendent les
ultramontains. (Voyez ci-dessus, p. 94, la note sur la formule : *Evéque par la grâce,* etc.) Il n'a donc pas le pouvoir d'exempter qui que ce soit de la juridiction de l'évêque ; il faut, au contraire, reconnaître comme un fait, qui
est en même temps un principe, savoir, qu'aucune exemption n'a pu être accordée, et n'a été admise en effet qu'a-
vec le consentement des rois et des évêques.

Observons ensuite que les exemptions même accordées
de cette manière, étant contre le droit commun, n'ont
jamais rien eu de favorable. Aussi voit-on que, dès avant
la révolution, le conseil d'état, se fondant sur ce que ces
exemptions n'avaient pu être accordées que du consentement
du roi, s'était appliqué à faire tout rentrer dans le droit
commun, surtout à l'égard des chapitres.

L'état où le concordat a trouvé la religion, en 1804, a

permis de faire table rase. Il a établi, à nouveau, un droit commun, sans exemption ni privilége, l'article 10 de la loi organique le dit expressément.

Ou autre corps.] Observez, d'ailleurs, que nul corps, collége, congrégation ou société quelconque, ne peut s'introduire et s'établir dans le royaume, sans l'expresse autorisation de la puissance temporelle, qui, en les admettant s'il y a lieu, fait ses conditions, au nombre desquelles est toujours la soumission aux ordinaires. Cette doctrine se trouve développée dans mon plaidoyer pour le *Constitutionnel*, § 2 ; elle a été consacrée par les arrêts de la cour. Il convient d'y joindre le décret du 3 messidor an XII, avec le rapport de M. Portalis, rapportés ci-après.

LXXII.
De la pluralité des bénéfices.

Je ne puis aussi obmettre en ce lieu ce que le pape Alexandre III, en une sienne epistre decretale, remarque pour une coustume ancienne de l'Église gallicane, de pouvoir tenir ensemble plusieurs benefices ; ce qu'il dit toutesfois estre contre les anciennes reigles ecclesiastiques, notamment pour le regard des benefices qui ont charge d'ames, et requierent residence personnelle et actuelle.

Coustume ancienne.] Est-ce bien là une *liberté?* N'est-ce pas plutôt un *abus?*

Loisel, dans son plaidoyer pour l'Université, rapporte que, du temps de saint Louis, cette question fut agitée, et que l'on demeura d'accord que nul homme ne pouvait tenir deux bénéfices *sans péché mortel.* — A plus forte raison n'en peut-il réunir vingt-cinq. (Voyez les exemples cités dans la note sur l'article XLIX.)

LXXIII.

Pluralité des bénéfices sub eodem tecto.

Et neantmoins la verité est que la mesme Église gallicane a tenu, et la cour de France jugé, que le pape ne peut conferer à une mesme personne plusieurs benefices *sub eodem tecto*, soit à vie ou à certains temps, mesmes quand ils sont uniformes, comme deux chanoinies, prebendes ou dignitez en mesmes eglise cathedrale ou collegiale ; et a modifié les facultez d'aucuns legats pour ce regard.

La cour a jugé.] Voyez, dans les *Preuves des Libertés*, chap. 23, nᵒˢ 49 et 52, les arrêts des 20 février 1539 et 23 juin 1547.

LXXIV.

Des dimes inféodées.

J'oseray encor mettre entre les privileges, mais non ecclesiastiques, le droict de tenir dixmes en fief par gens purs laïcs. Ce qu'on ne peut nier avoir prins son origine d'une licence et abus commencé sous Charles Martel, maire du palais, continué principalement sous les rois de sa race, et neantmoins toleré pour aucunes considérations, mais avec tel temperament sous les derniers, que le lay peut rendre ou donner tels fiefs à l'Eglise, et l'Eglise les recevoir et retenir sans permission du prince ; et qu'estans retournez en main ecclesiastique, ils ne sont sujets à retraicts de personne laye sous pretexte de lignage, feudalité, ny autrement ; et dès lors en appartient la cognoissance au juge ecclesiastique pour le regard du petitoire.

Dixmes en fief.] Il y a deux bonnes raisons pour que cet article ne soit plus nécessaire : 1° il n'y a plus de dîmes ; 2° il n'y a plus de fiefs. Dieu en soit loué !

LXXV.

Le roi jure à son sacre de protéger nos libertés.

Or, pour la conservation de ces libertez et privilèges (que nos rois tres-chrestiens, qui portent la *couronne de franchise* sur tous autres, jurent solemnellement à leur sacre et couronnement de garder et faire garder inviolables), se peuvent remarquer plusieurs et divers moyens sagement pratiquez par nos ancêtres, selon les occurrences et les temps.

Pour la conservation de ces libertez.] Des libertés sans garantie n'auraient pas duré si long-temps.

Couronne de franchise.] Cette expression, remarquable et honorable pour la couronne de France, a été employée pour la première fois par le jurisconsulte Balde, dans sa Consultation n° 418. (Voyez les notes sur les articles IV et XV ci-dessus.)

A leur sacre.] L'ancien serment du sacre était spécial pour ce qui regardait l'Église ; sous la restauration, Charles X a juré solennellement à son sacre « de maintenir et d'honorer la religion, de rendre bonne justice à tous, et de gouverner selon les lois du royaume et la Charte constitutionnelle. » Le serment de 1830 est entièrement politique, et ne renferme point de clause particulière à l'Église.

LXXVI.

Conférences amiables. Premier moyen de défendre nos libertés.

Premierement par conferences amiables avec le sainct pere, ou en personne, ou par ambassadeur. Et à cet effect se trouve que les anciens rois de France (mesmes ceux de la race de Pepin, qui ont eu plus de sujet de communication avec le sainct siege que leurs predecesseurs) avoyent comme pour marche commune la ville de Grenoble, où encores le roy Hugues, pere de Robert, invita le pape, par forme d'usance et coustume, par une epistre escrite par Gerbert, lors archevesque de Rheims, depuis pape, sur le differend de l'archevesché de Rheims.

Ou en personne.] Là vient le proverbe : *On s'entend mieux de près que de loin.*

Pie VII est venu sacrer Napoléon à Paris.

LXXVII.

Deuxième moyen. Examen des bulles avant leur exécution.

Secondement, observans soigneusement que toutes bulles et expeditions venans de cour de Rome fussent visitées, pour sçavoir si en icelles y avoit aucune chose qui portast prejudice, en quelque maniere que ce fust, aux droicts et libertez de l'Eglise gallicane, et à l'authorité du roy. Dont se trouve encores ordonnance expresse du roy Loys onziesme, suivie par les predecesseurs de l'empereur Charles cinquiesme, lors vassaux de la couronne de France, et par luy-mesmes, en un sien edict fait à Madrid, en 1543, et practiqué en Espagne et autres pays de son obeissance, avec plus de rigueur et moins de respect qu'en ce royaume.

Fussent visitées.] C'est en quoi excellaient surtout les parlements, qui ne seront jamais complétement remplacés en cette partie par un conseil d'état. (*Voyez* la note sur l'article XLIV, et les exemples qui y sont rapportés.)

Moins de respect.] Plus de rigueur, soit; moins de respect serait un tort. Il est de fait que, pendant long-temps, l'Église d'Espagne a maintenu ses libertés; mais ensuite elle a fini par subir le joug des maximes ultramontaines. Elles y furent importées par les moines, qui, se soutenant contre les évêques par les exemptions accordées par le saint-siége, ont fini par y établir la plus déplorable domination. *Voyez,* dans l'ouvrage intitulé *Essai historique sur les Libertés de l'Église,* par l'ancien évêque de Blois, le chapitre XXII, qui est fort court : il est consacré aux *Libertés de l'Eglise espagnole.* — Avis aux autres Églises et royaumes de la chrétienté dans les deux mondes !

LXXVIII.

Troisième moyen. Appel au futur concile.

Tiercement, par appellations interjettées au futur concile, dont se trouvent plusieurs exemples, mesmes és derniers temps de celles interjettées par l'université de Paris, des papes Boniface VIII, Bénedict XI, Pie II, Leon X et autres. Qui fust aussi le moyen que maistre Jehan de Nanterre, procureur general du roy, pratiqua contre les bulles du cardinal de Baluë, appelant d'icelles *ad papam meliùs informatum, aut ad eos ad quos pertinebat ;* et pareillement maistre Iehan de Sainct-Romain contre certaines censures, avec protestations de nullité et de recours *ad illum, seu ad illos, ad quem, seu ad quos,* etc.

Au futur concile.] Le droit d'appel est une conséquence des principes reconnus par la Déclaration de 1682. Puisque « le pape n'est pas irréformable si le consentement de » l'Église n'intervient, » il faut donc que l'on puisse appeler du pape à l'Église universelle, avec protestation actuelle contre tout ce qui se ferait au contraire.

Plusieurs exemples.] On trouve le texte de ces différents appels dans le recueil des *Preuves,* chap. XIII, qui a pour rubrique, *Appellations des ordonnances du pape au futur concile.* Nous reviendrons ci-après sur cette matière.

LXXIX.

Quatrième moyen. Appels comme d'abus.

Quartement, par appellations precises comme d'abus, que nos peres ont dit estre quand il y a entreprise de jurisdiction ou attentat contre les saincts decrets et canons receuz en ce royaume, droicts, franchises, libertez et privileges de l'Église gallicane, concordats, edits et ordonnances du roy, arrests de son parlement : bref, contre ce qui est non-seulement de droict commun, divin ou naturel, mais aussi des prerogatives de ce royaume et de l'Eglise d'iceluy.

Appellations comme d'abus.] L'usage de ces appellations est antérieur à la pragmatique de saint Louis, quoique le nom et la forme soient postérieurs à l'époque où le parlement fut rendu sédentaire. (*Voyez le Traité de l'Abus,* par

Fevret, 2 vol. in-fol., et celui d'Edm. Richer, in-12. Le premier a écrit en jurisconsulte, et le second en théologien ; raison de plus pour les étudier tous les deux et les appuyer l'un par l'autre.)

Nous transcrirons ici, comme formant sur ce point le dernier état de la législation, les articles de la loi organique du 18 germinal an X, qui traitent des *appels comme d'abus.*

« Art. 6. Il y aura recours au conseil d'État, dans tous les cas d'abus de la part des supérieurs et autres personnes ecclésiastiques.

» Les *cas d'abus* sont : l'usurpation ou l'excès de pouvoir, la contravention aux lois et règlements de la république, l'infraction des règles consacrées par les canons reçus en France, l'attentat aux libertés, franchises et coutumes de l'Église gallicane, et toute entreprise et tout procédé qui, dans l'exercice du culte, peut compromettre l'honneur des citoyens, troubler arbitrairement leur conscience, dégénérer contre eux en oppression, ou en injure, ou en scandale public.

» Art. 7. Il y aura pareillement recours au conseil d'état, s'il est porté atteinte à l'exercice public du culte, et à la liberté que les lois et les règlements garantissent à ses ministres. (*Voyez* ci-après art. LXXX des *Libertés.*)

» Art. 8. Le recours compétera à toute personne intéressée. A défaut de plainte particulière, il sera exercé d'office par les préfets.

» Le fonctionnaire public, l'ecclésiastique ou la personne qui voudra exercer ce recours, adressera un mémoire détaillé et signé au conseiller d'état chargé de toutes les affaires concernant les cultes, lequel sera tenu de prendre, dans le plus court délai, tous les renseignements convenables ; et, sur son rapport, l'affaire sera suivie et définitivement terminée dans la forme administrative, ou renvoyée, selon l'exigence des cas, aux autorités compétentes. (*Voye*; les remarques sur l'article LXXXI.)

LXXX.

L'appel comme d'abus est réciproque.

Lequel remede est reciproquement commun aux ec clesiastiques pour la conservation de leur authorité et jurisdiction : si que le promoteur ou autre ayant inte- rest peut aussi appeler comme d'abus de l'entreprise ou attentat faict par le juge lay sur ce qui lui ap- partient.

Commun aux ecclésiastiques.] Cette réciprocité est de toute justice. Les articles 7 et 8 cités dans la note précé- dente la consacrent expressément. Aussi voit-on dans les anciens recueils de jurisprudence canonique, que les ecclé- siastiques ont usé souvent de cette voie , soit entre eux , lorsqu'ils ne pouvaient s'accorder sur leurs différends, soit à l'encontre de l'autorité laïque, lorsqu'ils soutenaient qu'il y avait entreprise de sa part sur leurs droits. Cependant, dans ce dernier cas , c'est-à-dire en cas d'entreprise de la part du juge laïc, il y était pourvu par l'appel simple plutôt que par l'appel comme d'abus.

LXXXI.

Avantage de faire juger les appels comme d'abus par un corps judiciaire.

Et est encores tres-remarquable la singuliere pru- dence de nos majeurs, en ce que telles appellations se jugent, non par personnes pures layes seulement, mais par la grande chambre du parlement, qui est le lict et le siege de justice du royaume, composée de nombre egal de personnes, tant ecclesiastiques que non ecclesiastiques, mesme pour les personnes des pairs de la couronne.

Par la grande chambre du parlement.] J'ai plusieurs fois exprimé le regret que la connaissance des appels comme d'abus n'eût pas été rendue aux *cours royales*. Voici notamment ce que je disais sur ce sujet, dans une des notes de mon recueil des *Lois concernant la Procédure devant le conseil d'état*, imprimé en 1821, page 665 :

« Autrefois les appels comme d'abus étaient portés au parlement; et c'est à cette heureuse institution que la France est redevable d'avoir conservé les libertés de son Église, de n'être pas devenue un *pays d'obédience*, et de s'être garantie de l'inquisition.

» A une époque, en effet, où les princes temporels n'avaient pas toujours le pouvoir et l'énergie de résister à la cour de Rome, nos rois trouvèrent dans leur parlement les lumières nécessaires pour démasquer les usurpations, et le courage de résister aux prétentions ultramontaines.

» Aujourd'hui, et quant à présent du moins, j'avoue que les foudres de Rome sont loin d'offrir le même danger pour l'indépendance des couronnes. Mais Rome n'en conserve pas moins *le souvenir de son antique pouvoir;* et, avec l'occasion, pourrait lui revenir l'envie de ressaisir tout ce qui ne lui serait pas soigneusement disputé.

» Il faut donc être toujours sur le *qui vive* avec elle, soit pour l'enregistrement des bulles, soit pour la répression des abus qui chercheraient à se reproduire.

» Les lois qui ont attribué la connaissance de ces objets au conseil d'état, pouvaient être bonnes à une époque où le chef du gouvernement avait fait éprouver à Rome tout l'ascendant de son pouvoir temporel ; à une époque d'ailleurs, où le gouvernement étant plus militaire que civil, les cours de justice n'avaient pas reconquis la considération nécessaire pour s'immiscer avec autorité dans ces sortes de débats.

» Mais aujourd'hui (en 1821) que le gouvernement est *plus chrétien* qu'il ne l'était au temps dont nous parlons, que les idées religieuses ont repris un ascendant qu'il importe sans doute de favoriser, sous le rapport de la foi et des mœurs ; mais que tout le monde ne paraît pas aussi disposé qu'autrefois à repousser les doctrines ultramontaines ; aujourd'hui enfin, que certaines gens aimeraient mieux mettre l'État dans l'Église que de laisser l'Église dans l'État, tout ce qui tient aux affaires ecclésiastiques mérite *les mêmes précautions qu'autrefois.*

» Au lieu donc d'abandonner l'enregistrement des bulles au conseil d'état, corps occulte, non encore organisé par une loi, amovible, et par là même réputé moins indépendant, il paraîtrait plus conforme à l'importance de ces actes et à nos anciennes traditions, de le confier à la Chambre des Pairs. Il serait également convenable de rendre les appels comme d'abus aux cours royales.

» Autrefois le roi pouvait dire au saint-siége : « Je l'aurais bien désiré, mais mon parlement n'a jamais voulu y consentir ; » et Rome était obligée d'en passer par là. — Aujourd'hui, supposons qu'il se présente une difficulté sérieuse, une négociation délicate, où le gouvernement, qui pourrait se prononcer ouvertement, juge toutefois de sa politique de n'en rien faire : pourrait-il, pour appuyer son refus ou ses dilations, alléguer *la volonté du conseil d'état.....?* »

Cet inconvénient devint encore plus sensible lorsque les

évêques furent admis au conseil d'état. Il en résultait que dans les causes d'abus ils étaient juges et parties, comme l'a judicieusement remarqué M. Billecocq dans son pieux ouvrage *du Clergé de France en 1825.*

Depuis, revenant sur la même idée dans un autre ouvrage (*Des Magistrats d'autrefois,* pages 108 et 109), comme je prévoyais la difficulté de faire faire à l'ordre judiciaire cette conquête entière sur la juridiction administrative, j'ai proposé de distinguer les appels comme d'abus en *deux classes :* ceux intéressant les *particuliers,* et que l'on rendrait aux cours ; et ceux intéressant la *politique,* que l'on réserverait au conseil d'état. Aujourd'hui il n'y a plus d'évêques au conseil d'état, mais la jurisprudence des appels comme d'abus laisse encore beaucoup à désirer.

L'auteur du livre intitulé *des Évêques* ou *Tradition des faits,* etc., réimprimé en 1825, p. 251, montre en peu de mots l'utilité qu'il y avait à laisser aux parlements la connaissance de toutes ces affaires... « Que l'on réfléchisse, dit-il, sur les dangers, trop prouvés dans cet écrit, et l'on reconnaîtra combien il est important et nécessaire pour l'ordre et la tranquillité de la monarchie qu'il y ait des Corps toujours subsistants, *destinés à veiller sans cesse et sans distraction sur tout ce qui peut en conserver ou en troubler l'harmonie,* et surtout à prévenir les usurpations des ecclésiastiques ; elles sont d'autant plus dangereuses que les tentatives en sont plus multipliées et les artifices plus variés. Jamais ils ne se lassent : de leurs défaites même semble toujours renaître une nouvelle ardeur. Quelle activité ne faut-il pas leur opposer ! Où peut-on la trouver, que dans des corps chargés uniquement de faire observer les lois ? »

Il déplore ensuite l'aveuglement des princes qui, se laissant préoccuper par de fausses terreurs, ont souvent arrêté la légitime action des cours souveraines, lors même qu'elles protégeaient le plus efficacement les droits de la couronne. « Il faut l'avouer, dit-il, pag. 254, ce sera toujours un paradoxe aussi difficile à comprendre qu'il est véritable, que depuis dix siècles l'autorité royale *ne paraisse avoir de force que pour rendre efficaces les coups que ses vrais ennemis ne cessent de lui porter, et de sévérité que pour punir comme un crime le zèle de tous ceux qui la défendent.* »

On doit appliquer la même réflexion à la fausse opinion qui s'est introduite qu'on ne pourrait poursuivre les délits dont les ecclésiastiques se rendraient coupables qu'avec *l'autorisation préalable* du conseil d'état.

On s'est d'abord appuyé sur l'article 75 de la constitution de l'an VIII, mais il a été répondu avec raison que cet article était inapplicable aux ecclésiastiques : 1° parce qu'ils ne sont pas des *fonctionnaires publics* dans le sens de cet article ; 2° parce qu'à l'époque où la constitution de l'an VIII a été promulguée, le culte catholique n'étant pas encore rétabli, l'article 75 ne pouvait pas avoir eu en vue les ministres du culte.

Alors on s'est retranché sur la disposition de l'article 8 de la loi du 18 germinal an X, qui, en parlant des appels comme d'abus et du mémoire qui devra être adressé au ministre des cultes par la partie plaignante, dit que sur le rapport de ce ministre l'affaire sera suivie et définitivement terminée dans la forme administrative (c'est-à-dire devant le conseil d'état), ou renvoyée, selon l'exigence des cas, aux autorités compétentes.

Mais de ce que le conseil d'état, compétent seulement pour juger *les simples abus*, est incompétent pour juger des faits qui auraient *le caractère de délit*; de ce que, dans ce dernier cas, il doit se dessaisir et renvoyer l'affaire aux autorités *compétentes*, c'est-à-dire *aux tribunaux*; il ne

10.

s'ensuit pas que lorsqu'au lieu d'agir par la voie d'appel comme d'abus, on préfère agir par voie directe, les citoyens ne puissent pas *de plano* rendre plainte au magistrat, et poursuivre en justice le redressement des délits commis à leur égard.

L'article 8 ne dispose rien pour ce cas; il ne dit rien qui ait trait à la nécessité d'une *autorisation préalable*. Il ne dispose pas en général pour tous les cas, mais seulement pour celui où un délit se révèle à l'occasion d'un appel comme d'abus, et, dans ce cas seulement, il exige, non pas une autorisation qui puisse être arbitrairement accordée ou refusée, mais il *ordonne le renvoi de la cause aux autorités compétentes*.

C'est ainsi que dans les cas où un tribunal de première instance, procédant, comme disent les anciennes ordonnances, *à la visitation d'un procès civil*, rencontre la trace d'un délit, par exemple *une pièce fausse*, il doit renvoyer devant le juge criminel, mais sans que jamais on puisse voir dans la nécessité de ce renvoi la faculté d'autoriser ou de dénier des poursuites.

Et les arrêts l'ont ainsi jugé pendant quelque temps, mais ensuite d'autres considérations ont prévalu...

Jusqu'à présent du moins il est resté certain que si une autorisation du conseil d'état est exigée pour les actions intentées par *les particuliers*, cette autorisation n'est pas nécessaire pour l'*action publique*, surtout quand il s'agit de délits intéressant la sûreté de l'État. (Voyez au tome II de mes Réquisitoires, page 22-25, l'arrêt du 25 juin 1831, rendu en conformité de mes conclusions.)

LXXXII.

Suite du précédent.

Qui est un fort sage temperament, pour servir comme
de lien et entretien commun des deux puissances, si
que l'une et l'autre n'ont juste occasion de se plaindre,
et beaucoup moins que des inhibitions et autres moyens
qui se pratiquent ailleurs, mésmes par ceux qui se van-
tent d'extreme obeyssance plus de parole que de faict.

Des deux puissances.] Pour empêcher qu'elles ne s'en-
tre-choquent directement, *sine medio*.

Ailleurs.] C'est-à-dire en d'autres pays ; en Espagne,
par exemple, comme on peut s'en convaincre en lisant le
traité de SALGADO : *De regiâ protectione vi oppressorum
appellantium à causis et judicibus ecclesiasticis.*

LXXXIII.

Nécessité et avantage de la concorde entre les deux puissances.

Au surplus, tous ceux qui jugent droictement des
choses peuvent assez recognoistre de quelle importance
a esté et est encore autant et plus que jamais la bonne
et entiere intelligence d'entre nostre sainct pere le pape
et le roy de France, lequel, pour tres-justes causes et
tres-grands merites, a emporté sur tous autres le tiitre
de *tres-chrestien* et premier fils et protecteur de l'É-
glise. Et pour ce doivent-ils en general et en particulier
estre d'autant plus soigneux d'entretenir les liens de
ceste concorde par les mesmes moyens qui l'ont faict

durer jusque à cy, supportants plustost les imperfections qui y pourroient estre que s'efforçans de roidir outre mesure les cordes d'un nœud si franc et volontaire ; de peur que, par trop serrer et estraindre, elles ne se relaschent, ou (qui pis seroit, ce que Dieu ne veuille permettre) rompent tout à faict, au danger et dommage certain de toute la chrestienté, et particulierement du sainct siege, duquel un de ses plus sages prelats a tres-prudemment recognu et tesmoigné par escrit que la conservation des droits et prerogatives de la couronne de France estoit l'affermissement.

Tres-chrestien.] Voyez les notes sur l'article VII.

Concorde.] Aussi la plupart des arrangements entre nos souverains et les papes ont-ils reçu le nom de *concordats*, quoiqu'ils n'aient pas toujours réuni tous les suffrages.

Par ce dernier article, qui est comme le couronnement de tous les autres, on voit (ainsi que nous l'avons dit en commençant) que les libertés de l'Église gallicane n'ont rien d'incompatible avec les droits essentiels du pape, et qu'en les défendant, à l'exemple de nos prédécesseurs, nous n'avons jamais entendu nous désunir de l'Église romaine, ni manquer à rien de ce qui est dû au souverain pontife, père commun de tous les fidèles. L'Église gallicane a rejeté les servitudes du droit nouveau ; mais elle n'en est que plus fidèlement restée soumise et attachée aux devoirs qu'impose le plus ancien. Les gallicans sont orthodoxes !

Les libertés que nous invoquons tendent surtout à nous préserver des abus que les officiers de la cour de Rome ont

fait et pourraient faire d'une autorité que nous respectons.
Un de nos plus célèbres avocats–généraux, M. Gilbert de
Voisins, a fidèlement exprimé ces sentiments lorsqu'il a dit,
« qu'encore plus éloignés de la révolte des sectaires que
de la servilité des ultramontains, nous révérons dans le
saint-siége les prérogatives d'une juste primauté, le centre
de l'épiscopat, le lien inviolable et permanent de l'*unité*
fondée sur l'institution de Dieu même. »

DES LIBERTÉS
DE L'ÉGLISE GALLICANE.

(Chapitre 25 de l'Institution au Droit ecclésiastique de Fleury.)

Après avoir vu en détail en quoi consistent les *Libertés de l'Église gallicane*, j'ai pensé qu'on lirait avec intérêt ce chapitre, qui en offre simplement le *résumé*.

De tous les pays chrétiens, la France a été la plus soigneuse de conserver la liberté de son Église, et de s'opposer aux *nouveautés* introduites par les canonistes ultramontains, particulièrement depuis le grand schisme d'Avignon. La tradition constante des bonnes études en France, depuis le temps de Charlemagne, pendant plus de neuf cents ans ; l'antiquité de la monarchie, la piété des rois, qui tous ont été catholiques ; leur puissance, qui va toujours s'affermissant, nous ont donné plus de facilité à maintenir nos libertés, qu'aux autres nations qui n'ont pas eu les mêmes avantages.

Toutes les libertés de l'Église gallicane roulent sur ces deux maximes : 1° Que la puissance donnée par Jésus-Christ à son Église est purement spirituelle, et ne s'étend directement ni indirectement sur des choses temporelles ; 2° que la plénitude de puissance qu'a le pape, comme chef de l'Église, doit être exercée conformément aux canons reçus de toute l'Église ; et que lui-même est soumis au jugement du concile universel, dans les cas marqués par le concile de Constance. — Ces maximes ont été déclarées solennellement par le clergé de France, assemblé à Paris en 1682 [1], comme étant l'*ancienne doctrine* de l'Église gallicane. On en tire plusieurs conclusions qui sont autant d'*articles de nos libertés*.

---

[1] *Voyez* ci-après le texte même de cette Déclaration.

· Là puissance que Jésus-Christ a donnée à son Église ne regarde que les choses spirituelles, et ne se rapporte qu'au salut éternel : donc elle ne s'étend point sur les choses temporelles ; aussi a-t-il dit : *Mon royaume n'est pas de ce monde;* et ailleurs : *Rendez à César ce qui appartient à César, et à Dieu ce qui appartient à Dieu.* — *Toute personne vivante doit donc être soumise aux puissances souveraines; car il n'y a point de puissance qui ne vienne de Dieu; et celles qui sont, sont ordonnées de Dieu :* — *ainsi, qui résiste à la puissance résiste à l'ordre de Dieu.* — Ce sont les paroles de saint Paul, dont nous tirons ces conséquences : le Roi ne tient sa puissance temporelle que de Dieu [1]. Il ne peut avoir d'autres juges de ses droits que ceux qu'il établit lui-même. Personne [2] n'a le droit de lui demander compte du gouvernement de son royaume; et, quoiqu'il soit soumis à la puissance des clefs spirituelles comme pécheur, il ne peut en souffrir aucune diminution de sa puissance comme roi. Nous rejetons la doctrine des nouveaux théologiens, qui ont cru que la puissance des clefs s'étendait indirectement sur le temporel; et qu'un souverain, étant excommunié, pouvait être déposé de son rang, ses sujets absous du serment de fidélité, et ses états donnés à d'autres. Nous croyons cette doctrine contraire à l'Écriture-Sainte et à l'exemple de toute l'antiquité chrétienne, qui a obéi sans résistance à des princes hérétiques, infidèles et persécuteurs, quoique les chrétiens fussent assez puissants pour s'en défendre. Nous sommes convaincus que cette doctrine renverse la tranquillité publique et les fondements de la société.

[1] Et non du pape ou d'aucun souverain étranger, comme je l'ai expliqué dans mon *Traité sur les lois*, § 3.

[2] Aucune puissance étrangère, quelle qu'elle soit, roi, pape ou empereur. — « Le roi de France est empereur dans son royaume, » disent nos vieux auteurs.

De la *distinction des puissances* suit la *distinction des juridictions*, et de là vient qu'en France on ne souffre point que les ecclésiastiques entreprennent sur la juridiction temporelle. Si on ne le souffre point aux ecclésiastiques français, encore moins aux étrangers et au pape, dont les prétentions sont plus grandes sur le temporel des princes. Nous n'en reconnaissons point non plus dans les nonces que le pape envoie au roi, et nous ne les regardons que comme des *ambassadeurs* des princes *étrangers*. De là viennent encore les formalités qui s'observent pour la réception des légats *à latere*. Le pape n'en envoie point en France qu'à la prière et du consentement du roi. Le légat étant arrivé, promet avec serment et par écrit de n'user de ses facultés [1] qu'autant qu'il plaira au roi, et conformément aux usages de l'Église gallicane. Ses bulles sont examinées au parlement pour recevoir les modifications nécessaires. Il ne peut subdéléguer pour l'exercice de sa légation sans l'exprès consentement du roi. Sortant de France, il y laisse les registres et les sceaux de sa légation, et les deniers provenant de ses expéditions sont employées en œuvres pies.

Nous ne reconnaissons point que le pape puisse accorder aucune grâce qui concerne les droits temporels : comme de légitimer des bâtards, ou restituer contre l'infamie, afin de rendre les impétrants capables de successions, de charges publiques ou d'autres effets civils. Par la même raison, on n'a point d'égard aux provisions de la cour de Rome, en ce qui est contraire au droit des patrons laïques. Nous ne souffrons point que le pape fasse aucune levée de deniers en France, ni sur le peuple, comme aumônes pour des indulgences, ni sur le clergé, comme emprunt ou autrement, si ce n'est de l'autorité du roi et consente-

[1] Instructions.

ment du clergé. On ne souffre point que le pape permette aux ecclésiastiques l'aliénation de leurs immeubles, sinon avec les conditions requises suivant les lois du royaume; mais on souffrirait bien moins qu'il ordonnât l'aliénation malgré le clergé, *etiam invitis clericis*. Les biens consacrés à Dieu ne laissent pas d'être des biens temporels, dont la conservation importe à l'État.

De même, les personnes consacrées à Dieu ne laissent pas d'être des hommes et des citoyens soumis comme les autres au roi et à la puissance séculière, en tout ce qui regarde le temporel, nonobstant les priviléges qu'il a plu aux souverains de leur donner; car l'abus et l'extension excessive de ces priviléges serait une autre sorte d'entreprise sur la puissance temporelle. De là vient que les ecclésiastiques qui sont officiers du roi ne peuvent alléguer leur privilége, pour prétendre être exempts de sa juridiction, quant à l'exercice de leur charge : de là vient encore que le clergé ne peut s'assembler que par la permission du roi, et que les évêques, quoiqu'ils fussent mandés par le pape, ne peuvent sortir du royaume sans congé; car les évêques, par le crédit que leur donne leur dignité, et par les biens temporels qui y sont attachés, tiennent dans l'Etat un grand rang, même temporel; et le pape, comme souverain d'une partie de l'Italie, est un prince étranger, dont les intérêts d'État peuvent être opposés à ceux de la France : de là vient aussi que les étrangers ne peuvent posséder de bénéfices en ce royaume, ni être supérieurs de monastères. Voilà la conséquence de la première maxime, que la puissance spirituelle ne s'étend point sur le temporel.

L'autre maxime, que la puissance suprême du pape doit être exercée suivant les canons, est fondée sur ce que dit Jésus-Christ : *Les rois des nations les dominent, et ceux qui ont la puissance sur eux sont appelés bienfaiteurs; il n'en sera pas ainsi de vous....* Et saint Pierre parlant aux pasteurs : *Conduisez le troupeau de Dieu, non en dominant sur votre partage, mais vous rendant l'exemple du troupeau du fond du cœur.* Par où nous apprenons que le gouvernement de l'Église n'est pas un empire despotique, qui n'a de loi que la volonté du souverain, mais un gouvernement de charité, où la puissance n'est employée qu'à faire régner la raison ; où l'autorité du chef ne paraît point, tant que les inférieurs font leur devoir ; mais éclate et s'élève au-dessus de tout, pour les y faire rentrer et leur faire observer les règles. Il doit, comme dit saint Grégoire, dominer sur les vices plutôt que sur les personnes.

Nous ne tenons donc en France pour droit canonique que les canons reçus d'un consentement universel par toute l'Église catholique ; ou bien les canons des conciles de France et les anciennes coutumes de l'Église gallicane. Ainsi nous recevons premièrement tout l'ancien corps des canons de l'Église romaine, apporté par Charlemagne, mais depuis oublié pendant long-temps ; les canons recueillis par Gratien, en tant qu'ils ont autorité par eux-mêmes ; car on convient que sa compilation ne leur en donne aucune. Nous recevons aussi les décrétales, non-seulement des cinq livres de Grégoire IX, mais plusieurs du Sexte et des Clémentines, qui ne sont contraires ni à nos libertés, ni aux ordonnances des rois, ni aux usages du royaume, ce qui en retranche au moins la moitié. Les constitutions plus nouvelles ont bien moins d'autorité parmi nous.

Quant aux conciles œcuméniques, il faut distinguer les matières de *discipline* et les matières de *foi.* Pour la foi, quiconque ne s'y soumet pas est un hérétique ; pour la discipline, les règlements des conciles ne sont pas également reçus. *On a laissé de tout temps, à chaque Église, une grande liberté de garder ses anciens usages.* Ainsi, il ne

·faut pas s'étonner si, ayant reconnu le concile de Trente pour légitime et œcuménique, nous n'avons pas encore accepté ses décrets de discipline, quoiqu'à vrai dire il n'a pas tenu au clergé de France; il a témoigné le désirer par plusieurs actes solennels.

Nous ne croyons donc point que les nouvelles constitutions des papes faites depuis trois cents ans nous obligent, sinon en tant que notre usage les a approuvées. De là vient : 1° que nous ne recevons que trois ou quatre des règles de la chancellerie de Rome[1]; 2° que les bulles qui sont apportées en France, hors celles du style ordinaire, comme les provisions de bénéfices, ne peuvent être publiées ni exécutées qu'en vertu des lettres du roi, et après avoir été examinées en parlement; 3° que nous ne croyons pas être sujets aux censures de la bulle *In cœnâ Domini*[2], ainsi nommée parce que le pape la publie tous les ans le jeudi saint; ni aux décrets de la congrégation du saint-office, c'est-à-dire de l'*inquisition* de Rome; ni à ceux de la congrégation de l'*indice* des livres défendus, ou des autres congrégations érigées par les papes, depuis un siècle, pour leur servir de conseil dans les affaires de l'Église ou de leur état temporel. Nous honorons les décrets de ces congrégations comme des consultations de docteurs graves, mais nous n'y reconnaissons aucune juridiction sur l'Église de France.

C'est sur le fondement de ce même principe que nous ne recevons point de dispenses, ni contre le droit naturel et divin, ni contre la disposition expresse des canons, quand ils défendent de dispenser, ni contre les louables coutumes et les statuts particuliers des Églises, confirmés par le saint-siége. De là vient encore que nous ne souf-

[1] Voyez *Libertés*, article XLIII.
[2] Cette bulle étend singulièrement la puissance ecclésiastique aux dépens du pouvoir temporel.

frons point que le pape trouble l'ordre des juridictions, en recevant des appels sans moyen, en évoquant les causes en première instance, ni qu'il tire les parties de leur pays, pour poursuivre les causes dévolues au saint-siége. Il est vrai que, dans la collation des bénéfices, nous nous sommes plus conformés au droit nouveau ; accordant au pape la prévention et tout ce qui est compris dans le concordat, dont toutefois plusieurs articles favorables au pape ne sont pas observés, comme les réserves ôtées par le concile de Trente : mais nous avions résisté à plusieurs nouveautés que le concile a retranchées ; et nous apportons plusieurs restrictions à ce droit de collation, qui n'ont pas lieu dans les autres pays. Ainsi, nous ne souffrons point que le pape donne aux étrangers ni bénéfices en France ni pensions, comme il fait sur les bénéfices d'Espagne, nonobstant les lois du pays. Il ne peut augmenter les taxes des bénéfices de France sans le consentement du roi et du clergé ; nous ne prenons point de bulles pour les petits bénéfices, mais de simples signatures, dont les frais sont beaucoup moindres.

Voilà ce que nous pouvons appeler *Libertés*, et rapporter aux deux maximes établies ci-dessus, que la puissance ecclésiastique est purement spirituelle, et qu'elle doit être employée suivant certaines règles. Ce n'est pas que nous n'ayons plusieurs usages qu'il est difficile d'accorder avec la pureté de l'ancienne discipline. Quelques-uns peuvent être regardés comme des *priviléges*, que le consentement de l'Église et du prince à autorisés ; les autres peuvent être comptés pour des *abus*, que le malheur des temps n'a pas encore permis de corriger. Mais il ne laisse pas d'être vrai que *dans les derniers siècles la France a conservé plus fidèlement qu'aucun autre pays les fondements de la discipline de l'Église.*

UTILITÉ ACTUELLE

DES LIBERTÉS DE L'ÉGLISE GALLICANE.

Chacun peut comprendre maintenant toute la portée de ce que nos pères ont appelé *libertés de l'Église Gallicane*. A l'époque qui les vit naître, l'extension extraordinaire qu'avait prise la puissance pontificale la faisait peser d'un poids accablant sur les rois, sur les peuples et quelquefois même sur le clergé : — Pour les rois, il s'agissait de leur existence même, puisque Rome s'arrogeait le droit de les déposer ; — Pour les peuples, il s'agissait de leur indépendance, puisque Rome aussi prétendait avoir le droit d'en disposer, de transférer le gouvernement des royaumes, de les adjuger à qui bon lui semblait, et de donner l'investiture du pouvoir politique ; — Pour l'Église nationale il avait fallu défendre la personne et la dignité des évêques, leur juridiction propre et le pouvoir qu'ils tiennent immédiatement de Jésus-Christ, contre les entreprises et les atteintes trop directes de la juridiction papale ; on avait dû s'opposer à l'abus toujours croissant des *exemptions*, à l'action trop impérieuse des *légats*, à l'immixtion des *vicaires apostoliques* dans les affaires intérieures du clergé de France ; il avait fallu défendre notre propre territoire contre la collation abusive des bénéfices français prodigués à des étrangers et aux sectateurs les plus outrés des doctrines ultramontaines, auxquels ils servaient à la fois d'appât et de récompense. — Ces libertés servaient aussi de rempart au clergé du second ordre contre les ricochets de la puissance, quand les supérieurs immédiats abusaient de leur autorité pour vexer ou contraindre indûment leurs inférieurs ! — Enfin dans la société civile et pour les actes les plus importants de la vie le citoyen, le fidèle se trouvèrent en butte à des prescriptions, à des exigences, à des extorsions, à des excommunications téméraires contre lesquelles il fallait incessamment se défendre, si l'on ne voulait être tenu dans un véritable état d'exploitation et de servitude. — Les *libertés de l'Eglise gallicane* ne sont donc que *la défense naturelle à d'injustes prétentions;* défense qu'il faudra reproduire aussi souvent que les entreprises et les attaques se renouvelleront.

Il s'est trouvé cependant des gens (et cela parmi ceux qui ont l'habitude de se croire *plus libéraux que les autres*) qui se sont mis à dire : Qu'est-ce donc que les libertés de l'Église gallicane au XIXe siècle? Eh quoi! vous en êtes encore là ! c'est aujourd'hui un non-sens! —

Oui, peut-être, pour ceux qui ne sont pas catholiques, ou pour les esprits forts qui se piquent de n'avoir aucun culte et de les braver tous. Ceux-là, j'en conviens, n'ont pas besoin pour leur usage de ce qu'on appelle les libertés de l'Église gallicane; ils en ont assez d'autres; ils ont toutes celles qu'ils se donnent, et tout ce qu'ils entreprennent sur celles d'autrui. *Mais pour le catholique, pour celui qui tient à vivre intimement avec sa foi, à ne point s'en séparer, celui-là a besoin de se défendre autrement que les dissidents et les athées; il faut que sa défense se concilie avec le respect qu'il doit et qu'il veut garder aux choses de la foi et de la hiérarchie.*

Sous ce point de vue, les libertés de l'Église gallicane sont donc : 1° pour l'Église qui leur a donné son nom, la marque et la garantie la plus certaine que le gouvernement auquel elle est soumise n'est pas un gouvernement tyrannique et absolu, mais un gouvernement réglé par des lois, auxquelles son Chef même ne peut pas arbitrairement déroger; c'est une monarchie, mais une monarchie, en réalité constitutionnelle, et dont l'alliance avec les gouvernements civils qui portent ouvertement ce nom, semble d'autant plus facile que celui de l'Église leur a pour ainsi dire servi de modèle. (Voy. les notes sur l'art. XL des libertés, ci-devant p. 58.) 2º Pour les simples fidèles, les libertés gallicanes sont encore ce qu'elles ont toujours été, *le moyen de n'être point opprimés dans l'exercice de leur foi, de ne dépendre que des véritables règles de l'Eglise,* et non du caprice ou de l'ambition excentrique de tel ou tels de ses ministres. 3º Pour l'État, les libertés de l'Église gallicane n'ont pas cessé d'être ce qu'elles étaient autrefois, suivant la Déclaration de 1682 : le gage le plus assuré de l'indépendance de la couronne, et les droits du pouvoir politique dans tout ce qui regarde les rapports du pouvoir temporel avec le pouvoir spirituel et la police des cultes. *C'est le droit des gens de la France vis-à-vis de la Cour de Rome, c'est son droit public à l'égard du clergé national.* — Le baron Charles Dupin, mon frère, a parfaitement exprimé et résumé ces idées dans le discours qu'il a prononcé le 23 avril 1844 à la Chambre des Pairs en répondant à un jeune orateur qui avait eu l'imprudence de *nier ces libertés !* « Les libertés de l'Église gallicane, a-t-il dit, ce » sont les libertés du roi, du clergé national, et du peuple » catholique ; ce sont les libertés qui garantissent la cou- » ronne du souverain, la mitre de l'évêque, l'étole du » prêtre et la famille du laïque ; ce sont elles qui nous » garantissent tous dans nos personnes, dans nos baptêmes, » nos mariages et nos sépultures ; dans notre dignité, » notre propriété, nos droits et notre honneur, contre tout » envahissement, toute oppression, toute confiscation, » tentés par une partie de l'Église contre l'autre et par la » Cour de Rome contre l'Église gallicane. »

On conçoit donc que ces libertés ont conservé, sous tous les rapports, la même importance que sous *l'ancien régime ;*

car le régime de l'Église n'a pas cessé d'être *ancien*. C'est donc le cas, encore aujourd'hui, de répéter avec l'immortel auteur de la Déclaration de 1682 : « Conservons *ces* » *fortes maximes de nos pères*, que l'Église gallicane a » trouvées dans la tradition de l'Église universelle. » (BOSSUET. *Discours de l'unité de l'Église.*)

ACTES

SUR LES LIMITES DE L'AUTORITÉ ECCLÉSIASTIQUE.

DÉCLARATION

DE LA FACULTÉ DE THÉOLOGIE DE PARIS,

faite au Roi par ses Députés, au sujet des Thèses touchant
l'infaillibilité du Pape.

Le 8 mai 1663.

Le jour de l'Ascension de Notre-Seigneur Jésus-Christ
(le 3 mai 1663), MM. de Miacé, Morel Bétille, de Bréda,
Grandin, Guyard, Guichard, Gobillon, Coqueleu et Mont-
Gaillard, députés, s'assemblèrent en la maison de la
Faculté, suivant l'arrêté de l'assemblée générale du jour
précédent (2 mai), afin de résoudre entre eux la déclaration qui devait être faite au roi, au nom de la Faculté,
par monseigneur l'archevêque de Paris, accompagné d'un
grand nombre de docteurs.

1. Que ce n'est point là la doctrine de la Faculté que le
pape ait aucune autorité sur le temporel du roi; qu'au
contraire, elle a toujours résisté, même à ceux qui n'ont
voulu lui attribuer qu'une puissance indirecte.

2. Que c'est la doctrine de la Faculté que le roi ne
reconnaît et n'a d'autre supérieur, au temporel, que Dieu
seul; que c'est son ancienne doctrine, de laquelle elle ne
se départira jamais.

3. Que c'est la doctrine de la même Faculté, que les
sujets du roi lui doivent tellement la fidélité et obéissance,
qu'ils n'en peuvent être dispensés sous quelque prétexte
que ce soit.

4. Que la Faculté n'approuve point, et qu'elle n'a jamais approuvé aucunes propositions contraires à l'autorité du roi, ou aux véritables libertés de l'Église gallicane, et aux canons reçus dans le royaume : par exemple, que le pape puisse déposer les évêques contre la disposition des mêmes canons.

5. Que ce n'est pas la doctrine de la Faculté que le pape soit au-dessus du concile général.

6. Que ce n'est pas la doctrine ou le dogme de la Faculté que le pape soit infaillible, lorsqu'il n'intervient aucun consentement de l'Église.

DÉCLARATION

DU CLERGÉ DE FRANCE

sur l'autorité ecclésiastique.

Du 19 mars 1682.

Plusieurs personnes s'efforcent en ce temps-ci de ruiner les décrets de l'Église gallicane et ses libertés, que nos ancêtres ont soutenues avec tant de zèle, et de renverser leurs fondements, *appuyés sur les saints canons et sur la tradition des Pères.* D'autres, sous prétexte de les défendre, ne craignent pas de donner atteinte à la primauté de saint Pierre et des pontifes romains ses successeurs, instituée par Jésus-Christ, et à l'obéissance que tous les chrétiens leur doivent, et de diminuer la majesté du saint-siége apostolique, respectable à toutes les nations *où la vraie foi est enseignée, et où l'unité de l'Église se conserve.* D'un autre côté, les hérétiques mettent tout en œuvre pour faire paraître cette autorité, qui maintient la paix de l'Église, odieuse et insupportable aux rois et aux peuples; et pour

éloigner par ces artifices les âmes simples de la communion de l'Église leur mère, et par là de celle de Jésus-
Christ. — Afin de remédier à ces inconvénients, nous
évêques et archevêques assemblés à Paris par ordre du
roi, représentant l'Église gallicane avec les autres ecclésiastiques députés, avons jugé, après mûre délibération,
qu'il est nécessaire de faire les règlements et la déclaration
qui suivent :

1. Que saint Pierre et ses successeurs, vicaires de
Jésus-Christ, et que toute l'Église même, n'ont reçu d'autorité de Dieu que sur les choses spirituelles et qui concernent le salut, et non point sur les choses temporelles
et civiles ; Jésus-Christ nous apprenant lui-même *que son
royaume n'est pas de ce monde*, et, en un autre endroit,
*qu'il faut rendre à César ce qui appartient à César, et à
Dieu ce qui appartient à Dieu*. Qu'il faut s'en tenir à
ce précepte de saint Paul : *Que toute personne soit soumise aux puissances supérieures ; car il n'y a point de
puissance qui ne vienne de Dieu ; et c'est lui qui ordonne
celles qui sont sur la terre : c'est pourquoi celui qui s'oppose aux puissances, résiste à l'ordre de Dieu*. En conséquence, nous déclarons que les rois ne sont soumis à
aucune puissance ecclésiastique par l'ordre de Dieu, dans
les choses qui concernent le temporel ; qu'ils ne peuvent
être déposés directement ni indirectement par l'autorité
des clefs de l'Église ; que leurs sujets ne peuvent être
exemptés de la soumission et de l'obéissance qu'ils leur
doivent, ou dispensés du serment de fidélité ; que cette
doctrine, nécessaire pour la paix publique, et autant
avantageuse à l'Église qu'à l'État, doit être tenue comme
conforme à l'Écriture-Sainte [1], et à la tradition des Pères
de l'Église, et aux exemples des saints.

[1] Donc elle est *de foi.*

2. Que la plénitude de puissance que le saint-siége apostolique et les successeurs de saint Pierre, vicaires de Jésus-Christ, ont sur les choses spirituelles, est telle néanmoins que les décrets [1] du saint concile œcuménique de Constance, contenus dans les sessions 4 et 5, approuvés par le saint-siége apostolique, et confirmés par la pratique de toute l'Église et des pontifes romains, et observés de tout temps religieusement par l'Église gallicane, demeurent dans leur force et vertu; et que l'Église de France n'approuve pas l'opinion de ceux qui donnent atteinte à ces décrets ou les affaiblissent, en disant que leur autorité n'est pas bien établie, qu'ils ne sont point approuvés, ou que leur disposition ne regarde que le temps du schisme.

3. Qu'ainsi il faut régler l'usage de l'autorité apostolique par les canons faits par l'esprit de Dieu, et consacrés par le respect général de tout le monde : que les règles, les mœurs et les constitutions reçues dans le royaume et dans l'Église gallicane doivent avoir leur force et vertu, et que *les usages de nos pères* doivent demeurer inébranlables; qu'il est même de la grandeur du saint-siége apostolique que les lois et les coutumes établies du consente-

---

[1] Voici le texte de ces décrets :

Ex sessione IV, et primò quòd ipsa synodus in Spiritu Sancto congregata legitimè generale concilium faciens, Ecclesiam catholicam militantem repræsentans, POTESTATEM A CHRISTO IMMEDIATÈ HABET, *cui quilibet cujuscumque status vel dignitatis,* ETIAMSI PAPALIS, *existat, obedire tenetur* IN HIS QUÆ PERTINENT AD FIDEM *et extirpationem dicti schismatis et* REFORMATIONEM GENERALEM *Ecclesiæ Dei in capite et membris.*

Ex sessione V, item declarat, quòd quicumque cujuscumque conditionis, status, dignitatis, ETIAMSI PAPALIS, *qui mandatis, statutis, sive ordinationibus, aut præceptis hujus sacræ syndoni* ET CUJUSCUMQUE ALTERIUS CONCILII GENERALIS *legitimè congregati, super præmissis seu ad ea pertinentibus factis vel faciendis, obedire contumaciter contempserit, nisi resipuerit, condignæ pœnitentiæ subjiciatur, et debitè puniatur, etiam ad alia juris subsidia, si opus fuerit, recurrendo.*

ment de ce siége et des Églises aient l'autorité qu'elles doivent avoir.

4. Que, quoique le pape ait la principale part dans les questions de foi, et que ses décrets regardent toutes les Églises, et chaque Église en particulier, son jugement *n'est pas irréformable*, si le consentement de l'Église n'intervient.

Ce sont *les maximes que nous avons reçues de nos pères*, et que nous avons arrêté d'envoyer à toutes les Églises gallicanes, et aux évêques que le Saint-Esprit y à établis pour les gouverner, afin que nous disions tous la même chose, que nous soyons dans les mêmes sentiments, et que nous tenions tous la même doctrine.

† François, archevêque de Paris, *président.* — † Charles Maurice, archevêque, duc de Reims. — † Charles, archevêque. d'Embrun.—† Jacques, archevêque, duc de Cambrai. — † Hyacinthe, archevêque d'Alby. — † Michel Phelypeaux, PP. archevêque de Bourges.—† Jacques-Nicolas Colbert, archevêque de Carthagène, coadjuteur de Rouen. — † Louis de Bourlemond, archevêque de Bordeaux. — † Gilbert, évêque de Tournay. — † Henry de Laval, évêque de La Rochelle. — † Nicolas, évêque de Riez. — † Daniel de Cosnac, évêque et comte de Valence et de Die. — † Gabriel, évêque d'Autun. — † Guillaume, évêque de Bazas. — † Gabriel-Philippe de Froullay de Tessé, évêque d'Avranches. — † Jean, évêque de Toulon. — † Jacques Benigne, évêque de Meaux. — † Sébastien de Guemadeuc, évêque de Saint-Malo. — † L.-M.-A. de Simiane de Gordes, évêque de Langres. — † Fr. Léon, évêque de Glandève. — † Luc d'Aquin, évêque de Fréjus. — † J.-B. M. Colbert, évêque et seigneur de Montauban. — † Charles de Pradel, évêque de Montpellier. — † François Placide, évêque de Mende. — † Charles, évêque de Lavaur. — † André, évêque d'Auxerre. — † François, évêque de Troyes. — † Louis-Antoine, évêque, comte de Châlons. — † François Ignace, évêque, comte de Treguier. — † Pierre, évêque de Belley. — † Gabriel, évêque de Conserans. — † Louis-Alphonse, évêque d'Alet. — † Humbert, évêque de Toul. — † J.-B. d'Etampes, évêque de Marseille. — † Paul.-Phil. de Lusignan. Louis d'Espinay de Saint-Luc. Coquelin. Lambert. P. de Bermont. A.-H. de Fleury. De Franqueville. M. de Ratabon. Clément de Poudenx Bigot. De Gourgue. De Villeneuve de Vence. C. Leny

de Coadeletz. La Faye. J.-F. de l'Escure. Pierre le Roy. De Soupets. A. Argoud, doyen de Vienne. De Bansset, prévôt de Marseille. G. Bochard de Champigny, De Saint-Georges, comte de Lyon. Courcier. Chéron. A. Favre. F. Maucroix. Gerbais. De Guenegau. Fr. de Camps. De La Borey. Armand Basin de Besons, agent-général du clergé de France. J. Desmarets, agent-général du clergé de France.

REGISTRÉ, *ouï et ce requérant le procureur-général du roi, pour être exécutées selon leur forme et teneur, suivant l'arrêt de ce jour.*

A Paris, en parlement, le 23 mars 1682. Signé DONGOIS.

LETTRE

DE L'ASSEMBLÉE DU CLERGÉ DE FRANCE

TENUE EN 1682,

à tous les Prélats de l'Église gallicane.

Les archevêques et évêques, et autres ecclésiastiques députés par le clergé de France, et assemblés à Paris par ordre de sa majesté, aux illustrissimes et révérendissimes archevêques et évêques de tout le royaume de France : Salut :

NOS RÉVÉRENDISSIMES ET TRÈS-RELIGIEUX COLLÈGUES DANS L'ÉPISCOPAT,

Vous n'ignorez pas que la paix de l'Église gallicane vient d'être un peu ébranlée, puisque c'est pour éloigner ce danger que votre amour pour l'union nous a députés.

Nous le disons avec confiance, nos très-chers collègues, en empruntant les paroles de saint Cyprien : *Jésus-Christ, pour montrer l'unité, a établi une seule et unique chaire, et a placé la source de l'unité de manière qu'elle descende d'un seul. Celui donc qui abandonne la chaire de Pierre, sur laquelle l'Église a été fondée, n'est plus dans l'Église; et celui*

qui ne conserve plus l'unité n'a plus de foi. C'est pour
cette raison que, dès que nous avons été *assemblés au nom
de Jésus-Christ,* nous n'avons eu rien de plus à cœur que
de faire en sorte que *nous n'eussions tous qu'un même esprit,*
comme nous ne sommes tous, selon l'Apôtre, *qu'un même
corps;* et que non–seulement *il n'y eût point de schisme
parmi nous,* mais qu'il ne s'y trouvât même pas la plus légère apparence de dissension avec le chef de toute l'Église.
Nous appréhendions d'autant plus ce malheur, que, par un
effet de la bonté et de la providence divine, nous avons
aujourd'hui un pontife qui mérite, par toutes ses grandes
qualités, par les vertus pastorales dont il est rempli, que
nous le révérions non–seulement *comme la pierre de l'E-
glise,* mais encore comme l'exemple et le modèle des fidèles
dans toutes sortes de bonnes œuvres.

L'illustre orateur [1] qui a ouvert notre assemblée, pendant le sacrifice que nous offrions en commun par les
mains de l'illustrissime archevêque de Paris, notre digne
président, pour implorer la grâce et le secours de l'Esprit
saint, nous a tracé par avance l'idée de cette union, et du
zèle avec lequel nous devons tous concourir au maintien
de l'*unité de l'Église;* et il l'a fait avec tant d'éloquence,
d'érudition et de piété, que tout le monde a dès-lors au-
guré l'heureux succès de notre assemblée.

Nous ne doutons nullement que vous n'ayez été satisfaits,
soit de ce que nous avons obtenu de la piété de notre roi
très-chrétien, soit de ce que nous avons fait de notre côté,
tant pour conserver la paix que pour mériter les bonnes
grâces d'un si grand prince, et lui marquer en même temps
notre reconnaissance, soit enfin de la lettre que nous eûmes

[1] Jacques-Benigne Bossuet, évêque de Meaux. Le sermon prêché à
l'ouverture de l'assemblée générale du clergé de 1682 a été imprimé
par l'ordre de cette assemblée.

l'honneur d'écrire à notre saint père le pape. Nous avons cependant jugé qu'il était très-important de nous expliquer encore davantage, afin qu'il n'arrivât jamais rien qui pût tant soit peu troubler le repos de l'Église et la tranquillité de l'ordre épiscopal.

En effet, chacun de nous ayant frémi d'horreur à la moindre ombre de discorde, nous avons cru que nous ne pouvions rien faire de plus propre au maintien de l'unité ecclésiastique, que d'établir des règles certaines, ou plutôt de rappeler à l'esprit des fidèles le souvenir des anciennes, à l'abri desquelles toute l'Église gallicane, dont le *Saint-Esprit nous a confié le gouvernement*, fût tellement en sûreté, que jamais personne, soit par une basse adulation, ou par un désir déréglé d'une fausse liberté, *ne pût passer les bornes que nos pères ont posées*; et qu'ainsi la vérité, mise dans son jour, nous mît elle-même à couvert de tout danger de division.

Et comme nous sommes obligés, non-seulement de maintenir la paix parmi les catholiques, mais encore de travailler à la réunion de ceux *qui se sont séparés de l'épouse de Jésus-Christ pour s'unir à l'adultère, et qui ont renoncé aux promesses de l'Église*, cette raison nous a encore engagés à déclarer quel est le sentiment des catholiques, que nous croyons conforme à la vérité; après quoi nous espérons que *personne ne pourra plus imposer à la société des fidèles par ses calomnies, ni corrompre par une perfide prévarication les vérités de la foi*. Nous espérons aussi que ceux qui, sous prétexte des erreurs qu'ils nous imputaient, se sont déchaînés jusqu'à présent contre l'Église romaine, comme contre une Babylone réprouvée, parce qu'ils ne connaissaient pas, ou feignaient de ne pas connaître nos véritables sentiments, cesseront, maintenant que la fausseté est démasquée, de nous calomnier, et ne persévère-

ront pas plus long-temps dans leur schisme, que saint
Augustin détestait comme un crime plus horrible que l'idolâtrie même.

Nous faisons donc profession de croire que, quoique
Jésus-Christ ait établi les douze disciples qu'il choisit et
qu'il nomma apôtres pour gouverner solidairement son
Église, et qu'il les ait tous également revêtus de la même
dignité et de la même puissance, selon les expressions de
saint Cyprien, il a cependant donné la primauté à saint
Pierre, comme l'Évangile nous l'apprend, et comme toute
la tradition ecclésiastique l'enseigne. C'est pourquoi nous
reconnaissons avec saint Bernard que le pontife romain,
successeur de saint Pierre, possède, *non pas à la vérité
seul*, et à l'exclusion de tout autre, *mais dans le plus haut
degré, la puissance apostolique établie de Dieu;* et pour
conserver en même temps l'honneur du sacerdoce auquel
Jésus-Christ nous a élevés, nous soutenons, avec les saints
Pères et les Docteurs de l'Église, que les clefs ont été d'a-
bord données *à un seul,* afin qu'elles fussent conservées *à
l'unité :* et nous croyons que tous les fidèles sont assujettis
aux décrets des souverains pontifes, soit qu'ils regardent la foi ou la réformation générale de la discipline
et des mœurs, de telle sorte néanmoins que l'usage de
cette souveraine puissance spirituelle doit être modéré et
réglé par les canons révérés dans tout l'univers; et que
si, par la diversité de sentiment des Églises, *il s'élevait
quelque difficulté considérable, il serait nécessaire alors,*
comme dit saint Léon, *d'appeler de toutes les parties du
monde un plus grand nombre d'évêques, et d'assembler un
concile général qui dissipât ou apaisât tous les sujets de
dissension, afin qu'il n'y eût plus rien de douteux dans la
foi, ni rien d'altéré dans la charité.*

Au reste, la *république chrétienne* n'étant pas seulement

gouvernée par le sacerdoce, mais encore par l'empire que possèdent les rois et les puissances supérieures, il a fallu qu'après avoir obvié aux schismes qui pourraient diviser l'Église, nous prévinssions aussi les mouvements des peuples qui pourraient troubler l'empire, surtout dans ce royaume, où, sous prétexte de la religion, il s'est commis tant d'attentats contre l'autorité royale. C'est pour cela que nous avons déterminé que la puissance des rois n'est point soumise, quant au temporel, à la puissance ecclésiastique, de peur que si la puissance spirituelle paraissait entreprendre quelque chose au préjudice de la puissance temporelle, la tranquillité publique n'en fût altérée.

Enfin, nous conjurons votre charité et votre piété, nos très-vénérables confrères, comme les Pères du premier concile de Constantinople conjuraient autrefois les évêques du concile romain, en leur envoyant les actes de ce concile, de *confirmer par vos suffrages* tout ce que nous avons déterminé pour assurer à jamais la paix de l'Église de France, et de donner vos soins afin que la doctrine que nous avons jugée d'un commun consentement devoir être publiée, soit reçue dans vos Églises, et dans les universités et les écoles qui sont de votre juridiction, ou établies dans vos diocèses, et qu'il ne s'y enseigne jamais *rien de contraire*. Il arrivera, par cette conduite, que de même que le concile de Constantinople est devenu universel et œcuménique par l'acquiescement des Pères du concile de Rome, *notre assemblée deviendra aussi, par notre unanimité, un concile national de tout le royaume, et que les articles de doctrine que nous vous envoyons seront des canons de toute l'Église gallicane, respectables aux fidèles et dignes de l'immortalité.*

Nous souhaitons que vous jouissiez en Jésus-Christ d'une

santé parfaite, et nous prions Dieu de vous y conserver, pour le bien de son Église.

Vos très-affectionnés confrères, archevêques, évêques et autres ecclésiastiques députés par le clergé de France.

† FRANÇOIS, archevêque de Paris, *président.*

Par ordre de l'assemblée :

MAUCROIX, chanoine de Reims, *secrétaire.*
COURCIER, théologal de Paris, *secrétaire.*

A Paris, le 19 mars 1682.

ÉDIT DU ROI

SUR LA DÉCLARATION FAITE PAR LE CLERGÉ DE FRANCE

de ses sentiments touchant l'autorité ecclésiastique.

(Registré en Parlement, le 23 mars 1682.)

LOUIS, par la grâce de Dieu, roi de France et de Navarre, à tous présents et à venir, salut :

Bien que l'indépendance de notre couronne de toute autre puissance que de Dieu, soit une vérité certaine et incontestable, et établie *sur les propres paroles de Jésus-Christ,* nous n'avons pas laissé de recevoir avec plaisir la Déclaration que les députés du clergé de France, assemblés par notre permission en notre bonne ville de Paris, nous ont présentée, contenant leurs sentiments touchant la puissance ecclésiastique ; et nous avons d'autant plus volontiers écouté la supplication que lesdits députés nous ont faite de faire publier cette Déclaration dans notre royaume, qu'étant faite par une assemblée composée de tant de personnes également recommandables par leur vertu et par leur doctrine, et qui s'emploient avec tant de zèle à tout ce qui peut être avantageux à l'Église et à notre service, la sagesse et la modération avec laquelle ils ont expliqué les sentiments que l'on doit avoir sur ce sujet, peut beaucoup contribuer à confirmer nos sujets dans le respect qu'ils sont tenus, comme nous, de rendre à l'autorité que Dieu a donnée à l'Église, et à ôter en même temps aux ministres de la religion prétendue réformée le *prétexte* qu'ils prennent des livres de quelques auteurs, pour rendre odieuse la puissance légitime du chef visible de l'Église. — A ces causes et autres bonnes et grandes considérations à ce mouvant, après avoir fait examiner ladite Déclaration en notre conseil : Nous, par notre présent édit perpétuel et *irrévocable*, avons dit, statué et ordonné ; disons, statuons et ordonnons, voulons et nous plaît, que ladite Déclaration des sentiments du clergé sur la puissance ecclésiastique ci-attachée sous le contre-scel de notre chancellerie, soit enregistrée dans toutes nos cours de parlement, bailliages et sénéchaussées, universités et facultés de théologie et de droit canon de notre royaume, pays, terres et seigneuries de notre obéissance.

1. Défendons à tous nos sujets et aux étrangers étant dans notre royaume, séculiers et réguliers, de quelque ordre, congrégation et société qu'ils soient, d'enseigner dans leurs maisons, colléges et séminaires, ou d'écrire aucune chose contraire à la doctrine contenue en icelle.

2. Ordonnons que ceux qui seront dorénavant choisis pour enseigner la théologie dans tous les colléges de chaque université, soit qu'ils soient séculiers ou réguliers, souscriront ladite Déclaration aux greffes des facultés de théologie, avant de pouvoir faire cette fonction dans les colléges ou maisons séculières et régulières qui se soumettront à enseigner la doctrine qui y est expliquée, et que les syndics des facultés de théologie présenteront aux ordinaires des lieux et à nos procureurs-généraux des copies

desdites soumissions signées par les greffiers desdites facultés.

3. Que dans tous les colléges et maisons desdites universités, où il y aura plusieurs professeurs, soit qu'ils
soient séculiers ou réguliers, l'un d'eux sera chargé tous
les ans d'enseigner la doctrine contenue en ladite Déclaration ; et dans les colléges où il n'y aura qu'un seul professeur, il sera obligé de l'enseigner l'une des trois années
consécutives.

4. Enjoignons aux syndics des facultés de théologie de
présenter tous les ans avant l'ouverture des leçons, aux
archevêques ou évêques des villes où elles sont établies,
et d'envoyer à nos procureurs-généraux les noms des professeurs qui seront chargés d'enseigner ladite doctrine, et
auxdits professeurs de représenter auxdits prélats et à
nosdits procureurs-généraux les écrits qu'ils dicteront à
leurs écoliers, lorsqu'ils leur ordonneront de le faire.

5. Voulons qu'aucun bachelier, soit séculier ou régulier,
ne puisse être dorénavant licencié tant en théologie qu'en
droit canon, ni être reçu docteur qu'après avoir soutenu
ladite doctrine dans l'une de ses thèses, dont il fera appa-
roir à ceux qui ont droit de conférer ces degrés dans les
universités.

6. Exhortons, et néanmoins enjoignons à tous les archevêques et évêques de notre royaume, pays, terres et seigneuries de notre obéissance, d'employer leur autorité
pour faire enseigner, dans l'étendue de leurs diocèses, la
doctrine contenue dans ladite Déclaration faite par lesdits
députés du clergé [1].

7. Ordonnons aux doyens et syndics des facultés de
théologie de tenir la main à l'exécution des présentes, à
peine d'en répondre en leur propre et privé nom.

[1] *Voyez* la loi du 18 germinal an X, art. 24.

Si donnons en mandement à nos amés et féaux les gens tenant nos cours de parlements, que ces présentes nos lettres en forme d'édit, ensemble ladite Déclaration du clergé, ils fassent lire, publier et enregistrer aux greffes de nosdites cours et des bailliages, sénéchaussées et universités de leurs ressorts, chacun en droit soi ; et aient à tenir la main à leur observation, sans souffrir qu'il y soit contrevenu directement ni indirectement; et à procéder contre les contrevenants en la manière qu'ils le jugeront à propos, suivant l'exigence des cas. Car tel est notre plaisir. Et afin que ce soit chose ferme et *stable à toujours*, nous avons fait mettre notre scel à ces dites présentes.

Donné à Saint-Germain-en-Laye, au mois de mars, l'an de grâce 1682, et de notre règne le trente-neuvième.

Signé, LOUIS;

Et plus bas :

Par le roi, COLBERT.

Visa, LETELLIER ; et scellées du grand sceau de cire verte.

Registrées, ouï et ce requérant le procureur-général du roi, pour être exécutées selon leur forme et teneur, suivant l'arrêt de ce jour. A Paris, en Parlement, le 23 mars 1682.

Signé DONGOIS.

ARRÊT

DU CONSEIL D'ÉTAT DU ROI

Du 24 mai 1766.

(Extrait des registres du conseil d'État.)

Le roi s'étant fait représenter l'arrêt rendu en son conseil, le 15 septembre 1765, par lequel, entre autres dispositions, sa majesté se serait réservé de faire connaître

d'une manière plus expresse ses intentions ultérieures sur
les objets importants renfermés dans les actes qui venaient
de paraître au nom de l'assemblée générale du clergé de
son royaume; et sa majesté étant informée des diversités
d'opinions, des interprétations litigieuses, et des réclamations auxquelles la seconde partie desdits actes aurait
donné occasion : considérant combien il est essentiel pour
le bien de la religion et pour celui de l'État, qui ne peuvent être séparés, d'empêcher qu'on n'agite dans son
royaume des questions téméraires ou dangereuses, non
seulement sur les expressions qui peuvent être différem-
ment entendues, mais sur le fond des choses mêmes ; elle
aurait résolu d'apporter, à ce mal naissant, le remède le
plus prompt et le plus capable d'affermir *l'union qui doit
régner entre le sacerdoce et l'empire*; et dans cette vue elle
aurait jugé nécessaire, en attendant qu'elle soit en état de
prendre à ce sujet les mesures définitives que sa sagesse
et sa piété lui suggèreront, d'arrêter dès à présent le cours
de pareilles disputes, et de rappeler, comme il appartient
à son autorité, les principes invariables qui sont contenus
dans les *lois du royaume,* et notamment dans les édits de
1682 et 1695, et dans l'arrêt de son conseil du 10 mars
1731 : principes suivant lesquels il est incontestable, que
l'Église a reçu de Dieu même une véritable autorité, qui
n'est subordonnée à aucune autre dans l'ordre des choses
spirituelles, ayant le salut pour objet : Que d'un autre côté
la puissance temporelle, émanée immédiatement de Dieu,
ne relève que de lui seul, et ne dépend ni directement ni
indirectement d'aucune autre puissance qui soit sur la terre :
que le gouvernement des choses humaines, et tout ce qui
intéresse l'ordre public et le bien de l'État, est entièrement
et uniquement de son ressort, et qu'il n'y a aucune puissance qui, sous quelque prétexte que ce soit, puisse, en

aucun cas, affranchir les sujets, de quelque rang, qualité
et condition qu'ils soient, de la fidélité inviolable qu'ils
doivent à leur souverain : qu'il appartient à l'Église seule
de décider ce qu'il faut croire et ce qu'il faut pratiquer
dans l'ordre de la religion, et de déterminer la nature de
ses jugements en matière de doctrine, et leurs effets sur
l'âme des fidèles, sans que la puissance temporelle puisse,
en aucun cas, prononcer sur le dogme, ou sur ce qui est
purement spirituel ; mais qu'en même temps la puissance
temporelle, avant que d'autoriser la publication des décrets de l'Église, de les rendre lois de l'État, et d'en ordonner l'exécution avec défenses, sous les peines temporelles
d'y contrevenir, a droit d'examiner la forme de ces décrets,
leur conformité avec les maximes du royaume, et tout ce
qui, dans leur publication, peut altérer ou intéresser la
tranquillité publique, comme aussi d'empêcher, après leur
publication, qu'il ne leur soit donné des qualifications qui
n'auraient point été autorisées par l'Église ; qu'indépendamment du droit qu'a l'Église de décider les questions de
doctrine sur la foi et la règle des mœurs, elle a encore
celui de faire des canons ou règles de discipline, pour la
conduite des ministres de l'Église, et des fidèles, dans l'ordre de la religion; d'établir ses ministres ou de les desti-
tuer conformément aux mêmes règles, et de se faire obéir,
en imposant aux fidèles, suivant l'ordre canonique, non
seulement des pénitences salutaires, mais de véritables
peines spirituelles, par les jugements ou par les censures
que les premiers pasteurs ont droit de prononcer et de
manifester, et qui sont d'autant plus redoutables, qu'elles
produisent leur effet sur l'âme du coupable, dont la résistance n'empêche pas qu'il ne porte, malgré lui, la peine
à laquelle il est condamné ; mais qu'à la puissance temporelle seule appartient, primitivement à toute autre auto-

rité, d'employer les peines temporelles et la force visible
et extérieure sur les biens et sur les corps, même contre
ceux qui résisteraient à l'autorité spirituelle, et qui contreviendraient aux règles de l'Église, dont la manutention
extérieure et la défense contre toute infraction est un droit
de la puissance temporelle comme elle en est un devoir : qu'en
conséquence, la puissance temporelle protectrice des canons
doit à l'Église le secours de son autorité pour l'exécution
des jugements prononcés contre des fidèles, suivant les
règles canoniques; mais qu'elle ne doit pas moins veiller
à la conservation de l'honneur des citoyens, lorsqu'il serait
compromis par l'inexécution des formes requises, et punir
même ceux qui se seraient écartés de ces formes et des
règles sagement établies : que ce droit, qui donne au souverain la qualité d'*évêque du dehors*, et de vengeur des
règles anciennes, droit que l'Église a souvent invoqué elle-
même pour le maintien de l'ordre et de la discipline, ne
s'étend point à imposer silence aux pasteurs sur l'enseignement de la foi et de la morale évangélique : mais qu'il
empêche que chaque ministre ne soit indépendant de la
puissance temporelle, en ce qui concerne les fonctions extérieures appartenantes à l'ordre public, et qu'il donne au
souverain le moyen d'écarter de son royaume des disputes
étrangères à la foi, et qui ne pourraient avoir lieu sans
nuire également au bien de la religion et à celui de l'État :
qu'il appartient à l'autorité spirituelle d'examiner et d'approuver les instituts religieux dans l'ordre de la religion;
et qu'elle seule peut commuer les vœux, en dispenser, ou
en relever dans le for intérieur; mais que la puissance
temporelle a droit de déclarer abusifs et non valablement
émis, les vœux qui n'auraient pas été formés suivant les
règles canoniques et civiles; comme aussi d'admettre ou
de ne pas admettre des Ordres religieux, *suivant qu'ils*

peuvent être utiles ou dangereux dans l'Etat, même d'ex-
clure ceux qui s'y seraient établis contre lesdites règles, ou
qui deviendraient nuisibles à la tranquillité publique :
qu'enfin, outre ce qui appartient essentiellement à la puissance spirituelle, elle jouit encore dans le royaume de
plusieurs droits et priviléges sur ce qui regarde l'appareil
extérieur d'un tribunal public [1], les formalités de l'ordre
ou du style judiciaire, l'exécution forcée des jugements sur
les corps ou sur les biens, les obligations ou les effets qui
en résultent dans l'ordre de la société, et en général tout
ce qui ajoute la terreur des peines temporelles à la
crainte des peines spirituelles; mais que ces droits et
priviléges accordés pour le bien de la religion et pour
l'avantage même des fidèles, sont des concessions des
souverains, dont l'Église ne peut faire usage sans leur
autorité; et que, soit pour empêcher les abus qui peuvent
se commettre dans l'exercice de cette juridiction extérieure,
soit pour réprimer également toute entreprise des deux
côtés sur l'une ou l'autre puissance, la voie de recours au
prince a été *sagement établie, utilement observée et constam-*
ment reconnue : Le roi rendra toujours au clergé de son
royaume la justice de croire qu'il est convaincu de la vérité de ces maximes inviolables qui servent de fondement
à l'indépendance des deux puissances; qu'il les soutiendra
toutes avec le même zèle, et qu'il ne cessera jamais de
resserrer par son enseignement et par son exemple les
liens de fidélité, d'amour et d'obéissance qui unissent les
sujets à leur souverain; et sa majesté, pénétrée également
de l'obligation où elle est de rendre elle-même, et de faire
rendre aux décisions de l'Église universelle, le respect et la
soumission qu'elles exigent, et de maintenir en même temps,
contre toutes entreprises, l'indépendance absolue de sa

---

[1] Vrai en 1766, non depuis 1790. Officialités abolies, pas rétablies.

couronne, se fera un devoir de réprimer tous excès, et d'empêcher que personne ne transgresse les bornes que Dieu lui-même a établies pour le bien de la religion et la tranquillité des empires : et sa majesté étant persuadée que rien n'est plus instant dans les circonstances présentes que de mettre hors de toute atteinte ces *principes inviolables sur les limites des deux puissances*, et d'affermir entre elles ce concours si essentiel pour leur avantage réciproque, n'a pas cru devoir différer plus long-temps de renouveler les lois faites à ce sujet, de proscrire tout ce qui pourrait s'opposer à leur exécution, et d'imposer, au surplus, par provision, comme elle a déjà fait par son arrêt du conseil du 10 mars 1731, un silence général et absolu sur tout ce qui pourrait exciter, dans son royaume, du trouble et de la division sur une matière si importante. — A quoi voulant pourvoir : Ouï le rapport, et tout considéré ; le roi étant en son conseil, a ordonné et ordonne que les ordonnances, édits, déclarations et lettres patentes concernant la nature, l'étendue et les bornes de l'autorité spirituelle, et la puissance séculière, notamment les édits des mois de mars 1682 et avril 1695, seront exécutés selon leur forme et teneur, dans tout son royaume, terres et pays de son obéissance : veut en conséquence, sa majesté, que les quatre propositions arrêtées en l'assemblée des évêques de son royaume, convoqués ordinairement à cet effet, en ladite année 1682, et les maximes qui ont été reconnues et consacrées, soient *inviolablement observées en tous ses États, et soutenues dans toutes les universités, et par tous les ordres, séminaires et corps enseignants*, ainsi qu'il est prescrit par ledit édit de 1682 : fait défense à tous ses sujets, de quelque état et condition qu'ils soient, de rien entreprendre, soutenir, écrire, composer, imprimer, vendre ou distribuer directement ou in-

directement, qui soit contraire auxdites maximes et aux
principes ci-dessus rappelés : ordonne en outre, sa majesté, que l'arrêt de son conseil, du 10 mars 1731, sera
exécuté; ce faisant, fait très-expresses inhibitions et défenses à toutes personnes de rien écrire, publier ou soutenir, qui puisse tendre à renouveler des disputes, élever
des contestations, ou faire naître des opinions différentes
sur ladite matière ; sa majesté imposant de nouveau, et
par provision, un silence général et absolu sur cet objet :
exhorte sa majesté, et néanmoins enjoint à tous archevêques et évêques de son royaume, de veiller, chacun dans
son diocèse, à ce que la tranquillité qu'elle veut y maintenir, par la cessation de toutes disputes, y soit charitablement et inviolablement conservée : se réserve à elle
seule de prendre, sur l'avis de ceux qu'elle jugera à
propos de choisir incessamment dans son conseil et même
dans l'ordre épiscopal, les mesures qu'elle estimera les
plus convenables pour conserver toujours de plus en plus
les droits inviolables des deux puissances, maintenir entre
elles l'union qui doit y régner pour le bien commun de
l'Église et de l'État, et généralement pour mettre fin à
toutes les disputes et contestations relatives aux matières
renfermées dans lesdits actes de l'assemblée du clergé. Et
sera, le présent arrêt, imprimé, publié et affiché partout
où besoin sera : enjoint, sa majesté, à tous juges, chacun
en droit soi, notamment au sieur lieutenant-général de
police de la ville de Paris, comme aussi aux lieutenants-
généraux et juges de police des autres villes, de tenir la
main à l'exécution du contenu au présent arrêt. Fait au
conseil d'État du roi, sa majesté y étant, tenu à Versailles,
le vingt-quatrième mai mil sept cent soixante-six.

Signé, PHELIPPEAUX.

DÉCRET

QUI DÉCLARE LOI GÉNÉRALE DE L'EMPIRE

L'ÉDIT DU MOIS DE MARS 1682,

sur la déclaration faite par le Clergé de France de ses sentiments
sur la puissance ecclésiastique.

Du 25 février 1810.

L'édit de Louis XIV, sur la déclaration faite par le
clergé de France de ses sentiments touchant la puissance
ecclésiastique, donné au mois de mars 1682, et enregistré
le 23 desdits mois et an, est déclaré *Loi générale de
l'empire*[1],

Duquel édit la teneur suit. (*Voyez* ci-devant, page 139.)

---

[1] Cette Déclaration avait aussi été proclamée loi de l'État par divers
règlements du parlement de Paris des 29 janvier, 23 juin, 10 décembre
1683, 14 et 20 décembre 1695. (*Voyez* le livre intitulé : *Tradition des
faits*, p. 208, édition de 1825.)
La jurisprudence des parlements a toujours été invariable sur le
même point. Voyez notamment le célèbre *Arrêt de règlement* du Parlement de Paris du 25 octobre 1752, et celui du 26 janvier 1753, les dispositions de l'article 15 de celui de 1763, contenant règlement pour les
collèges dépendant de l'Université ; et enfin l'arrêt d'enregistrement des
lettres-patentes accordées en 1784 à la congrégation de la Doctrine
chrétienne pour légaliser les changements faits à ses statuts. Il est dit
dans cet arrêt que tous les supérieurs de la congrégation seront tenus
de *veiller* à ce que la doctrine contenue dans la Déclaration du clergé
de France, touchant la puissance ecclésiastique, soit enseignée à ceux
qui feront leurs études de théologie dans les maisons qui dépendent de
cette congrégation, et soutenue dans les thèses publiques, conformément
à l'édit de 1682.

ARRÊT

DU 3 DÉCEMBRE 1825,

RENDU PAR LA COUR ROYALE DE PARIS,

sous la Présidence de M. le P. P. Séguier,

dans le Procès de *tendance* intenté au *Constitutionnel*.

Après avoir entendu aux audiences des 19 et 26 novembre 1825, et à la présente audience, en leurs conclusions et plaidoiries, M. DE BROÉ, avocat-général pour le
procureur général du roi, et Me DUPIN aîné, avocat des
rédacteurs et éditeurs du journal *le Constitutionnel*, et
après en avoir délibéré, conformément à la loi,

La Cour, vu le réquisitoire du procureur général du roi,
en date du 30 juillet 1825;

Vu les 34 articles incriminés du journal intitulé *le Constitutionnel*;

Vu la loi du 17 mars 1822 sur la *Police des Journaux*,

Considérant que si plusieurs des articles incriminés contiennent des expressions, et même des phrases inconve-
nantes et répréhensibles dans des matières aussi graves,
l'esprit résultant de l'ensemble de ces articles n'est pas de
nature à porter atteinte à la religion de l'État;

Considérant que ce n'est ni manquer à ce respect, ni
abuser de la liberté de la presse, que de discuter et combattre l'établissement et l'introduction dans le royaume de
toutes associations non autorisées par les lois;

Que de signaler : — soit des actes notoirement constants
qui offensent la religion même et les mœurs; — soit les
dangers et excès non moins certains d'une doctrine qui menace tout à la fois l'indépendance de la monarchie, la sou-

veraineté du roi et les libertés publiques garanties par la
Charte constitutionnelle et par la Déclaration du clergé de
France en 1682, *Déclaration toujours reconnue et proclamée*
Loi de l'État ;

Dit qu'il n'y a lieu à prononcer la suspension requise.

OBSERVATION.

Dans une brochure de 45 pages intitulée : *Quelques réflexions sur
le procès du Constitutionnel et du Courrier, et sur les arrêts rendus
à cette occasion par la Cour royale*, M. de La Mennais nie que la
Déclaration de 1682 soit une *loi de l'État*; et, pour le démontrer
à sa manière, il met en présence un juif et un premier président
de Cour royale, demandant à ce juif s'il adhère à la Déclaration
de 1682? Et parce que ce juif (qui certes n'aura jamais à subir un
pareil interrogatoire) répond qu'il n'y comprend rien, ou s'y montre
indifférent en disant que cela ne le concerne pas, l'auteur du Dialogue en conclut que la Déclaration de 1682 n'est qu'une loi particulière, et non une loi de l'État. La réponse est facile. L'expression
loi de l'État, appliquée à la Déclaration de 1682, est prise dans un
sens tout politique, aujourd'hui comme sous Louis XIV. C'est une
loi générale, en ce sens qu'elle garantit l'indépendance du pouvoir
souverain contre les prétentions extérieures. Sous ce point de vue,
en effet, elle oblige tout le monde, en ce sens encore que personne
ne peut licitement soutenir le contraire de ce qui est proposé sur ce
sujet dans la Déclaration, et sanctionné par les édits et arrêts, lois
et décrets intervenus à la suite. Il est de fait que ces lois ont un
caractère plus spécial pour les catholiques, parce qu'ils ont seuls
besoin de règles dans leurs relations avec le chef spirituel du dehors ;
les juifs, les luthériens, tous les dissidents n'ayant pas besoin d'être
réglés à cet égard, puisqu'on n'a rien à leur tracer dans leurs rapports avec une puissance qu'ils ne reconnaissent pas, et qui ne les
reconnaît pas. Mais de ce que quelques personnes, dans un État,
peuvent être étrangères, par leur position particulière, aux motifs,
au but et au texte d'une loi, qui s'appliquera plus spécialement à
d'autres, ceux-ci en plus grand nombre, il n'en demeure pas moins
évident que cette loi conserve son caractère de *loi*, de *loi générale*,
et de loi d'état si elle pourvoit à la sûreté de l'État. *Jura, non in
singulas personas, sed generaliter constituuntur.* L. 8, ff. de Legibus. *Nulla lex satis commoda omnibus est; id modo quæritur, si
majori parti et in summam prodest.* Orat. Catonis, *pro lege Oppia*,
apud Tit. Liv.

Dans l'*introduction*, page xx, nous avons parlé de l'ouvrage (en 2 vol. in-4°) publié en latin par Bossuet, pour la défense de la Déclaration de 1682 ; mais ce grand et magnifique travail n'était pas accessible à tous les esprits. Louis-Ellies Dupin eut surtout en vue de travailler pour les *maîtres* et les *étudiants*, et de mettre cette importante matière à leur portée, afin d'en faciliter l'étude et l'enseignement. Il a considéré que « beaucoup d'ecclésiastiques,
» surtout dans les provinces, en ignorent jusqu'au nom,
» parce qu'ils n'en ont point entendu parler dans leur cours
» de théologie, *ni dans les séminaires;* ou que, si on leur
» en a parlé, c'était pour les *indisposer contre* nos maximes
» et nos libertés, *ce qui est assez ordinaire dans les sémi-*
» *naires.* »

Dans ce savant ouvrage, Louis-Ellies Dupin a pris à tâche de grouper sous chacune des *quatre propositions* énoncées dans la Déclaration de 1682 les autorités qui servent de *preuve* à la vérité de ces propositions. On en jugera par l'analyse que nous en donnons.

ANALYSE

DE L'OUVRAGE DE LOUIS ELLIES DUPIN,

DOCTEUR EN SORBONNE,

intitulé

Traité de l'Autorité ecclésiastique et de la puissance temporelle, conformément à la Déclaration du clergé de France en 1682, à l'édit de Louis XIV de la même année ; et à l'arrêt du Conseil d'Etat du Roi en 1766 ; — à l'usage de ceux qui enseignent et qui étudient dans les Universités, dans les Colléges et les Séminaires de l'Eglise gallicane.

La dernière édition, en 3 vol. in-12, a paru en 1768, avec quelques additions de M. l'abbé Dinouard.

PREUVE DE LA PREMIÈRE PROPOSITION.

Cette proposition (dont le texte est rapporté ci-devant, p. 131) comprend plusieurs chefs.

1er CHEF. La puissance de l'Église est purement spirituelle.

Preuves. 1º Jésus-Christ n'ayant point exercé de puissance temporelle , il n'en a pas donné à l'Église. *Sicut misit me vivens Pater, et ego mitto vos.* — *Regnum meum non est de hoc mundo.*

2º La puissance que Jésus-Christ a donnée à son Église ne concerne que les choses spirituelles. *Quæcumque ligaveritis super terram erunt alligata in cœlis.*

3º Jésus-Christ et les apôtres excluent de l'Église la puissance et la juridiction sur le temporel. *Reges gentium dominantur eorum;... vos autem non sic.* — *Pascite qui in vobis est gregem Dei, non coacti, sed spontanei secundùm Deum; neque turpis lucri gratiâ, sed voluntarii; neque ut dominantes in cleris, sed formâ facti gregis ex animo.*

4º Preuve tirée des témoignages des papes, des évêques, des pères, qui déclarent que l'Église n'a de puissance que sur les choses spirituelles, comme les rois n'en ont que sur les temporelles, et que ces deux puissances, dans ces limites, sont indépendantes l'une de l'autre. Voyez pag. 32-45, tom. Iᵉʳ.

5º L'Église n'a pas le droit de contraindre ses membres par force ou par punition corporelle.

6º L'effet de l'excommunication et des autres censures ecclésiastiques ne regarde que la privation des biens spirituels et nullement celle des temporels. Il n'est pas à propos d'excommunier les rois. Graves réflexions sur ce sujet. Voyez tom. 1ᵉʳ, pag. 66 à 97.

2ᵉ CHEF. Que la puissance royale (c'est-à-dire la puissance civile et politique) est de sa nature indépendante de la spirituelle.

1ʳᵉ *Preuve.* Que la puissance des rois est établie immédiatement de Dieu et qu'elle est indépendante de toute autre; et cela est vrai de la puissance civile et politique en soi, quelle que soit d'ailleurs la forme de gouvernement :

Non est enim potestas nisi à Deo; quæ autem sunt, à Deo ordinatæ sunt; itàque qui potestati resistit, Dei ordinationi resistit. Saint Paul, ad Roman., XIII, v. 2. — *Subjecti estote omni creaturæ.* Petr., Epist. I, cap. II, v. 15. — *Quisquis imperatorem aut magistratum contumelià affecerit, pœnam luito.* Canon. apost. 83.

L'auteur suit ces propositions dans tout leur développement, et il arrive à cette conséquence : qu'il faut obéir aux princes dans les choses civiles et temporelles, et qu'aucun chrétien n'est dispensé de cette obligation ni ne peut l'être sous prétexte de religion.

3ᵉ CHEF. L'opinion de ceux qui soutiennent que les papes peuvent déposer les rois est nouvelle et conséquemment fausse.

Preuves. 1° L'auteur démontre par une série d'autorités irrécusables qu'en effet cette opinion n'est pas contemporaine de Jésus-Christ ni des apôtres.

2° Il ajoute, avec raison, que cette opinion de ceux qui tiennent que les papes peuvent déposer les rois est désavantageuse à l'Église et a l'État, et n'est propre qu'à introduire la perturbation dans l'une et dans l'autre. P. 174.

3° Il appuie sa proposition sur les sentiments que le clergé de France a plusieurs fois hautement exprimés sur la question de la souveraineté des rois dans le temporel. P. 193.

4° L'auteur passe en revue les règlements des étatsgénéraux du royaume et les arrêts du parlement pour maintenir la souveraineté des rois dans le temporel. P. 207.

5° Il s'appuie même du sentiment individuel et doctrinal des anciens théologiens français touchant la souveraineté des rois dans le temporel.

6° Et son érudition va jusqu'à invoquer le sentiment des

autres nations sur l'indépendance des rois et des États vis-à-vis de l'autorité ecclésiastique dans le temporel.

Enfin, il répond à toutes les *objections* que les ultramontains ont élevées contre la première proposition de la Déclaration.

Dans le tome II, Louis-Ellies Dupin aborde la SECONDE PROPOSITION de l'assemblée du clergé (voyez ci-devant, page 132), et il la justifie par les preuves qui suivent :

1re *preuve*. Le concile général est au-dessus des papes, parce qu'il représente l'Église universelle, qui est certainement au-dessus du pape. Toute la tradition est là pour confirmer cette proposition.

La 2e *preuve* se tire de ce que le concile général est *infaillible*. Comme tel, il est donc au-dessus d'un juge, qui peut se tromper dans ses jugements. Si le pape pouvait réformer le concile, le concile ne serait plus infaillible ; ce serait renverser un des plus solides fondements de la foi, de l'unité catholique.

La 3e *preuve* se tire de la manière dont les choses se décident au concile général. Formule des décisions : *Il a plu au Saint-Esprit et à nous.*

4e *preuve*, tirée de la pratique constante de l'Église et de la conduite uniforme des papes depuis les apôtres jusqu'à présent. Pages 40-56.

5e *preuve*, tirée des degrés de la juridiction ecclésiastique reconnue dans les premiers siècles de l'Église.

6e *preuve*, tirée de l'aveu que font les papes qu'ils sont obligés de recevoir les lois du concile, d'y obéir, de les observer et faire observer, et qu'ils ne peuvent pas les casser ou les changer à leur volonté.

7e *preuve*. Que les papes sont soumis aux conciles, puisque les conciles les ont jugés, condamnés, déposés. — C'est ainsi que les conciles de Pise, de Constance et de Bâle déposèrent les papes et les antipapes, et firent élire en leur place des papes qui furent reconnus par toute l'Église.

8e *preuve*, tirée des décisions des conciles généraux, reconnus par toute l'Église. (Ici l'auteur, pag. 94 et suiv., répond à quelques exceptions dont les ultramontains se servent pour éluder la force des conciles de Constance et de Bâle.)

9e *preuve*, tirée de l'usage reçu dans l'Église d'appeler du jugement du pape à celui du concile général. L'auteur accumule les exemples de ces appels à toutes les époques et dans tous les pays. Pages 128-138.

Enfin l'auteur tire de nouvelles preuves : — des déterminations et déclarations des universités et facultés de théologie touchant l'autorité du concile au-dessus de celle du pape; pag. 139 et suiv. — Du sentiment des théologiens et canonistes les plus célèbres et les plus éclairés; page 153. — De quelques passages du droit canon et de la Glose; pag. 154. — « Et sur plusieurs considérations » qui font voir que l'autorité du concile général doit être » plus grande que celle du pape; et qu'il est nécessaire, » pour le bon ordre et le gouvernement de l'Église, que le » pape soit soumis au jugement du concile général et » obligé d'observer ses lois. » Pag. 159 et suiv.

L'auteur réfute ensuite toutes les objections, au nombre de huit.

TROISIÈME PROPOSITION de l'assemblée du clergé. (Le texte en est rapporté ci-devant, pag. 132.)

L'auteur établit en point de doctrine : — Que la puissance du pape n'est pas absolue et sans bornes, et que son usage doit être réglé par la disposition des canons des conciles généraux.

Sur ce mot *canons*, je rapporterai la définition qu'en

donne Gravina dans ses *Institutiones canonicæ;* Turin, 1742, tit. I, p. 1 :

Quoniam legis vocabulum est imperiosum, et continet vim civilem, sive corporis violentam coercitionem : ideo vetus Ecclesia modestiæ suæ minimè convenire legis nomen existimavit, usaque est *Canonum* græcâ et leniore voce, nempè *Regularum*, undè orta est juris canonici appellatio.

En particulier, l'Église gallicane s'est toujours gouvernée par les canons reçus en France; elle s'est constamment opposée aux entreprises que l'on a faites pour y introduire de nouvelles règles, et c'est en cela que consiste principalement sa liberté (j'ajoute, et sa dignité).

A l'appui de cette assertion, l'auteur donne des exemples des droits et des libertés anciennes de l'Église universelle, dans lesquels l'Église gallicane s'est *maintenue.*

Par exemple : 1° du droit des évêques de juger en matière de foi; 2° de leur droit de juger en matière de discipline; 3° du droit des évêques d'être juges les uns des autres, de n'être pas les justiciables directs des papes, et de n'être jugés que selon les formes canoniques, en France et non à Rome. Il cite et rapporte les actes du clergé de France à l'appui.

4° exemple. Le pape n'est point l'*ordinaire*, et il ne peut pas faire les fonctions des ordinaires dans les diocèses des évêques sans leur consentement.

5° Les lois et les décrets des papes n'obligent point et n'ont point d'exécution s'ils ne sont reçus et approuvés par les évêques (et admis par l'autorité temporelle).

L'auteur traite : 6° des jugements personnels portés par appel au pape, et renvoyés sur les lieux à des commissaires *in partibus;* 7° des priviléges et exemptions que les papes ne peuvent accorder sans le consentement des évêques et sans la permission de la puissance temporelle; 8° des dispenses que les papes ne peuvent point accorder sans cause légitime.

Enfin, il établit sur des autorités irréfragables que les Églises ont droit d'avoir des lois et des coutumes *particulières*, des usages, des priviléges et des libertés qui leur sont propres, et auxquels les papes ne peuvent porter aucune atteinte.

QUATRIÈME PROPOSITION de l'assemblée du clergé (ci-devant p. 133).

Les jugements du pape ne sont pas irréformables si le consentement de l'Église n'intervient.

Les preuves de cette proposition sont tirées : 1° de l'Écriture sainte.; — 2° de l'ancienne discipline de l'Église dans le jugement des causes de foi; — 3° des exemples des papes qui se sont écartés de la vérité dans leurs décisions, et qu'il a fallu redresser; — 4° des contradictions qui se trouvent dans quelques décisions des papes; — 5° de l'aveu même des papes qui ont reconnu qu'ils n'étaient pas infaillibles; — 6° des conciles qui n'ont point reconnu la prétendue infaillibilité des papes; — 7° des déclarations conformes à cette doctrine, données par les facultés de théologie et les universités sur cette question; 8° enfin des sentiments des principaux théologiens de toutes les nations.

L'ouvrage se termine par le célèbre rapport fait à l'assemblée générale du clergé de France en 1682 par Gilbert de Choiseul du Plessis-Praslin, évêque de Tournay, au sujet de l'autorité ecclésiastique.

LOIS CONSTITUTIONNELLES

SUR LES CULTES.

Charte de 1814.

Art. V. Chacun professe sa religion avec une *égale* liberté et obtient pour son culte la *même* protection.

Art. VI. Cependant la religion catholique, apostolique et romaine est la *religion de l'Etat*.

Art. VII. Les ministres de la religion catholique, apostolique et romaine et ceux des autres cultes chrétiens, recevront *seuls* des traitements du Trésor royal.

Serment de Charles X

lors de son sacre à Reims,

29 mai 1825.

En présence de Dieu, je promets à mon peuple de maintenir et d'honorer notre sainte religion, comme il appartient au roi très-chrétien et au fils aîné de l'Eglise; de rendre bonne justice à mes sujets; enfin de gouverner conformément aux lois du Royaume et à la Charte constitutionnelle, que je jure d'observer fidèlement; qu'ainsi Dieu me soit en aide.

Charte de 1830.

Art. V. Chacun professe sa religion avec une *égale* liberté et obtient pour son culte la *même* protection.

— (L'art. VI de la Charte de 1814 a été supprimé *.)

Art. VII. Les ministres de la religion catholique, apostolique et romaine, *professée par la majorité des Français*, et ceux des autres cultes chrétiens reçoivent des traitements du Trésor public.

Serment de Louis-Philippe

en acceptant la Charte de 1830,

EN PRÉSENCE DES DEUX CHAMBRES,

9 août 1830.

En présence de Dieu, je jure d'observer fidèlement la Charte constitutionnelle avec les modifications exprimées dans la déclaration; de ne gouverner que par les lois et selon les lois; de faire rendre bonne et exacte justice à chacun selon son droit, et d'agir en toutes choses dans la seule vue de l'intérêt, du bonheur et de la gloire du peuple français.

---

* *Extrait du rapport sur la* CHARTE *fait par* M. Dupin *à la séance du* 7 *août* 1830.

Nous vous proposons de supprimer l'art. VI de la Charte, parce que c'est l'article dont on a le plus abusé. Mais votre commission ne veut pas que la malveillance puisse affecter de s'y méprendre. Cette suppression n'a point pour but de porter la plus légère atteinte à la religion catholique. Au contraire, après avoir proclamé avec l'art. V que « chacun professe sa religion avec une égale liberté et obtient pour son culte la même protection, » nous reconnaissons et nous disons, dans l'art. VII, qui parle du traitement des divers cultes, que la religion catholique, apostolique et romaine *est la religion de la majorité des Français*, rétablissant ainsi des termes qui ont paru suffisants aux auteurs du concordat de l'an IX, dans son préambule ; termes qui ont suffi pour relever la religion de ses ruines, et dont il n'est arrivé aucun dommage à l'État ; tandis que les expressions de l'art. VI ont réveillé d'imprudentes *prétentions à une domination exclusive*, aussi contraire à l'esprit de la religion qu'à la liberté de conscience et à la paix du royaume. Il fallait donc dans ce triple intérêt effacer des termes qui, sans rien ajouter à ce que la religion aura toujours de saint et de vénérable à nos yeux, étaient devenus la source de beaucoup d'erreurs, et ont finalement causé la disgrâce de la branche régnante et mis l'État sur le penchant de sa ruine.

CONCORDAT

ET LOI ORGANIQUE,

PRÉCÉDÉS

DES RAPPORTS DE M. PORTALIS,

Conseiller d'État.

CONSEIL D'ÉTAT. — RAPPORT *sur les articles orga-*
niques de la convention passée *à Paris le* 26 *messidor*
an 9 (15 *juillet* 1801) entre le gouvernement français
et le pape; *fait* par M. Portalis, *conseiller d'état,*
chargé de toutes les affaires concernant les cultes.

« Toutes nos Assemblées nationales ont décrété la liberté
des cultes.

» Le devoir du gouvernement est de diriger l'exécution
de cette importante loi vers la plus grande utilité publique.

» Tout gouvernement exerce deux sortes de pouvoirs en
matière religieuse : celui qui *compète essentiellement au*
magistrat politique en tout ce qui *intéresse la société*, et
celui de *protecteur* de la religion elle-même.

» Par le premier de ces pouvoirs le gouvernement est
en droit de *réprimer toute entreprise sur la temporalité*,
et d'empêcher que *sous des prétextes religieux on ne*
puisse troubler la police et la tranquillité de l'État; par
le second il est chargé de faire jouir les citoyens des biens
spirituels qui leur sont garantis par la loi portant autorisation du culte qu'ils professent.

» De là, chez toutes les nations policées, les gouvernements se sont conservés dans la possession constante de veiller sur l'administration des cultes, et d'accueillir, sous des
dénominations qui ont varié selon les lieux et les temps,
le recours exercé par les personnes intéressées contre les
abus des ministres de la religion, et qui se rapporte aux
deux espèces de pouvoirs dont nous venons de parler.

14.

» On n'a plus à craindre aujourd'hui les systèmes ultra-montains et les excès qui ont pu en être la suite; nous de-vons être rassurés contre des désordres auxquels les lu-mières, la philosophie et l'état présent de toutes choses opposent des obstacles insurmontables.

» Dans aucun temps les théologiens sages et instruits n'ont confondu les fausses prétentions de la cour de Rome avec les prérogatives religieuses du pontife romain.

» Il est même juste de rendre aux ecclésiastiques fran-çais le témoignage qu'ils ont été les premiers à combattre les opinions ultramontaines : nous citons en preuve la Dé-claration solennelle du clergé en 1682 : par cette déclara-tion il rendit un hommage éclatant à l'indépendance de la puissance publique et au droit universel des nations.

» Les ministres catholiques reconnaissent *un chef vi-sible*, qu'ils regardent comme un centre d'unité dans les matières de foi; mais ils enseignent en même temps que ce chef n'a aucun pouvoir direct ni indirect sur le tempo-rel des États, et qu'il n'a, dans les choses même purement spirituelles, qu'une autorité subordonnée aux conciles et réglée par les anciens canons.

» Ceux d'entre les ecclésiastiques qui seraient assez aveugles pour croire que le pontife romain ou tout autre pontife peut se mêler, en quelque manière que ce soit, du gouvernement des peuples, inspireraient de justes alarmes, et offenseraient l'ordre social.

» On ne doit jamais confondre la religion avec l'État : la religion est la société de l'homme avec Dieu ; l'État est la société des hommes entre eux.

» Or pour s'unir entre eux les hommes n'ont besoin ni de révélation, ni de secours surnaturels; il leur suffit de consulter leurs intérêts, leurs affections, leurs forces, leurs divers rapports avec leurs semblables; ils n'ont besoin que d'eux-mêmes.

» La question de savoir si le chef d'une société religieuse ou tout autre ministre du culte a un pouvoir sur les États se réduit aux termes les plus simples : chaque homme, par la seule impulsion de la loi naturelle, n'est-il pas chargé du soin de sa propre conservation ? Ce que chaque homme peut pour son salut individuel, pourquoi le corps politi-que, qui est une vaste réunion d'une multitude d'hommes, ne le pourrait-il pas pour leur salut commun? La souveraineté est-elle autre chose que le résultat des droits de la nature combinés avec les besoins de la société?

» Ces questions n'ont jamais appartenu à la théologie; elles sont purement civiles; elles doivent être décidées par les maximes générales de la société du genre humain; car c'est sur le droit universel des gens, qui ne reçoit point d'exception parce qu'il est fondé sur le droit naturel, qu'est appuyé le grand principe de l'indépendance des gouvernements : nier cette indépendance ce serait affaiblir, ce serait rompre les liens qui unissent les citoyens à la cité, se serait se rendre criminel d'État.

» Les articles organiques consacrent toutes ces grandes vérités, qui sont le fondement de tout ordre public, et indiquent toutes les précautions que la sagesse de nos pères avait prises pour en conserver le précieux dépôt.

» L'unité de la puissance publique et son universalité sont une conséquence nécessaire de son indépendance : *la puissance publique doit se suffire à elle-même; elle n'est rien si elle n'est tout; les ministres de la religion ne doivent point avoir la prétention de la partager ni de la limiter.*

» Si l'on a vu ces ministres exercer autrefois dans les officialités une autorité extérieure et coactive sur certaines personnes et sur certains objets, il ne faut point perdre de vue que cette autorité n'était que *de concession* et de privilège; ils la tenaient des souverains; ils ne l'exerçaient que sous leur surveillance, et ils pouvaient en être dépouillés s'ils en abusaient [1].

» On doit donc tenir pour incontestable que le pouvoir des clefs est limité aux *choses purement spirituelles;* que ce pouvoir est plutôt un simple ministère qu'une juridiction proprement dite; et que si le mot *juridiction,* inconnu dans les premiers siècles, a été consacré par l'usage, c'est sous la condition qu'on ne veuille pas convertir le devoir d'employer les moyens de persuasion en faculté de contraindre, et le ministère en domination.

» Suivant la remarque d'un écrivain très-profond, on ne refuse à l'Église le pouvoir coactif ou proprement dit que parce qu'il est impossible qu'elle l'ait, attendu l'objet et la fin du sacerdoce et la nature *de l'homme, qui n'est sou-*

---

[1] Observations de M. Talon.

mis aux préceptes de la religion qu'en tant qu'il est parfaitement libre et capable de mériter et de démériter. Ceux d'entre les ecclésiastiques qui réclameraient ce pouvoir ne sauraient où le placer, et ne pourraient en faire usage sans détruire l'essence même de la religion.

» Lorsqu'en examinant les bornes naturelles du ministère ecclésiastique, on attribue exclusivement à la puissance publique la disposition des choses temporelles, en réservant aux pasteurs les matières spirituelles, on n'entend pas sans doute laisser comme vacant entre ces limites le vaste territoire des matières qui ont à la fois des rapports et avec la religion et avec la police de l'État, et qui sont appelées *mixtes* par les jurisconsultes ; et permettre indifféremment aux ministres du culte d'y faire des incursions arbitraires, et d'ouvrir des *conflits* journaliers avec le magistrat politique. Un tel état de choses entraînerait une confusion dangereuse, et rendrait souvent le devoir de l'obéissance incertain.

» Il faut nécessairement qu'il y ait une puissance supérieure qui ait droit, dans cette espèce de territoire, de lever tous les doutes et de franchir toutes les difficultés ; cette puissance est celle à qui il est donné de peser tous les intérêts ; celle de qui dépend l'ordre public en général, et à qui seule il appartient de prendre le nom de *puissance* dans le sens propre.

» C'est un principe certain que l'intérêt public, dont le gouvernement tient la balance, doit prévaloir dans tout ce qui n'est pas de l'essence de la religion : aussi le magistrat politique peut et doit intervenir dans tout ce qui concerne l'administration extérieure des choses sacrées.

» Il est, par exemple, de l'essence de la religion que sa doctrine soit annoncée : mais il n'est pas de l'essence de la religion qu'elle le soit par tel prédicateur ou tel autre, et il est nécessaire à la tranquillité publique qu'elle le soit par des hommes *qui aient la confiance de la patrie* : il est quelquefois même nécessaire à la tranquillité publique que les matières de l'instruction et de la prédication solennelle soient *circonscrites par le magistrat* ; nous en avons plusieurs exemples dans les capitulaires de Charlemagne.

» L'Église est juge des erreurs contraires à sa morale et à ses dogmes ; mais l'État a intérêt d'examiner la forme des décisions dogmatiques, d'en suspendre la publication

quand quelques raisons d'État l'exigent, de commander le
silence sur des points dont la discussion pourrait agiter trop
violemment les esprits, et d'empêcher même dans certaines occurrences que les consciences ne soient arbitrairement alarmées.

» La prière est un devoir religieux ; mais le choix de
l'heure et du lieu que l'on destine à ce devoir est un objet
de police.

» L'institution des fêtes, dans leur rapport avec la piété,
appartient aux ministres du culte ; mais l'État est intéressé
à ce que les citoyens ne soient pas trop fréquemment distraits des travaux les plus nécessaires à la société, et que
dans l'institution des fêtes on ait *plus d'égard aux besoins
des hommes qu'à la grandeur de l'Être qu'on se propose
d'honorer.*

» Les articles organiques fixent sur ces objets, et sur
d'autres qu'il serait inutile d'énumérer, la part que doit y
prendre la puissance publique.

» La matière des mariages demandait une attention particulière. Anciennement ils étaient célébrés devant le propre curé des contractants, qui était à la fois ministre du
contrat au nom de l'État, et ministre du sacrement au
nom de l'Église. Cette confusion dans les pouvoirs différents que l'on confiait à la même personne en a produit
une dans les idées et dans les principes. Quelques théologiens ont cru et croient encore qu'il n'y a de véritables
mariages que ceux qui sont faits en face de l'Église. Cette
erreur a des conséquences funestes : il arrive en effet que
des époux, abusés ou peu instruits, négligent d'observer
les lois de la République, se marient devant le prêtre
sans se présenter à l'officier civil, et compromettent ainsi,
par des unions que les lois n'avouent pas, l'état de leurs
enfants et la solidité de leurs propres contrats. Il est nécessaire d'arrêter ce désordre, et d'éclairer les citoyens sur
un objet duquel dépend la tranquillité des familles.

» En général c'est à la société à régler les mariages ;
nous en attestons l'usage de tous les gouvernements ; de
tous les peuples, de toutes les nations.

» Le droit de régler les mariages est même pour la société d'une nécessité absolue et indispensable : c'est un
droit essentiel et inhérent à tout gouvernement bien ordonné, qui ne peut abandonner aux passions et à la licence

les conditions d'un contrat le plus nécessaire de tous les contrats, et qui est la base et le fondement du genre humain.

» Nous savons que le mariage n'est pas étranger à la religion, qui le dirige par sa morale, *et qui le bénit par un sacrement.*

» Mais les lumières que nous recevons de la morale chrétienne ne sont certainement pas un principe de juridiction pour l'Église, sinon il faudrait dire que l'Église a droit de tout gouverner, puisqu'elle a une morale universelle qui s'étend à tout, et qui ne laisse rien d'indifférent dans les actes humains. Ce serait renouveler les anciennes erreurs, qui, sur le fondement que toutes les actions avaient du rapport avec la conscience, faisaient de cette relation un principe d'attraction universelle pour tout transporter à l'Église.

» Le rapport du mariage au sacrement n'est pas non plus une cause suffisante pour rendre l'Église maîtresse des mariages.

» Aujourd'hui même on reconnaît des mariages légitimes qui ne sont pas sanctifiés par le sacrement : tels sont les mariages des infidèles, et de tous ceux qui ont une foi contraire à la foi catholique; tels étaient les mariages présumés, qui étaient si communs avant l'ordonnance de Blois. L'usage de l'Église est même de ne pas remarier les infidèles qui se convertissent.

» Le mariage est un contrat qui, comme tous les autres, est du ressort de la puissance séculière, à laquelle seule il appartient de régler les contrats.

» Les principes que j'invoque furent attestés par le chancelier *de Pontchartrain* dans une lettre écrite, le 3 septembre 1712, au premier président du parlement de Besançon. Dans cette lettre le chancelier *de Pontchartrain*, après avoir distingué le mariage d'avec le sacrement de mariage, établit que le mariage en soi est uniquement du ressort de la puissance civile; que le sacrement ne peut être appliqué qu'à un mariage contracté selon les lois; que la bénédiction nuptiale, appliquée à un mariage qui n'existerait point encore, serait un accident sans sujet, et qu'un tel abus des choses religieuses serait intolérable.

» Il est donc évident qu'il doit être défendu aux ministres du culte d'administrer le sacrement de mariage toutes les fois qu'on ne leur justifiera pas d'un mariage civilement contracté.

» Après avoir déterminé les rapports essentiels qui existent entre le gouvernement de l'État et l'exercice du culte, les articles organiques entrent dans quelques détails sur la discipline ecclésiastique considérée en elle-même, et dans ses rapports avec la religion.

» La majestueuse simplicité des premiers âges avait été altérée par une multitude d'institutions arbitraires ; le véritable gouvernement de l'Église était devenu méconnaissable au milieu de toutes ces institutions. Depuis longtemps on s'était proposé de réformer l'Église dans le chef et dans les membres ; mais ces réformes salutaires rencontraient sans cesse de nouveaux obstacles ; la voix des prélats vertueux et éclairés était étouffée, et le mal continuait sous les apparences et le prétexte du bien.

» Les circonstances actuelles sollicitent et favorisent *le retour aux antiques maximes de la hiérarchie chrétienne.*

» Tel est l'ordre fondamental de cette hiérarchie : tous ceux qui professent la religion catholique sont sous la conduite des évêques, qui les gouvernent dans les choses purement spirituelles, avec le secours des prêtres et des autres clercs.

» Les évêques sont tous égaux entre eux quant à ce qui est de l'essence du sacerdoce ; il n'y en a qu'un qui soit regardé comme établi de droit divin au-dessus des autres, pour conserver l'*unité* de l'Église, et lui donner un *chef visible,* successeur de celui que le fondateur même du christianisme plaça le premier entre ses apôtres.

» Toutes les autres distinctions sont réputées de droit humain et de police ecclésiastique [1] : aussi ne sont-elles pas uniformes ; elles varient selon les temps et les lieux.

» Dans les premières années de l'établissement du christianisme, les apôtres et leurs disciples résidèrent d'abord dans les grandes villes ; ils envoyèrent des évêques et des prêtres pour gouverner les églises situées dans les villes moins considérables ; ces églises regardèrent comme leurs mères les églises des grandes villes, que l'on appelait déjà *métropoles* dans le gouvernement politique.

» Lorsqu'une religion naît et se forme dans un État, elle

[1] Fleury, Inst. au droit eccl., part. 1, chap. 14.

suit ordinairement le plan du gouvernement où elle s'établit ; car les hommes qui la reçoivent et ceux qui la font recevoir n'ont guère d'autres idées de police que celles de l'État dans lequel ils vivent.

» En conséquence, à l'imitation de ce qui se passait dans le gouvernement politique, les évêques des grandes villes, tels que ceux d'Alexandrie, Antioche et autres, obtinrent de grandes distinctions ; et il faut convenir que ces distinctions furent utiles à la discipline. On reconnut des églises métropolitaines : les pasteurs qui étaient à la tête de ces églises furent appelés *archevêques :* dans la suite on donna à quelques-uns d'entre eux les noms de *patriarche, exarque* ou *primat ;* quelquefois un grand pouvoir était attaché à ces titres, quelquefois ces titres étaient donnés sans nouvelle attribution de pouvoir.

» Les noms de *patriarche, exarque* et autres semblables, furent surtout en usage chez les Grecs. En Occident le titre d'*archevêque* fut uniformément donné à tous les métropolitains ; et si les diverses révolutions arrivées dans les États qui se formèrent des débris de l'empire romain donnèrent lieu à l'établissement de plusieurs primats, ce titre ne fut qu'honorifique pour tous ceux qui le portèrent, à l'exception du primat archevêque de Lyon, dont la supériorité était reconnue par l'archevêque de Tours, par l'archevêque de Sens, et par celui de Paris, autrefois suffragant de Sens[1].

» L'ancienneté des métropoles et leur évidente utilité pour le maintien de la discipline doivent en garantir la conservation : mais le judicieux abbé Fleury a remarqué qu'elles avaient été trop multipliées, et qu'on ne les avait souvent érigées que pour honorer certaines villes : il observe qu'elles étaient plus rares dans les premiers siècles, et que leur trop grand nombre est un abus préjudiciable au bien de l'Église[2].

» Dans les premiers temps il y avait un évêque dans chaque ville ; dans la suite plusieurs villes ont été sous la direction du même évêque.

» L'étendue plus ou moins grande des diocèses a suivi les changements et les circonstances qui influaient plus ou

[1] Fleury, XVI, chap. 14.
[2] Fleury, Disc. IV, n. 4.

moins sur leur circonscription : on trouve des diocèses immenses en Allemagne et en Pologne : ils sont plus réduits en Italie ; en France on les réunissait ou on les démembrait, selon que des motifs d'utilité publique paraissaient l'exiger. Aujourd'hui les changements survenus dans les circonscriptions politiques et civiles rendent indispensable une nouvelle circonscription des métropoles et des diocèses dans l'ordre ecclésiastique : car la police extérieure de l'Église a toujours plus ou moins de rapport avec celle de l'empire.

» Pour conserver l'unité il ne faut qu'un évêque dans chaque diocèse.

» Les fonctions essentiellement attachées à l'épiscopat sont connues : les évêques ont exclusivement l'administration des sacrements de l'*ordre* et de la *confirmation* ; ils ont la direction et la surveillance de l'instruction chrétienne, des prières, et de tout ce qui concerne l'administration des choses spirituelles ; ils doivent prévenir les abus et écarter toutes les superstitions [1].

» Dans les articles organiques on rappelle aux évêques l'obligation qui leur a été imposée dans tous les temps de *résider* dans leur diocèse, et celle de *visiter* annuellement au moins une partie des églises confiées à leur soin : cette résidence continue est la vraie garantie de l'accomplissement de tous leurs devoirs.

» Les prêtres et les autres clercs doivent reconnaître les évêques pour supérieurs ; car les évêques sont comptables à l'Église et à l'État de la conduite de tous ceux qui administrent les choses ecclésiastiques sous leur surveillance.

» La division de chaque diocèse en différentes paroisses a été ménagée pour la commodité des chrétiens, et pour assurer partout la distribution des bienfaits de la religion dans un ordre capable d'écarter tout arbitraire et de ne rien laisser d'incertain dans la police de l'Église.

» La loi de la résidence est obligatoire pour les prêtres qui ont une destination déterminée, comme pour les évêques.

» Un des plus grands abus de la discipline de nos temps modernes prenait sa source dans les ordinations vagues et sans titre, qui multipliaient *les prêtres sans fonction, dont*

---

[1] Fleury. Inst. au droit ecclés., part. I, chap. 12.

l'existence était une surcharge pour l'État, et souvent un sujet de scandale pour l'Église. Les évêques sont invités à faire cesser cet abus : ils seront tenus de faire connaître au gouvernement tous ceux qui se destineront à la cléricature; et ils ne pourront promouvoir aux ordres que des hommes qui puissent offrir par une propriété personnelle un gage de la bonne éducation qu'ils ont reçue, et des liens qui les attachent à la patrie.

» On laisse aux évêques la liberté d'établir des chapitres cathédraux et de choisir des coopérateurs connus sous le nom de vicaires-généraux; mais ils n'oublieront pas que ces coopérateurs naturels sont les prêtres attachés à la principale église du diocèse pour l'administration de la parole et des sacrements, et que la plus sage antiquité a toujours regardés comme le véritable *sénat de l'évêque.* Ils peuvent choisir encore, parmi les curés qui desservent les paroisses, un *premier prêtre* chargé de correspondre avec eux sur tout ce qui est relatif aux besoins et à la discipline des églises. Le premier prêtre, quelquefois désigné sous le nom d'*archiprêtre,* quelquefois sous celui de *doyen rural,* ou sous toute autre dénomination, a été connu dans le gouvernement de l'Eglise dès les temps les plus reculés.

» Pour avoir de bons prêtres et de bons évêques, il est nécessaire que ceux qui se destinent aux fonctions ecclésiastiques reçoivent l'instruction et contractent les habitudes convenables à leur état : de là l'établissement des séminaires, autorisé et souvent ordonné par les lois [1]. Les séminaires sont comme des maisons de *probation* où l'on examine la vocation des clercs, et où on les prépare à recevoir les ordres et à faire les fonctions qui y sont attachées; l'enseignement des séminaires, comme celui de tous les autres établissements d'instruction publique, est sous l'inspection du magistrat politique. Les articles organiques rappellent les dispositions des ordonnances qui enjoignent à tous professeurs de séminaire d'enseigner les maximes qui ont été l'objet de la déclaration du clergé de France de 1682, et qui ne peuvent être méconnues par aucun bon citoyen.

» C'est aux archevêques ou métropolitains à veiller sur la discipline des diocèses, à écouter les réclamations et les

[1] Ordonnance de Blois.

plaintes qui peuvent leur être portées contre les évêques; à pourvoir, pendant la vacance des siéges, au gouvernement des diocèses dans les lieux où il n'y a point de chapitres cathédraux autorisés par le dernier état de la discipline, à pourvoir par des vicaires-généraux au gouvernement des siéges vacants.

» Toute distinction entre le clergé séculier et régulier est effacée. Les conciles généraux avaient depuis longtemps défendu d'établir de nouveaux ordres religieux, crainte que leur trop grande diversité n'apportât de la confusion dans l'Église, et ils avaient ordonné à toutes les personnes engagées dans les ordres ou congrégations déjà existantes de rentrer dans leurs cloîtres *et de s'abstenir de l'administration des cures,* attendu que leur devoir était de s'occuper, dans le silence et dans la solitude, de leur propre perfection, et qu'ils n'avaient point reçu la mission de communiquer la perfection aux autres. Toutes ces prohibitions avaient été inutiles; *il a été remarqué que la plupart des ordres religieux n'ont été établis que depuis les défenses qui ont été faites d'en former :* il est à remarquer encore que, nonobstant les prohibitions des conciles, le clergé régulier continuait à gouverner des cures importantes. Ce qui est certain, c'est que la ferveur dans chaque ordre religieux n'a guère duré plus d'un siècle, et qu'il fallait sans cesse établir des maisons de réforme, qui bientôt elles-mêmes avaient besoin de réformation.

» Toutes les institutions monastiques ont disparu; elles avaient été minées par le temps. Il n'est pas nécessaire à la religion qu'il existe des institutions pareilles, et, quand elles existent, il est nécessaire qu'elles remplissent le but pieux de leur établissement. La politique, d'accord avec la piété, a donc sagement fait de ne s'occuper que de la régénération *des clercs séculiers, c'est-à-dire de ceux qui sont vraiment préposés, par leur origine et par leur caractère, à l'exercice du culte.*

» La discipline ecclésiastique ne sera plus défigurée par des exemptions et des priviléges funestes et injustes, ou par des établissements arbitraires qui n'étaient point la religion.

» Tous les pasteurs exerceront leurs fonctions conformément aux lois de l'État et aux canons de l'Église; ceux

d'entre eux qui occupent le premier rang n'oublieront pas
que toute domination leur est interdite sur les consciences,
et qu'ils doivent *respecter dans leurs inférieurs la liberté
chrétienne*, si fort recommandée par la loi évangélique,
et qui ne comporte entre les différents ministres du culte
qu'une *autorité modérée et une obéissance raisonnable.*

» Sous un gouvernement qui protége tous les cultes, il
importe que tous les cultes se tolèrent réciproquement : le
devoir des ecclésiastiques est donc de s'abstenir, dans
l'exercice de leur ministère, de toute déclamation indis-
crète qui pourrait troubler le bon ordre. Le christianisme, ami de l'humanité, commande lui-même de ménager ceux qui ont une croyance différente, *de souffrir tout
ce que Dieu souffre*, et de vivre en paix avec tous les
hommes.

» Quand on connaît la nature de l'esprit humain et la
force des opinions religieuses, on ne peut s'aveugler sur la
grande influence que les ministres de la religion peuvent
avoir dans la société ; cependant, qui pourrait croire que
depuis dix ans l'autorité publique a demeuré étrangère au
choix de ces ministres ? Elle semblait avoir renoncé à tous
les moyens de surveiller utilement leur conduite. Ignorait-
on qu'un culte qui n'est pas exercé publiquement sous
l'inspection de la police, un culte dont on ne connaît point
les ministres, et dont les ministres ne connaissent pas eux-
mêmes les conditions sous lesquelles ils existent ; un culte
qui embrasse une multitude invisible d'hommes, souvent
façonnés, dans le secret et dans le mystère, à tous les
genres de superstition, peut à chaque instant devenir un
foyer d'intrigues, de machinations ténébreuses, et dégénérer en conspiration sourde contre l'État ? La sagesse des
nations n'a pas cru devoir abandonner ainsi au fanatisme
de quelques inspirés, ou à l'esprit dominateur de quelques
intrigants, un des plus grands ressorts de la société humaine. *En France, le gouvernement a toujours présidé
d'une manière plus ou moins directe à la conduite des
affaires ecclésiastiques;* aucun particulier ne pouvait autrefois être promu à la cléricature sans une permission
expresse du souverain. C'est la raison d'État qui dans ce
moment commandait plus que jamais les mesures qui ont
été concertées pour placer non l'État dans l'Église, mais
l'Église dans l'État; pour faire reconnaître dans le gou-

vernement le droit essentiel de nommer les ministres du culte, et de s'assurer ainsi de leur fidélité et de leur soumission aux lois de la patrie.

» Après avoir réglé tout ce qui peut intéresser l'ordre public on a pourvu, dans les articles organiques, à la subsistance de ceux qui se vouent au service de l'autel, à l'établisement et l'entretien des édifices destinés à l'exercice de la religion.

» Il ne faut pas sans doute que la religion soit un impôt, mais il faut des temples où puissent se réunir ceux qui la professent. « Tous les peuples policés, dit un philosophe » moderne, habitent dans des maisons; de là est venue » naturellement l'idée de bâtir à Dieu une maison où ils » puissent l'adorer, et l'aller chercher dans leurs craintes » ou leurs espérances. En effet, rien n'est plus consolant » pour les hommes qu'un lieu où ils trouvent la Divinité » plus présente, et où tous ensemble ils font parler leurs » faiblesses et leurs misères [1]. »

» D'autre part, une religion ne pouvant subsister sans ministres, il est juste que ces ministres soient assurés des choses nécessaires à la vie si l'on veut qu'ils puissent exercer toutes leurs fonctions, et en *remplir* les devoirs sans être distraits par le soin inquiet de leur conservation et de leur existence [2].

» En France il y avait partout des temples consacrés au culte catholique. Ceux de ces temples qui sont aliénés le sont irrévocablement; s'il en est qui aient été consacrés à quelque usage public, il ne faut point changer la nouvelle destination qu'ils ont reçue; mais ce sera un acte de bonne administration de ne point aliéner ceux qui ne le sont point encore, et de leur conserver leur destination primitive. Dans les lieux où il n'y aurait point d'édifices disponibles, les préfets, les administrateurs locaux pourront se concerter avec les évêques pour trouver un édifice convenable.

» Quant à la subsistance et à l'entretien des ministres, il y était pourvu dans la primitive Église par les oblations libres des chrétiens; dans la suite les églises furent richement dotées, et alors on ne s'occupa qu'à mettre des bornes

[1] Esprit des lois, liv. XXV, chap. 3.
[2] *Ibid.*, chap. 4.

aux biens et aux possessions du clergé. Ces grands biens
ont disparu, et les ministres de la religion se trouvent de
nouveau réduits à solliciter de la piété le nécessaire qui
leur manque.

» Dans les premiers âges du christianisme, le désinté-
ressement des ministres ne pouvait être soupçonné, et la
ferveur des chrétiens était grande ; on ne pouvait craindre
que les ministres exigeassent trop, ou que les chrétiens
donnassent trop peu ; on pouvait s'en rapporter avec confiance aux vertus de tous. L'affaiblissement de la piété et
le relâchement de la discipline donnèrent lieu à des taxa-
tions, autrefois inusitées, et changèrent les rétributions
volontaires en contributions forcées : de là les droits que
les ecclésiastiques ont perçus sous le titre d'*honoraires*
pour l'administration des sacrements. Ces droits, dit l'abbé
Fleury, qui ne se paient qu'*après* l'exercice des fonctions,
ne présentent rien qui ne soit légitime, *pourvu que l'intention des ministres qui les reçoivent soit pure, et qu'ils
ne les regardent pas comme un prix des sacrements ou
des fonctions spirituelles, mais comme un moyen de subvenir à leurs nécessités temporelles.*

» Les ministres du culte pourront trouver une ressource
dans les droits dont nous parlons, et qui ont toujours été
maintenus sous le nom de *louables coutumes.* Mais la fixation de ces droits est une opération purement civile et
temporelle, puisqu'elle se résout en une levée de deniers
sur les citoyens : il n'appartient donc qu'au magistrat politique de faire une telle fixation. Les évêques et les prêtres ne pourraient s'en arroger la faculté ; le gouvernement
seul doit demeurer arbitre entre le ministre qui reçoit et
le particulier qui paie. Si les évêques statuaient autrefois
sur ces matières par forme de règlement, c'est qu'ils y
avaient été autorisés par les lois de l'État, et nullement
par la suite ou la conséquence d'un pouvoir inhérent à
l'épiscopat. Cependant, comme ils peuvent éclairer sur ce
point le magistrat politique, on a cru qu'ils pouvaient être
invités à présenter les projets de règlements, en réservant au gouvernement la sanction et l'autorisation de ces
projets.

» Les fondations particulières peuvent être une autre
source de revenus pour les ministres du culte ; mais il est
des précautions à prendre pour arrêter la vanité des fon-

dateurs, pour prévenir les surprises qui pourraient leur être faites, et pour empêcher que les ecclésiastiques ne deviennent les héritiers de tous ceux qui n'en ont point ou qui ne veulent point en avoir. L'édit de 1749, intervenu sur les acquisitions des gens de main-morte, portait que toute fondation, quelque favorable qu'elle fût, ne pourrait être exécutée sans l'aveu du magistrat politique ; il ne permettait d'appliquer aux fondations que des biens d'une certaine nature ; il ne permettait pas que les familles fussent dépouillées de leurs immeubles, ou que l'on arrachât de la circulation des objets qui sont dans le commerce. Aujourd'hui, il était d'autant plus essentiel de se conformer aux sages vues de cette loi, que la faculté de donner des immeubles joindrait à tant d'autres inconvénients celui de devenir un prétexte de solliciter et d'obtenir, sous les apparences d'une fondation libre, la restitution souvent forcée des biens qui ont appartenu aux ecclésiastiques, et dont l'aliénation a été ordonnée par les lois.

» Cependant il a paru raisonnable de faire une exception à la défense de donner des immeubles dans les cas où la libéralité n'aurait pour objet qu'un édifice destiné à ménager un logement convenable à l'évêque ou au curé. Le logement fait partie de la subsistance et du nécessaire absolu; il a toujours été rangé par les lois dans la classe des choses qu'elles ont indéfiniment désignées sous le nom d'*aliments*. Au reste, le produit des fondations est trop éventuel pour garantir la subsistance actuelle des ministres; celui des oblations est étranger aux évêques, et il serait insuffisant pour le curé. Il faut pourtant que les uns et les autres puissent vivre avec décence et sans compromettre la dignité de leur ministère ; il faut même, jusqu'à un certain point, que les ministres du culte puissent devenir des ministres de bienfaisance, et qu'ils aient quelques moyens de soulager la pauvreté et de consoler l'infortune.

» D'après la nouvelle circonscription des métropoles, des diocèses et des paroisses, on a pensé que l'on ne pouvait assigner aux archevêques ou métropolitains un revenu au-dessous de *quinze mille francs*, et aux évêques au-dessous de *dix mille*.

» Les curés peuvent être distribués en deux classes : le revenu des curés de la première classe sera fixé à *quinze cents francs*, celui de la seconde à *mille francs*.

» Les pensions décrétées par l'Assemblée constituante en faveur des anciens ecclésiastiques seront payées en acquittement du traitement déterminé. Le produit des oblations et des fondations présente une autre ressource ; en sorte qu'il ne s'agira jamais que de fournir le *supplément nécessaire* pour assurer la subsistance et l'entretien des ministres.

» Les ecclésiastiques pensionnaires de l'État ne doivent point avoir la liberté de refuser arbitrairement les fonctions qui pourront leur être confiées ; ils seront privés de leurs pensions si des causes légitimes, telles que leur grand âge ou leurs infirmités, ne justifient leur refus.

» En déclarant nationaux les biens du clergé catholique, on avait compris qu'il était juste d'assurer la subsistance des ministres à qui ces biens avaient été originairement donnés ; on ne fera donc qu'exécuter ce principe de justice en assignant aux ministres catholiques des secours supplémentaires jusqu'à la concurrence de la somme réglée pour le traitement de ces ministres.

» Telles sont les bases des articles organiques. Quelles espérances n'est-on pas en droit de concevoir pour le rétablissement des mœurs publiques ! Les sciences ont banni pour toujours la superstition et le fanatisme, qui ont été si long-temps les fléaux des États ; la sagesse ramène à l'*esprit de la pure antiquité* des institutions qui sont par leur nature la source et la garantie de la morale ; désormais les ministres de la religion seront dans l'heureuse impuissance de se distinguer autrement que par leurs lumières et par leurs vertus. Tous les bons esprits bénissent dans cette occurrence les vues et les opérations du gouvernement. Dans le seizième siècle, le chef de la religion catholique fut le restaurateur des lettres en Europe ; dans le dix-neuvième, un héros philosophe devient le restaurateur de la religion. »

RAPPORT *au Conseil d'état* (par le même) *sur les articles organiques des cultes protestants.*

« Une portion du peuple français professe la religion protestante. Cette religion se divise en diverses branches ; mais nous ne connaissons guère en France que les protestants connus sous le nom de *Réformés* et les *Luthériens* de la confession d'Augsbourg.

» Toutes les communions protestantes s'accordent sur certains principes. Elles n'admettent aucune hiérarchie entre les pasteurs ; elles ne connaissent en eux aucun pouvoir émané d'En Haut ; elles n'ont point de chef visible. Elles enseignent que tous les droits et tous les pouvoirs sont dans la société des fidèles, et en dérivent. Si elles ont une police, une discipline, cette police et cette discipline sont réputées n'être que des établissements de convention. Rien dans tout cela n'est réputé de droit divin.

» Nous ne parlerons pas de la diversité de croyance sur certains points de doctrine ; l'examen du dogme est étranger à notre objet.

» Nous observerons seulement que les diverses communions protestantes ne se régissent pas de la même manière dans leur gouvernement extérieur.

» Le gouvernement des églises de la confession d'Augsbourg est plus gradué que celui des églises réformées ; il a des formes plus sévères. Les églises réformées, par leur régime, sont plus constamment isolées ; elles ne se sont donné aucun centre commun auquel elles puissent se rallier dans l'intervalle plus ou moins long d'une assemblée synodale à une autre.

» Ces différences dans le gouvernement des églises réformées et dans celui des églises de la confession d'Augsbourg ont leur source dans les circonstances diverses qui ont présidé à l'établissement de ces églises. Les pasteurs des diverses communions protestantes nous ont adressé toutes les instructions nécessaires. Je dois à tous le témoignage qu'ils se sont empressés de faire parvenir leurs déclarations de soumission et de fidélité aux lois de la République et au gouvernement. *Ils professent unanimement que l'Église est dans l'État, que l'on est citoyen avant que d'être ecclésiastique, et qu'en devenant ecclésiastique on ne cesse pas d'être citoyen.* Ils se félicitent de professer une religion qui recommande partout l'amour de la patrie et l'obéissance à la puissance publique. Ils bénissent à l'envi le gouvernement français de la protection éclatante qu'il accorde à tous les cultes qui ont leur fondement dans les grandes vérités que le christianisme a notifiées à l'univers.

» D'après les instructions reçues soit par écrit, soit dans des conférences, il était facile de fixer le régime convenable à chaque communion protestante ; on ne pouvait confondre des églises qui ont leur discipline particulière et séparée.

» De là les articles organiques ont distingué les églises de la confession d'Augsbourg d'avec les églises réformées, pour conserver à toutes leur police et la forme de leur gouvernement.

» D'abord on s'est occupé de la circonscription de chaque église ou paroisse ; on a donné un consistoire local à chaque église pour représenter la société des fidèles, en qui, d'après la doctrine protestante, résident tous les pouvoirs. On a fixé le nombre des membres qui doivent composer ce consistoire ; on a déterminé leur qualité et la manière de les élire. Les églises réformées sont maintenues dans la faculté d'avoir des assemblées synodales, et les églises de la confession d'Augsbourg auront, outre les consistoires locaux et particuliers à chaque église, des inspections et des consistoires généraux.

» Les articles organiques s'occupent ensuite du traitement des pasteurs ; ils maintiennent en leur faveur les oblations qui sont consacrées par l'usage ou qui pourront l'être par des règlements ; ils pourvoient à l'établissement des académies ou séminaires destinés à l'instruction de ceux qui se vouent au ministère ecclésiastique. Rien n'a été négligé pour faire participer les protestants au grand bienfait de la liberté des cultes. Cette liberté, jusqu'ici trop illusoire, se réalise aujourd'hui. Qu'il est heureux de voir ainsi les institutions religieuses placées sous la protection des lois, et les lois sous la sauvegarde, sous la salutaire influence des institutions religieuses ! »

DISCOURS *sur l'organisation des cultes*, et EXPOSÉ DES MOTIFS *du projet de loi relatif à la* convention passée entre le gouvernement français et le pape ; *lu devant le Corps législatif* par le conseiller d'État Portalis. — *Séance du* 15 *germinal an* 10 (5 *avril* 1802).

« Législateurs, depuis long-temps le gouvernement s'occupait des moyens de rétablir la paix religieuse en France. J'ai l'honneur de vous présenter l'important résultat de ses opérations, et de mettre sous vos yeux les circonstances et les principes qui les ont dirigées.

» Le catholicisme avait toujours été parmi nous la religion dominante ; depuis plus d'un siècle son culte était le seul dont l'exercice public fût autorisé ; les institutions civiles et politiques étaient intimement liées avec les institutions religieuses ; le clergé était le premier ordre de l'État ; il possédait de grands biens, il jouissait d'un grand crédit, il exerçait un grand pouvoir.

» Cet ordre de choses a disparu avec la révolution.

» Alors la liberté de conscience fut proclamée ; les propriétés du clergé furent mises à la disposition de la nation : on s'engagea seulement à fournir aux dépenses du culte catholique et à salarier ses ministres.

» On entreprit bientôt de donner une nouvelle forme à la police ecclésiastique.

» Le nouveau régime avait à lutter contre les institutions anciennes.

» L'Assemblée constituante voulut s'assurer par un serment de la fidélité des ecclésiastiques, dont elle changeait la situation et l'état. La formule de ce serment fut tracée par les articles 21 et 38 du titre II de la Constitution civile du clergé, décrétée le 12 juillet 1790, et proclamée le 24 août suivant.

» Il est plus aisé de rédiger des lois que de gagner les esprits et de changer les opinions. La plupart des ecclésiastiques refusèrent le serment ordonné, et ils furent remplacés dans leurs fonctions par d'autres ministres.

» Les prêtres français se trouvèrent ainsi divisés en deux classes, celle des assermentés et celle des non-assermentés. Les fidèles se divisèrent d'opinion comme les ministres. L'opposition qui existait entre les divers intérêts politiques rendit plus vive celle qui existait entre les divers intérêts religieux : les esprits s'aigrirent ; les dissensions théologiques prirent un caractère qui inspira de justes alarmes à la politique.

» Quand on vit l'autorité préoccupée de ce qui se passait, on chercha à la tromper ou à la surprendre.

» Tous les partis s'accusèrent réciproquement.

» La législation qui sortit de cet état de fermentation et de trouble est assez connue.

» Je ne la retracerai pas ; je me borne à dire qu'elle varia selon les circonstances, et qu'elle suivit le cours des événements publics.

» Au milieu de ces événements les consciences étaient

toujours plus ou moins froissées. On sait que le désordre était à son comble, lorsque le 18 brumaire vint subitement placer la France sous un meilleur génie.

» A cette époque les affaires de la religion fixèrent la sollicitude du sage, du héros qui avait été appelé par la confiance nationale au gouvernement de l'État, et qui, dans ses brillantes campagnes d'Italie, dans ses importantes négociations avec les divers cabinets de l'Europe, et dans ses glorieuses expéditions d'outre-mer, avait acquis une si grande connaissance des choses et des hommes.

» *Nécessité de la religion en général.*

» Une première question se présentait : *La religion en général est-elle nécessaire aux corps de nation? est-elle nécessaire aux hommes?*

» Nous naissons dans des sociétés formées et vieillies ; nous y trouvons un gouvernement, des institutions, des lois, des habitudes, des maximes reçues : nous ne daignons pas nous enquérir jusqu'à quel point ces diverses choses se tiennent entre elles ; nous ne demandons pas dans quel ordre elles se sont établies. Nous ignorons l'influence successive qu'elles ont eue sur notre civilisation, et qu'elles conservent sur les mœurs publiques et sur l'esprit général ; trop confiants dans nos lumières acquises, fiers de l'état de perfection où nous sommes arrivés, nous imaginons que, sans aucun danger pour le bonheur commun, nous pourrions désormais renoncer à tout ce que nous appelons préjugés antiques, et nous séparer brusquement de tout ce qui nous a civilisés. De là l'*indifférence* de notre siècle pour les institutions religieuses et pour tout ce qui ne tient pas aux sciences et aux arts, aux moyens d'industrie et de commerce qui ont été si heureusement développés de nos jours, et aux objets d'économie politique, sur lesquels nous paraissons fonder exclusivement la prospérité des états.

» Je m'empresserai toujours de rendre hommage à nos découvertes, à notre instruction, à la philosophie de nos temps modernes.

» Mais, quels que soient nos avantages, quel que soit le perfectionnement de notre espèce, les bons esprits sont forcés de convenir qu'aucune société ne pourrait subsister sans morale, et que l'on ne peut encore se passer de magistrats et de lois.

» Or l'utilité ou la nécessité de la religion ne dérive-
t-elle pas de la nécessité même d'avoir une morale? L'idée
d'un Dieu législateur n'est-elle pas aussi essentielle au
monde intelligent que l'est au monde physique celle d'un
Dieu créateur et premier moteur de toutes les causes secondes? L'athée, qui ne reconnaît aucun dessein dans
l'univers, et qui semble n'user de son intelligence que
pour tout abandonner à une fatalité aveugle, peut-il utilement prêcher la règle des mœurs en desséchant par ses dé-
solantes opinions la source de toute moralité?

» Pourquoi existe-t-il des magistrats? pourquoi existe-t-il
des lois? pourquoi ces lois annoncent-elles des récompenses
et des peines? C'est que les hommes ne suivent pas uniquement leur raison ; c'est qu'ils sont naturellement disposés à espérer et à craindre, et que les instituteurs des
nations ont cru devoir mettre cette disposition à profit pour
les conduire au bonheur et à la vertu. Comment donc la
religion, qui fait de si grandes promesses et de si grandes
menaces, ne serait-elle pas utile à la société?

» Les lois et la morale ne sauraient suffire.

» Les lois ne règlent que certaines actions, la religion
les embrasse toutes : les lois n'arrêtent que le bras, la religion règle le cœur : les lois ne sont relatives qu'au citoyen,
la religion s'empare de l'homme.

» Quant à la morale, que serait-elle si elle demeurait re-
léguée dans la haute région des sciences, et si les institutions religieuses ne l'en faisaient pas descendre pour la
rendre sensible au peuple?

» La morale sans préceptes positifs laisserait la raison
sans règle; la morale sans dogmes religieux ne serait
qu'*une justice sans tribunaux.*

» Quand nous parlons de la force des lois, savons-nous
bien quel est le principe de cette force? Il réside moins
dans la bonté des lois que dans leur puissance : leur bonté
seule serait toujours plus ou moins un objet de controverse.
Sans doute une loi est plus durable et mieux accueillie quand
elle est bonne ; mais son principal mérite est d'être loi,
c'est-à-dire son principal mérite est d'être, non un raisonnement, mais une décision; non une simple thèse, mais un
fait. Conséquemment une morale religieuse qui se résout
en commandements formels a nécessairement une force
qu'aucune morale purement philosophique ne saurait avoir :

16

la multitude est plus frappée *de ce qu'on lui ordonne que
de ce qu'on lui prouve*. Les hommes en général ont besoin
d'être fixés; il leur faut des maximes plutôt que des démonstrations.

» La diversité des religions positives ne saurait être présentée comme un obstacle à ce que la vraie morale, à ce
que la morale naturelle puisse jamais devenir universelle
sur la terre. Si les diverses religions positives ne se ressemblent pas, si elles diffèrent dans leur culte extérieur et
dans leurs dogmes, il est du moins certain que les principaux
articles de la morale naturelle constituent le fond de toutes
les religions positives. Par là les maximes et les vertus les
plus nécessaires à la conservation de l'ordre social sont
partout sous la sauvegarde des sentiments religieux et de la
conscience; elles acquièrent ainsi un caractère d'énergie,
de fixité et de certitude qu'elles ne pourraient tenir de la
science des hommes.

» Un des grands avantages des religions positives est encore de lier la morale à des rites, à des cérémonies, à des
pratiques qui en deviennent l'appui : car n'allons pas croire
que l'on puisse conduire les hommes avec des abstractions
ou des maximes froidement calculées. La morale n'est pas
une science spéculative ; elle ne consiste pas uniquement
dans l'art de bien penser, mais dans celui de bien faire ; il
est moins question de connaître que d'agir : or, les bonnes
actions ne peuvent être préparées et garanties que par les
bonnes habitudes : c'est en pratiquant des choses qui mè-
nent à la vertu, ou qui du moins en rappellent l'idée,
qu'on apprend à aimer et à pratiquer la vertu même.

» Sans doute il n'est pas plus vrai de dire, dans l'ordre
religieux, que les rites et les cérémonies sont la vertu, qu'il
ne le serait de dire, dans l'ordre civil, que les formes judiciaires sont la justice ; mais comme la justice ne peut être
garantie que par des formes réglées qui préviennent l'arbitraire, dans l'ordre moral la vertu ne peut être assurée que
par l'usage et la sainteté de certaines pratiques qui préviennent la négligence et l'oubli.

» La vraie philosophie respecte les formes autant que
l'orgueil les dédaigne : il faut une discipline pour la conduite, comme il faut un ordre pour les idées. Nier l'utilité
des rites et des pratiques religieuses en matière de morale,
ce serait nier l'empire des notions sensibles sur des êtres

qui ne sont pas de purs esprits ; ce serait nier la force de
l'habitude.

» Il est une religion naturelle, dont les dogmes et les
préceptes n'ont point échappé aux sages de l'antiquité, et
à laquelle on peut s'élever par les seuls efforts d'une raison
cultivée ; mais une religion purement intellectuelle ou ab-
straite pourrait-elle jamais devenir nationale ou populaire ?
Une religion sans culte public ne s'affaiblirait-elle pas bientôt ? ne ramènerait-elle pas infailliblement la multitude à
l'idolâtrie ? S'il faut juger du culte par la doctrine, ne faut-
il pas conserver la doctrine par le culte ? Une religion qui
ne parlerait point aux yeux et à l'imagination pourrait-elle
conserver l'empire des âmes ? Si rien ne réunissait ceux
qui professent la même croyance, n'y aurait-il pas en peu
d'années autant de systèmes religieux qu'il y a d'individus ?
Les vérités utiles n'ont-elles pas besoin d'être consacrées
par de salutaires institutions ?

» Les hommes en s'éclairant deviennent-ils des anges ?
Peuvent-ils donc espérer qu'en communiquant leurs lumières ils élèveront leurs semblables au rang sublime des
pures intelligences ?

» Les savants et les philosophes de tous les siècles ont
constamment manifesté le désir louable de n'enseigner que
ce qui est bon, que ce qui est raisonnable ; mais se sont-ils
accordés entre eux sur ce qu'ils réputaient raisonnable et
bon ? Règne-t-il une grande harmonie entre ceux qui ont
discuté et qui discutent encore les dogmes de la religion
naturelle ? Chacun d'eux n'a-t-il pas son opinion particulière, et n'est-il pas réduit à son propre suffrage ? Depuis
les admirables Offices du consul romain a-t-on fait, par les
seuls efforts de la science humaine, quelque découverte
dans la morale ? Depuis les dissertations de Platon est-on
agité par moins de doutes dans la métaphysique ? S'il y a
quelque chose de stable et de convenu sur l'existence et
l'unité de Dieu, sur la nature et la destination de l'homme,
n'est-ce pas au milieu de ceux qui professent un culte et
qui sont unis entre eux par les liens d'une religion positive ?

» L'intérêt des gouvernements humains est donc de protéger les institutions religieuses, puisque c'est par elles que
la conscience intervient dans toutes les affaires de la vie ;
puisque c'est par elles que la morale et les grandes vérités,

qui lui servent de sanction et d'appui, sont arrachées à l'esprit de système pour devenir l'objet de la croyance publique ; puisque c'est par elles enfin que la société entière se trouve placée sous la puissante garantie de l'auteur même de la nature.

» Les États doivent maudire la superstition et le fanatisme.

» Mais sait-on bien ce que serait un peuple de sceptiques et d'athées ?

» Le fanatisme de Muncer, chef des anabaptistes, a été certainement plus funeste aux hommes que l'athéisme de Spinosa.

» Il est encore vrai que des nations agitées par le fanatisme se sont livrées par intervalles à des excès et à des horreurs qui font frémir.

» Mais la question de préférence entre la religion et l'athéisme ne consiste pas à savoir si, dans une hypothèse donnée, il n'est pas plus dangereux qu'un tel homme soit fanatique qu'athée, ou si, dans certaines circonstances, il ne vaudrait pas mieux qu'un peuple fût athée que fanatique ; mais si, dans la durée des temps et pour les hommes en général, il ne vaut pas mieux *que les peuples abusent quelquefois de la religion que de n'en point avoir.*

L'effet inévitable de l'athéisme, dit un grand homme, *est de nous conduire à l'idée de notre indépendance, et conséquemment de notre révolte.* Quel écueil pour toutes les vertus les plus nécessaires au maintien de l'ordre social !

» Le scepticisme de l'athée isole les hommes autant que la religion les unit ; il ne les rend pas tolérants, mais frondeurs ; il dénoue tous les fils qui nous attachent les uns aux autres ; il se sépare de tout ce qui le gêne, et il méprise tout ce que les autres croient ; il dessèche la sensibilité ; il étouffe tous les mouvements spontanés de la nature ; il fortifie l'amour-propre, et le fait dégénérer en un sombre égoïsme ; il substitue des doutes à des vérités ; il arme les passions, et il est impuissant contre les erreurs ; il n'établit aucun système, il laisse à chacun le droit d'en faire ; il inspire des prétentions sans donner des lumières ; il mène par la licence des opinions à celle des vices ; il flétrit le cœur ; il brise tous les liens ; il dissout la société.

» L'athéisme aurait-il du moins l'effet d'éteindre toute

superstition , tout fanatisme ? Il est impossible de le penser.

» La superstition et le fanatisme ont leur principe dans les imperfections de la nature humaine.

» La superstition est une suite de l'ignorance et des préjugés. Ce qui la caractérise est de se trouver unie à quelqu'un de ces mouvements secrets et confus de l'âme qui sont ordinairement produits par trop de timidité ou par trop de confiance, et qui intéressent plus ou moins vivement la conscience en faveur des écarts de l'imagination ou des préjugés de l'esprit. On peut définir la superstition une croyance aveugle, erronée ou excessive, qui tient presque uniquement à la manière dont nous sommes affectés, et que nous réduisons, par un sentiment quelconque de respect ou de crainte, en règle de conduite ou en principe de mœurs.

» Avec une imagination vive, avec une âme faible, ou avec un esprit peu éclairé, on peut être superstitieux dans les choses naturelles comme dans les choses religieuses. Il n'est pas contradictoire d'être à la fois impie et superstitieux ; nous en prenons à témoin les incrédules du moyen âge et quelques athées de nos jours.

» D'autre part, toute opinion quelconque, religieuse, politique, philosophique, peut faire des enthousiastes et des fanatiques. De simples questions de grammaire nous ont fait courir le risque d'une guerre civile : on s'est quelquefois battu pour le choix d'un histrion.

» D'après le mot d'un célèbre ministre, la dernière guerre, dans laquelle la France a si glorieusement soutenu le poids de l'univers, a-t-elle été autre chose que la guerre des *opinions armées*, et y a-t-il une guerre religieuse qui ait fait répandre plus de sang ?

» On ne saurait donc imputer exclusivement à la religion des maux qui ont existé et qui existeraient encore sans elle.

» Loin que la superstition soit née de l'établissement des religions positives, on peut affirmer que, sans le frein des doctrines et des institutions religieuses, il n'y aurait plus de terme à la crédulité, à la superstition, à l'imposture. Les hommes en général ont besoin d'être croyants pour n'être pas crédules ; ils ont besoin d'un culte pour n'être pas superstitieux.

16

» En effet, comme il faut un code de lois pour régler les intérêts, il faut un dépôt de doctrine pour fixer les opinions. Sans cela, suivant l'expression de Montaigne, *il n'y a plus rien de certain que l'incertitude même.*

» La religion positive est une digue, une barrière qui seule peut nous rassurer contre ce torrent d'opinions fausses et plus ou moins dangereuses que le délire de la raison humaine peut inventer.

» Craindrait-on de ne remédier à rien en remplaçant les faux systèmes de philosophie par de faux systèmes de religion?

» La question sur la vérité ou sur la fausseté de telle ou telle autre religion positive n'est qu'une pure question théologique, qui nous est étrangère. Les religions, même fausses, ont au moins l'avantage de mettre obstacle à l'introduction des doctrines arbitraires : les individus ont un centre de croyance; les gouvernements sont rassurés sur des dogmes, une fois connus, qui ne changent pas; la superstition est pour ainsi dire régularisée, circonscrite et resserrée dans des bornes qu'elle ne peut ou qu'elle n'ose franchir.

» Il n'y a point à balancer entre de faux systèmes de philosophie et de faux systèmes de religion. Les faux systèmes de philosophie rendent l'esprit contentieux et laissent le cœur froid; les faux systèmes de religion ont au moins l'effet de rallier les hommes à quelques idées communes, et de les disposer à quelques vertus. Si les faux systèmes de religion nous façonnent à la crédulité, les faux systèmes de philosophie nous conduisent au scepticisme; or, les hommes en général, plus faits pour agir que pour méditer, ont plus besoin, dans toutes les choses pratiques, de motifs déterminants que de subtilités et de doutes. Le philosophe lui-même a besoin, autant que la multitude, du courage d'ignorer et de la sagesse de croire, car il ne peut ni tout connaître, ni tout comprendre.

» Ne craignons pas le retour du fanatisme; nos mœurs, nos lumières empêchent ce retour. Honorons les lettres, cultivons les sciences en respectant la religion, et nous serons philosophes sans impiété, et religieux sans fanatisme.

» Ce qui est inconcevable, c'est que dans le moment même où l'on annonce que la protection donnée aux insti-

tutions religieuses pourrait nous replonger dans des superstitions fanatiques, on prétend d'un autre côté que l'on
fait un trop grand bruit de la religion, et qu'elle n'a plus
aucune sorte de prise sur les hommes.

» Il faut pourtant s'accorder : si les institutions religieuses peuvent inspirer du fanatisme, c'est par le ressort
prodigieux qu'elles donnent à l'âme ; et dès lors il faut
convenir qu'elles ont une grande influence, et qu'un
gouvernement serait peu sage de les mépriser ou de les
négliger.

» Avancer que la religion n'arrête aucun désordre dans
les pays où elle est le plus en honneur, puisqu'elle n'empêche pas les crimes et les scandales dont nous sommes les
témoins, c'est proposer une objection qui frappe contre la
morale et les lois elles-mêmes, puisque la morale et les lois
n'ont pas la force de prévenir tous les crimes et tous les
scandales.

» A la vérité, dans les siècles même les plus religieux, il
est des hommes qui ne croient point à la religion ; d'autres
qui y croient faiblement, ou qui ne s'en occupent pas.
Entre les plus fermes croyants, peu agissent conformément
à leur foi ; mais aussi ceux qui croient à la religion la pratiquent quelquefois, s'ils ne la pratiquent pas toujours ; ils
peuvent s'égarer, mais ils reviennent plus facilement. Les
impressions de l'enfance et de l'éducation ne s'éteignent
jamais entièrement chez les incrédules mêmes. Tous ceux
qui paraissent incrédules ne le sont pas ; il se forme autour
d'eux une sorte d'esprit général qui les entraîne malgré
eux-mêmes, et qui règle jusqu'à un certain point, sans qu'ils
s'en doutent, leurs actions et leurs pensées. Si l'orgueil de
leur raison les rend sceptiques, leurs sens et leur cœur dé-
jouent plus d'une fois les sophismes de leur raison.

» La multitude est d'ailleurs plus accessible à la religion
qu'au scepticisme : conséquemment les idées religieuses
ont toujours une grande influence sur les hommes en
masse, sur les corps de nation, sur la société générale du
genre humain.

» Nous voyons les crimes que la religion n'empêche pas ;
mais voyons-nous ceux qu'elle arrête ? Pouvons-nous scru-
ter les consciences, et y voir tous les noirs projets que la
religion y étouffe, et toutes les salutaires pensées qu'elle
y fait naître ? D'où vient que les hommes, qui nous pa-

raissent si mauvais en détail, sont en masse de si honnêtes
gens? Ne serait-ce point parce que les inspirations, les
remords, auxquels des méchants déterminés résistent, et
auxquels les bons ne cèdent pas toujours, suffisent pour régir le général des hommes dans le plus grand nombre de
cas, et pour garantir, dans le cours ordinaire de la vie,
cette direction uniforme et universelle sans laquelle toute
société durable serait impossible?

» D'ailleurs on se trompe si, en contemplant la société
humaine, on imagine que cette grande machine pourrait
aller avec un seul des ressorts qui la font mouvoir; cette
erreur est aussi évidente que dangereuse. L'homme n'est
point un être simple; la société, qui est l'union des hommes, est nécessairement le plus compliqué de tous les mé-
canismes. Que ne pouvons-nous la décomposer! et nous
apercevrions bientôt le nombre innombrable de ressorts
imperceptibles par lesquels elle subsiste. Une idée reçue,
une habitude, une opinion qui ne se fait plus remarquer
a souvent été le principal ciment de l'édifice. On croit que
ce sont les lois qui gouvernent, et partout ce sont les
mœurs : les mœurs sont le résultat lent des circonstances,
des usages, des institutions. De tout ce qui existe parmi
les hommes, il n'y a rien qui embrasse plus l'homme tout
entier que la religion.......

» Ce sont les idées religieuses qui ont contribué plus
que toute autre chose à la civilisation des hommes. C'est
moins par nos idées que par nos affections que nous
sommes sociables; or, n'est-ce pas avec les idées religieuses que les premiers législateurs ont cherché à
modérer et à régler les passions et les affections humaines?

» Comme ce ne sont guère des hommes corrompus ou
des hommes médiocres qui ont bâti des villes et fondé des
empires, on est bien fort quand on a pour soi la conduite
et le plan des instituteurs et des libérateurs des nations.
En est-il un seul qui ait dédaigné d'appeler la religion au
secours de la politique?

» Les lois de Minos, de Zaleucus, celle des Douze-
Tables, reposent entièrement sur la crainte des dieux.
Cicéron, dans son Traité des Lois, pose la Providence
comme la base de toute législation. Platon rappelle à la
Divinité dans toutes les pages de ses ouvrages. *Numa*

avait fait de Rome la ville sacrée pour en faire la ville
éternelle.

» Ce ne fut point la fraude, ce ne fut point la superstition, dit un grand homme, qui fit établir la religion chez
les Romains; ce fut la nécessité où sont toutes les sociétés
d'en avoir une.

» Le joug de la religion, continue-t-il, fut le seul dont
le peuple romain, dans sa fureur pour la liberté, n'osa
s'affranchir, et ce peuple, qui se mettait si facilement en
colère, avait besoin d'être arrêté par une puissance invisible.

» Le mal est que les hommes en se civilisant, et en
jouissant de tous les biens et des avantages de toute espèce
qui naissent de leur perfectionnement, refusent de voir
les véritables causes auxquelles ils en sont redevables :
comme dans un grand arbre les rameaux nombreux et le
riche feuillage dont il se couvre cachent le tronc, et ne
nous laissent apercevoir que des fleurs brillantes et des
fruits abondants.

» Mais, je le dis pour le bien de ma patrie, je le dis pour
le bonheur de la génération présente et pour celui des générations à venir, le scepticisme outré, l'esprit d'irréligion
transformé en système politique, est plus près de la barbarie qu'on ne pense.

» Il ne faut pas juger d'une nation par le petit nombre
d'hommes qui brillent dans les grandes cités. A côté de
ces hommes il existe une population immense qui a besoin
d'être gouvernée, qu'on ne peut éclairer, qui est plus susceptible d'impressions que de principes, et qui, sans les
secours et sans le frein de la religion, ne connaîtrait que
le malheur et le crime.

» Les habitants de nos campagnes n'offriraient bientôt
plus que des hordes sauvages, si, vivant isolés sur un vaste
territoire, la religion, en les appelant dans les temples, ne
leur fournissait de fréquentes occasions de se rapprocher,
et ne les disposait ainsi à goûter la douceur des communications sociales.

» Hors de nos villes c'est uniquement l'esprit de religion
qui maintient l'esprit de société : on se rassemble, on se
voit dans les jours de repos; en se fréquentant on contracte
l'habitude des égards mutuels : la jeunesse, qui cherche à
se faire remarquer, étale un luxe innocent, qui adoucit les

mœurs plutôt qu'il ne les corrompt : après les plus rudes
travaux on trouve à la fois l'instruction et le délassement ;
des cérémonies augustes frappent les yeux et remuent le
cœur : les exercices religieux préviennent les dangers
d'une grossière oisiveté. A l'approche des solennités les
familles se réunissent, les ennemis se réconcilient, les
méchants mêmes éprouvent quelques remords : on connaît
le respect humain. Il se forme une opinion publique, bien
plus sûre que celle de nos grandes villes, où il y a tant
de coteries et point de véritable public. Que d'œuvres de
miséricorde inspirées par la véritable piété ! que de resti-
tutions forcées par la terreur de la conscience !

» Otez la religion à la masse des hommes, par quoi la
remplacerez-vous ? Si l'on n'est pas préoccupé du bien,
on le sera du mal : l'esprit et le cœur ne peuvent demeurer vides.

» Quand il n'y aura plus de religion, il n'y aura plus ni
patrie ni société pour des hommes qui, en recouvrant leur
indépendance, n'auront que la force pour en abuser.

» Dans quel moment la grande question de l'utilité ou
de la nécessité des institutions religieuses s'est-elle trouvée
soumise à l'examen du gouvernement ? Dans un moment
où l'on vient de conquérir la liberté, où l'on a effacé toutes
les inégalités affligeantes, et où l'on a modéré la puissance
et adouci toutes les lois. Est-ce dans de telles circonstances
qu'il faudrait abolir et étouffer les sentiments religieux ?
C'est surtout dans les états libres que la religion est nécessaire. *C'est là*, dit Polybe, *que, pour n'être pas obligé
de donner un pouvoir dangereux à quelques hommes,
la plus forte crainte doit être celle des dieux.*

» Le gouvernement n'avait donc point à balancer sur le
principe général d'après lequel il devait agir dans la conduite des affaires religieuses.

» Mais plusieurs choses étaient à peser dans l'application
de ce principe.

Impossibilité d'établir une religion nouvelle.

» L'état religieux de la France est malheureusement
trop connu : nous sommes à cet égard environnés de débris et de ruines. Cette situation avait fait naître dans
quelques esprits l'idée de profiter des circonstances pour
créer une religion nouvelle, qui eût pu être, disait-on,

plus adaptée aux lumières, aux mœurs et aux maximes de liberté qui ont présidé à nos institutions républicaines.

» Mais on ne fait pas une religion comme l'on promulgue des lois : *si la force des lois vient de ce qu'on les craint, la force d'une religion vient uniquement de ce qu'on la croit :* or la foi ne se commande pas.

» Dans l'origine des choses, dans des temps d'ignorance et de barbarie, des hommes extraordinaires ont pu se dire inspirés, et, à l'exemple de *Prométhée*, faire descendre le feu du ciel pour animer un monde nouveau ; mais ce qui est possible chez un peuple naissant ne saurait l'être chez des nations usées, dont il est si difficile de changer les habitudes et les idées.

» Les lois humaines peuvent tirer avantage de leur nouveauté, parce que souvent les lois nouvelles annoncent l'intention de réformer d'anciens abus, ou de faire quelque nouveau bien : mais en matière de religion tout ce qui a l'apparence de la nouveauté porte le caractère de l'erreur et de l'imposture. *L'antiquité convient aux institutions religieuses, parce que, relativement à ces sortes d'institutions, la croyance est plus forte et plus vive à proportion que les choses qui en sont l'objet ont une origine plus reculée; car nous n'avons pas dans la tête des idées accessoires, tirées de ces temps-là, qui puissent les contredire.*

» De plus on ne croit à une religion qu'autant qu'on la suppose l'ouvrage de Dieu ; tout est perdu si on laisse entrevoir la main de l'homme.

» La sagesse prescrivait donc au gouvernement de s'arrêter aux religions existantes, qui ont pour elles la sanction du temps et le respect des peuples.

» Ces religions, dont l'une est connue sous le nom de religion catholique, et l'autre sous celui de religion protestante, ne sont que des branches du Christianisme ; or quel juste motif eût pu déterminer la politique à proscrire les cultes chrétiens ?

» Il paraît d'abord extraordinaire que l'on ait à examiner aujourd'hui si les états peuvent s'accommoder du Christianisme, qui depuis tant de siècles constitue le fond de toutes les religions professées par les nations policées de l'Europe; mais on n'est plus surpris quand on réfléchit sur les circonstances.

» A la renaissance des lettres il y eut un ébranlement ; les nouvelles lumières qui se répandirent à cette époque fixèrent l'attention sur les abus et les déréglements dans lesquels on était tombé ; des esprits ardents s'emparèrent des discussions ; l'ambition s'en mêla ; on fit la guerre aux hommes au lieu de régler les choses, et au milieu des plus violentes secousses on vit s'opérer la grande scission qui a divisé l'Europe chrétienne.

» De nos jours, quand la révolution française a éclaté, une grande fermentation s'est encore manifestée ; elle s'est étendue à plus d'objets à la fois : on a interrogé toutes les institutions établies ; on leur a demandé compte de leurs motifs ; on a soupçonné la fraude ou la servitude dans toutes ; et comme, dans une telle situation des esprits, on s'accommode toujours davantage des voies extrêmes, parce qu'on les répute plus décisives, on a cru que, pour déraciner la superstition et le fanatisme, il fallait attaquer toutes les institutions religieuses.

» On voit donc par quelles circonstances il a pu devenir utile, et même nécessaire, de confronter les institutions qui tiennent au Christianisme avec nos mœurs, avec notre philosophie, avec nos nouvelles institutions politiques.

» Quand le Christianisme s'établit, le monde sembla prendre une nouvelle position : les préceptes de l'Evangile notifièrent la vraie morale à l'univers ; ses dogmes firent éprouver aux peuples, devenus chrétiens, la satisfaction d'avoir été assez éclairés pour adopter une religion qui vengeait en quelque sorte la Divinité et l'esprit humain de l'*espèce d'humiliation* attachée aux superstitions grossières des peuples idolâtres.

» D'autre part, le Christianisme joignant aux vérités spirituelles qui étaient l'objet de son enseignement toutes les idées sensibles qui entrent dans son culte, l'attachement des hommes fut extrême pour ce nouveau culte, qui parlait à la raison et aux sens.

» La salutaire influence de la religion chrétienne sur les mœurs de l'Europe et de toutes les contrées où elle a pénétré a été remarquée par tous les écrivains. Si la boussole ouvrit l'univers, c'est le Christianisme qui l'a rendu sociable.

» On a demandé si dans la durée des temps la religion

chrétienne n'a jamais été un prétexte de querelle ou de guerre ; si elle n'a jamais servi à favoriser le despotisme et à troubler les Etats ; si elle n'a pas produit des enthousiastes et des fanatiques ; si les ministres de cette religion ont constamment employé leurs soins et leurs travaux au plus grand bonheur de la société humaine.

» Mais quelle est donc l'institution dont on n'ait jamais abusé ? quel est le bien qui ait existé sans mélange de mal ? quelle est la nation, quel est le gouvernement, quel est le corps, quel est le particulier qui pourrait soutenir en rigueur la discussion du compte redoutable que l'on exige des prêtres chrétiens ?

» Il ne serait donc pas équitable de juger la religion chrétienne et ses ministres d'après un point de vue qui répugne au bon sens. N'oublions pas que les hommes abusent de tout, et que les ministres de la religion sont des hommes.

» Mais, pour être raisonnable et juste, il faut demander si le Christianisme en soi, à qui nous sommes redevables du grand bienfait de notre civilisation, peut convenir encore à nos mœurs, à nos progrès dans l'art social, à l'état présent de toutes choses.

» Cette question n'est certainement pas insoluble, et il importe au bien des peuples et à l'honneur des gouvernements qu'elle soit résolue.

Christianisme.

» Des théologiens sans philosophie, et des philosophes qui n'étaient pas sans prévention, ont également méconnu la sagesse du Christianisme. Il faut pourtant connaître ce que l'on attaque et ce que l'on défend.

» Comme les institutions religieuses ne sont jamais indifférentes au bonheur public, comme elles peuvent faire de grands biens et de grands maux, il faut que les Etats sachent, une fois pour toutes, à quoi s'en tenir sur celles de ces institutions qu'il peut être utile ou dangereux de protéger.

» Nous nous honorons à juste titre de nos découvertes, de l'accroissement de nos lumières, de notre avancement dans les arts, et de l'heureux développement de tout ce qui est agréable et bon.

» Mais le Christianisme n'a jamais empiété sur les droits

17

imprescriptibles de la raison humaine. Il annonce que la
terre a été donnée en partage aux enfants des hommes ; il
abandonne le monde à leurs disputes, et la nature entière
à leurs recherches. S'il donne des règles à la vertu, il ne
prescrit aucune limite au génie. De là, tandis qu'en Asie
et ailleurs des superstitions grossières ont comprimé les
élans de l'esprit et les efforts de l'industrie, les nations
chrétiennes ont partout multiplié les arts utiles et reculé
les bornes des sciences.

» Il y a des pays où le bon goût n'a jamais pu pénétrer,
parce qu'il en a constamment été repoussé par les préjugés religieux : ici la clôture et la servitude des femmes
sont un obstacle à ce que les communications sociales se
perfectionnent, et conséquemment à ce que les choses
d'agrément puissent prospérer ; là on prohibe l'imprimerie : ailleurs la peinture et la sculpture des êtres animés
sont défendues : dans chaque moment de la vie le sentiment reçoit une fausse direction, et l'imagination est perpétuellement aux prises avec les fantômes d'une conscience
abusée.

» Chez les nations chrétiennes, les lettres et les beaux-
arts ont toujours fait une douce alliance avec la religion ;
c'est même la religion qui, en remuant l'âme et en l'élevant aux plus hautes pensées, a donné un nouvel essor au
talent ; c'est la religion qui a produit nos premiers et nos
plus célèbres orateurs, et qui a fourni des sujets et des
modèles à nos poètes ; c'est elle qui parmi nous a fait
naître la musique, qui a dirigé le pinceau de nos grands
peintres, le ciseau de nos sculpteurs, et à qui nous
sommes redevables de nos plus beaux morceaux d'architecture.

» Pourrions-nous regarder comme inconciliable avec
nos lumières et avec nos mœurs une religion que les
Descartes, les Newton et tant d'autres grands hommes
s'honoraient de professer, qui a développé le génie des
Pascal, des Bossuet, et qui a formé l'âme de Fénelon ?

» Pourrions-nous méconnaître l'heureuse influence du
Christianisme sans répudier tous nos chefs-d'œuvre en tout
genre, sans les condamner à l'oubli, sans effacer les monuments de notre propre gloire ?

» En morale, n'est-ce pas la religion chrétienne qui
nous a transmis le corps entier de la loi naturelle ? Cette

religion ne nous enseigne-t-elle pas tout ce qui est juste, tout ce qui est saint, tout ce qui est aimable? En recommandant partout l'amour des hommes, et en nous élevant jusqu'au Créateur, n'a-t-elle pas posé le principe de tout ce qui est bien? n'a-t-elle pas ouvert la véritable source des mœurs?

» Si les corps de nation, si les esprits les plus simples et les moins instruits sont aujourd'hui plus fermes que ne l'étaient autrefois les Socrate et les Platon sur les grandes vérités de l'unité de Dieu, de l'immortalité de l'âme humaine, de l'existence d'une vie à venir, n'en sommes-nous pas redevables au Christianisme?

» Cette religion promulgue quelques dogmes particuliers; mais ces dogmes ne sont point arbitrairement substitués à ceux qu'une saine métaphysique pressent ou démontre : ils ne remplacent pas la raison; ils ne font qu'occuper la place que la raison laisse vide, et que l'imagination remplirait incontestablement plus mal.

» Enfin il existe un sacerdoce dans la religion chrétienne : mais tous les peuples qui ne sont pas barbares reconnaissent une classe d'hommes particulièrement consacrée au service de la Divinité. L'institution du sacerdoce chez les chrétiens n'a pour objet que l'enseignement et le culte; l'ordre civil et politique demeure absolument étranger aux ministres d'une religion qui n'a sanctionné aucune forme particulière de gouvernement, et qui recommande aux pontifes, comme aux simples citoyens, de les respecter toutes, comme ayant toutes pour but la tranquillité de la vie présente, et comme étant toutes entrées dans les desseins d'un Dieu créateur et conservateur de l'ordre social.

» Tel est le christianisme en soi.

« Est-il une religion mieux assortie à la situation de toutes les nations policées, et à la politique de tous les gouvernements? Cette religion ne nous offre rien de purement local, rien qui puisse limiter son influence à telle contrée ou à tel siècle, plutôt qu'à tel autre siècle ou à telle autre contrée : elle se montre non comme la religion d'un peuple, mais comme celle des hommes; non comme la religion d'un pays, mais comme celle du monde.

» Après avoir reconnu l'utilité ou la nécessité de la religion en général, le gouvernement français ne pouvait donc raisonnablement abjurer le Christianisme, qui, de toutes les religions positives, est celle qui est la plus accommodée à notre philosophie et à nos mœurs.

» Toutes les institutions religieuses ont été ébranlées et détruites pendant les orages de la révolution ; mais en contemplant les vertus qui brillaient au milieu de tant de désordres, en observant le calme et la conduite modérée de la masse des hommes, pourquoi refuserions-nous de voir que ces institutions avaient encore leurs racines dans les esprits et dans les cœurs, et qu'elles se survivaient à elles-mêmes dans les habitudes heureuses qu'elles avaient fait contracter au meilleur des peuples ? La France a été bien désolée ; mais que serait-elle devenue si, à notre propre insu, ces habitudes n'avaient pas servi de contre-poids aux passions ?

» La piété avait fondé tous nos établissements de bienfaisance, et elle les soutenait. Qu'avons-nous fait quand, après la dévastation générale, nous avons voulu rétablir nos hospices ? Nous avons rappelé ces vierges chrétiennes connues sous le nom de *sœurs de la charité*, qui se sont si généreusement consacrées au service de l'humanité malheureuse, infirme et souffrante. Ce n'est ni l'amour-propre ni la gloire qui peuvent encourager des vertus et des actions trop dégoûtantes et trop pénibles pour pouvoir être payées par des applaudissements humains. *Il faut élever ses regards au-dessus des hommes ; et l'on ne peut trouver des motifs d'encouragement et de zèle que dans cette piété qui anime la bienfaisance, qui est étrangère aux vanités du monde, et qui fait goûter dans la carrière du bien public des consolations que la raison seule ne pourrait nous donner.* On fait d'autre part la triste expérience que des mercenaires, sans motif intérieur qui puisse les attacher constamment à leur devoir, ne sauraient remplacer des personnes animées par l'esprit de la religion, c'est-à-dire par un principe qui est supérieur aux sentiments de la nature, et qui, pouvant seul motiver tous les sacrifices, est seul capable de nous faire braver tous les dégoûts et tous les dangers.

» Lorsqu'on est témoin de certaines vertus, il semble qu'on voit luire un rayon céleste sur la terre. Eh quoi ! nous aurions la prétention de conserver ces vertus en tarissant la source qui les produit toutes ! Ne nous y trompons pas; il n'y a que la religion qui puisse ainsi combler l'espace immense qui existe entre Dieu et les hommes.

Quelle est la véritable tolérance que les gouvernements doivent aux divers cul es dont ils autorisent l'exercice.

» On imaginera peut-être que la politique faisait assez en laissant un libre cours aux opinions religieuses, et en cessant d'inquiéter ceux qui les professent.

» Mais je demande si une telle mesure, qui ne présente rien de positif, qui n'est pour ainsi dire que négative, aurait jamais pu remplir le but que tout gouvernement sage doit se proposer.

» Sans doute, la liberté que nous avons conquise, et la philosophie qui nous éclaire, ne sauraient se concilier avec l'idée d'une religion dominante en France, et moins encore avec l'idée d'une religion exclusive.

» J'appelle religion *exclusive*, celle dont le culte public est autorisé privativement à tout autre culte. Telle était parmi nous la religion catholique dans le dernier siècle de la monarchie.

» J'appelle religion *dominante*, celle qui est plus intimement liée à l'État, et qui jouit dans l'ordre politique de certains priviléges qui sont refusés à d'autres cultes dont l'exercice public est pourtant autorisé. Telle était la religion catholique en Pologne, et telle est la religion grecque en Russie.

» Mais on peut protéger une religion sans la rendre ni exclusive ni dominante. Protéger une religion, c'est la placer sous l'égide des lois; c'est empêcher qu'elle ne soit troublée; c'est garantir à ceux qui la professent la jouissance des biens spirituels qu'ils s'en promettent, comme on leur garantit la sûreté de leurs personnes et de leurs propriétés : dans le simple système de protection il n'y a rien d'exclusif et de dominant; car on peut protéger plusieurs religions, on peut les protéger toutes.

» Je conviens que le système de protection diffère essentiellement du système d'indifférence et de mépris que l'on a si mal à propos décoré du nom de tolérance.

» Le mot *tolérance*, en fait de religion, ne saurait avoir l'acception injurieuse qu'on lui donne quand il est employé relativement a des abus que l'on serait tenté de proscrire, et sur lesquels on consent à fermer les yeux.

» La tolérance religieuse est un devoir, une vertu d'homme à homme ; et en droit public cette tolérance est le respect du gouvernement pour la conscience des citoyens, et pour les objets de leur vénération et de leur croyance. Ce respect ne doit pas être illusoire : il le serait pourtant si dans la pratique il ne produisait aucun effet utile ou consolant.

» D'après ce que nous avons déjà eu occasion d'établir, on doit sentir combien le secours de la religion est nécessaire au bonheur des hommes.

» Indépendamment de tout le bien moral que l'on est en droit de se promettre de la protection que je réclame pour les institutions religieuses, observons que le bon ordre et la sûreté publique ne permettent pas que l'on abandonne, pour ainsi dire, ces institutions à elles-mêmes. L'Etat ne pourrait avoir aucune prise sur des établissements et sur des hommes que l'on traiterait comme étrangers à l'Etat : le système d'une surveillance raisonnable sur les cultes ne peut être garanti que par le plan connu d'une organisation légale de ces cultes. Sans cette organisation, avouée et autorisée, toute surveillance serait nulle ou impossible, parce que le gouvernement n'aurait aucune garantie réelle de la bonne conduite de ceux qui professeraient des cultes obscurs dont les lois ne se mêleraient pas, et qui dans leur invisibilité, s'il m'est permis de parler ainsi, sauraient toujours échapper aux lois.

» Les circonstances particulières dans lesquelles nous vivons fortifient ces considérations générales.

» On a vu par les événements de la révolution que le catholicisme a été l'objet principal de tous les coups qui ont été portés aux établissements religieux ; et cela n'étonne pas. La religion catholique avait toujours été dominante ; elle était même devenue exclusive par la révocation de l'édit de Nantes, et on croyait avoir à lui reprocher cette révocation, qui avait eu des suites si funestes pour la France. Une religion que l'on a soupçonnée d'être réprimante est réprimée à son tour quand les circonstances provoquent cette espèce de réaction. Ajoutez à cette première circonstance que le clergé jouissait d'une existence politique, liée à la monarchie que l'on renversait : la violence dont on usa contre le catholicisme fut d'autant plus vive

qu'on se crut autorisé à le poursuivre moins comme une
religion que comme une tyrannie.

» Mais la violence, et les nouveaux plans de police ecclésiastique que la violence appuyait, ne produisirent que
des schismes scandaleux qui défigurèrent la religion, qui
troublèrent la France, et qui la troublent encore.

» En cet état que devait-on faire?

» Etait-il d'une politique sage et humaine de continuer
la persécution commencée contre ceux qui résistaient aux
innovations?

» La force ne peut rien sur les âmes; la conscience est
notre sens moral le plus rebelle : les actes de violence ne
peuvent rien opérer en matière religieuse que comme
moyen de destruction.

» Un gouvernement compromet toujours sa puissance
quand, se proposant d'agir sur des âmes exaltées, il veut
mettre en opposition les récompenses et les menaces de la
loi avec les promesses et les menaces de la religion ; la terreur qu'il cherche alors à inspirer force l'esprit à se replier
sur des objets qui lui impriment une terreur bien plus
grande encore. Au milieu de ces terribles agitations le fanatisme déploie toute son énergie ; il se soutient par le fanatisme ; il devient son aliment à lui-même.

» Notre propre expérience ne nous a-t-elle pas démontré qu'en persécutant on ne réussit qu'à faire dégénérer
l'esprit de la religion en esprit de secte? On croyait par les
terreurs et par les supplices augmenter le nombre des bons
citoyens, on ne faisait tout au plus que diminuer celui des
hommes.

» J'observe que tout système de persécution serait évidemment incompatible avec l'état actuel de la France.

» Sous un gouvernement absolu, où l'on est plutôt régi
par des fantaisies que par des lois, les esprits sont peu ef-
farouchés d'une tyrannie, parce qu'*une tyrannie, quelle
qu'elle soit, n'y est jamais une chose nouvelle ;* mais dans
un gouvernement qui a promis de garantir la liberté politique et religieuse, tout acte d'hostilité exercé contre une
ou plusieurs classes de citoyens à raison de leur culte ne
serait propre qu'à produire des secousses : on verrait dans
les autres une liberté dont on ne jouirait pas soi-même; on
supporterait impatiemment une telle rigueur; on deviendrait plus ardent parce qu'on se regarderait comme plus

malheureux. Sachons qu'on n'afflige jamais plus profondément les hommes que quand on proscrit les objets de leur respect ou les articles de leur croyance ; on leur fait éprouver alors la plus insupportable et la plus humiliante de toutes les contradictions.

» D'ailleurs qu'avons-nous gagné jusqu'ici à proscrire des classes entières de ministres, dont la plupart s'étaient distingués auprès de leurs concitoyens par la bienfaisance et par la vertu ? Nous avons aigri les esprits les plus modérés ; nous avons compromis la liberté en ayant l'air de séparer la France catholique d'avec la France libre.

» Il existe des prêtres turbulents et factieux ; mais il en existe qui ne le sont pas : par la persécution on les confondrait tous. Les prêtres factieux et turbulents mettraient cette situation à profit pour usurper la considération qui n'est due qu'à la véritable sagesse ; on ne les regarderait que comme malheureux et opprimés, et le malheur a je ne sais quoi de sacré qui commande la pitié et le respect.

» Au lieu des assemblées publiques surveillées par la police, et qui ne peuvent jamais être dangereuses, nous n'aurions que des conciliabules secrets, des trames ourdies dans les ténèbres ; les scélérats se glorifieraient de leur courage ; ils en imposeraient au peuple par les dangers dont ils seraient environnés ; ces dangers leur tiendraient lieu de vertus, et les mesures que l'on croirait avoir prises pour empêcher que la multitude ne fût séduite, deviendraient elles-mêmes le plus grand moyen de séduction.

» De plus, voudrions-nous flétrir notre siècle en transformant en système d'Etat des mesures de rigueur que nos lumières ne comportent pas, et qui répugneraient à l'urbanité française ? Voudrions-nous flétrir la philosophie même, dont nous nous honorons à si juste titre, et donner à croire que l'intolérance philosophique a remplacé ce qu'on appelait l'intolérance sacerdotale ?

» Le gouvernement a donc senti que tout système de persécution devenait impossible.

» Fallait-il ne plus se mêler des cultes, et continuer les mesures d'indifférence et d'abandon que l'on paraissait avoir adoptées toutes les fois que les mesures révolutionnaires s'adoucissaient ? Mais ce plan de conduite, certainement préférable à la persécution, n'offrirait-il pas d'autres inconvénients et d'autres dangers ?

» La religion catholique est celle de la très-grande majorité des Français.

» Abandonner un ressort aussi puissant c'était avertir le premier ambitieux ou le premier brouillon qui voudrait de nouveau agiter la France de s'en emparer et de la diriger contre sa patrie.

» A peine touchons-nous au terme de la plus grande révolution qui ait éclaté dans l'univers ; qui ne sait que dans les tempêtes politiques, ainsi qu'au milieu des grands désastres de la nature, la plupart des hommes, invités par tout ce qui se passe autour d'eux à se réfugier dans les promesses et dans les consolations religieuses, sont plus portés que jamais à la piété et même à la superstition ? Qui ne connaît la facilité avec laquelle on reçoit dans les temps de crise les prédictions, les prophéties les plus absurdes, tout ce qui donne de grandes espérances pour l'avenir, tout ce qui porte l'empreinte de l'extraordinaire, tout ce qui tend à nous venger de la vicissitude des choses humaines ? Qui ne sait encore que les âmes froissées par les événements publics sont plus sujettes à devenir les jouets du mensonge et de l'imposture ? Est-ce dans un tel moment qu'un gouvernement bien avisé consentirait à courir le risque de voir tomber le ressort de la religion dans des mains suspectes ou ennemies ?

» Dans les temps les plus calmes il est de l'intérêt des gouvernements de ne point renoncer à la conduite des affaires religieuses ; ces affaires ont toujours été rangées par les différents codes des nations dans les matières qui appartiennent à la haute police de l'État.

» Un Etat n'a qu'une autorité précaire quand il a dans son territoire des hommes qui exercent une grande influence sur les esprits et sur les consciences sans que ces hommes lui appartiennent au moins sous quelques rapports.

» L'autorisation d'un culte suppose nécessairement l'examen des conditions suivant lesquelles ceux qui le professent se lient à la société, et suivant lesquelles la société promet de l'autoriser : la tranquillité publique n'est point assurée si l'on néglige de savoir ce que sont les ministres de ce culte, ce qui les caractérise, ce qui les distingue des simples citoyens et des ministres des autres cultes ; si l'on ignore sous quelle discipline ils entendent vivre, et quels règlements ils promettent d'observer : l'Etat est menacé si ces règlements peuvent être faits ou changés sans son concours, s'il demeure étranger ou indifférent à la forme et à la constitution du gouvernement qui se propose de régir les âmes, et s'il n'a dans des supérieurs légalement connus et avoués des garants de la fidélité des inférieurs.

» On peut abuser de la religion la plus sainte : l'homme qui se destine à la prêcher en abusera-t-il, n'en abusera-t-il pas, s'en servira-t-il pour se rendre utile ou pour nuire, voilà la question. Pour la résoudre il est assez naturel de demander quel est cet homme, de quel côté est son intérêt, quels sont ses sentiments, et comment il s'est servi jusqu'alors de ses talents et de son ministère. Il faut donc que l'Etat connaisse d'avance ceux qui seront employés : il ne doit point attendre tranquillement l'usage qu'ils feront de leur influence ; il ne doit point se contenter de vaines formules ou de simples présomptions quand il s'agit de pourvoir à sa conservation et à sa sûreté.

» On comprend donc que ce n'était qu'en suivant, par rapport aux différents cultes, le système d'une protection éclairée qu'on pouvait arriver au système bien combiné d'une surveillance utile ; car, nous l'avons déjà dit, protéger un culte ce n'est point chercher à le rendre dominant ou exclusif ; c'est seulement veiller sur sa doctrine et sur sa police pour que l'Etat puisse diriger des institutions si importantes vers la plus grande utilité publique, et pour que les ministres ne puissent corrompre la doctrine confiée à leur enseignement, ou secouer arbitrairement le joug de la discipline, au grand préjudice des particuliers et de l'État.

» Le gouvernement, en sentant la nécessité d'intervenir directement dans les affaires religieuses par les voies d'une surveillance protectrice, et en considérant les scandales et les schismes qui désolaient le culte catholique, professé par la très-grande majorité de la nation française, s'est d'abord occupé des moyens d'éteindre ces schismes et de faire cesser ces scandales.

Nécessité d'éteindre le schisme qui existait entre les ministres catholiques, et utilité de l'intervention du pape pour pouvoir remplir ce but.

» Un schisme est par sa nature un germe de désordre qui se modifie de mille manières différentes, et qui se perpétue à l'infini ; chaque titulaire, l'ancien, le nouveau, le plus nouveau, ont chacun leurs sectateurs dans le même diocèse, dans la même paroisse, et souvent dans la même famille. Ces sortes de querelles sont bien plus tristes que celles qu'on peut avoir sur le dogme, *parce qu'elles sont comme une hydre qu'un nouveau changement de pasteur peut à chaque instant reproduire.*

» D'autre part, toutes les querelles religieuses ont un caractère qui leur est propre. « Dans les disputes ordinai-
» res, dit un philosophe moderne, comme chacun sent qu'il
» peut se tromper, l'opiniâtreté et l'obstination ne sont pas
» extrêmes ; mais dans celles que nous avons sur la religion,
» comme par la nature de la chose chacun croit être sûr
» que son opinion est vraie, nous nous indignons contre
» ceux qui, au lieu de changer eux-mêmes, s'obstinent à
» nous faire changer. »

» D'après ces réflexions, il est clair que les théologiens sont par eux-mêmes dans l'impossibilité d'arranger leurs différends. Heureusement les théologiens catholiques re-connaissent un chef, un centre d'unité dans le pontife de Rome. L'intervention de ce pontife devenait donc néces-saire pour terminer des querelles jusqu'alors interminables.

» De là le gouvernement conçut l'idée de s'entendre avec le Saint Siége.

» La constitution civile du clergé décrétée par l'Assem-blée constituante n'y mettait aucun obstacle, puisque cette constitution n'existait plus : on ne pouvait la faire revivre sans perpétuer le schisme qu'il fallait éteindre. Le rétablis-sement de la paix était pourtant le grand objet, et il suffisait de combiner les moyens de ce rétablissement avec la police de l'État et avec les droits de l'empire.

» Il faut sans doute se défendre contre le danger des opinions ultramontaines, et ne pas tomber imprudemment sous le joug de la cour de Rome ; mais l'indépendance de la France catholique n'est-elle pas garantie par le précieux dépôt de nos anciennes libertés ?

» L'influence du pape, réduite à ses véritables termes, ne saurait être incommode à la politique : si quelquefois on a cru utile de relever les droits des évêques pour affai-blir cette influence, quelquefois aussi il a été nécessaire de la réclamer et de l'accréditer contre les abus que les évê-ques faisaient de leurs droits.

» En général il est toujours heureux d'avoir un moyen canonique et légal d'apaiser des troubles religieux.

Plan de la convention passée entre le gouvernement et le pape.

» Les principes du catholicisme ne comportent pas que le chef de chaque État politique puisse, comme chez les luthériens, se déclarer chef de la religion ; et dans les principes d'une saine politique on pourrait penser qu'une telle réunion des pouvoirs spirituel et temporel dans les mêmes mains n'est pas sans danger pour la liberté.

» L'histoire nous apprend que, dans certaines occurrences, des nations catholiques ont établi des patriarches ou des primats pour affaiblir ou pour écarter l'influence directe de tout supérieur étranger.

» Mais une telle mesure était impraticable dans les circonstances ; elle n'a jamais été employée que dans les États où on avait sous la main une église nationale, dont les ministres n'étaient pas divisés, et qui réunissait ses propres efforts à ceux du gouvernement pour conquérir son indépendance.

» D'ailleurs il n'est pas évident qu'il soit plus utile à un État dans lequel le catholicisme est la religion de la majorité, d'avoir dans son territoire un chef particulier de cette religion, que de correspondre avec le chef général de l'Église.

» Le chef d'une religion, quel qu'il soit, n'est point un personnage indifférent : s'il est ambitieux il peut devenir conspirateur ; il a le moyen d'agiter les esprits ; il peut en faire naître l'occasion ; quand il résiste à la puissance séculière, il la compromet dans l'opinion des peuples ; les dissensions qui s'élèvent entre le sacerdoce et l'empire deviennent plus sérieuses : l'Église, qui a son chef toujours présent, forme réellement un État dans l'État ; selon les occurrences elle peut même devenir une faction. On n'a point ces dangers à craindre d'un chef étranger, que le peuple ne voit pas, qui ne peut jamais naturaliser son crédit, comme pourrait le faire un pontife national ; qui rencontre dans les préjugés, dans les mœurs, dans le caractère, dans les maximes d'une nation dont il ne fait pas partie, des obstacles à l'accroissement de son autorité ; qui ne peut manifester des prétentions sans réveiller toutes les rivalités et toutes les jalousies : qui est perpétuellement distrait de toute idée de domination particulière par les embarras et les soins de son administration universelle ; qui peut toujours être arrêté et contenu par les moyens que le droit des gens comporte, moyens qui, bien ménagés, n'éclatent qu'au dehors, et nous épargnent ainsi les dangers et le scandale d'une guerre à la fois religieuse et domestique.

» Les gouvernements des nations catholiques se sont rarement accommodés de l'autorité et de la présence d'un patriarche ou d'un premier pontife national ; ils préfèrent l'autorité d'un chef éloigné, dont la voix ne retentit que faiblement, et qui a le plus grand intérêt à conserver des égards et des ménagements pour des puissances dont l'alliance et la protection lui sont nécessaires.

» Dans les communions qui ne reconnaissent point de chef universel, le magistrat politique s'est attribué les fonctions et la qualité de chef de la religion, tant on a senti combien l'exercice de la puissance civile pourrait être traversé s'il y avait dans un même territoire deux chefs, l'un pour le sacerdoce et l'autre pour l'empire, qui pussent partager le respect du peuple, et quelquefois même rendre son obéissance incertaine. Mais n'est-il pas heureux de se trouver dans un ordre de choses où l'on n'ait pas besoin de menacer la liberté pour rassurer la puissance?

» Dans la situation où nous sommes, le recours au chef général de l'Église était donc une mesure plus sage que l'érection d'un chef particulier de l'église catholique de France ; cette mesure était même la seule possible.

» Pour investir en France le magistrat politique de la dictature sacerdotale, il eût fallu changer le système religieux de la très-grande majorité des Français : on le fit en Angleterre, parce que les esprits étaient préparés à ce changement ; mais parmi nous pouvait-on se promettre de rencontrer les mêmes dispositions?

» Il ne faut que des yeux ordinaires pour apercevoir entre une révolution et une autre révolution les ressemblances qu'elles peuvent avoir entre elles et qui frappent tout le monde ; mais pour juger sainement de ce qui les distingue, pour apercevoir la différence, il faut une manière de voir plus perçante et plus exercée, il faut un esprit plus judicieux et plus profond.

» Assimiler perpétuellement ce qui s'est passé dans la révolution d'Angleterre avec ce qui se passe dans la nôtre, ce serait donc faire preuve d'une grande médiocrité.

» En Angleterre la révolution éclata à la suite et même au milieu des plus grandes querelles religieuses, et ce fut l'exaltation des sentiments religieux qui rendit aux âmes le degré d'énergie et de courage qui était nécessaire pour attaquer et renverser le pouvoir.

» En France, au contraire, les mœurs et les principes luttaient déjà depuis long-temps contre la religion, et on ne voyait en elle que les abus qui s'y étaient introduits.

» En Angleterre on n'avait point eu l'imprudence de dépouiller le clergé de ses biens avant de lui demander le sacrifice de sa discipline et de sa hiérarchie.

» En France on voulait tout exiger du clergé après lui avoir ôté jusqu'à l'espérance.

» En Angleterre les opinions religieuses furent aux prises avec d'autres opinions religieuses ; mais la politique, qui sentait le besoin de s'étayer de la religion, se réunit à un parti religieux qui protégeait la liberté, qui en fut protégé à son tour, et qui finit par placer la constitution de l'État sous la puissante garantie de la religion même.

» En France, où, après la destruction de l'ancien clergé, tout concourait à l'avilissement du nouveau qu'on venait de lui substituer, la politique avait armé toutes les consciences contre ses plans, et les troubles religieux qu'il s'agit d'apaiser ont été l'unique résultat des fautes et des erreurs de la politique.

» Il est essentiel d'observer que dans ces troubles, dans ces dissensions, tout l'avantage a dû naturellement se trouver du côté des opinions mêmes que l'on avait voulu proscrire ; car la conduite qui avait été tenue envers ceux qui avaient embrassé les opinions nouvelles avait décrié ces opinions, et n'avait pu qu'augmenter le respect du peuple pour celles qui tenaient à l'ancienne croyance, qui avaient reçu une nouvelle sanction de la fidélité et du courage des ministres qui s'en étaient déclarés les défenseurs : car en morale nous aimons, sinon pour nous-mêmes, du moins pour les autres, tout ce qui suppose un effort ; et en fait de religion nous sommes portés à croire les témoins *qui se font égorger.*

» Or une grande maxime d'État, consacrée par tous ceux

qui ont su gouverner, est qu'il ne faut point chercher mal
à propos à changer une religion établie, qui a de profondes
racines dans les esprits et dans les cœurs, lorsque cette religion s'est maintenue à travers les événements et les tempêtes d'une grande révolution.

» S'il y a de l'humanité à ne point affliger la conscience
des hommes, il y a une grande sagesse à ménager dans un
pays des institutions et des maximes religieuses qui tiennent depuis long-temps aux habitudes du peuple, qui se
sont mêlées à toutes ses idées, qui sont souvent son unique
morale, et qui font partie de son existence.

» Le gouvernement ne pouvait donc proposer des changements dans la hiérarchie des ministres catholiques sans
provoquer de nouveaux embarras et des difficultés insurmontables.

» Il résulte de l'analyse des procès-verbaux des conseils
généraux des départements, que la majorité des Français
tient au culte catholique ; que dans certains départements
*les habitants tiennent à ce culte presque autant qu'à la
vie ;* — qu'il importe de *faire cesser les dissensions religieuses ;* — que *les habitants des campagnes aiment leur
religion ;* — qu'*ils regrettent les jours de repos consacrés par elle ;* — qu'*ils regrettent ces jours où ils adoraient Dieu en commun ;* — que *les temples étaient pour
eux des lieux de rassemblement où les affaires, le besoin
de se voir, de s'aimer, réunissaient toutes les familles, et
entretenaient la paix et l'harmonie ;* — que *le respect
pour les opinions religieuses est un des moyens les plus
puissants pour ramener le peuple à l'amour des lois ;* —
que *l'amour que les Français ont pour le culte de leurs
aïeux peut d'autant moins alarmer le gouvernement, que
ce culte est soumis à la puissance temporelle ;* — que *les
ministres adressent dans leurs oratoires des prières pour
le gouvernement ;* — qu'*ils ont tous rendu des actions de
grâces en reconnaissance de la paix ;* — qu'*ils prêchent
tous l'obéissance aux lois et à l'autorité civile ;* — que *la
liberté réelle du culte et un exercice avoué par la loi
réuniraient les esprits, feraient cesser les troubles, et
ramèneraient tout le monde aux principes d'une morale
qui fait la force du gouvernement ;* — que *la philosophie
n'éclaire qu'un petit nombre d'hommes ;* — que *la religion seule peut créer et épurer les mœurs ;* — que *la mo-*

rale n'est utile qu'autant qu'elle est attachée à un culte public ; — que l'on contribuerait beaucoup à la tranquillité publique en réunissant les prêtres des différentes opinions ; — que la paix ne se consolidera que lorsque les ministres du culte catholique auront une existence honnête et assurée ; — qu'il faut accorder aux prêtres un salaire qui les mette au-dessus du besoin ; — et enfin qu'il est fortement désirable qu'une décision du pape fasse cesser toute division dans les opinions religieuses, vu que c'est l'unique moyen d'assurer les mœurs et la probité.

» Tel est le vœu de tous les citoyens appelés par les lois à éclairer l'autorité sur la situation et les besoins des peuples ; tel est le vœu des bons pères de famille, qui sont les vrais magistrats des mœurs, et qui sont toujours les meilleurs juges quand il s'agit d'apprécier la salutaire influence de la morale et de la religion.

» Les mêmes choses résultent de la correspondance du gouvernement avec les préfets.

« Ceux qui critiquent le rétablissement des cultes, écri-
» vait le préfet du département de la Manche, ne connais-
» sent que Paris ; ils ignorent que le reste de la population
» le désire et en a besoin. Je puis assurer que l'attente de
» l'organisation religieuse a fait beaucoup de bien dans
» mon département, et que depuis ce moment nous sommes
» tranquilles à cet égard. »

» Le préfet de Jemmapes assurait : « que tous les bons
» citoyens, les respectables pères de famille, soupirent
» après cette organisation, et que la paix rendue aux con-
» sciences sera le sceau de la paix générale que le gouver-
» nement vient d'accorder aux vœux de la France. »

» On lit dans une lettre du préfet de l'Aveyron, sous la date du 19 nivôse, « que, les habitants de ce département
» tirant les conséquences les plus rassurantes de quelques
» expressions relatives au culte, du compte rendu par le
» gouvernement à l'ouverture du Corps législatif, on a vu
» les esprits se tranquilliser, les ecclésiastiques d'opinions
» différentes devenir plus tolérants les uns envers les
» autres. »

» Il serait inutile de rappeler une multitude d'autres lettres qui sont parvenues de toutes les parties de la république, et qui offrent le même résultat.

» Le vœu national pourrait-il être mieux connu et plus clairement manifesté ?

» Or c'est ce vœu que le gouvernement a cru devoir consulter, et auquel il a cru devoir satisfaire ; car on ne peut raisonnablement mettre en question si un gouvernement doit maintenir ou protéger un culte qui a toujours été celui de la très-grande majorité de la nation, et que la très-grande majorité de la nation demande à conserver.

» Il ne s'agit plus de détruire ; il s'agit d'affermir et d'édifier. Pourquoi donc le gouvernement aurait-il négligé un des plus grands moyens qu'on lui présentait pour ramener l'ordre et rétablir la confiance ?

» Comment se sont conduits les conquérants qui ont voulu conserver et consolider leurs conquêtes? Ils ont partout laissé au peuple vaincu ses prêtres, son culte et ses autels. C'est avec la même sagesse qu'il faut se conduire après une révolution, car une révolution est aussi une conquête.

» Les ministres de la république auprès des puissances étrangères mandent que *la paix religieuse a consolidé la paix politique;* qu'elle a arraché le poignard à l'intrigue et au *fanatisme*, et que c'est le rétablissement de la religion qui réconcilie tous les cœurs égarés avec la patrie.

» Indépendamment des motifs que nous venons d'exposer, et qui indiquaient au gouvernement la conduite qu'il a tenue dans les affaires religieuses, des considérations plus vastes fixaient encore sa sollicitude.

» Les Français ne sont pas des insulaires ; ceux-ci peuvent facilement se limiter par leurs institutions, comme ils le sont par les mers.

» Les Français occupent le premier rang parmi les nations continentales de l'Europe : les voisins les plus puissants de la France, ses alliés les plus constants, les nouvelles républiques d'Italie, dont l'indépendance est le prix du sang et du courage de nos frères d'armes, sont catholiques. Chez les peuples modernes la conformité des idées religieuses est devenue entre les gouvernements et les individus un grand moyen de communication, de rapprochement et d'influence ; car il importait à la nation française de ne perdre aucun de ses avantages, de fortifier et même d'étendre ses liens d'amitié, de bon voisinage, et toutes ses relations politiques : pourquoi donc aurait-elle renoncé à un culte qui lui est commun avec tant d'autres peuples ?

» Voudrait-on nous alarmer par la crainte des entreprises de la cour de Rome?

» Mais le pape, comme souverain, ne peut plus être redoutable à aucune puissance; il aura même toujours besoin de l'appui de la France; et cette circonstance ne peut qu'accroître l'influence du gouvernement français dans les affaires générales de l'Église, presque toujours mêlées à celles de la politique.

» Comme chef d'une société religieuse, le pape n'a qu'une autorité limitée par des maximes connues qui ont plus particulièrement été gardées par nous, mais qui appartiennent au droit universel des nations.

» Le pape avait autrefois dans les ordres religieux une milice qui lui prêtait obéissance, qui avait écrasé les vrais pasteurs, et qui était toujours disposée à propager les doctrines ultramontaines. Nos lois ont licencié cette milice; et elles l'ont pu, car on n'a jamais contesté à la puissance publique le droit d'écarter ou de dissoudre des institutions arbitraires qui ne tiennent point à l'essence de la religion, et qui sont jugées suspectes ou incommodes à l'État.

» Conformément à la discipline fondamentale, nous n'aurons plus qu'un clergé séculier, c'est-à-dire des évêques et des prêtres, toujours intéressés à défendre nos maximes comme leur propre liberté, puisque leur liberté, c'est-à-dire les droits de l'épiscopat et du sacerdoce, ne peuvent être garantis que par ces maximes.

» Le dernier état de la discipline générale est que les évêques doivent recevoir l'institution canonique du pape. Aucune raison d'État ne pouvait déterminer le gouvernement à ne pas admettre ce point de discipline, puisque le pape, en instituant, est collateur forcé, et qu'il ne peut refuser arbitrairement l'institution canonique au prêtre qui est en droit de la demander; et les plus grandes raisons de tranquillité publique, le motif pressant de faire cesser le schisme, invitaient le magistrat politique à continuer un usage qui n'avait été interrompu que par la constitution civile du clergé, constitution qui n'existait plus que par les troubles religieux qu'elle avait produits.

» Avant cette constitution et sous l'ancien régime, si le pape instituait les évêques, c'était le prince qui les nommait. On avait regardé avec raison l'épiscopat comme une magistrature qu'il importait à l'État de ne pas voir confiée à des hommes qui n'eussent pas été suffisamment connus. La nomination du roi avait été remplacée par les élections du peuple convoqué en assemblées primaires : ce mode disparut avec les lois qui l'avaient établi, et on ne lui substitua aucun autre mode. Toutes les élections d'évêques depuis cette époque ne furent assujetties à aucune forme fixe, à aucune forme avouée par l'autorité civile : le gouvernement n'a pas pensé qu'il fût sage d'abandonner plus long-temps ces élections au hasard des circonstances.

» Par la constitution sous laquelle nous avons le bonheur de vivre, le pouvoir d'élire réside essentiellement dans le sénat et dans le gouvernement. Le sénat nomme aux premières autorités de la république ; le gouvernement nomme aux places militaires, administratives, judiciaires et politiques ; il nomme à toutes celles qui concernent les arts et l'instruction publique.

» Les évêques ne sont point entrés formellement dans la prévoyance de la constitution ; mais leur ministère a trop de rapport avec l'instruction, avec toutes les branches de la police, pour pouvoir être étranger aux considérations qui ont fait attribuer au premier consul la nomination des préfets, des juges et des instituteurs. Je dis en conséquence que ce premier magistrat, chargé de maintenir la tranquillité et de veiller sur les mœurs, doit compter dans le nombre de ses fonctions et de ses devoirs le choix des évêques, c'est-à-dire le choix des hommes particulièrement consacrés à l'enseignement de la morale et des vérités les plus propres à influer sur les consciences.

» Les évêques, avoués par l'Etat et institués par le pape, avaient par notre droit français la collation de toutes les places ecclésiastiques de leurs diocèses. Pourquoi se serait-on écarté de cette règle? Il était seulement nécessaire, dans un moment où l'esprit de parti peut égarer le zèle et séduire les mieux intentionnés, de se réserver une grande surveillance sur les choix qui pourraient être faits par les premiers pasteurs.

» Puisque les Français catholiques, c'est-à-dire puisque la très-grande majorité des Français demandait que le catholicisme fût protégé ; puisque le gouvernement ne pouvait se refuser à ce vœu sans continuer et sans aggraver les troubles qui déchiraient l'Etat ; il fallait, par une raison de conséquence, pourvoir à la dotation d'un culte qui n'aurait pu subsister sans ministres, et le droit naturel réclamait en faveur de ces ministres des secours convenables pour assurer leur subsistance.

» Telles sont les principales bases de la convention passée entre le gouvernement français et le Saint-Siége.

Réponse à quelques objections.

» Quelques personnes se plaindront peut-être de ce que l'on n'a pas conservé le mariage des prêtres, et de ce que l'on n'a pas profité des circonstances pour épurer un culte que l'on présente comme trop surchargé de rits et de dogmes.

» Mais quand on admet ou que l'on conserve une religion, il faut la régir d'après ses principes.

» L'ambition que l'on témoigne et le pouvoir que l'on voudrait s'arroger de perfectionner arbitrairement les idées et les institutions religieuses, sont des prétentions contraires à la nature des choses.

» On peut corriger par des lois les défectuosités des lois ; on peut, dans les questions de philosophie, abandonner un système pour embrasser un autre système que l'on croit meilleur ; mais on ne pourrait entreprendre de perfectionner une religion sans convenir qu'elle est vicieuse, et conséquemment sans la détruire par les moyens mêmes dont on userait pour l'établir.

» Nous convenons que le catholicisme a plus de rits que n'en ont d'autres cultes chrétiens ; mais cela n'est point un inconvénient, car on a judicieusement remarqué que c'est pour cela même que *les catholiques sont plus invinciblement attachés à leur religion.*

» Quant aux dogmes, l'État n'a jamais à s'en mêler, pourvu qu'on ne veuille pas en déduire des conséquences éversives de l'État ; et la philosophie même n'a aucun droit de se formaliser de la croyance des hommes sur des matières qui, renfermées dans les rapports impénétrables qui peuvent exister entre Dieu et l'homme, sont étrangères à toute philosophie humaine. L'essentiel est que la morale soit pratiquée : or, en détachant la plupart des hommes des dogmes qui fondent leur confiance et leur foi, on ne réussirait qu'à les éloigner de la morale même.

» La prohibition du mariage, faite aux prêtres catholiques, est ancienne ; elle se lie à des considérations importantes. Des hommes consacrés à la Divinité doivent être honorés; et dans une religion qui exige d'eux une certaine pureté corporelle, il est bon qu'ils s'abstiennent de tout ce qui pourrait les faire soupçonner d'en manquer. Le culte catholique demande un travail soutenu et une attention continuelle : on a cru devoir épargner à ses ministres les embarras d'une famille. Enfin le peuple aime dans les règlements qui tiennent aux mœurs des ecclésiastiques tout ce qui porte le caractère de la sévérité, et on l'a bien vu dans ces derniers temps par le peu de confiance qu'il a témoigné aux prêtres mariés. On eût donc choqué toutes les idées en annonçant sur ce point le vœu de s'éloigner de tout ce qui se pratique chez les autres nations catholiques.

» Personne n'est forcé de se consacrer au sacerdoce : ceux qui s'y destinent n'ont qu'à mesurer leur force sur l'étendue des sacrifices qu'on exige d'eux ; ils sont libres : la loi n'a point à s'inquiéter de leurs engagements quand elle les laisse arbitres souverains de leur destinée.

» Le célibat des prêtres ne pourrait devenir inquiétant pour la politique; il ne pourrait devenir nuisible qu'autant que la classe des ecclésiastiques serait trop nombreuse, et que celle des citoyens destinés à peupler l'État ne le serait pas assez. C'est ce qui arrive dans les pays qui sont couverts de monastères, de chapitres, de communautés séculières et régulières d'hommes et de femmes, et où tout semble éloigner les hommes de l'état du mariage et de tous les travaux utiles. Ces dangers sont écartés par nos lois, dont les dispositions ont mis dans les mains du gouvernement les moyens faciles de concilier l'intérêt de la religion avec celui de la société.

» En effet, d'une part nous n'admettons plus que les ministres dont l'existence est nécessaire à l'exercice du culte, ce qui diminue considérablement le nombre des personnes qui se vouaient anciennement au célibat. D'autre part, pour les ministres mêmes que nous conservons, et à qui le célibat est ordonné par les règlements ecclésiastiques, la défense qui leur est faite du mariage par ces règlements n'est point consacrée comme *empêchement dirimant* dans l'ordre civil : ainsi leur mariage, s'ils en contractaient un, ne serait point nul aux yeux des lois politiques et civiles, et les enfants qui en naîtraient seraient légitimes; mais

dans le for intérieur et dans l'ordre religieux, ils s'exposeraient aux peines spirituelles prononcées par les lois canoniques : ils continueraient à jouir de leurs droits de famille
et de cité, mais ils seraient tenus de s'abstenir de l'exercice du sacerdoce. Conséquemment, sans affaiblir le nerf
de la discipline de l'Eglise, on conserve aux individus
toute la liberté et tous les avantages garantis par les lois
de l'Etat ; mais il eût été injuste d'aller plus loin, et d'exiger pour les ecclésiastiques de France, comme tels, une
exception qui les eût déconsidérés auprès de tous les peuples catholiques, et auprès des Français mêmes auxquels ils
administreraient les secours de la religion.

» Il est des choses qu'on dit toujours parce qu'elles ont
été dites une fois ; de là le mot si souvent répété que le catholicisme est la religion des monarchies, et qu'il ne saurait
convenir aux républiques.

» Ce mot est fondé sur l'observation faite par l'auteur
de l'Esprit des lois, qu'à l'époque de la grande scission
opérée dans l'Eglise par les nouvelles doctrines de Luther
et de Calvin, la religion catholique se maintint dans les
monarchies absolues, tandis que la religion protestante se
réfugia dans les gouvernements libres.

» Mais tout cela ne s'accorde point avec les faits : la religion protestante est professée en Prusse, en Suède et en
Danemark, lorsqu'on voit que la religion catholique est
la religion dominante des cantons démocratiques de la
Suisse et de toutes les républiques d'Italie.

» Sans doute la scission qui s'opéra dans le christianisme influa beaucoup sur les affaires politiques, mais indirectement. La Hollande et l'Angleterre ne doivent pas
précisément leur révolution à tel système religieux plutôt
qu'à tel autre, mais à l'énergie que les querelles religieuses
rendirent aux hommes, et au fanatisme qu'elles leur in-
spirèrent.

» Jamais, dit un historien célèbre (Hume), sans le zèle
et l'enthousiasme qu'elles firent naître, l'Angleterre ne
fût venue à bout d'établir la nouvelle forme de son gouvernement.

» Ce que dit cet historien de l'Angleterre s'applique à la
Hollande, qui n'eût jamais tenté de se soustraire à la
domination espagnole, si elle n'eût craint qu'on ne lui
laisserait pas la faculté de professer sa nouvelle doctrine.

» Tant qu'en Bohême et en Hongrie les esprits ont été échauffés par les querelles de religion, ces deux États ont été libres; cependant ils combattaient pour le catholicisme. Sans ces mêmes querelles, l'Allemagne n'aurait peut-être pas conservé son gouvernement : c'est le trône qui a protégé le luthéranisme en Suède ; c'est la liberté qui a protégé le catholicisme ailleurs. Mais l'exaltation des âmes qui accompagne toujours les disputes de religion, quel que soit le fond de la doctrine que l'on soutient ou que l'on combat, a contribué à rendre libres des peuples qui, sans un grand intérêt religieux, n'eussent eu ni la force ni le projet de le devenir.

» Sur cette matière le système de Montesquieu est donc démenti par l'histoire.

» La plupart de ceux qui ont embrassé ce système, c'est-à-dire qui ont pensé que le catholicisme est la religion favorite des monarchies absolues, croient pouvoir le motiver sur les fausses opinions de la prétendue infaillibilité du pape, et du pouvoir arbitraire que les théologiens ultramontains lui attribuent. Mais il n'est pas plus raisonnable d'argumenter de ces doctrines pour établir que le despotisme est dans l'esprit de la religion catholique, qu'il ne le serait d'argumenter des doctrines exagérées des anabaptistes sur la liberté et sur l'égalité pour établir que le protestantisme en général est l'ami de l'anarchie, et qu'il est inconciliable avec tout gouvernement bien ordonné.

» D'après les vrais principes catholiques, le pouvoir souverain en matière spirituelle réside dans l'Église, et non dans le pape, comme, d'après les principes de notre ordre politique, la souveraineté en matière temporelle réside dans la nation, et non dans un magistrat particulier. Rien n'est arbitraire dans l'administration ecclésiastique : tout doit s'y faire par conseil : l'autorité du pape n'est que celle d'un chef, d'un premier administrateur qui exécute, et non celle d'un maître qui veut, et qui propose ses volontés comme des lois.

» Rien n'est moins propre à favoriser et à naturaliser les idées de servitude et de despotisme que les maximes d'une religion qui interdit toute domination à ses ministres, qui nous fait un devoir de ne rien admettre sans examen, qui n'exige des hommes qu'une obéissance raisonnable, et qui ne veut les régir que dans l'ordre du mérite et de la liberté.

» On ne peut voir, dans l'autorité réglée que les pasteurs
de l'Eglise catholique exercent séparément ou en corps,
qu'un moyen, non d'asservir les esprits, mais d'empêcher
qu'ils ne s'égarent sur des points abstraits et contentieux
de doctrine, et de prévenir ou de terminer des dissensions
orageuses et des disputes qui n'auraient pas de terme.

» Les gouvernements ont si grand besoin de savoir à
quoi s'en tenir sur les doctrines religieuses, que, dans les
communions qui reconnaissent dans chaque individu le
droit d'expliquer les Ecritures; on se lie en corps par des
professions publiques qui ne varient point, ou qui ne peuvent varier sans l'observation de certaines formes capables
de rassurer les gouvernements contre toute innovation nuisible à la société.

» Enfin, un des grands reproches que l'on fait au catholicisme consiste à dire qu'il maudit tous ceux qui sont hors
de son sein, et qu'il devient par là intolérant et insociable.

» Nous n'avons point à parler en théologien du principe
des catholiques sur le sort de ceux qui sont hors de leur
Eglise. Montesquieu n'a vu dans ce principe qu'un motif
de plus d'être attaché à la religion qui l'établit et qui l'enseigne : *car*, dit-il, *quand une religion nous donne l'idée
d'un choix fait par la Divinité, et d'une distinction de
ceux qui la professent d'avec ceux qui ne la professent
pas, cela nous attache beaucoup à cette religion.*

» Nous ajouterons avec le même auteur que, pour juger
si un dogme est utile ou pernicieux dans l'ordre civil, il
faut moins examiner ce dogme en lui-même que dans les
conséquences que l'on est autorisé à en déduire, et qui
déterminent l'usage que l'on en fait :

» Les dogmes les plus vrais et les plus saints peuvent
» avoir de très-mauvaises conséquences lorsqu'on ne les lie
» pas avec les principes de la société; et, au contraire, les
» dogmes les plus faux en peuvent avoir d'admirables lors-
» qu'on sait qu'ils se rapportent aux mêmes principes.

» La religion de Confucius nie l'immortalité de l'âme, et
» la secte de Zénon ne la croyait pas. Qui le dirait ! ces
» deux sectes ont tiré de leurs mauvais principes des con-
» séquences, non pas justes, mais admirables pour la société.
» La religion des Tao et des Foé croit l'immortalité de
» l'âme; mais de ce dogme si saint ils ont tiré des consé-
» quences affreuses.

» Presque par tout le monde et dans tous les temps l'opi-
» nion de l'immortalité de l'âme, mal prise, a engagé les
» femmes, les esclaves, les sujets, les amis, à se tuer pour
» aller servir dans l'autre monde l'objet de leur respect ou
» de leur amour.

» Ce n'est point assez pour une religion d'établir un
» dogme ; il faut encore qu'elle le dirige. »

» C'est ce qu'a fait la religion catholique pour tous les
dogmes qu'elle enseigne, en ne séparant pas ces dogmes
de la morale pure et sage qui doit en régler l'influence et
l'application.

» Ainsi, des prêtres fanatiques ont abusé et pourront
abuser encore du dogme catholique sur l'unité de l'Eglise
pour maudire leurs semblables et pour se montrer durs et
intolérants ; mais ces prêtres sont alors coupables aux yeux
de la religion même, et la philosophie, qui a su les empêcher d'être dangereux, a bien mérité de la religion, de l'humanité et de la patrie.

» Les ministres du culte catholique ne pourraient prêcher l'intolérance sans offenser la raison, sans violer les
principes de la charité universelle, sans être rebelles aux
lois de la république, et sans mettre leur doctrine en opposition avec la conduite de la Providence ; car, si la Providence eût raisonné comme les fanatiques, elle eût, aprè
avoir choisi son peuple, exterminé tous les autres : ell
souffre pourtant que la terre se peuple de nations qu
ne professent pas toutes le même culte, et dont quelques
unes sont même encore plongées dans les ténèbres d
l'idolâtrie. Ceux-là seraient-ils sages qui annonceraient l
prétention de vouloir être plus sages que la Providenc
même ?

» La doctrine catholique, bien entendue, n'offre don
rien qui puisse alarmer une saine philosophie ; et il fau
convenir qu'à l'époque où la révolution a éclaté, le clergé
plus instruit, était aussi devenu plus tolérant. Cesserait-i
de l'être après tant d'événements qui l'ont forcé à réclame
pour lui-même les égards, les ménagements, la toléranc
qu'on lui demandait autrefois pour les autres ?

» Aucun motif raisonnable ne s'opposait donc à l'orga
nisation d'un culte qui a été long-temps celui de l'Etat
qui est encore celui de la très grande majorité du peupl
français, et pour lequel tant de motifs politiques sollic'

taient cette protection de surveillance, sans laquelle il
eût été impossible de mettre un terme aux troubles religieux, et d'assurer le maintien d'une bonne police dans
la république.

» Mais comment organiser un culte déchiré par le plus
cruel de tous les schismes ?

» On avait déjà fait un grand pas en reconnaissant la pri-
matie spirituelle du pontife de Rome, et en consentant
qu'il ne fût rien changé dans les rapports que le dernier
état de la discipline ecclésiastique a établis entre ce pontife et les autres pasteurs.

» Mais il fallait des moyens d'exécution.

» Comment accorder les différents titulaires qui étaient
à la tête du même diocèse, de la même paroisse, et dont
chacun croyait être seul le pasteur légitime de cette paroisse ou de ce diocèse ?

» Les questions qui divisaient les titulaires n'étaient pas
purement théologiques : elles touchaient à des choses qui
intéressent les droits respectifs du sacerdoce et de l'empire ; elles étaient nées des lois que la puissance civile avait
promulguées sur les matières ecclésiastiques. Il n'était pas
possible de terminer par les voies ordinaires des dissensions
qui, relatives à des objets mêlés avec l'intérêt d'Etat et avec
les prérogatives de la souveraineté nationale, n'étaient pas
susceptibles d'être décidées par un jugement doctrinal, et
qui ne pouvaient conséquemment avoir que le triste résultat d'inquiéter la conscience du citoyen, ou de faire sus-
pecter sa fidélité.

» Une grande mesure devenait nécessaire ; il fallait arriver jusqu'à la racine du mal, et obtenir simultanément les
démissions de tous les titulaires, quels qu'ils fussent. Ce
prodige, préparé par la confiance que le gouvernement a
su inspirer, et par l'ascendant que l'éclat de ses succès en
tout genre lui assurait sur les esprits et sur les cœurs, s'est
opéré, avec l'étonnement et l'admiration de l'Europe, à la
voix consolante de la religion, et au doux nom de la patrie.

» Par là tout ce qui est utile et bon est devenu possible,
et les sacrifices que la force n'avait jamais pu arracher
nous ont été généreusement offerts par le patriotisme, par
la conscience et par la liberté.

» Que donne l'Etat en échange de tous ces sacrifices ? Il
donne à ceux qui seront honorés de son choix le droit de

faire du bien aux hommes, en exerçant les augustes fonctions de leur ministère ; et si les raisons supérieures qui ont engagé le gouvernement à diminuer le nombre des offices ecclésiastiques ne lui permettent pas d'employer les talents et les vertus de tous les pasteurs démissionnaires, il n'oubliera jamais avec quel dévouement ils ont tous contribué au rétablissement de la paix religieuse.

» Nous avons dit en commençant que dès les premières années de la révolution le clergé catholique fut dépouillé des grands biens qu'il possédait. Le temporel des états étant entièrement étranger au ministère du pontife de Rome, comme à celui des autres pontifes, l'intervention du pape n'était certainement pas requise pour consolider et affermir la propriété des acquéreurs des biens ecclésiastiques : les ministres d'une religion qui n'est que l'éducation de l'homme pour une autre vie n'ont point à s'immiscer dans les affaires de celle-ci. Mais il a été utile que la voix du chef de l'Eglise, qui n'a point à promulguer des lois dans la société, pût retentir doucement dans les consciences, et y apaiser des craintes ou des inquiétudes que la loi n'a pas toujours le pouvoir de calmer. C'est ce qui explique la clause par laquelle le pape, dans sa convention avec le gouvernement, reconnaît les acquéreurs des biens du clergé comme propriétaires incommutables de ces biens.

» Nous ne croyons pas avoir besoin d'entrer dans de plus longs détails sur ce qui concerne la religion catholique. Je ne dois pourtant pas omettre la disposition par laquelle on déclare que cette religion est celle des trois consuls et de la très-grande majorité de la nation ; mais je dirai en même temps qu'en cela on s'est réduit à énoncer deux faits qui sont incontestables, sans entendre par cette énonciation attribuer au catholicisme aucun des caractères politiques qui seraient inconciliables avec notre nouveau système de législation. Le catholicisme est en France, dans le moment actuel, la religion des membres du gouvernement, et non celle du gouvernement même ; il est la religion de la majorité du peuple français, et non celle de l'Etat. Ce sont là des choses qu'il n'est pas permis de confondre, et qui n'ont jamais été confondues.

Cultes protestants.

» Comme la liberté de conscience est le vœu de toutes

nos lois, le gouvernement, en s'occupant de l'organisation du culte catholique, s'est pareillement occupé de celle du culte protestant. Une portion du peuple français professe ce culte, dont l'exercice public a été autorisé en France jusqu'à la révocation de l'édit de Nantes.

» A l'époque de cette révocation le protestantisme fut proscrit, et on déploya tous les moyens de persécution contre les protestants. D'abord on les chassa du territoire français; mais comme on s'aperçut ensuite que l'émigration était trop considérable et qu'elle affaiblissait l'Etat, on défendit aux protestants de sortir de France sous peine de galères. En les forçant à demeurer au milieu de nous, on les déclara incapables d'occuper aucune place et d'exercer aucun emploi; le mariage même leur fut interdit : ainsi une partie nombreuse de la nation se trouva condamnée à ne plus servir Dieu ni la patrie. Etait-il sage de précipiter par de telles mesures des multitudes d'hommes dans le désespoir de l'athéisme religieux et dans les dangers d'une sorte d'athéisme politique qui menaçait l'Etat? Espérait-on pouvoir compter sur des hommes que l'on rendait impies par nécessité, que l'on asservissait par la violence, et que l'on déclarait tout à la fois étrangers aux avantages de la cité et aux droits mêmes de la nature? N'était-il pas évident que ces hommes, justement aigris, seraient de puissants auxiliaires toutes les fois qu'il faudrait murmurer et se plaindre? Ne les forçait-on pas à se montrer favorables à toutes les doctrines, à toutes les idées, à toutes les nouveautés qui pouvaient les venger du passé et leur donner quelque espérance pour l'avenir? Je m'étonne que nos écrivains, en parlant de la révocation de l'édit de Nantes, n'aient présenté cet événement que dans ses rapports avec le préjudice qu'il porta à notre commerce sans s'occuper des suites morales que le même événement a eues pour la société, et dont les résultats sont incalculables.

» Dans la révolution, l'esprit de liberté a ramené l'esprit de justice; et les protestants, rendus à leur patrie et à leur culte, sont redevenus ce qu'ils avaient été, ce qu'ils n'auraient jamais dû cesser d'être, nos concitoyens et nos frères. La protection de l'Etat leur est garantie à tous égards comme aux catholiques.

» Dans le protestantisme il y a diverses communions. On a suivi les nuances qui les distinguent.

» L'essentiel pour l'ordre public et pour les mœurs n'est pas que tous les hommes aient la même religion, mais que chaque homme soit attaché à la sienne; car lorsqu'on est assuré que les diverses religions dont on autorise l'exercice contiennent des préceptes utiles à la société, il est bon que chacune de ces religions soit observée avec zèle.

» La liberté de conscience n'est pas seulement un droit naturel, elle est encore un bien politique. On a remarqué que là où il existe diverses religions également autorisées, chacun dans son culte se tient davantage sur ses gardes, et craint de faire des actions qui déshonoreraient son église et l'exposeraient au mépris ou aux censures du public. On a remarqué de plus que ceux qui vivent dans des religions rivales ou tolérées sont ordinairement plus jaloux de se rendre utiles à leur patrie que ceux qui vivent dans le calme et les honneurs d'une religion dominante. Enfin, veut-on bien se convaincre de ce que je dis sur les avantages d'avoir plusieurs religions dans un Etat, que l'on jette les yeux sur ce qui se passe dans un pays où il y a déjà une religion dominante et où il s'en établit une autre à côté : presque toujours l'établissement de cette religion nouvelle est le plus sûr moyen de corriger les abus de l'ancienne.

» En s'occupant de l'organisation des divers cultes, le gouvernement n'a point perdu de vue la religion juive ; elle doit participer, comme les autres, à la liberté décrétée par nos lois. Mais les juifs forment bien moins une religion qu'un peuple ; ils existent chez toutes les nations sans se confondre avec elles. Le gouvernement a cru devoir respecter l'éternité de ce peuple, qui est parvenu jusqu'à nous à travers les révolutions et les débris des siècles, et qui, pour tout ce qui concerne son sacerdoce et son culte, regarde comme un de ses plus grands priviléges de n'avoir d'autres règlements que ceux sous lesquels il a toujours vécu, parce qu'il regarde comme un de ses plus grands priviléges de n'avoir que Dieu même pour législateur.

Motifs du projet de loi proposé.

» Après avoir développé les principes qui ont été la base des opérations du gouvernement, je dois m'expliquer sur la forme qui a été donnée à ces opérations.

» Dans chaque religion il existe un sacerdoce ou un ministère chargé de l'enseignement du dogme, de l'exercice du culte et du maintien de la discipline. Les choses religieuses ont une trop grande influence sur l'ordre public pour que l'Etat demeure indifférent sur leur administration.

» D'autre part, la religion en soi, qui a son asile dans la conscience, n'est pas du domaine direct de la loi ; c'est une affaire de croyance et non de volonté : quand une religion est admise, on admet par raison de conséquence les principes et les règles d'après lesquels elle se gouverne.

» Que doit donc faire le magistrat politique en matière religieuse ? Connaître et fixer les conditions et les règles sous lesquelles l'Etat peut autoriser, sans danger pour lui, l'exercice public d'un culte.

» C'est ce qu'a fait le gouvernement français relativement au culte catholique. Il a traité avec le pape, non comme souverain étranger, mais comme chef de l'Eglise universelle, dont les catholiques de France font partie ; il a fixé avec ce chef le régime sous lequel les catholiques continueront à professer leur culte en France. Tel est l'objet de la convention passée entre le gouvernement et Pie VII et des articles organiques de cette convention.

» Les protestants français n'ont point de chef, mais ils ont des ministres et des pasteurs ; ils ont une discipline qui n'est pas la même dans les diverses confessions. On a demandé les instructions convenables, et, d'après ces instructions, les articles organiques des diverses confessions protestantes ont été réglés.

» Toutes ces opérations ne pouvaient être matière à projet de loi ; car s'il appartient aux lois d'admettre ou de rejeter les divers cultes, les divers cultes ont par eux-mêmes une existence qu'ils ne peuvent tenir des lois, et dont l'origine n'est pas réputée prendre sa source dans des volontés humaines.

» En second lieu, la loi est définie par la Constitution *un acte de la volonté générale* ; or ce caractère-là ne saurait convenir à des institutions qui sont nécessairement particulières à ceux qui les adoptent par conviction et par conscience. La liberté des cultes est le bienfait de la loi ; mais la nature, l'enseignement et la discipline de chaque culte sont des faits qui ne s'établissent pas par la loi, et qui ont leur sanctuaire dans le retranchement impénétrable de la liberté du cœur.

» La convention avec le pape et les articles organiques de cette convention participent à la nature des traités diplomatiques, c'est-à-dire à la nature d'un véritable contrat. Ce que nous disons de la convention avec le pape s'applique aux articles organiques des cultes protestants. On ne peut voir en tout cela l'expression de la volonté souveraine et nationale ; on n'y voit au contraire que l'expression et la déclaration particulière de ce que croient et de ce que pratiquent ceux qui appartiennent aux différents cultes.

» Telles sont les considérations majeures qui ont déterminé la forme dans laquelle le gouvernement vous présente, citoyens législateurs, les divers actes relatifs à l'exercice des différents cultes, dont la liberté est solennellement garantie par nos lois ; et ces mêmes considérations déterminent l'espèce de sanction que ces actes comportent.

» C'est à vous, citoyens législateurs, qu'il appartient de consacrer l'important résultat qui va devenir l'objet d'un de vos décrets les plus solennels.

» Les institutions religieuses sont du petit nombre de celles qui ont l'influence la plus sensible et la plus continue sur l'existence morale d'un peuple ; ce serait trahir la confiance nationale que de négliger ces institutions : toute la France réclame à grands cris l'exécution sérieuse des lois concernant la liberté des cultes.

» Par les articles organiques des cultes on apaise tous les troubles, on termine toutes les incertitudes, on console le malheur, on comprime la malveillance, on rallie tous les cœurs, on subjugue les consciences mêmes, en réconciliant pour ainsi dire la révolution avec le ciel.

» La patrie n'est point un être abstrait : dans un État aussi étendu que la France, dans un État où il existe tant de peuples divers sous des climats différents, la patrie ne serait pas plus sensible pour chaque individu que ne peut l'être le monde si on ne nous attachait à elle par des objets capables de la rendre présente à notre esprit, à notre imagination, à nos sens, à nos affections ; la patrie n'est quelque chose de réel qu'autant qu'elle se compose de toutes les institutions qui peuvent nous la rendre chère. Il faut que les citoyens l'aiment ; mais pour cela il faut qu'ils puissent croire en être aimés. Si la patrie protége la propriété, le citoyen lui sera attaché comme à sa propriété même.

» On sera forcé de convenir que, par la nature des choses, les institutions religieuses sont celles qui unissent, qui
rapprochent davantage les hommes; celles qui nous sont
le plus habituellement présentes dans toutes les situations
de la vie ; celles qui parlent le plus au cœur ; celles qui
nous consolent le plus efficacement de toutes les inégalités
de la fortune, et qui seules peuvent nous rendre supporta-
bles les dangers et les injustices inséparables de l'état de
société ; enfin celles qui, en offrant des douceurs aux malheureux et en laissant une issue au repentir du criminel,
méritent le mieux d'être regardées comme les compagnes
secourables de notre faiblesse.

» Quel intérêt n'a donc pas la patrie à protéger la religion, puisque c'est surtout par la religion que tant d'hommes
destinés à porter le poids du jour et de la chaleur peuvent
s'attacher à la patrie !

» Citoyens législateurs, tous les vrais amis de la liberté
vous béniront de vous être élevés aux grandes maximes
que l'expérience des siècles a consacrées, et qui ont constamment assuré le bonheur des nations et la véritable force
des empires. »

LOI

RELATIVE A L'ORGANISATION DU CULTE.

Du 18 germinal an X (8 avril 1802).

———

AU NOM DU PEUPLE FRANÇAIS, BONAPARTE, premier consul, PROCLAME *loi de l'Etat* le Décret suivant, rendu par le Corps législatif le 18 germinal an X, conformément à la proposition faite par le gouvernement le 15 dudit mois, communiquée au Tribunat le même jour.

DÉCRET.

La *convention* passée à Paris, le 26 messidor an IX, entre le pape et le gouvernement français, et dont les ratifications ont été échangées à Paris, le 23 fructidor an IX [10 septembre 1801], *ensemble* les articles organiques de ladite convention....., dont la teneur suit, seront promulgués et exécutés comme des *lois de l'Etat*.

Le mot *ensemble*, qui est dans cet article, indique que le concordat et la loi sont *indivisibles :* l'une est la *condition* de l'autre.

CONVENTION

Entre le gouvernement français et Sa Sainteté PIE VII.

Le gouvernement de la république française reconnaît que la religion catholique, apostolique et romaine est la religion de la *grande majorité* des citoyens français.

Sa Sainteté reconnaît également que cette même religion a retiré et attend encore en ce moment le plus grand bien et le plus grand éclat de l'établissement du culte catholique en France, et de la profession particulière qu'en font les consuls de la république.

En conséquence, d'après cette reconnaissance mutuelle, tant pour le bien de la religion que pour le maintien de la tranquillité intérieure, ils sont convenus de ce qui suit :

ART. 1er. La religion catholique, apostolique et romaine sera librement exercée en France : son culte sera public, en se conformant aux *règlements de police que le gouvernement jugera nécessaires pour la tranquillité publique.*

Ce droit de règlement a toujours fait partie de notre droit public. Il est rappelé dans l'article X des *Libertés.*

2. Il sera fait par le saint-siége, de concert avec le gouvernement, une nouvelle circonscription des diocèses français.

De concert.] L'Église primitive a toujours cru que, pour le bon ordre et l'avantage de la société, il convenait de régler les démarcations territoriales ecclésiastiques sur celles du gouvernement politique. En conséquence, le concile œcuménique de Chalcédoine (canon 17) statua que, pour le spirituel, les paroisses de campagne dépendraient des villes épiscopales dans le ressort desquelles elles étaient placées pour l'administration civile.

Le territoire n'est pas de droit divin ; le cardinal d'Auvergne, abbé de Clugny, l'a très-bien prouvé dans son mémoire contre l'évêque de Mâcon. Le dogme est immuable ; les bornes des diocèses ne le sont pas. Toutes les fois qu'il y a conquête et démembrement dans les états, il y a nécessité de faire de nouvelles démarcations de territoire pour faire cadrer les circonscriptions ecclésiastiques avec les nouvelles frontières politiques. Il peut aussi surgir de très-bonnes raisons administratives pour modifier, dans l'intérieur d'un même Etat, les ressorts primitivement établis.

Dans les premiers siècles, si l'autorité civile n'intervenait pas, il suffisait, pour la formation d'un nouveau diocèse, qu'il y eût concert du métropolitain et des évêques de la Métropole : on n'invoquait pas l'autorité du pape. Quand saint Augustin voulut ériger un siége à Sassale, il n'envoya pas à Rome ; il ne s'adressa qu'au primat de Numidie ; et si le pape en entendit parler, ce ne fut qu'à l'occasion des fautes personnelles de l'évêque Antoine. Mais il ne se plaignit point que l'érection de cet évêché eût été faite sans sa participation. Saint Remi n'eut pas non plus recours au pape pour ériger le siége de Laon ; mais il le fit, dit Hincmar, de l'autorité des conciles, c'est-à-dire du canon ci-dessus indiqué, et qui dispose en ces termes : *Si quæ civitas potestate imperiali novata est, aut protinus innovetur, civiles dispositiones et publicas ecclesiarum quoque parrochialium ordines subsequantur.*

L'autorité civile, si elle jugeait à propos d'intervenir, exerçait alors sans conteste ce droit de délimitation des diocèses et paroisses que, depuis, le; fausses décrétales ont prétendu transporter au pape. Le fait suivant suffira comme exemple entre un grand nombre d'autres qu'on pourrait citer. L'empereur Valens, par des motifs assez peu raisonnables, s'était décidé à diviser la Cappadoce en deux provinces : il voulait surtout mortifier saint Basile, qui était évêque de Césarée et métropolitain de la Cappadoce entière. La ville de Tyane devint alors simultanément la capitale civile et la métropole ecclésiastique de la seconde Cappadoce. Antyme, évêque de Tyane, fut reconnu pour métropolitain par saint Basile même, quoique l'empereur n'eût aucunement consulté la puissance spirituelle, et qu'au fond l'opération fût mauvaise. Saint Basile n'y opposa aucune résistance; seulement il essaya de retenir sous sa juridiction une bourgade appelée Sasymes, où il établit, en qualité d'évêque, saint Grégoire de Nazianze. Mais, sur ce point même, l'autorité impériale l'emporta encore : saint Grégoire quitta ce siége, et Sasymes resta adjugée à la seconde Cappadoce. (*Voy.* TILLEMONT, Mém. sur l'*Hist. ecclés.*, t. IX, p. 176-182 ; BAILLET, *Vie des saints*, 14 juin, etc.)

En 1802, il y avait à faire un grand remaniement des diocèses de l'empire français. Le gouvernement ne voulant pas établir un évêché pour chaque département, des coupures devenaient nécessaires : les deux puissances se sont accordées à dire que la *nouvelle* circonscription se ferait *de concert*.

Voyez ci-après le tableau de cette répartition.

3. Sa Sainteté déclarera aux titulaires des évêchés français qu'elle attend d'eux avec une ferme confiance, pour le bien de la paix et de l'unité, toute espèce de sacrifices, même celui de leurs siéges.

D'après cette exhortation, s'ils se refusaient à ce sacrifice commandé par le bien de l'Église (refus néanmoins auquel Sa Sainteté ne s'attend pas), il sera pourvu par de nouveaux titulaires au gouvernement des évêchés de la circonscription nouvelle, de la manière suivante.

Cet article contient un excès de pouvoir manifeste : ç'a été de la part du pape un attentat au droit des évêques de France, un véritable *coup d'État!* Tout ce que les conjonctures avaient de grave a bien pu servir de texte pour essayer de l'*excuser* ou de l'*expliquer*, mais ne saurait le *légitimer*. Il ne faut donc pas que les ultramontains regardent un fait aussi exorbitant comme un *précédent* dont la cour de Rome puisse jamais s'autoriser pour croire qu'elle est en droit de priver et déposséder à son bon plaisir les évêques français de leurs siéges, ou pour attenter d'une manière quelconque à leurs droits.

4. Le premier consul de la république *nommera*, dans les trois mois qui suivront la publication de la bulle de Sa Sainteté, aux archevêchés et évêchés de la circonscription nouvelle. Sa Sainteté *conférera* l'institution canonique, sui-

vant les formes établies par rapport à la France avant le changement de gouvernement.

Voyez la note sur l'art. 68 des *Libertés.*

5. Les nominations aux évêchés qui vaqueront dans la suite seront également faites par le premier consul, et l'institution canonique sera donnée par le saint-siége, en conformité de l'article précédent.

Sinon, elle serait donnée par le métropolitain, conformément aux *anciens usages.*

6. Les évêques, *avant* d'entrer en fonctions, prêteront directement, entre les mains du premier consul, le serment de fidélité qui était en usage avant le changement de gouvernement, exprimé dans les termes suivants :

« Je jure et promets à Dieu, sur les saints Évangiles, de
» garder obéissance et fidélité au gouvernement établi par
» la constitution de la république française. Je promets
» aussi de n'avoir aucune intelligence, de n'assister à au-
» cun conseil, de n'entretenir aucune *ligue*, soit au dedans,
» soit au dehors, qui soit contraire à la tranquillité publi-
» que ; et si, dans mon diocèse ou ailleurs, j'apprends qu'il
» se trame quelque chose au préjudice de l'État, je le ferai
» savoir au gouvernement. »

Les évêques doivent le serment de fidélité au roi dont ils sont *les sujets;* ils n'en doivent point au pape dont ils ne sont pas *les vassaux.*

7. Les ecclésiastiques du second ordre prêteront le même serment entre les mains des autorités civiles désignées par le gouvernement.

8. La formule de prière suivante sera récitée à la fin de l'office divin, dans toutes les églises catholiques de France :

Domine, salvum fac rempublicam;

Domine, salvos fac consules.

Voyez ci-après, p. 244, note sur l'art. 51 des articles organiques.

9. Les évêques feront une nouvelle circonscription des

paroisses de leurs diocèses, qui n'aura d'effet que d'après le consentement du gouvernement.

Voyez la note sur l'art. 2 du concordat.

10. Les évêques nommeront aux cures.

Leur choix ne pourra tomber que sur des personnes agréées par le gouvernement.

Voyez loi organique, art. 19.

11. Les évêques pourront avoir un chapitre dans leur cathédrale, et un séminaire pour leur diocèse, *sans que le gouvernement s'oblige à les doter.*

12. Toutes les églises métropolitaines, cathédrales, paroissiales, et autres non aliénées, nécessaires au culte, seront remises à la disposition des évêques.

13. Sa Sainteté, pour le bien de la paix et l'heureux rétablissement de la religion catholique, déclare que ni elle ni ses successeurs ne troubleront *en aucune manière* les acquéreurs des biens ecclésiastiques aliénés, et, qu'en conséquence, la propriété de ces mêmes biens, les droits et revenus y attachés, demeureront incommutables entre leurs mains ou celles de leurs ayants cause.

Cette espèce de ratification par le pape des ventes des biens du clergé n'était nullement nécessaire pour leur validité : mais elle a été utile comme effet moral.

14. Le gouvernement assurera un traitement convenable aux évêques et aux curés dont les diocèses et les paroisses seront compris dans la circonscription nouvelle.

Traitement.] La charte, art. 6, rappelle aussi que les ecclésiastiques reçoivent un traitement du trésor public. Il est réglé chaque année par le budget, susceptible d'augmenter ou de diminuer selon les facultés ou les besoins de l'Etat, et ce qu'il paraît convenable aux chambres d'accorder.

15. Le gouvernement prendra également des mesures pour que les catholiques français puissent, s'ils le veulent, faire en faveur des églises des fondations.

Voyez Code civil, art. 910. Loi du 2 janvier 1817, art. 1er.

16. Sa Sainteté reconnaît, dans le premier consul de la république française, les mêmes droits et prérogatives dont jouissait près d'elle l'ancien gouvernement.

Prérogatives.] Plusieurs de ces droits et prérogatives sont consacrés par divers articles des *Libertés*, ou des *précédents* introduits par l'*usage*.

17. Il est convenu entre les parties contractantes que, dans le cas où quelqu'un des successeurs du premier consul actuel ne serait pas catholique, les droits et prérogatives mentionnés dans l'article ci-dessus, et la nomination aux évêchés, seront réglés, par rapport à lui, par une nouvelle convention.

Nouvelle convention.] Mais le concordat actuel ne cesserait pas de plein droit, sinon resterait toujours l'*ancien droit commun préexistant*.

Les ratifications seront échangées à Paris dans l'espace de quarante jours.

Fait à Paris, le 26 messidor an IX.

(*Suivent les signatures.*)

ARTICLES ORGANIQUES

DE LA CONVENTION DU 26 MESSIDOR AN IX.

TITRE Ier.

Du régime de l'Eglise catholique dans ses rapports généraux avec les droits et la police de l'Etat.

ART. Ier. Aucune bulle, bref, rescrit, décret, mandat, provision, signature servant de provision, ni autres expéditions de la cour de Rome, même ne concernant que les particuliers, ne pourront être reçus, publiés, imprimés, ni autrement mis à exécution, sans l'autorisation du gouvernement.

Cet article consacre une des maximes les plus importantes et les plus certaines de notre ancien droit public ecclésiastique. *Voyez* les art. 44 et 79 des *Libertés.*

Par exception à cette règle, le décret du 28 février 1810, dans son article Ier, porte que les brefs pénitenciaires, pour le for intérieur seulement, pourront être exécutés sans autorisation.

2. Aucun individu se disant nonce, légat, vicaire ou commissaire apostolique, ou se prévalant de toute autre dénomination, ne pourra, sans la même autorisation, exercer sur le sol français ni ailleurs aucune fonction relative aux affaires de l'Église gallicane.

Voyez les art. 45, 58, 59 et 60 des *Libertés.*

3. Les décrets des synodes étrangers, même ceux des conciles généraux, ne pourront être publiés en France avant que le gouvernement en ait examiné la forme, leur conformité avec les lois, droits et franchises de la république française, et tout ce qui, dans leur publication, peut altérer ou intéresser la tranquillité publique.

C'est le droit ancien de la France, droit certain, incontestable, attesté par la pratique la plus constante et les actes les plus authentiques de notre droit public, notamment par la résistance si énergiquement apportée à la réception du concile de Trente. *Voyez* ci-devant, p. 15, les notes sur l'art. 10 des *Libertés*; p. 61, les notes sur l'art. 41; p. 67, l'art. 44, et p. 105, l'art. 77. *Voyez* aussi l'Histoire de la réception du concile de Trente, en 2 vol. in-12, 1756, par Et. Mignot, docteur de Sorbonne, avec les pièces justificatives servant à prouver que les décrets et règlements ecclésiastiques ne peuvent et ne doivent être exécutés sans l'autorité des souverains.

4. Aucun concile national ou métropolitain, aucun synode diocésain, aucune assemblée délibérante n'aura lieu sans la permission expresse du gouvernement.

Voyez art. 10 des *Libertés*.

5. Toutes les fonctions ecclésiastiques seront gratuites, sauf les oblations qui seraient autorisées et fixées par les règlements.

Voyez art. 68 et 69 ci-après, et le décret du 30 décembre 1809, art. 36, §§ 9 et 10.

6. Il y aura recours au conseil d'État dans tous les cas d'abus de la part des supérieurs et autres personnes ecclésiastiques.

Voyez art. 79, 80 et 81 des *Libertés*. Les ministres du second ordre peuvent appeler comme d'abus contre certains actes de leurs supérieurs; mais ils ne l'osent guère dans l'état de dépendance absolue où l'art. 35 place le plus grand nombre d'entre eux vis-à-vis des évêques.

Les cas d'abus sont : l'usurpation ou l'excès de pouvoir, la contravention aux lois et règlements de la république, l'infraction des règles consacrées par les canons reçus en France, l'attentat aux libertés, franchises et coutumes de l'Église gallicane, et toute entreprise ou tout procédé qui, dans l'exercice du culte, peut compromettre l'honneur des citoyens, troubler arbitrairement leur conscience, dégénérer contre eux en oppression ou en injure, ou en scandale public.

Voyez le Traité de l'Abus, par Fevret.

7. Il y aura pareillement recours au conseil d'État, s'il est porté atteinte à l'exercice public du culte, et à la liberté que les lois et les règlements garantissent à ses ministres.

8. Le recours compétera à toute personne intéressée. A défaut de plainte particulière, il sera exercé d'office par les préfets.

Le fonctionnaire public, l'ecclésiastique ou la personne qui voudra exercer ce recours, adressera un mémoire détaillé et signé, au conseiller-d'État chargé de toutes les affaires concernant les cultes, lequel sera tenu de prendre dans le plus court délai tous les renseignements convenables, et, sur son rapport, l'affaire sera suivie et définitivement terminée dans la forme administrative, ou renvoyée, selon l'exigence des cas, aux autorités compétentes.

L'appel comme d'abus est un procès fait, non à la personne, mais à *l'acte*; c'est. comme je l'ai dit ailleurs, une véritable *cassation dans l'intérêt de la loi;* voilà pourquoi on n'appelle pas la partie, pas plus que devant la cour de cassation on n'appelle le tribunal ou la cour qui a rendu le jugement ou l'arrêt dont la cassation se poursuit *dans l'intérêt de la loi.* Ces appels, qui ont pour objet de maintenir la pureté des règles et d'en signaler les violations, sont dévolus au conseil d'Etat comme centre administratif, organe du gouvernement.
Mais le droit de statuer cesse d'appartenir au pouvoir administratif quand le fait dénoncé a le caractère de crime ou de délit; car alors il s'agit de prononcer un jugement, une condamnation, une peine : dans ce cas, la forme administrative *doit cesser,* parce qu'elle deviendrait insuffisante, et l'on doit renvoyer la poursuite devant les tribunaux. Mais si, dans ces circonstances, le conseil d'Etat doit *se dessaisir,* s'ensuit-il qu'il faille toujours y avoir recours pour en obtenir une *autorisation préalable,* comme celle que l'art. 75 de la constitution de l'an VIII exige pour la garantie des fonctionnaires publics? *Voyez* ci-devant pages 111-114.

TITRE II.

Des Ministres.

SECTION PREMIÈRE.

Dispositions générales.

9. Le culte catholique sera exercé sous la direction des archevêques et évêques dans leurs diocèses, et sous celle des curés dans leurs paroisses.

10. Tout privilége portant exemption ou attribution de juridiction épiscopale est aboli.

Adde loi du 7 septembre 1790, tit. XIV, art. 15, qui a supprimé les officialités.

11. Les archevêques et évêques pourront, avec l'autorisation du gouvernement, établir dans leurs diocèses des chapitres cathédraux et des séminaires. Tous autres établissements ecclésiastiques sont supprimés.

Séminaires.] *Voyez* ci-après la loi du 23 ventôse an XII, et le rapport de M. Portalis sur les séminaires métropolitains.

Supprimés.] La loi fait ici table rase pour tout le passé. A l'avenir aucun établissement ne pourra apparaître sans avoir été régulièrement constitué. Cela est vrai, surtout des *congrégations*.

« C'est par l'autorité ecclésiastique qu'un ordre religieux existe dans l'Eglise, c'est par la puissance temporelle qu'il existe dans l'Etat.

» Le vœu (intérieurement) est une libre promesse faite à Dieu ; la loi peut n'en pas sanctionner les effets. Autre chose est le vœu, autre est la monasticité ; ce n'est qu'un moyen, un genre de vie que l'on croit devoir choisir........ »

« Au lieu de protéger les pasteurs ordinaires, qui sont de la hiérarchie de l'Eglise, on a élevé sur leur tête un clergé régulier qui les a opprimés ; et pour employer des troupes mercenaires et auxiliaires, on a négligé les troupes nationales. » Ces réflexions sont empruntées au rapport de M. Portalis du 5 complémentaire an XI. Nos lois actuelles pourvoient à ce qu'un pareil abus ne renaisse pas.

12. Il sera libre aux archevêques et évêques d'ajouter à leur nom celui de *Monsieur*. Toutes autres qualifications sont interdites.

Sont interdites.] Dans l'usage les anciennes qualifications ont prévalu.

SECTION DEUXIÈME.

Des archevêques ou métropolitains.

13. Les archevêques consacreront et installeront leurs suffragants. En cas d'empêchement ou de refus de leur part, ils seront suppléés par le plus ancien évêque de l'arrondissement métropolitain.

14. Ils veilleront au maintien de la foi et de la discipline dans les diocèses dépendants de leur métropole.

15. Ils connaîtront des réclamations et des plaintes por-

tées contre la conduite et les décisions des évêques suffragants.

Ainsi ce n'est point devant le conseil d'État par la voie de l'appel comme d'abus qu'un prêtre doit attaquer l'interdit de ses fonctions; c'est devant le métropolitain qu'il doit se pourvoir. (Ordonn. du 31 juillet 1829.) Il faut consulter à cet égard les anciens usages et les règles générales sur la discipline de l'Eglise.

SECTION TROISIÈME.

Des évêques, des vicaires-généraux et des séminaires.

16. On ne pourra être nommé évêque avant l'âge de trente ans, et si on n'est originaire Français.

Trente ans.] C'est l'ancienne discipline française.
Français.] *Voyez* l'art. 39 des *Libertés.*

17. Avant l'expédition de l'arrêté de nomination, celui ou ceux qui seront proposés seront tenus de rapporter une attestation de bonne vie et mœurs, expédiée par l'évêque dans le diocèse duquel ils auront exercé les fonctions du ministère ecclésiastique; et ils seront examinés sur leur doctrine par un évêque et deux prêtres, qui seront commis par le premier consul, lesquels adresseront le résultat de leur examen au conseiller d'État chargé de toutes les affaires concernant les cultes.

Par un laisser-aller qui suppose une faiblesse ou une imprévoyance également inexcusables, au lieu de confier cette mission, comme le veut l'art. 17, à des ecclésiastiques français *délégués par le roi*, qui examineraient le candidat au point de vue de nos *maximes gallicanes;* il paraît que depuis quelque temps le gouvernement s'en rapporte au *nonce apostolique*, qui les examine surtout au point de vue *ultramontain!....* Cela contribuerait à expliquer une des plus étranges assertions de M. de Montalembert, lorsqu'il parlait de l'antipathie des évêques les plus récemment nommés contre la déclaration de 1682!....

18. Le prêtre nommé par le premier consul fera les diligences pour rapporter l'institution du pape.

Il ne pourra exercer aucune fonction avant que la bulle portant son institution ait reçu l'attache du gouvernement, et qu'il ait prêté en personne *le serment prescrit par la con-*

vention passée entre le gouvernement français et le saint-siége.

Ce serment sera prêté au premier consul; il en sera dressé procès-verbal par le secrétaire d'État.

19. Les évêques nommeront et institueront les curés. Néanmoins ils ne manifesteront leur nomination, et ils ne donneront l'institution canonique, qu'après que cette nomination aura été agréée par le premier consul.

« Cette précaution tend à écarter les hommes qui seraient suspects à l'Etat. » (Portalis.)

20. Ils seront tenus de résider dans leurs diocèses; ils ne pourront en sortir qu'avec la permission du premier consul.

Voyez l'art. 13 des *Libertés.* Il est formel sur ce point. Les ultramontains le savent bien; ils soutiennent seulement que le Pape peut dispenser de l'obligation de la résidence ceux qu'il lui plaît d'appeler auprès de lui ou d'envoyer ailleurs. Mais, l'article 13 des *Libertés* va au-devant de cette objection. *Voyez* ci-dessus page 21, et pour les autorités plus amples *voyez* le recueil des *Preuves* de Dupuy, 2ᵉ partie, page 63 et suivantes.

C'est dans le même esprit que Philippe-le-Long a rendu, en 1319, une ordonnance portant que « dorénavant il n'y aura nul prélat au parlement, parce que le roi *fait conscience* de les empêcher de vaquer au gouvernement de leur spiritualité. » — *Adde* ordonnance d'Orléans, art. 5. « .... Ils seront privés des fruits qui échéeront pendant leur absence, » dit l'ordonnance de Blois, art. 14.

21. Chaque évêque pourra nommer deux vicaires-généraux, et chaque archevêque pourra en nommer trois : ils les choisiront parmi les prêtres ayant les qualités requises pour être évêques.

Ainsi tout grand-vicaire bien choisi est apte à être promu à l'épiscopat.

22. Ils visiteront annuellement et en personne une partie de leur diocèse, et, dans l'espace de cinq ans, le diocèse entier.

En cas d'empêchement légitime, la visite sera faite par un vicaire-général.

23. Les évêques seront chargés de l'organisation de leurs séminaires, et les règlements de cette organisation seront soumis à l'approbation du premier consul.

Voyez ci-après la section des séminaires et le rapport de M. Portalis, ainsi que l'édit de 1749, art. I⁼ʳ.

24. Ceux qui seront choisis pour l'enseignement dans les séminaires, souscriront la déclaration faite par le clergé de France en 1682, et publiée par un édit de la même année : ils se soumettront à y enseigner la doctrine qui y est contenue, et les évêques adresseront une expédition en forme de cette soumission au conseiller d'État chargé de toutes les affaires concernant les cultes.

Voyez l'art. 4 de l'édit du 23 mars 1682, ci-dessus, page 139. *Voyez* aussi page 149.

25. Les évêques enverront, toutes les années, à ce conseiller d'État, le nom des personnes qui étudieront dans les séminaires et qui se destineront à l'état ecclésiastique.

Voyez ci-après, page 334, l'ordonnance du 16 juin 1828.

26. Ils ne pourront ordonner aucun ecclésiastique, s'il ne justifie d'une propriété produisant au moins un revenu annuel de trois cents francs, s'il n'a atteint l'âge de vingt-cinq ans, et s'il ne réunit les qualités requises par les canons reçus en France.

Cet article a été modifié par les articles 2, 3 et 4 du décret du 28 février 1810.

Les évêques ne feront aucune ordination avant que le nombre des personnes à ordonner ait été soumis au gouvernement et par lui agréé.

Cette disposition a pour but d'empêcher la trop grande multiplication des clercs au delà des besoins de l'Église, et au détriment de la société.

SECTION QUATRIÈME.

Des curés.

27. Les curés ne pourront entrer en fonctions qu'après avoir prêté, entre les mains du préfet, le serment prescrit par la convention passée entre le gouvernement et le saint-siége. Il sera dressé procès-verbal de cette prestation par le secrétaire-général de la préfecture, et copie collationnée leur en sera délivrée.

Il faut bien que les curés soient liés comme leur évêque, puisqu'ils exercent le même ministère, quoiqu'avec moins d'étendue, sous sa direction.

28. Ils seront mis en possession par le curé ou le prêtre que l'évêque désignera.

29. Ils seront tenus de résider dans leur paroisse.

A peine de privation de leur traitement (loi de finances du 23 avril 1823, art. 8). *Voyez* la note sur l'art. 20, *in fine*.

30. Les curés seront immédiatement soumis aux évêques dans l'exercice de leurs fonctions.

Devoirs des curés.] L'évêque est le chef du diocèse. — Son autorité est réglée par les canons. « La soumission des curés doit donc être une obéissance raisonnable ; elle ne doit pas être plus arbitraire que l'autorité de l'évêque ne l'est. » — L'abus d'autorité n'est pas plus permis de l'évêque au curé qu'il ne l'est du pape aux évêques ; la raison est la même.

31. Les vicaires et desservants exercent leur ministère sous la surveillance et la direction des curés.

Ils seront approuvés par l'évêque et révocables par lui.

Desservants.] — Il est incontestable que les prêtres qui ne sont pas curés sont amovibles et révocables *ad nutum*. Edit de 1695, art. 11. — Mais il y a trop peu de curés inamovibles, et trop de desservants dans la classe des amovibles.

Voyez ci-après état du clergé, page 255.

32. Aucun étranger ne pourra être employé dans les fonctions du ministère ecclésiastique sans la permission du gouvernement.

33. Toute fonction est interdite à tout ecclésiastique, même Français, qui n'appartient à aucun diocèse.

Les prêtres nomades sont suspects à l'Eglise et à l'Etat. — « Il y a des fonctions pour lesquelles il suffit de justifier qu'on a reçu la prêtrise. Cette fonction est celle de célébrer la messe. On ne peut en priver un prêtre et l'interdire *a divinis* sans un jugement régulier. Mais dans tout ce qui concerne la prédication et l'administration des sacrements aux fidèles, un prêtre a besoin d'une autorisation particulière, parce qu'il a besoin dans l'exercice de cette partie de ses fonctions d'avoir *un territoire* et *des sujets.* » (Portalis, rapport du 5 complém., an XI.)

34. Un prêtre ne pourra quitter son diocèse pour aller desservir dans un autre sans la permission de son évêque.

Cette permission se nomme *exeat.*

SECTION CINQUIÈME.
Des chapitres cathédraux, et du gouvernement des diocèses pendant la vacance du siége.

35. Les archevêques et évêques qui voudront user de la faculté qui leur est donnée d'établir des chapitres, ne pourront le faire sans avoir rapporté l'autorisation du gouvernement, tant pour l'établissement lui-même que pour le nombre et le choix des ecclésiastiques destinés à les former.

36. Pendant la vacance des siéges, il sera pourvu par le métropolitain, et, à son défaut, par le plus ancien des évêques suffragants, au gouvernement des diocèses.

Usage particulier.] Pendant la vacance du siége de Lyon, c'était toujours l'évêque d'Autun qui gouvernait ce vaste diocèse, mais cette anomalie a dû disparaître devant la règle uniforme que la législation a établie. Sous la restauration, chose étrange ! on a vu Lyon gouverné par un *vicaire apostolique!*

Les vicaires-généraux de ces diocèses continueront leurs fonctions, même après la mort de l'évêque, jusqu'à son remplacement.

Cette disposition a été rapportée par les art. 5 et 6 du décret du 28 février 1810.

37. Les métropolitains, les chapitres cathédraux, seront tenus, sans délai, de donner avis au gouvernement de la vacance des siéges, et des mesures qui auront été prises pour le gouvernement des diocèses vacants.

38. Les vicaires-généraux qui gouverneront pendant la vacance, ainsi que les métropolitains ou capitulaires, ne se permettront aucune innovation dans les usages et coutumes des diocèses.

TITRE III.

Du culte.

39. Il n'y aura qu'une liturgie et un catéchisme pour toutes les églises catholiques de France.

Cette disposition, qui semble fondée sur l'*unité de la foi catholique*, avait été demandée en 1789 par le clergé de France.

« Les plaintes multipliées et les inconvénients réels qui résultent de » la diversité des fêtes, des bréviaires, rituels et catéchismes, faisant » désirer vivement que tous ces objets soient ramenés à l'uniformité » dans tout le royaume, les états-généraux prendront cet objet en consi- » dération (résumé des cahiers de l'ordre du clergé). »

Le catéchisme annoncé par l'art. 39 (qui n'était autre que celui de Bossuet) a paru en 1806, avec cette épigraphe, tirée de l'épît. de saint Paul aux Éphésiens, c. IV, v. 5 : *Unus Dominus, una fides, unum baptisma.* Malheureusement on y lisait qu'il fallait aimer Napoléon et ses successeurs, à peine de *damnation* éternelle! le reste était excellent. Depuis, chacun a refait son catéchisme et en a fait une affaire de librairie, et l'uniformité a disparu. Celui de 1806 porte en tête l'*approbation* et *recommandation* du cardinal-légat Caprara. Il a été précédé d'un rapport de M. Portalis inséré au *Moniteur.*

40. Aucun curé ne pourra ordonner des prières publiques extraordinaires dans sa paroisse, sans la permission spéciale de l'évêque.

Les curés ont toujours été tenus de se conformer, quant à la liturgie, aux règles prescrites par l'évêque dans le rituel diocésain, et n'ont jamais eu le droit d'y rien ajouter. Les prières publiques extraordinaires doivent toujours être ordonnées par des mandements épiscopaux.

41. Aucune fête, à l'exception du dimanche, ne pourra être établie sans la permission du gouvernement.

Il ne s'agit point ici des cérémonies ou solennités concentrées dans l'intérieur des églises, et qui doivent être réglées par les évêques seuls, sans que le gouvernement y participe; mais des fêtes chômées, c'est-à-dire de celles qui entraînent à l'extérieur la cessation des travaux publics

et particuliers, cessation que la police civile a seule le droit de prescrire. Cinquante-deux dimanches retranchant déjà près d'un sixième des produits annuels de l'industrie nationale, le gouvernement a intérêt à ne pas permettre qu'on excède cette mesure. — Beaucoup de fêtes ont été supprimées dans le cours du XVIIIe siècle, et le pape Benoît XIV s'est prêté à cette réduction. Voici ce que disaient à ce sujet les Jésuites eux-mêmes dans leur *Journal de Trévoux*, mai 1754 : « Plusieurs évêques » d'Italie ont considéré que les dimanches et quatre ou cinq grandes so- » lennités suffisaient au peuple, et qu'il ne fallait pas lui laisser, dans » une multitude d'autres fêtes, le prétexte ou l'occasion de perdre son » temps, son argent, son innocence, et le fruit de l'instruction de ses pas- » teurs. En conséquence, des retranchements ont été faits, et après quel- » ques petites contradictions, qui étaient le cri de la coutume plutôt que » de la piété, tout le monde a été content. » Il n'y a presque point de fêtes qu'on ne puisse et qu'on ne doive placer au dimanche. Car les motifs de les fixer à d'autres jours ne consistent qu'en des dates ordinairement fausses ou incertaines, ou de prétendus anniversaires que les variations des calendriers ont extrêmement dérangés.

Les fêtes conservées sont, outre les dimanches : les fêtes de Noël, l'Ascension, l'Assomption et la Toussaint. (Arrêté du 29 germinal an X.)

Il n'appartient pas à l'autorité ecclésiastique d'en établir d'autres sans le concours de la puissance temporelle. (Edit de 1695, art. 28.)

La loi du 18 novembre 1814, sur l'interdiction des travaux les jours de fêtes et dimanches, a cessé depuis 1830 d'être exécutoire quant aux *pénalités* qu'elle prononce.

42. Les ecclésiastiques useront, dans les cérémonies religieuses, des habits et ornements convenables à leur titre : ils ne pourront dans aucun cas, ni sous aucun prétexte, prendre la couleur et les marques distinctives réservées aux évêques.

43. Tous les ecclésiastiques seront habillés à la française et en noir.

Les évêques pourront joindre à ce costume la croix pastorale et les bas violets.

« Le premier consul a pensé que les costumes ont toujours l'avantage d'avertir ceux qui les portent de se respecter eux-mêmes s'ils veulent se faire respecter par les autres. » Lettre ministér., 30 messidor an X.

La loi de germinal an X n'a rétabli que les costumes des évêques et des curés. Il faut y joindre celui des cardinaux. — Mais, aux termes de l'art. 9 de la loi du 18 août 1792, « les costumes... religieux des con- » grégations séculières sont abolis. » — Il n'y a que les congrégations *lé- galement autorisées* depuis qui puissent porter le costume de leur nouvel institut. — « Les Jésuites n'ont point d'habit particulier. » P. Richelet, Dict., v° *Jésuite*, édit. de 1759. Ce n'est point à leur costume qu'on peut les reconnaître : *fructibus eorum cognoscetis eos.*

44. Les chapelles domestiques, les oratoires particuliers,

ne pourront être établis sans une permission expresse du gouvernement, accordée sur la demande de l'évêque.

Il est fait mention dès le VIe siècle de chapelles et oratoires domestiques. Un concile d'Agen, dès cette époque, défend aux clercs d'y célébrer l'office divin sans la permission de l'évêque. Plusieurs autres conciles défendent d'y baptiser et d'y administrer les autres sacrements. Il a toujours été reconnu en France que ces chapelles ne pouvaient être établies ni desservies que du consentement de l'évêque; et cette règle n'a été contestée que par ceux qui soutiennent les *exemptions* de la juridiction épiscopale, exemptions toujours réprouvées par l'Eglise gallicane. (*Voyez* ci-devant art. 10.) L'art. 44 réserve aux évêques le droit de permettre ces oratoires et chapelles, puisque ce n'est que sur leur demande que le gouvernement en autorise l'établissement. Ici l'intérêt du gouvernement est d'empêcher qu'il ne se forme à son insu des rassemblements ou des conciliabules qui, en temps de troubles, peuvent devenir dangereux.

45. Aucune cérémonie religieuse n'aura lieu hors des édifices consacrés au culte catholique, dans les villes où il y a des temples destinés à différents cultes.

Les processions s'étaient fort multipliées dans le paganisme, et c'était l'un des reproches que les premiers apologistes de la religion chrétienne adressaient aux idolâtres; celle-ci était alors trop pure pour admettre de pareilles cérémonies : elle concentrait toute sa liturgie dans l'intérieur des temples. Dans la suite, elle admit peu à peu quelques processions publiques. Celles des Rogations, imitées des *ambarvalia* des Romains, sont les plus anciennes dans le culte chrétien; les autres ne sont venues que plus tard et principalement au temps des croisades, qui étaient des processions elles-mêmes. Celles du Saint-Sacrement ne datent que du XIIIe siècle. Il s'en établit de si indécentes et de si ridicules dans le cours du moyen âge, qu'on les a supprimées depuis. L'abolition de toutes les autres ne contrarierait point assurément la doctrine de l'Eglise, si l'on entend par là l'Evangile, les traditions et les usages des premiers siècles. — Ces cérémonies *extérieures*, dans les communes où se pratiquent différents cultes, ont souvent compromis la paix publique et blessé la liberté des consciences. — L'art. 45 a pour but de prévenir ces conflits. — Du reste, sa disposition ne s'applique qu'aux communes où il y a une Eglise consistoriale reconnue par le gouvernement. (Lettre ministérielle du 30 germinal an XI.)

46. Le même temple ne pourra être consacré qu'à un même culte.

47. Il y aura, dans les cathédrales et paroisses, une place distinguée pour les individus catholiques qui remplissent les autorités civiles et militaires.

Cette expression est celle de la loi; elle est incorrecte, on ne remplit pas une autorité. Il aurait fallu dire, *qui remplissent les fonctions...* ou bien : *qui exercent l'autorité...*

48. L'évêque se concertera avec le préfet pour régler la manière d'appeler les fidèles au service divin par le son des cloches. On ne pourra les sonner pour toute autre cause sans la permission de la police locale.

Il devrait surtout, dans un siècle aussi éclairé que le nôtre, être défendu, de la manière la plus expresse, de sonner pendant l'orage. Rien n'est plus propre à attirer la foudre sur les églises. Malheureusement le préjugé que le *son* des cloches écarte le tonnerre a été accrédité par l'Eglise elle-même, qui leur attribue cette vertu dans les prières qui se disent pour la bénédiction de ces instruments. Un arrêt du parlement du 29 juillet 1784 avait défendu de sonner ainsi pendant les orages.

49. Lorsque le gouvernement ordonnera des prières publiques, les évêques se concerteront avec le préfet et le commandant militaire du lieu, pour le jour, l'heure et le mode d'exécution de ces ordonnances.

Cet article est rédigé d'une manière inexacte. Le gouvernement ne doit pas *ordonner* des prières publiques ; l'usage en France était que le roi écrivît aux évêques pour leur dire qu'à telle occasion son intention était qu'ils ordonnassent de telles prières. C'est en effet aux évêques et à eux seuls, qu'il appartient de les prescrire ; ce droit est, avec raison, revendiqué pour eux dans les mémoires du clergé, part. 1re, tit. 2, c. 5, nos 6, 7, 8, et c. 4, nos 28, etc..... Il était défendu aux autorités laïques d'indiquer le temps, le lieu et la forme de ces prières. L'article doit donc être entendu en ce sens que les évêques ne doivent point ordonner ces cérémonies extraordinaires de leur propre mouvement, mais seulement lorsqu'ils y sont provoqués par la puissance civile. En effet, ces prières étant toujours relatives à quelque événement ou circonstance politique, ou bien à des besoins ou à des inconvénients purement temporels, les évêques exerceraient, en les prescrivant à leur gré, une influence quelquefois dangereuse ; voilà pourquoi je me suis élevé (séance du 18 mai 1842) contre des prières publiques faites dans les églises de France à *l'occasion des affaires d'Espagne*, prières ordonnées par une bulle du pape non reçue ni régulièrement publiée en France.

50. Les prédications solennelles appelées *sermons*, et celles connues sous le nom de stations de l'avent et du carême, ne seront faites que par des prêtres qui en auront obtenu une autorisation spéciale de l'évêque.

« Le droit de donner la mission aux prédicateurs appartient aux évêques, parce que la mission des prédicateurs est un acte de juridiction spirituelle. Mais, comme protecteur, le souverain peut veiller à ce que les évêques donnent des prédicateurs et à ce qu'ils les choisissent bien. Il peut imposer silence aux prédicateurs qui abusent de leurs fonctions. Il peut suppléer à la négligence et à l'impuissance des ministres ecclésiastiques pour empêcher le relâchement de la discipline. De là vient que par un édit Charlemagne *enjoignit aux évêques de son royaume de prêcher dans leurs cathédrales, dans un certain temps qu'il leur limite, à peine d'être privés de l'honneur de l'épiscopat.* De là vient encore que le même prince, dans ses capitulaires, prescrivit aux prédicateurs les matières sur lesquelles ils devraient parler, afin qu'on ne les vît pas *s'égarer en discours superflus.* De là vient enfin que, dans plusieurs ordonnances des anciens rois de France, l'on défend la chaire à tous les prédicateurs condamnés ou même soupçonnés d'hérésie.—Comme magistrat politique, le souverain peut interdire les *prédicateurs séditieux;* car, quoiqu'il soit de nécessité, pour le salut des peuples en général, que la parole de Dieu soit annoncée, il n'est pas de même nécessité qu'elle le soit par tel ou par tel autre; au lieu qu'il est nécessaire, pour le bien de l'Etat, qu'elle ne le soit pas par un séditieux. » — « Il est également vrai que le souverain est arbitre des temps et des lieux dans lesquels on doit prêcher toutes les fois qu'il existe des circonstances qui, pour le bien de l'Etat, exigent qu'on fasse un choix réfléchi des temps et des lieux. C'est de ce principe que découlent tant d'ordonnances par lesquelles les anciens rois interdisaient la chaire aux prédicateurs turbulents et inquiets, leur défendant de se servir de paroles scandaleuses ou *tendantes à émotions.* C'est encore en vertu du même principe que Charlemagne, dans ses capitulaires, ordonne aux prédicateurs de s'accommoder, dans leurs prédications, à des choses qui ne soient point onéreuses aux peuples. » (Rapport de Portalis du 5 complém. an XI.)

51. Les curés, aux prônes des messes paroissiales, prieront et feront prier pour la prospérité de la république française et pour les consuls.

— Ensuite *pour l'empereur.*

— Aujourd'hui *pour le roi.*

— *Domine salvum fac regem,* en ajoutant le nom du *roi régnant.* (Circulaire ministérielle du 23 février 1831.)

52. Ils ne se permettront dans leurs instructions aucune inculpation directe ou indirecte, soit contre les personnes, soit contre les autres cultes autorisés par l'État.

Sinon il y aurait abus, et en certains cas délit punissable. — En 1524 4 mars, le parlement de Paris : « ordonne que M. Jean de Selves, pre» mier président, envoyera ce jourd'hui quérir les prescheurs qui pres» chent en cette ville, pour leur dire qu'ils ayent à prescher sagement et » discrètement, et à provoquer le peuple à dévotion et amitié les uns » envers les autres........ sans charger ne mal dire de ceux qui ont eu et » ont l'administration du royaume, etc... » — En 1561, ordonnance de Charles IX : « Avons défendu et défendons, sous peine de la hart, à tous » prescheurs de n'user, dans leurs sermons ou ailleurs, de paroles scan» daleuses ou tendant à exciter le peuple à émotion : ains leur avons » enjoint et enjoignons se contenir et conduire modestement, ne rien dire » qui ne soit à l'instruction et édification du peuple et à le maintenir en » tranquillité et repos. » — En 1563, le même roi ordonne au parlement

de Paris « de mander et faire venir tous les prédicateurs qui sont char-
» gés (accusés) d'avoir procédé en leurs sermons par *convices, injures* et
» paroles séditieuses. » — En 1595, le parlement de Paris mande et em-
prisonne un nommé Surgères pour avoir presché séditieusement da·1s
l'église de Saint-Méderic : « Etant entré en des discours *fort éloignés de*
» *son théme*, soit par injures contre la royne d'Angleterre sur le sujet de
» la religion prétendue réformée, soit par admonitions de s'abstenir d'a·-
» ler à la presche des ministres....... pour lesquels cas la cour a cc··
» damné et condamne Surgères à dire et déclarer, en la chambre de ·la
» Tournelle, étant tête nue et à genoux, que mal, témérairement et i·-
» discrètement, il a tenu en sa prédication lesdits propos. » — Si les d·-
sordres réprimés par ces arrêts se reproduisaient, ils seraient égalemcnt
réprimés par les tribunaux actuels en vertu des lois en vigueur.

53. Ils ne feront au prône aucune publication étrangère
à l'exercice du culte, si ce n'est celles qui seront ordonnées
par le gouvernement.

54. Ils ne donneront la bénédiction nuptiale qu'à ceux
qui justifieront, en bonne et due forme, avoir contracté
mariage devant l'officier civil.

Récemment le conseil d'Etat, ayant égard à des circonstances qu'il a
regardées comme *atténuantes*, a bien voulu ne voir dans la contravention à cet article qu'un *abus* : c'est aussi un délit puni par les art. 199
et 200 du Code pénal.

55. Les registres tenus par les ministres du culte, n'é-
tant et ne pouvant être relatifs qu'à l'administration des
sacrements, ne pourront, dans aucun cas, suppléer les registres ordonnés par la loi pour constater l'état civil des
Français.

Jésus-Christ fut présenté au temple (*Luc*, chap. 2, v. 22); mais ses
père et mère avaient commencé par le déclarer à l'état civil, à l'officier
de l'empereur préposé au recensement des citoyens (*ibid.*, verset 5).

56. (Cet article, relatif à l'emploi du calendrier républi-
cain, a cessé d'être en usage avec le calendrier.)

57. Le repos des fonctionnaires publics sera fixé au dimanche.

Voyez la note sur l'art. 41 de la présente loi.

TITRE IV.

De la circonscription des Archevêchés, des Evêchés et des Paroisses; des Edifices destinés au culte, et du traitement des ministres.

SECTION PREMIÈRE.

De la circonscription des archevêchés et des évêchés.

58. Il y aura en France dix archevêchés ou métropoles, et cinquante évêchés.

Ce nombre a été augmenté par la disposition de l'art. 2 de la loi du 4 juillet 1821, qui, en maintenant au budget le montant des pensions ecclésiastiques qui viendraient à s'éteindre, a dit que cette augmentation de crédit serait employée à la dotation de douze siéges épiscopaux ou métropolitains, et successivement à la dotation de dix-huit autres siéges (en tout trente) dans les villes où le roi le jugerait nécessaire, en se concertant avec le Saint-Siége pour l'établissement et la circonscription de ces nouveaux diocèses. — Ce droit une fois délégué à la couronne, il est évident que l'érection de ces nouveaux siéges a été parfaitement légale, et c'est à tort qu'on a voulu en contester la validité. — Voyez les discours que j'ai prononcés à ce sujet devant la chambre des députés, séance du 29 mai 1833, contre la proposition de M. Eschasseriaux; — à celle du 1er mars 1834, en faveur de l'évêché de Nevers; — et enfin à celle du 26 avril de la même année, en faveur de la mesure en général.

59. La circonscription des métropoles et des diocèses sera faite conformément au tableau ci-joint.

Ce tableau est rapporté ci-après, p. 253 et suiv.

SECTION DEUXIÈME.

De la circonscription des paroisses.

60. Il y aura au moins une paroisse dans chaque justice de paix.

Il sera en outre établi autant de succursales que le besoin pourra l'exiger.

Ce nombre a été considérablement augmenté depuis la révolution de 1830.

61. Chaque évêque, de concert avec le préfet, réglera

le nombre et l'étendue de ces succursales. Les plans arrêtés seront soumis au gouvernement, et ne pourront être mis à exécution sans son autorisation.

62. Aucune partie du territoire français ne pourra être érigée en cure ou en succursale, sans l'autorisation expresse du gouvernement.

63. Les prêtres desservant les succursales sont nommés par les évêques.

Voyez l'art. 31 ci-dessus.

SECTION TROISIÈME.
Du traitement des ministres.

64. Le traitement des archevêques sera de 15,000 francs.

65. Le traitement des évêques sera de 10,000 francs.

66. Les curés seront distribués en deux classes.

Le traitement des curés de la première classe sera porté à 1,500 francs; celui des curés de la seconde classe, à 1000 francs.

Voyez le *Traité des portions congrues*, par CAMUS. Paris, 1778, 2 vol. in-12.

67. Les pensions, dont ils jouissent en exécution dés lois de l'Assemblée constituante, seront précomptées sur leur traitement.

Les conseils généraux des grandes communes pourront, sur leurs biens ruraux ou sur leurs octrois, leur accorder une augmentation de traitement si les circonstances l'exigent.

68. Les vicaires et desservants seront choisis parmi les ecclésiastiques pensionnés en exécution des lois de l'Assemblée constituante.

Le montant de ces pensions et le produit de ces oblations formeront leur traitement.

Le mot *oblations* exclut l'*exigence. Voyez* ci-dessus art. 5.

69. Les évêques rédigeront les projets de règlements relatifs aux oblations que les ministres du culte sont autorisés à recevoir pour l'administration des sacrements. Les projets de règlements rédigés par les évêques ne pourront être publiés, ni autrement mis à exécution, qu'après avoir été approuvés par le gouvernement.

Jusqu'ici il a été impossible d'arriver à l'exécution de cet article.

70. Tout ecclésiastique pensionnaire de l'État sera privé de sa pension, s'il refuse, sans cause légitime, les fonctions qui pourront lui être confiées.

71. Les conseils généraux de département sont autorisés à procurer aux archevêques et évêques un logement convenable.

72. Les presbytères et les jardins attenants, non aliénés, seront rendus aux curés et aux desservants des succursales. A défaut de ces presbytères, les conseils généraux des communes sont autorisés à leur procurer un logement et un jardin.

73. Les fondations qui ont pour objet l'entretien des ministres et l'exercice du culte, ne pourront consister qu'en rentes constituées sur l'État[1] : elles seront acceptées par l'évêque diocésain, et ne pourront être exécutées qu'avec l'autorisation du gouvernement.

74. Les immeubles, autres que les édifices destinés aux logements et les jardins attenants, ne pourront être affectés à des titres ecclésiastiques, ni possédés par les ministres du culte à raison de leurs fonctions.

---

[1] La loi du 2 janvier 1817 a permis de donner même des immeubles. *Add. Ord.* du 2 avril 1817 sur les dons et les legs faits aux établissements ecclésiastiques. — Du reste, la législation n'a pas encore pourvu au retour périodique des droits de mutation exigé autrefois des gens de main-morte, sur la tête de ce qu'on appelait *un homme vivant et mourant* qui les représentait *par fiction*, et dont le décès donnait ouverture au droit.

SECTION QUATRIÈME.

Des édifices destinés au culte.

75. Les édifices anciennement destinés au culte catholique, actuellement dans les mains de la nation, à raison d'un édifice par cure et par succursale, seront mis à la disposition des évêques par arrêtés du préfet du département.

Une expédition de ces arrêtés sera adressée au conseiller d'État chargé de toutes les affaires concernant les cultes.

76. Il sera établi des fabriques pour veiller à l'entretien et à la conservation des temples, à l'administration des aumônes.

(*Voyez* le décret du 30 décembre 1809; le *Traité du gouvernement des Paroisses*, par M. CARRÉ; et le *Code des Curés*, 4 vol. in-12.)

77. Dans les paroisses où il n'y aura point d'édifice disponible pour le culte, l'évêque se concertera avec le préfet pour la désignation d'un édifice convenable.

Les églises et presbytères sont considérés comme des propriétés communales. — Avis du conseil d'Etat du 6 pluviôse an XIII. *Voyez* ci-après le décret du 6 novembre 1813.

DÉCRET

Du 28 février 1810.

———

NAPOLÉON, etc. Vu le rapport qui nous a été fait sur les plaintes relatives aux lois organiques du concordat, par le conseil des évêques réunis, d'après nos ordres, dans notre bonne ville de Paris;

Désirant donner une preuve de notre satisfaction aux évêques et aux églises de notre Empire, et ne rien laisser dans lesdites lois organiques qui puisse être contraire au bien du clergé,

Nous avons décrété et décrétons ce qui suit :

ART. 1er. Les brefs de la pénitencerie, pour le for intérieur seulement, pourront être exécutés sans aucune autorisation.

2. La disposition de l'art. 26 des lois organiques, portant que « les évêques ne pourront ordonner aucun ecclésiasti- » que, s'il ne justifie d'une propriété produisant au moins » un revenu annuel de 300 fr., » est rapportée.

3. La disposition du même article 26 des lois organiques, portant que « les évêques ne pourront ordonner aucun ec-

---

[1] Les changements introduits par ce décret ont été provoqués par l'Eglise elle-même. Elle s'en est félicitée au lieu de s'en plaindre. L'ordre constitutionnel seul a été blessé par ce décret. En effet, régulièrement il aurait fallu une *loi* nouvelle pour modifier la *loi* précédente; mais l'Empereur était déjà arrivé à ce point de ne plus connaître de règle que sa seule volonté. Il avait adopté la maxime de Tribonien : *Quod principi placuit, legis habet vigorem.*

» clésiastique s'il n'a atteint l'âge de vingt-cinq ans, » est également rapportée.

4. En conséquence lès évêques pourront ordonner tout ecclésiastique âgé de vingt-deux ans accomplis ; mais aucun ecclésiastique ayant plus de vingt-deux ans et moins de vingt-cinq ne pourra être admis dans les ordres sacrés qu'après avoir justifié du consentement de ses parents ; ainsi que cela se prescrit pour le mariage des fils âgés de moins de vingt-cinq ans.

5. La disposition de l'art. 36 des lois organiques, portant que « les vicaires-généraux des diocèses vacants continueront leurs fonctions, même après la mort de l'évêque, jusqu'à son remplacement, » est rapportée.

6. En conséquence pendant les vacances des siéges, il sera pourvu, conformément aux lois canoniques, aux gouvernements des diocèses. Les chapitres présenteront à notre ministre des cultes, les vicaires-généraux qu'ils auront élus, pour leur nomination être reconnue par nous.

7. Notre ministre des cultes est chargé de l'exécution du présent décret, qui sera inséré au Bulletin des lois.

OBSERVATION

SUR LES SOI-DISANTS CONCORDATS

De 1813 et 1817.

Depuis l'an IX, deux nouveaux concordats sont intervenus :

L'un, en 1813, entre le pape Pie VII, prisonnier à Fontainebleau, et l'empereur Napoléon ; mais il est principalement relatif au refus d'institution canonique des évêques. (*V*. décrets des 13 février et 25 mars 1813.)

L'autre, en 1817, entre le pape Pie VII et l'ambassadeur du gouvernement de la restauration. Ce dernier concordat, demandé au Saint-Siége sous l'empire de préoccupations réactionnaires contre le régime impérial, abrogeait le concordat de l'an IX, et remettait en vigueur le concordat de 1516, passé entre François Ier et Léon X. Il contenait en outre le principe de l'augmentation du nombre des diocèses, sans en fixer le chiffre. Ce concordat n'a jamais reçu d'existence légale. Le concordat de 1801 et les articles organiques avaient été acceptés et votés par le Corps législatif ; leurs dispositions avaient pris place dans notre législation ; le vote des chambres eût donc été nécessaire pour les révoquer et pour confirmer le nouveau concordat ; ce vote n'a pas eu lieu. Un projet de ratification fut présenté aux chambres ; mais le gouvernement fut obligé de le retirer avant la discussion, et le projet succomba sous les énergiques réclamations de l'opinion publique. Le Saint-Siége, qui avait eu quelque répugnance à le souscrire, mais qui en éprouvait également à l'annuler, dut cependant renoncer à son exécution, et il fut regardé comme *non avenu ;* on se contenta, par *forme de transaction*, d'augmenter le nombre des siéges archiépiscopaux et épiscopaux. (Loi du 4 juillet 1821.)

TABLEAU

DE LA CIRCONSCRIPTION DES ARCHEVÊCHÉS ET ÉVÊCHÉS.

Archevêché de PARIS, département de la Seine.

CHARTRES, Eure-et-Loir.
MEAUX, Seine-et-Marne.
ORLÉANS, Loiret.
BLOIS, Loir-et-Cher.
VERSAILLES, Seine-et-Oise.

Archevêché de CAMBRAY, Nord.

ARRAS, Pas-de-Calais.

Archevêché de LYON et VIENNE, Rhône et Loire.

AUTUN, Saône-et-Loire.
LANGRES, Haute-Marne.
DIJON, Côte-d'Or.
SAINT-CLAUDE, Jura.
GRENOBLE, Isère.

Archevêché de ROUEN, Seine-Inférieure.

BAYEUX, Calvados.
EVREUX, Eure.
SÉEZ, Orne.
COUTANCES, Manche.

Archevêché de SENS et AUXERRE, Yonne.

TROYES, Aube.
NEVERS, Nièvre.
MOULINS, Allier.

Archevêché de REIMS, Marne et Ardennes.

SOISSONS, Aisne.
CHALONS, Marne. (Arr. de Reims excepté.)
BEAUVAIS, Oise.
AMIENS, Somme.

Archevêché de TOURS, Indre-et-Loire.

LE MANS, Sarthe et Mayenne.
ANGERS, Maine-et-Loire.
RENNES, Ille-et-Vilaine.
NANTES, Loire-Inférieure.
QUIMPER, Finistère.
VANNES, Morbihan.
SAINT-BRIEUC, Côtes-du-Nord.

Archevêché de BOURGES, Cher et Indre.

CLERMONT, Puy-de-Dôme.
LIMOGES, Haute-Vienne.
LE PUY, Haute-Loire.
TULLE, Corrèze.
SAINT-FLOUR, Cantal.

*Archevêché d'*ALBI, Tarn.

RHODEZ, Aveyron.
CAHORS, Lot.
MENDE, Lozère.
PERPIGNAN, Pyrénées-Orientales.

Archevêché de BORDEAUX, Gironde.

AGEN, Lot-et-Garonne.
ANGOULÊME, Charente.
POITIERS, Deux-Sèvres et Vienne.
PÉRIGUEUX, Dordogne.
LA ROCHELLE, Charente-Inférieure.
LUÇON, Vendée.

*Archevêché d'*AUCH, Gers.

AIRE, Landes.
TARBES, Hautes-Pyrénées.
BAYONNE, Basses-Pyrénées.

Archevêché de TOULOUSE et NARBONNE, Haute-Garonne.

MONTAUBAN, Tarn-et-Garonne.
PAMIERS, Ariége.
CARCASSONNE, Aude.

*Archevêché d'*AIX, ARLES et EMBRUN, Bouches-du-Rhône.

MARSEILLE, arrondissement de Marseille.
FRÉJUS, Var.
DIGNE, Basses-Alpes.
GAP, Hautes-Alpes.
AJACCIO, Corse.

Archevêché de BESANÇON, Doubs et Haute-Saône.

STRASBOURG, Haut et Bas-Rhin.
METZ, Moselle.
VERDUN, Meuse.
BELLEY, Ain.
SAINT-DIÉ, Vosges.
NANCY, Meurthe.

*Archevêché d'*AVIGNON, Vaucluse.

NISMES, Gard.
VALENCE, Drôme.
VIVIERS, Ardèche.
MONTPELLIER, Hérault.

En dernier lieu on a établi un évêché à ALGER.

ÉTAT DU CLERGÉ.

Circonscription ecclésiastique. = Il résulte du tableau ci-dessus qu'il y a en France 80 diocèses ou siéges, dont 15 métropolitains. = Il y a en outre 3 cardinaux. — Les cures sont au nombre de 3,301 inamovibles, et de 27,451 succursales dont les desservants sont révocables à volonté. — Avant 1789, c'était tout le contraire : il y avait 36,000 cures dont les titres étaient inamovibles, et seulement 2,500 annexes dont les desservants étaient révocables. La situation actuelle rend la position de la très-grande majorité du clergé du second ordre précaire, et par là même très-dépourvue d'indépendance. — Avant la révolution, il y avait

132 siéges épiscopaux et seulement 7 pairs ecclésiastiques.
— En 1829, il n'y avait que 86 siéges et 20 pairs. — Depuis 1830, il n'y a plus de pairs ecclésiastiques.

Personnel du clergé en 1844. = 3 cardinaux. — 15 archevêques.— 65 évêques.— 176 vicaires-généraux titulaires.— 296 vicaires-généraux honoraires. — 661 chanoines titulaires. — 393 chanoines honoraires. — 1304 directeurs et professeurs de séminaires. — 3301 curés. — 28,201 desservants, et 300 demandés en plus pour l'année 1845.— 6486 vicaires. — 388 chapelains. — 1087 aumôniers. — 1125 prêtres habitués. — Total du personnel, 41,619.

Communautés. — Il y a environ 1800 maisons religieuses de femmes. Parmi ces maisons, il y en avait au 1er janvier 1839 seulement 876 qui avaient reçu une existence légale.—Leur personnel est évalué à environ 25,000.

Congrégations non légalement autorisées . . . .

Subvention du clergé catholique. — La subvention donnée par l'Etat s'est élevée en 1844 à 35,952,100 fr. — Celle donnée par les départements, d'après les relevés faits en 1838, montait à 184,312 fr. — Celle donnée par les communes s'élevait, d'après les relevés faits en 1836, à 8,886,099 fr. — Les subventions annuelles et directes du culte peuvent donc être évaluées à environ 45 millions de francs. — Le chiffre précis du casuel est inconnu et peut s'élever à moitié du fixe, c'est-à-dire à plus de 20 millions.

La subvention allouée par l'Etat se répartit de la manière suivante : Administration centrale, 234,044 fr. — Cardinaux, archevêques et évêques, 1,057,000 — Vicaires-généraux et chapitres, 352,500. — Curés, 4,178,000. — Desservants, 21,140,800. — Vicaires, 2,019,500. — Chapitre de Saint-Denis, 112,000. — Bourses des séminaires, 995,000. — Secours à des ecclésiastiques, 950,000 — Service diocésain, 487,000. — Edifices diocésains, 2,000,000. — Secours pour églises et presbytères, 1,200,000. = Secours à divers établissements, 156,000. — Pensions, 1,115,000 fr., dont le fonds, lorsqu'elles s'éteignent, doit recevoir l'emploi indiqué par la loi du 4 juillet 1821, et tourner ainsi en accroissement effectif de la subvention du clergé.

ADMINISTRATION DES CULTES.

Division du travail entre les différentes sections de la direction des cultes, à la chancellerie.

PREMIÈRE SECTION.

1er Bureau. — *Enregistrement et Archives.*

Enregistrement général et départ des dépêches, tenue du registre d'analyse des rapports renvoyés par le ministre à l'examen du comité de législation du conseil d'Etat; continuation de la collection comprenant la copie des arrêtés du gouvernement, des décrets, décisions et ordonnances royales rendus depuis 1802; classement et conservation des archives et de la bibliothèque; enregistrement et copie des bulles, brefs, rescrits de la cour de Rome; dépôt des ordonnances et décisions royales, des arrêtés du ministre, des avis du conseil d'Etat et du conseil d'administration, des minutes des circulaires portant la signature du ministre; expédition des actes divers par ampliation, copies, extraits à faire sceller et contresigner par le directeur, s'il y a lieu; envoi au Bulletin des lois, ou au chef de la section compétente chargé de leur transmission officielle.

2e Bureau. — *Personnel et police ecclésiastique.*

Promotion au cardinalat; nomination aux archevêchés, évêchés, canonicats de Saint-Denis, à la charge de trésorier des grands séminaires, aux bourses dans les mêmes établissements; présentation à l'agrément du roi des nominations aux vicariats-généraux, aux canonicats, aux cures, aux fonctions de supérieur des petits séminaires; promotion des curés de la deuxième classe à la première. — Frais d'établissement des cardinaux, archevêques et évêques; traitements des titulaires ecclésiastiques; indemnité pour visites diocésaines, binage ou double service; questions concernant celles à payer aux remplaçants des titulaires, aux curés dont le service est suspendu et la part de traitement à réserver à ces derniers. en cas d'absence, de maladie ou d'éloignement pour mauvaise conduite; secours personnels aux ecclésiastiques et anciennes religieuses; constitution et administration temporelle du chapitre de Saint-Denis ; maison des hautes études ecclésiastiques ; tenue des livres matricules de tous les titulaires nommés ou agréés par le roi ; états du personnel du clergé et des séminaires ; publication des bulles, brefs et rescrits ; appels comme d'abus ; plaintes et dénonciations contre la conduite des ecclésiastiques ; réclamations de ceux qui se prétendraient troublés dans l'exercice de leurs fonctions ; statuts des chapitres cathédraux ; réunion des cures aux chapitres ; exécution de l'ordonnance du 16 juin 1828 sur les petits séminaires, et des lois et règlements concernant les sépultures et prohibant les inhumations dans les églises et dans l'enceinte des villes ; approbation des statuts et autorisation définitive des congrégations et communautés religieuses, correspondance avec le ministre de l'instruction publique relativement à celles qui se livrent à l'enseignement ; nomination à des bourses fondées dans quelques-unes de ces maisons ; dissolution ou extinction des congrégations et communautés ; correspondance avec leurs chefs sur tout ce qui ne concerne pas les intérêts matériels ; recueil et analyse des votes des conseils-généraux intéressant le culte catholique ; questions de préséance ; honneurs civils et militaires à la prise de possession des archevêques et évêques ; demande de décorations : légalisation des signatures ecclésiastiques ; préfets apostoliques ; clergé des colonies et tout ce qui s'y rattache dans les attributions du département des cultes ; correspondance à ce sujet, soit avec le ministre de la marine, soit avec toutes les parties intéressées.

DEUXIÈME SECTION.
Culte catholique.
1er Bureau. — *Affaires d'intérêt diocésain.*

Acquisition, échange, aliénation, constructions ou réparations concernant les cathédrales, les archevêchés, les évêchés et les séminaires ; instruction de toutes les affaires à ce relatives ; examen des projets et approbation ; approbation et suite des adjudications ; règlement définitif des comptes et travaux ; communication des projets, plans et devis à la commission d'architecture et d'archéologie, instituée près du ministère des cultes : répartition et emploi des fonds affectés par le budget de l'Etat aux dépenses diocésaines ; ameublement des archevêchés et évêchés ; maïtrîses et bas-chœurs des cathédrales ; budgets de leurs fabriques ; secours pour acquisition d'ornements ou pour frais du culte ; tarifs des droits de secrétariat ; bibliothèques des évêchés et séminaires ; maisons de retraite pour les prêtres âgés ou infirmes ; comptes annuels et administration temporelle des établissements diocésains ; instructions, décisions, exécution des actes de l'autorité touchant ces diverses affaires.

2e Bureau. — *Service paroissial, intérêts matériels des congrégations religieuses, etc.*

Circonscription légale des paroisses ; érection temporelle des cures, succursales, chapelles, annexes, vicariats, chapelles domestiques ; organisation et contentieux des fabriques ; administration de leurs biens et revenus ; autorisation pour l'acceptation des dons, legs et offres de révélation aux établissements ecclésiastiques ; emploi ou destination de leurs biens, meubles et immeubles ; acquisitions, échanges, aliénations intéressant les fabriques paroissiales ; églises et presbytères ; secours pour acquisitions, reconstructions ou réparations de ces édifices ; dépenses du culte paroissial ; concessions de bancs, chapelles, tribunes et emplacements dans l'église, pour monuments et inscriptions ; tarif des droits d'oblation et d'inhumation ; pompes funèbres ; différends entre les fabriques et les communes ; matériel des congrégations et communautés religieuses : dons et legs à leur profit ; surveillance de l'administration de leurs biens et revenus ; secours à quelques-uns de ces établissements ; instructions, décisions, exécution des actes de l'autorité touchant ces diverses affaires.

TROISIÈME SECTION.
Cultes non catholiques.

Personnel ; affaires de police ecclésiastique ; affaires d'intérêt temporel concernant les cultes non catholiques ; circonscription territoriale des consistoires et des synagogues ; nomination des ministres et pasteurs ; traitements et indemnités, secours pour construction ou réparations de temples ; exécution des lois et règlements sur l'organisation des cultes non catholiques.

QUATRIÈME SECTION.
Comptabilité.

DE L'APPEL COMME D'ABUS.

(Chap. XXIV de l'abbé Fleury.)

Pour servir de complément aux art. 79, 80 et 81 des *Libertés gallicanes*, ci-dessus p. 107 et suivante.

Il y a deux sortes d'appellations : appel *simple*, appel qualifié ; savoir : appel comme de *juge incompétent;* appel comme de *déni de renvoi;* appel comme de *déni de justice;* appel *comme d'abus.* Il n'y a en France que l'appel simple qui soit entièrement de la juridiction ecclésiastique ; et on prétend qu'elle ne peut prononcer que par bien ou mal jugé. Les appellations qualifiées se relèvent contre ceux qui jugent, au nom du roi, comme protecteur des canons et de la justice. L'*appel comme d'abus* est une plainte contre le juge ecclésiastique lorsqu'on prétend qu'il a excédé son pouvoir, qu'entrepris en quelque manière que ce soit contre la juridiction séculière, ou, en général, contre les libertés de l'Église gallicane. L'appel comme d'abus doit être réciproque, et on peut se pourvoir par cette voie contre les entreprises du juge séculier, quoiqu'il soit plus rare dans l'usage.

Cette procédure est particulière à la France, où l'on en voit des traces dès le commencement du quatorzième siècle, dans les plaintes de Durand, évêque de Mende, contre les juges séculiers ; et on en voit encore des preuves plus expresses au milieu du siècle suivant : alors l'appel comme d'abus devint plus ordinaire, pour réprimer les contraventions à la pragmatique, et ensuite au concordat.

Dans le commencement, l'appel était toujours qualifié comme d'*abus notoire*, et on convient qu'il le doit être ; que cette appellation est un remède extraordinaire, qui ne doit être employé qu'en de grandes occasions, où le public est intéressé ; c'est pourquoi le procureur-général y est tou-

jours partie principale ; mais, dans la pratique, ces rè-
gles.ne sont pas exactement observées ; on appelle comme
d'abus fréquemment, et en matières légères, nonobstant
les plaintes du clergé et les ordonnances des rois[1].

On observe mieux les règles suivantes : l'appel comme
d'abus ne se relève qu'en cour souveraine, et d'ordinaire
en parlement ; d'où vient que, si un diocèse s'étend en deux
parlements, on oblige l'évêque d'avoir un official en chacun[2], afin que, s'il y a des appellations comme d'abus, chaque parlement en connaisse dans son ressort. L'appel comme
d'abus peut être aussi relevé au conseil du roi et au grand
conseil, par ceux qui y ont leurs causes commises. Il a lieu
par tout le royaume, même en pays d'obédience[3]. L'abus
ne se couvre par aucun laps de temps lorsqu'il est fondé
sur l'incompétence du juge d'Église. L'on peut appeler
comme d'abus après trois sentences conformes, parce que
cet appel tire la cause de l'ordre de la juridiction ecclésiastique. On prétend toutefois qu'il ne l'en tire pas tout à fait ;
car, bien que le parlement entier soit un corps laïque, une
grande partie des officiers sont nécessairement clercs, et
par conséquent on les répute instruits des canons, et zélés
pour la discipline de l'Église. La formule ordinaire de cet
appel est d'appeler de l'ordonnance du juge, et de tout ce
qui s'est ensuivi ; mais quand il s'agit d'une bulle ou d'un
rescrit du pape, on lui rend ce respect de ne pas appeler
de la concession du rescrit, mais de l'*exécution*, pour ne

---

[1] « Aujourd'hui les appels comme d'abus sont moins fréquents, parce
que le clergé catholique n'a plus la même étendue de juridiction, et que
les affaires religieuses sont plus séparées des affaires civiles ; mais ce
serait une erreur de croire que les ministres du culte ont acquis une indépendance absolue par le concours de ces circonstances. » Portalis, rapport du 5 complém. an XI.

[2] Les officialités ont été abolies par la loi des 7 et 11 décembre 1790.
Voyez la brochure de M. le comte Lanjuinais sur le même sujet.

[3] Il n'y a plus en France de pays d'*obédience*, et il faut espérer que
cet abus ne renaîtra pas.

s'en prendre qu'à la partie, et ne se plaindre que de la procédure faite en France.

Quoique cette appellation nous soit particulière, les autres pays ont quelquefois employé des moyens équivalents pour se défendre des entreprises de la cour de Rome. Venise y a résisté fortement; souvent en Espagne on a retenu des bulles sans en permettre l'exécution; l'Allemagne ne souffre pas que l'on contrevienne au concordat germanique. Chaque pays a ses anciens usages, ses franchises et ses priviléges.

Et, comme l'a dit M. le comte Lanjuinais, dans un article inséré au *Mercure du XIXe siècle*, « chaque Église a autant de libertés que la cour de Rome a d'injustes prétentions. » — Et suivant l'expression de Marca, le Prince doit *manum porrigere omnibus injustè oppressis.* Voyez l'ouvrage intitulé : *Essai historique sur les Libertés de l'Église gallicane* ET DES AUTRES ETATS DE LA CATHOLICITÉ, par l'ancien évêque de Blois. Paris, *Baudouin*, 1820, 1 vol. in-8°.

ANALYSE du *Traité des Appellations comme d'abus*,

composé par Edmond Richer,

ancien syndic de la Faculté de Théologie de Paris, en 1625 et 1626.

Édition de 1763, 2 vol. in-12 ordinairement reliés en un.

Ed. Richer, né en 1560, mort en 1631.— Il fut enterré en Sorbonne, où l'on disait tous les ans une messe en sa mémoire.

Personne n'ignore que ce célèbre docteur de Sorbonne, qui était en même temps profond théologien et très-habile canoniste, a été en quelque sorte le confesseur et le martyr des *Libertés de l'Église gallicane.* Son savant biographe, Baillet, bibliothécaire du premier président de Lamoignon, a raconté les persécutions que Richer eut à souffrir pour avoir développé au Clergé et aux Magistrats l'ancienne doctrine de l'Université de Paris, sur la nature, l'étendue et les bornes des pouvoirs respectifs du Sacerdoce et de l'Empire, *relativement à la police extérieure de l'Eglise;* avec quel courage, quelle fermeté il combattit et souffrit pour la défense de nos maximes et de nos libertés, à l'époque où elles furent le plus violemment attaquées; avec quelle constance enfin il enseigna ces importantes vérités, malgré les menaces et les attentats de leurs puissants et redoutables ennemis.

Le *Traité des Appellations comme d'abus* est un des principaux ouvrages qu'il composa sur ce sujet : il déclare lui-même qu'il l'écrivit en *français,* afin que tout le monde fût informé de ces matières, dont il regardait la connaissance comme nécessaire à tous les défenseurs de l'ordre public. Il avait une telle persuasion que ce traité contenait les *vraies maximes du royaume,* qu'il avait dessein de le faire paraître sous les auspices de Louis XIII, et c'est une tradition constante qu'il l'avait dédiée à ce prince, de même que Pithou avait dédié les *Libertés de l'Eglise gallicane* à Henri IV.

Richer composa ce traité à l'occasion des démêlés survenus entre Charles Miron, évêque d'Angers, prélat violent et ultramontain, et Pierre Guarande, grand-archidiacre et chanoine théologal de la cathédrale d'Angers, soutenu par son chapitre contre le prélat, lequel avait excommunié injustement Guarande *pour avoir appelé comme d'abus,* prétendant que les appels comme d'abus interjetés aux parlements étaient nuls, hérétiques et impies. « J'espère tout au con- » traire, dit Richer, faire voir clair comme le jour que les » appels comme d'abus sont un *très-juste remède,* conforme » à la loi divine et naturelle, qui nous fournit des moyens » équitables pour nous défendre de toute oppression. »

Pour arriver à cette démonstration, Richer se propose

de traiter trois choses qu'il est nécessaire de connaître pour bien juger jusqu'où s'étendent les bornes et les limites de l'une et l'autre puissance des gouvernements et de l'Église. « La première, dit-il, est de la discipline ecclésiastique en » laquelle, comme en un bon et véritable miroir, nous re- » présenterons quelle jadis elle fut, quelle elle est et doit » être. — En second lieu, nous parlerons de l'autorité que » Dieu a donnée au roi pour défendre et protéger l'Église » et tous ses sujets, soit ecclésiastiques, soit laïques. — Troi- » sièmement, nous produirons la pratique de cette protec- » tion durant seize siècles : tout cela en trois livres. »

Pour mettre ceux qui voudraient avoir recours à l'ouvrage à même de le mieux connaître, nous reproduirons ici, par forme d'analyse, le sommaire des questions qui s'y trouvent traitées.

Livre premier. Richer expose dans ce premier livre quelle a été la discipline ecclésiastique dans tous les siècles, — ce qu'elle était du temps des apôtres, — les changements apportés à cette discipline, surtout dans le dixième siècle, à l'aide des fausses Décrétales et de la profonde ignorance où les peuples étaient tombés. — Les moyens employés par saint Louis et les autres souverains dans le treizième siècle , pour réprimer les entreprises des papes et des évêques sur l'autorité temporelle. Il montre qu'on peut fort bien résister aux injustes prétentions des ecclésiastiques sans encourir de censures. — Dans un paragraphe spécial il établit qu'il est contre la discipline ecclésiastique que les évêques ne consultent pas leurs chapitres dans le gouvernement de leurs diocèses ; et dans un autre , que le droit d'assembler le concile général n'appartient pas tellement au pape que, s'il refuse d'en faire usage dans le cas d'une nécessité urgente, d'autres princes spirituels et même temporels de l'Église ne puissent légitimement l'exercer.

Après cet exposé des principes généraux de la discipline ecclésiastique, qui forme comme les prémisses de son livre, Richer remonte à l'origine des appels comme d'abus. — Il développe les principes sur lesquels ils sont fondés, et montre par les faits et par l'histoire que l'esprit de domination et d'envahissement des papes et des évêques les a rendus nécessaires. — Examinant ensuite quelle est la nature de l'excommunication, il établit que l'excommunication, de sa nature et par le droit divin, ne peut avoir aucun effet temporel. Elle ne doit être lancée ni contre un *souverain*, ni contre une *multitude*, ni dans les cas où elle troublerait le repos public, ferait plus de mal que de bien, et où il serait difficile de la faire exécuter. Il énumère les conditions nécessaires pour qu'elle soit juste ; et, si elle ne l'est pas, l'appel est légitime, et ceux qui exercent l'autorité souveraine sont compétents pour déclarer une telle excommunication nulle et de nul effet. La preuve de cette dernière assertion est largement établie dans le livre suivant.

Livre deuxième. Richer traite ici du droit que les souverains tiennent du titre même de leur autorité pour protéger l'Église en général, et pour défendre tous les droits de leurs sujets. L'obligation de respecter les gouvernements et de leur obéir est imposée par l'Écriture, et c'est en ce sens que le droit des gouvernements est véritablement de *droit divin*. Or, les gouvernements n'ont pas seulement le devoir de maintenir leurs sujets dans la possession de leurs droits, mais ils ont le droit de les obliger à observer les lois, et *d'obliger chacun à vivre conformément aux règles de sa profession* (t. II, p. 125, 150 et 164). Cette autorité des souverains s'étend sur tous leurs sujets indistinctement, car *nul citoyen sujet d'un État n'est exempt de sa juridiction politique* (t. Ier, p. 3), qu'il soit ou laïque ou ecclésiastique : « sinon par adventure qu'on voulust maintenir que le prince

» servît seulement de *Suisse* aux ecclésiastiques[1], pour
» veiller qu'ils ne fussent attaqués, et que l'Église et ce
» qu'on appelle immunités ecclésiastiques fussent un asile
» de toute impunité, sans que le roi eust aucun moyen de
» les corriger quand ils malversent, ce qui est un abyme
» d'erreur et d'impiété (p. 150). » Richer insiste longuement sur ce point, et il réfute avec énergie l'erreur de Bel-
larmin et des autres Jésuites, qui nient que la souveraineté
donne de sa nature autorité coërcitive sur les ecclésiastiques, en telle sorte, dit Richer, *qu'ils pourroient faire tout
ce qu'ils voudroient dans un Estat sans jamais pouvoir estre
criminels de lèse-majesté* (p. 161). Ainsi ils divisent l'État,
et y établissent une sorte d'*anarchie* (p. 162). Défendant
le principe de l'autorité des souverains, il ajoute : « Tou-
» jours la *majesté politique* demeure immuable et inalié-
» nable en quelque forme d'Estat qu'elle subsiste, parce que
» l'État aristocratique et démocratique n'est pas moins sou-
» verain que l'État monarchique, ores (quoique) la forme
» de gouvernement soit diverse. Et par ainsy, les ecclésia-
» stiques, en quelque forme d'Estat qu'ils vivent, demeu-
» rent toujours subjects à la souveraineté et majesté politi-
» que, pour estre justiciables et punis capitalement si le cas
» y échet (p. 170 et 171). »

LIVRE TROISIÈME. L'auteur entre dans un riche détail
d'autorités et d'exemples pour étayer ses principes et pour
montrer que la question de fait, c'est-à-dire la pratique et
l'usage, sont conformes à la question de droit, telle qu'il
l'a établie dans les deux livres précédents. Il prouve,
par la tradition des canons et la suite des faits, que les
souverains ont toujours eu autorité pour veiller à l'observation de la discipline de l'Église et sur la conduite des

---

[1] « Tenant les princes pour leurs valets et *gardes-du-corps*, » t. II,
p. 164.

ecclésiastiques. Ces anciens canons sont rappelés p. 173
et 179. Les exemples des empereurs sont cités p. 179
et 184. De même, en France, les rois de la première race
ont usé de leur autorité souveraine pour faire assembler
des conciles, et conserver ou rétablir la discipline de
l'Église. — Ceux de la deuxième race ont fait un usage encore plus marqué et plus fréquent de leur autorité en cette
matière. — Enfin, sous la troisième race, les rois n'ont pas
cessé d'employer leur autorité pour maintenir les anciens
canons reçus en ce royaume, et pour réprimer, par les arrêts de leurs tribunaux sur des appels comme d'abus, les
excès et les entreprises des ecclésiastiques.

Tel est le plan de cet important ouvrage ; je suis persuadé que ceux qui le liront en ressentiront quelque plaisir : ils s'y instruiront à fond d'un ordre de questions qui
ont divisé si long-temps les Évêques et les Parlements, et
qui se représentent dans les mêmes termes entre l'autorité
ecclésiastique et le gouvernement actuel. En traitant ce
grave sujet, Richer a su mêler l'histoire à l'autorité, au
raisonnement et à la critique : il y dévoile avec évidence
les vues et les différents intérêts qui, de son temps (qu'il
appelle avec raison un *misérable temps*) « faisaient agir les
» cardinaux, les évêques et les Jésuites, qui ne tendaient
» à rien moins qu'à établir un autre État et à renverser les
» maximes de notre gouvernement et nos libertés. »

Edmond Richer, comme je l'ai dit, a écrit sur les *appels
comme d'abus* en théologien et en canoniste. — *Charles* FE-
VRET a traité le même sujet en jurisconsulte, dans un ouvrage *ex professo* (2 vol. in-folio). dont la dernière édition
est de 1736. Il y a rassemblé, avec le plus grand soin, tous

les cas d'abus dont une pratique de plusieurs siècles avait offert l'exemple ou révélé le danger.

D'HÉRICOURT, dans ses *Lois ecclésiastiques*, chap. 25 (édition 1771), traite le même sujet avec moins de développements, mais avec l'exactitude et la lucidité qui le caractérisent.

Aux ouvrages qui précèdent, il faut joindre encore le livre intitulé : « *Des Evêques ou tradition des faits* qui ma-
» nifestent l'indépendance que les évêques ont opposée dans
» les différents siècles aux principes invariables de la jus-
» tice souveraine du roi sur tous ses sujets indistinctement,
» et la nécessité de *laisser agir les juges séculiers* contre
» leurs entreprises pour maintenir l'observation des lois et
» la tranquillité publique. » Ce livre, extrait des remontrances du Parlement, avait eu trois éditions avant 1789 :
la quatrième, en un volume in-8°, a été donnée en 1825,
par M. Germain, avocat, avec une *introduction historique*;
à la fin, se trouve une *table chronologique* des faits et des
actes rappelés dans l'ouvrage.

A l'occasion de ce livre et des réflexions qu'il fait naître,
je rappellerai un sage conseil de M. de Malesherbes : « Les
évêques, dit-il, doivent certainement être consultés par le
roi sur ce qui intéresse la religion; mais sous quelque as-
pect qu'on les considère, on ne doit point *négocier* avec eux.
Comme ministres de l'Église, il ne leur est point permis
d'avoir aucune condescendance, et, comme sujets du roi,
il ne leur appartient pas d'exiger des *conditions*. »

Parmi les auteurs plus modernes et pour les exemples
contemporains, on peut consulter les ouvrages de M. Cor-
menin et de M. Vuillefroy.

D'après les règlements du conseil d'État sur la manière
de procéder au jugement des *appels comme d'abus*, ces affaires se vident à *huis-clos*; mais si l'on veut par là éviter

le bruit et le mouvement de l'audience (*strepitus judicii*),
on n'en conclut pas que la décision doive rester secrète ; et
les arrêts du conseil d'État, sur cette matière, ont toujours
été publiés *in extenso* avec tout le détail des faits nécessaires pour caractériser l'abus, faire connaître sa répression,
et servir d'exemple et d'instruction. En effet les déclarations
d'abus n'ayant qu'une *force morale*, c'est seulement par
la *publicité* qu'elles peuvent exercer une influence salutaire sur la discipline ecclésiastique et sur l'opinion publique.

Nous donnons ici l'analyse de quelques arrêts qui ont jugé
les questions d'abus les plus graves, et nous indiquerons la
date des autres pour qu'on y puisse recourir au besoin.

QUESTION. — *Le refus d'administrer le baptême* [1] *à un
enfant sous prétexte de la mauvaise conduite du parrain
est-il un cas d'appel comme d'abus ?* Le conseil d'État a
consacré l'affirmative : « Vu la loi du 8 avril 1802, notamment l'art. 7 : vu aussi, etc. ; considérant qu'aucun
des documents *administratifs* ci-dessus visés ne vient à
l'appui de l'allégation des réclamants au sujet des paroles
injurieuses et diffamatoires qu'ils accusent le desservant
de Dammartin d'avoir proférées en chaire, et qu'ils *n'affir-
ment point* avoir *entendues eux-mêmes* ; que le refus que
le desservant a fait d'administrer le baptême aux enfants
présentés à l'église par la dame Bogard n'a été accompagné d'aucun discours injurieux pour elle, d'où il suit
qu'il n'y a lieu de renvoyer le desservant de Dammartin
devant les tribunaux ; considérant néanmoins que le refus
d'administrer le baptême à un enfant, sur le fondement
que la personne que ses parents ont chargée de veiller à sa
conservation et de le présenter à l'église n'est pas agréée
par le curé ou desservant de la paroisse, n'en est pas moins
abusif, puisque, d'une part, cette personne ne participe
point à la cérémonie religieuse du baptême, et que, de
l'autre, aucune règle canonique, admise dans le royaume,

_____

[1] Sur l'appel comme d'abus ès-choses spirituelles *Voyez* l'édit de 1695,
art. 34.

n'autorise les curés ou desservants à n'admettre en pareil cas que des personnes agréées par eux : notre conseil d'Etat entendu, nous avons ordonné et déclaré, ordonnons et déclarons ce qui suit : art. 1ᵉʳ. Il y a eu abus de la part du sieur Gilbert, prêtre de la commune de Dammartin, en ce qu'il a refusé d'administrer le baptême aux enfants portés à l'église par la dame Bogard ; en conséquence, il lui est enjoint de s'abstenir à l'avenir de pareils refus. Le surplus de la requête des sieur et dame Bogard est rejeté. » (Ord. du 11 janvier 1829. Sirey, 29, II, 50.)

QUESTION. — *Le refus de sépulture ecclésiastique fait à une personne morte dans la profession de la religion catholique, et motivé seulement sur ce que cette personne n'a pas voulu donner devant témoins une rétractation écrite destinée à la publicité, est-il un cas d'abus prévu par l'article 6 de la loi du 18 germinal an X?* Le conseil d'Etat a jugé l'affirmative : « Vu, etc. : vu la loi du 18 germinal an X, et spécialement son article 6 ; considérant que le refus de sépulture catholique, fait par l'autorité ecclésiastique au comte de Montlosier, dans les circonstances qui l'ont accompagné, et qui sont constatées par l'instruction, constitue un procédé qui a dégénéré en oppression et en scandale public, et rentre dès lors dans les cas prévus par l'art. 6 de la loi du 18 germinal an X. Art. 1ᵉʳ. Il y a abus dans le refus de sépulture catholique fait au comte de Montlosier. (Ord. du 30 décembre 1838. Sir., 39, II, 53.) Mais le refus public de sacrements, qui n'est accompagné *ni de réflexions ni d'injures*, n'est pas un cas d'appel comme d'abus devant le conseil d'Etat ; il peut seulement être déféré à l'autorité ecclésiastique supérieure. (Arrêt du conseil d'Etat du 16 décembre 1830.) — Il en est de même du refus de confession.

QUESTION. — *Un maire peut-il faire ouvrir les portes d'une église pour y faire présenter un mort auquel le curé refuse de faire le service?* L'affirmative semble résulter de l'autorité que la loi donne aux fonctionnaires municipaux pour tout ce qui regarde le bon ordre et la tranquillité publique ; tel paraît être aussi le vœu du décret du 23 prairial an XII sur les sépultures. Les églises, au reste, quoique consacrées au culte, sont sous la surveillance du pouvoir municipal : aussi le procureur-général, dans la discussion de la question de savoir si les ministres du culte sont des fonctionnaires publics, pose-t-il comme principe incontestable « qu'on peut seulement faire ouvrir les portes de l'église, parce que la loi le permet, et faire présenter le corps, parce que c'est un fait matériel ; mais du reste rien n'oblige le prêtre à sortir du sanctuaire et à prononcer des paroles sacrées. » (Réquisitoire sur lequel est intervenu l'arrêt de cassation du 23 juin 1831.)

QUESTION. — *La déclaration d'un archevêque, qui dans un écrit pastoral proteste contre une ordonnance royale et contre une proposition de loi ayant pour objet la vente ou cession, comme propriété de l'État, d'immeubles affectés précédemment au palais archiépiscopal, constitue-t-elle abus prévu par l'article 6 de la loi du 18 germinal an X?* Le conseil d'Etat a consacré l'affirmative en posant des principes aujourd'hui inébranlables dans son arrêt du 4 mars 1837, rapporté ci-après, section du *Régime des biens ecclésiastiques*, arrêt conforme d'ailleurs à ceux précédemment rendus les 26 octobre 1820 et 10 juillet 1824.

QUESTION.— *Le conseil d'État peut-il être saisi, par la voie d'appel comme d'abus, de la connaissance d'un interdit à sacris prononcé par un évêque contre un prêtre, à raison d'une conduite répréhensible et d'écrits calomnieux contre un prêtre du même diocèse?* Le conseil d'Etat a consacré la négative. « Vu, etc. : vu la loi du 18 germinal an X ; considérant que l'interdit est une peine canonique dont l'application fait partie des attributions de l'autorité épiscopale, et que l'acte en date du 1er août 1835, par lequel cette peine a été prononcée contre le sieur Fournier, prêtre du diocèse de Lyon, ne présente aucun cas d'abus prévu par l'article 6 de la loi du 18 germinal an X. Art. 1er. Le recours du sieur Fournier est rejeté. (Ord. du 19 février 1840. Sirey, 40, II, 327.) *Voyez* dans le même sens un arrêt du conseil d'Etat du 31 juillet 1829 qui juge que dans ce cas c'est devant le métropolitain que le prêtre interdit doit se pourvoir. — Le conseil d'Etat a décidé que le refus fait par le roi d'agréer une première nomination faite par l'évêque, et l'agrément donné à une seconde nomination sont des actes qui tiennent à l'exercice des droits de la couronne et qui ne peuvent être attaqués par la voie contentieuse devant le conseil d'État. (Arrêt du 16 février 1826. Sirey, 26, II, 350.)

QUESTION. — *L'appel comme d'abus est-il exigé à l'égard des ministres du culte israélite comme à l'égard des autres cultes, lors, par exemple, qu'un rabbin se refuse à être présent au serment qu'un tribunal a ordonné de faire prêter à un juif dans la forme de la religion juive?* La cour de Metz a consacré l'affirmative : « Attendu que le refus de l'appelant étant motivé, d'une part, sur la nature et les limites de ses fonctions ; d'autre part, sur sa conscience et sa doctrine religieuse, qui ne lui permettent pas, dit-il, de prendre part à une solennité qu'il considère non-seulement comme *inutile*, mais aussi *comme dangereuse et propre à égarer la croyance des Israélites sur un point si important de la religion du serment* ; il est évident que des exceptions de ce genre, et la question de savoir s'il y a abus ou non dans un tel refus, ne sont nullement de la compétence des tribunaux ordinaires, et qu'elles doivent être déférées au conseil d'Etat, à qui, d'après notre législation actuelle, ces sortes de matières sont exclusivement attribuées ;..... en conséquence renvoie la cause et les parties devant qui de droit. » (Arrêt du 5 janvier 1827. Sirey, 27, II, 59.)

— Les archevêques, évêques, ou présidents de consistoires, prévenus de délits de police correctionnelle, ne peuvent être jugés que par les cours royales. (Art. 479 C. instr. crim., combiné avec les art. 10 et 18 de la loi du 20 avril 1810.)

— La cour suprême a jugé que « les ministres du culte ne doivent pas la déclaration de ce qui leur est révélé sous le secret de la confession. » (Arrêt du 30 novembre 1810. Sirey, 17, II, 315.)

RELEVÉ CHRONOLOGIQUE

9 frimaire an 13. (Préfet du Haut-Rhin.) Diffamation.

20 février 1820. (Evêque de Bayonne.) Mandement sur l'abstinence du Carême.

14 juin 1810. (Evêque de Savone.) Immixtion d'un évêque.

26 mars 1812. (Évêque de Parme.) Qualification d'ordres supprimés.

7 avril 1817. (Hamel.) Excorporation.

23 avril 1818. (Dubreuil.) Mise en jugement.

Idem. (Dubreuil-Plouin.) Injures.

24 mars 1819. (Dideron.) Suspension de ses fonctions.

Idem. (*Idem.*) Interdit, conflit.

26 octobre 1820. (Évêque de Poitiers.) Interdiction de prêtre dissident.

29 août 1821. (Hamel.) Interdiction de ses fonctions ecclésiastiques.

31 juillet 1822. (Roquelaure.) Réduction de messes de fondation.

Idem. (Laubrière.) Décision administrative de l'évêque.

14 juillet 1824 (Évêque de Chartres.) Union de curés.

10 janvier 1825. (Archevêque de Toulouse.) Lettre pastorale.

10 août 1825. (Menudé-Lias.) Refus de baptême.

16 février 1826. (Simil.) Remplacement dans ses fonctions de curé.

22 mars 1826. (Cour royale de Poitiers) (avis du comité du contentieux.) Refus de sépulture.

13 juin 1827. (Gallais.) Refus de confession et de sépulture.

16 mars 1828. (Camps.) Refus de communion.

3 août 1828. (Bellanger.) Révocation de ses fonctions de curé desservant.

3 décembre 1828. (Mathieu.) Bénédiction nuptiale avant les formalités civiles.

11 janvier 1829. (Bogard.) Refus de baptême et injures.

19 mars 1829. (Blanc.) Publication étrangère au culte.

Idem. (Ardouzel.) Refus de confession.

6 mai 1829. (Sadorge.) Outrages et calomnies.

28 mai 1829. (Partie.) Diffamation.

8 juillet 1829. (Benoin.) Discours offensants prononcés en chaire.

Idem. (Baillard.) Injures et diffamations.

12 août 1829. (Leblanc.) Interdiction de ses fonctions de curé.

19 août 1829. (Murgot.) Diffamation.

26 août 1829. (Garcel.) Enlèvement de livres, titres, papiers, billets et quittances.

Idem. (Lemoine.) Enlèvement de livres.

28 octobre 1829. (Bon.) Interdiction.

Idem. (Poujouly.) Diffamation.

25 novembre 1829. (Fourcade.) Détournement de créances et obligations.

6 janvier 1830. (Brallet.) Attentat à la pudeur.

4 mars 1830 (Partie.) Perceptions illégales.

25 septembre 1830. (Le desservant de Frêche.) Mariage avant les formalités civiles.

16 décembre 1830. (Pézeux.) Diffamation et refus de sacrements.

Idem. (Lapierre curé, et Cers vicaire.) Prédication contre le gouvernement.

26 décembre 1830. (Bellanger.) Demande en autorisation de poursuivre un maire.

28 mars 1831. (Casaulong.) Refus de baptême.

Idem. (Arragon.) Refus de confession, suppression d'une congrégation, diffamation.

8 avril 1831. (Maret.) Conduite attentatoire aux mœurs.

15 juillet 1832. (Lienhart.) Sentence d'interdit.

30 août 1832. (Bellanger.) Demande en autorisation de poursuivre un maire.

7 mars 1834. (Ledien.) Impression de livres d'église.

7 novembre 1834. (Droz.) Destitution de ses fonctions de curé.

4 mars 1835. (Évêque de Moulins.) Publication d'un mémoire au roi.

28 mai 1835. (Camus.) Révocation de ses fonctions.

7 octobre 1835. (Isnard.) Sentence d'interdit.

16 novembre 1835. (Martin.) Révocation de ses fonctions de vicaire.

4 février 1836. (Weis.) Interdiction de ses fonctions.

16 mars 1836. (Isnard.) Destitution par l'évêque de Digne.

9 août 1836. (Krafft.) Interdiction de ses fonctions.

22 février 1837. (Isnard.) Destitution par l'évêque de Digne.

10 mars 1837. (Fortin.) Diffamation.

16 mars 1837. (Gallerand.) Interdiction.

21 mars 1837. (Archevêque de Paris.) Déclaration sur le projet de loi relatif à l'emplacement de l'ancien archevêché.

23 avril 1837. (Boyer.) Interdiction.

24 avril 1837. (Roi.) Interdiction de ses fonctions de desservant.

17 mai 1837. (Fournier.) Interdiction.

24 mars 1838. (Fournier.) Interdiction.

28 mars 1838. (Chrétien.) Interdiction.

21 décembre 1838. (Évêque de Clermont.) Refus de sépulture au comte de Montlosier.

27 août 1839. (Hue.) Diffamation et voie de fait.

— (Blin.) Diffamation. (Boga.) Refus de sépulture. (Camus.) Déni de justice. (Cordonnier.) Refus de communion.

8 novembre 1843. (Évêque de Châlons.) Injures contre l'Université et menaces de refus de sacrements contre les élèves des colléges royaux.

8 mars 1844. Fabriciens nommés par l'archevêque.

Lorsqu'il n'y a pas seulement *abus*, mais *crime* ou *délit*, la répression doit en être poursuivie devant les tribunaux ordinaires, pour faire appliquer les peines prononcées par la loi.

ARTICLES DU CODE PÉNAL

§ 1er. *Des contraventions propres à compromettre l'état civil des personnes.*

Art. 199. Tout ministre d'un culte qui procédera aux cérémonies religieuses d'un mariage, sans qu'il lui ait été justifié d'un acte de mariage préalablement reçu par les officiers de l'état civil, sera, pour la première fois, puni d'une amende de 16 fr. à 100 fr.

200[1]. En cas de nouvelles contraventions de l'espèce exprimée en l'article précédent, le ministre du culte qui les aura commises sera puni, savoir : pour la première récidive, d'un emprisonnement de deux à cinq ans ; et pour la seconde, de la détention.

§ 2. *Des critiques, censures ou provocations dirigées contre l'autorité publique dans un discours pastoral prononcé publiquement.*

201. Les ministres des cultes qui prononceront, dans l'exercice de leur ministère et en assemblée publique, un discours contenant la critique ou censure du gouvernement, d'une loi, d'une ordonnance royale, ou de tout autre acte de l'autorité publique, seront punis d'un emprisonnement de trois mois à deux ans.

202. Si le discours contient une provocation directe à la désobéissance aux lois ou autres actes de l'autorité publique, ou s'il tend à soulever ou armer une partie des citoyens contre les autres, le ministre du culte qui l'aura prononcé sera puni d'un emprisonnement de deux à cinq ans, si la provocation n'a été suivie d'aucun effet ; et du bannissement si elle a donné lieu à la désobéissance, autre toutefois que celle qui aurait dégénéré en sédition ou révolte.

203. Lorsque la provocation aura été suivie d'une sédition ou révolte, dont la nature donnera lieu contre l'un ou plusieurs des coupables à une peine plus forte que le bannissement, cette peine, quelle qu'elle soit, sera appliquée au ministre coupable de la provocation.

---

[1] Ancien article 200, abrogé (loi 28 avril 1832). En cas de nouvelles contraventions de l'espèce exprimée en l'article précédent, le Ministre du culte qui les aura commises sera puni, savoir : — pour la 1re récidive, d'un emprisonnement de 2 à 5 ans ; — et pour la 2e, de la déportation.

§ 3. *Des critiques, censures ou provocations dirigées contre l'autorité publique dans un écrit pastoral.*

204. Tout écrit contenant des instructions pastorales en quelque forme que ce soit, et dans lequel un ministre du culte se sera ingéré de critiquer ou censurer, soit le gouvernement, soit tout acte de l'autorité publique, emportera la peine du bannissement contre le ministre qui l'aura publié.

205 [1]. Si l'écrit mentionné en l'article précédent contient une provocation directe à la désobéissance aux lois ou autres actes de l'autorité publique, ou s'il tend à soulever ou armer une partie des citoyens contre les autres, le ministre qui l'aura publié sera puni de la détention.

206. Lorsque la provocation contenue dans l'écrit pastoral aura été suivie d'une sédition ou révolte, dont la nature donnera lieu, contre l'un ou plusieurs des coupables, à une peine plus forte que celle de la déportation ; cette peine, quelle qu'elle soit, sera appliquée au ministre coupable de la provocation.

§ 4. *De la correspondance des ministres des cultes avec des cours ou des puissances étrangères sur des matières de religion.*

207. Tout ministre d'un culte qui aura, sur des questions ou matières religieuses, entretenu une correspondance avec une cour ou puissance étrangère, sans en avoir préalablement informé le ministre du roi chargé de la surveillance des cultes, et sans avoir obtenu son autorisation, sera, pour ce seul fait, puni d'une amende de 100 fr. à 500 fr., et d'un emprisonnement d'un mois à deux ans.

208. Si la correspondance mentionnée en l'article précédent a été accompagnée ou suivie d'autres faits contraires aux dispositions formelles d'une loi ou d'une ordonnance du roi, le coupable sera puni du bannissement, à moins que la peine résultant de la nature de ces faits ne soit plus forte, auquel cas cette peine plus forte sera seule appliquée.

Nota. Nous rapporterons, en leur lieu, les articles concernant les *associations et congrégations* non légalement autorisées, et ceux qui sont relatifs aux contraventions sur les *inhumations.*

[1] Ancien article 205, abrogé (loi 28 avril 1832). Si l'écrit mentionné en l'article précédent contient une provocation directe à la désobéissance aux lois ou autres actes de l'autorité publique, ou s'il tend à soulever ou armer une partie des citoyens contre les autres, le ministre qui l'aura publié sera puni de la déportation.

MODE DE PROCÉDURE

CONTRE LES MINISTRES DU CULTE.

Lorsque de grands officiers de la Légion-d'Honneur, des généraux commandant une division ou un département, des *archevêques*, des *évêques*, des *présidents de consistoi-re*, des membres de la Cour de cassation, de la Cour des comptes et des cours royales et des préfets seront préve-nus de délits de police correctionnelle, les cours royales en connaîtront de la manière prescrite par l'art. 479 du Code d'instruction criminelle. — (Loi du 20 avril 1840, art. 10.)

S'il s'agit d'un délit emportant *peine correctionnelle*, le procureur-général près la cour royale fera citer les pré-venus devant cette cour, qui prononcera sans qu'il puisse y avoir appel. (Cod. instr. crim., art. 479.)

Les causes de police correctionnelle, dans les cas pré-vus par l'art. 479 du Code d'instruct. criminelle et par l'art. 10 de la loi du 20 avril 1840, seront portées à la chambre civile, présidée par le premier président. — (Rè-glement du 6 juillet 1840, art. 4.)

La connaissance des faits emportant *peine afflictive ou infamante*, dont seront accusées les personnes mentionnées en l'art. 10, est aussi attribuée à la cour d'assises du lieu où réside la cour royale. — La disposition du présent arti-cle et celle de l'art. 10 ne sont pas applicables aux crimes ou délits qui seraient de la compétence de la *haute-cour*, d'après les dispositions du sénatus-consulte du 28 floréal an XII. — (Loi du 20 avril 1840, art. 18.)

Aujourd'hui la connaissance de ces crimes appartiendrait à la *cour des pairs*.

DES CONGRÉGATIONS

ET ASSOCIATIONS.

---

§ 1er. *Principes généraux.* — *Droit romain.*

Des hommes qui se croient plus que d'autres amis de
la liberté, parce qu'ils la veulent absolue et indéfinie, ont
souvent revendiqué, pour les citoyens, le droit illimité
de se former en associations. Mais ce droit d'association,
dont certes nous ne méconnaissons pas le principe et l'utilité, est, comme tout autre droit, assujetti pour son exercice à des règles sans lesquelles il dégénérerait trop facilement en abus. LIBERTAS *est naturalis facultas ejus, quod
cuique facere libet*, NISI SI QUID JURE PROHIBETUR. *L.* 4.
ff. de Statu hominum.

Quel est, en effet, le peuple, quel est le gouvernement
qui ait jamais accordé aux citoyens la faculté indéfinie de
s'organiser sourdement au gré de leurs caprices, et de
créer au sein de la grande société des sociétés secondaires
capables de balancer par leur influence l'exercice des
pouvoirs publics?

A Rome, dont les lois sont en grande partie devenues
les nôtres et dont on ne peut nier que la police ne fût admirable et ne se conciliât parfaitement avec la liberté politique et la liberté civile, on trouve des règles dont la
sagesse ne peut être contestée.

Il n'est pas permis à toutes personnes indistinctement
(dit le jurisconsulte Gaius) de fonder une société, un
collége, ou toute autre corporation; cette licence est réglée par les lois et les sénatus-consultes. *Neque societas,*

neque collegium, neque hujus modi corpus, passim omni-
bus haberi conceditur : nam et legibus et senatusconsultis
ea res coercetur. L. 1, ff. *Quod cujusq. civit. nomine.*

Aussi, il était spécialement recommandé aux gouver-
neurs des provinces de ne point permettre l'établissement
de colléges et de sodalités, et aux généraux de les interdire
sévèrement dans les camps parmi les soldats. *Mandatis*
principalibus præcipitur præsidibus provinciarum, ne pa-
tiantur esse collegia sodalitia, L. 1. ff. *de Coll. et corp. —*
Neve militis in castris collegia haberent. SUETON., *in Aug.*
Cæs. cap. 32.

Ces établissements n'étaient valides qu'autant qu'ils
avaient été fondés en vertu d'un sénatus-consulte, ou plus
tard avec la permission de César : autrement ils étaient
réputés illicites, et alors ils devaient être condamnés à se
dissoudre. *In summa, nisi ex senatusconsulti auctoritate*
vel Cæsaris, collegium, vel quodcumque tale corpus coie-
rit, contra senatusconsultum et mandata collegium cele-
brat. L. 3, § 1, ff. *de Coll. et corp. — Collegia si qua*
fuerint illicita, mandatis et constitutionibus dissolvun-
tur. D. L. 3.

Le célèbre Brisson, dans ses Antiquités, lib. 1, cap. 14,
a un chapitre intitulé : *Collegia illicita, quibus legibus,*
senatusconsultis, constitutionibusque coerceantur.

Ces dispositions des lois romaines étaient indépendantes
de l'objet des associations : ce but fût-il innocent, le collége, la sodalité ou congrégation n'était pas moins illicite,
par cela seul qu'elle n'était pas légalement autorisée.

Telles étaient les premières assemblées des chrétiens, auxquelles Pline le jeune rend d'ailleurs un si honorable témoignage dans sa lettre à l'empereur Trajan : mais, quoique in-
nocentes au fond, elles n'en étaient pas moins illicites à
défaut d'autorisation. Aussi Tertullien lui-même, dans une

de ses apologies (*in libro adversus Psychicos*), où il excuse les assemblées des chrétiens, ne peut s'empêcher de
dire : *Nisi fortè in senatusconsulta et principum mandata
coïtionibus opposita delinquimus.*

Du reste, Pline, dans la même lettre, leur rend cette justice, qu'aussitôt après qu'il eut pris un arrêté en vertu du
décret de Trajan qui défendait les hétéries ou congrégations, ils s'étaient abstenus d'en former aucune.... *Morem
coeundi..... innoxium, quod ipsum facere desiisse post
edictum meum, quo secundum mandata tua hœterias esse
vetueram.*

Si au fait d'association se joignaient d'autres faits pro-
hibés par les lois, des actes de débauche, des crimes, des
délits contre les particuliers et contre l'État, alors la peine
ne consistait pas seulement à dissoudre l'assemblée, soit
qu'elle eût été autorisée ou non ; mais les coupables étaient
punis *pro qualitate facti* dans toute la rigueur des lois. On
en voit un notable exemple dans Tite-Live, au livre 39,
où il rend compte du *procès fait à la congrégation religieuse des Bacchanales.*

Ce procès m'a paru assez intéressant, ou plutôt assez
instructif, pour reproduire ici la traduction que j'en ai
faite, et publiée en 1826, à l'époque où ces questions com-
mencèrent à s'agiter.

§ 2. *Procès fait à la congrégation dite des Bacchanales.*

L'an de Rome 566; — 186 avant Jésus-Christ.

> *Qui qualesque sint.*
> TITE-LIVE.

Si l'on pouvait douter de l'importance qu'il y a pour tout
État à surveiller les associations qui se forment sous le
manteau religieux, il suffirait de rappeler le procès fait

à Rome à la congrégation des Bacchanales. —Au premier avis qu'en eut le Sénat, on le voit prononcer le *Caveant consules*, formule presque équivalente à la déclaration moderne que *la patrie est en danger*. Les consuls comprennent toute l'étendue de leur mission ; ils joignent la prudence à l'énergie ; et la république est délivrée d'un péril plus grand qu'aucun de ceux qui l'avaient auparavant menacée : *Nunquam tantum malum in republicâ fuit, nec ad plura nec ad plures pertinens*, dit l'historien à qui nous allons emprunter toutes les circonstances de ce grand événement.

L'épitome que Daniel Heinsius a placé en tête du livre 39 de Tite-Live donnerait envie de le lire à ceux mêmes qui n'auraient pas eu la pensée de le rechercher. *Bacchanalia, sacrum græcum, et quidem nocturnum, scelerum omnium seminarium, quum ad ingentis turbæ conjurationem pervenisset, à consule investigatum et multorum pœnâ sublatum est.* « La confrérie des Bacchanales, sorte de dévotion grecque, dont les mystères se célébraient la nuit, séminaire de crimes et de débauches, ayant déjà engagé dans sa congrégation un grand nombre de citoyens, fut recherchée par le consul et réprimée par la punition de plusieurs coupables. »

L'an de Rome 566, environ 186 ans avant Jésus-Christ, sous le consulat de Spurius Posthumus Albinus et de Marcius Philippus, ces magistrats, après avoir pourvu aux besoins de la guerre et au gouvernement des provinces, s'occupèrent de la question des conjurations clandestines, *quæstio de clandestinis conjurationibus decreta est.*

Un Grec ignoble (*Græcus ignobilis*), ignare et dépourvu des avantages que cette nation, vive et spirituelle, avait souvent déployés pour l'éducation de la jeunesse et la culture des sciences, mais homme superstitieux et faisant l'inspiré (*sacrificulus et vates*), vint d'abord en Étrurie ;

et là, au lieu de professer ouvertement la morale religieuse et l'horreur des crimes, se mit à prêcher en secret des mystères cachés et à enseigner des pratiques superstitieuses (*occultorum antistes sacrorum*).

Il ne s'était d'abord ouvert qu'à un petit nombre d'initiés ; mais bientôt sa doctrine se répandit peu à peu parmi les hommes et parmi les femmes [1] : doctrine relâchée, qui s'alliait avec la tolérance de la bonne chère et des plaisirs pour caresser les imaginations et leur offrir quelque attrait, *additæ voluptates.... quo plurium animi illicerentur.*

L'historien décrit les désordres commis par les *affiliés;* ce n'étaient pas seulement des actes de débauche ; mais de là aussi, de cette boutique (*ex eâdem officinâ*) partaient de faux témoins, des lettres supposées, des attestations infidèles et des jugements corrompus. *Falsi testes, falsa signa, testimoniaque et judicia ex eâdem officinâ exibant.*

Multa dolo : le dol et la ruse y venaient au secours de la violence.

Ces affiliations gagnèrent de l'Etrurie jusqu'à Rome, où elles se propagèrent à la manière d'un mal contagieux. L'étendue de la ville, où certains désordres étant plus habituels étaient aussi moins remarqués, les déroba quelque temps à la surveillance des magistrats ; enfin le consul Posthumius en eut avis.

Un jeune homme, nommé Æbutius, resté orphelin et ayant perdu ses tuteurs, avait été confié aux soins de sa mère, remariée en secondes noces à Titus Sempronius. Ce beau-père avait mal géré les affaires du pupille ; il était hors d'état d'en rendre compte, et il fallait ou perdre Æbutius ou le placer de quelque manière que ce fût dans une position dépendante : *Aut tolli pupillum, aut obnoxium*

---

[1] *Initia erant, quæ primo paucis tradita sunt : deinde vulgari cœpta per viros mulieresque.*

sibi vinculo aliquo fieri cupiebat. Le tuteur ne trouva rien de mieux que de faire entrer son pupille dans la société corrompue des Bacchanales : *Via una corruptelæ Bacchanalium erant.*

La mère d'Æbutius le fait appeler : elle lui dit « que pendant qu'il était malade elle avait fait *vœu*, s'il recouvrait la santé, de le faire initier aux mystères de Bacchus; que, le voyant guéri, elle voulait *en conscience* acquitter sa promesse et que son fils eût à s'y disposer. »

Æbutius se fût peut-être rendu aux désirs de sa mère; mais il en fut détourné par sa maîtresse (*Hispala Fecenia*), qui, craignant de perdre son amant, lui fit une horrible peinture de ce qu'elle avait appris au sujet de l'association.

Effrayé par ce tableau, le jeune homme déclara à sa mère qu'il ne ferait point profession dans l'ordre des Bacchanales : *Negat initiari sibi in animo esse.*

Le beau-père était présent; il s'irrite, il s'enflamme et fait jeter son fils à la porte par quatre esclaves.

Le malheureux jeune homme, ainsi chassé de la maison paternelle, se retire chez sa tante Æbutia, lui expose la cause de sa disgrâce; et par son conseil il va révéler le fait au consul Posthumius.

Ce magistrat lui dit de revenir dans trois jours; et il emploie ce temps à s'assurer de la moralité du révélateur et de sa tante Æbutia : il interroge celle-ci; il lance aussi un mandat d'amener contre Hispala, qui d'abord nie, puis montre des craintes sur le mauvais sort que peuvent lui faire éprouver les affiliés; elle demande même qu'on lui procure un asile hors d'Italie, où elle puisse terminer ses jours à l'abri de leurs coups. Le consul la rassure; elle parle enfin et révèle les statuts de l'association : *Originem sacrorum expromit.*

Ce n'avait d'abord été qu'un oratoire de femmes, *primó*

sacrarium id feminarum fuisse ; les hommes n'y étaient point admis. Mais ensuite les statuts reçurent différents changements, dictés, disait-on, par l'ordre des dieux, *tanquam Deûm monitis.* Hispala expose les désordres dont elle se dit informée, la fantasmagorie déployée dans les mystères pour effrayer les néophytes et dominer les imaginations ; elle ajoute que cette congrégation, au point où elle est arrivée, comprend un grand nombre de personnes ; qu'elle forme, pour ainsi dire, un autre peuple au sein de la nation : *multitudinem ingentem, alterûm jam propè populum esse ;* elle compte quelques nobles en hommes et en femmes, *in his nobiles quosdam viros feminasque.* On capte, on enrôle la jeunesse : *captari ætates.*

Ces révélations terminées, Hispala renouvelle ses prières pour qu'on veille à sa sûreté : le consul y pourvoit ainsi qu'à celle du jeune Æbutius ; il fait ensuite son rapport au sénat.

Les sénateurs sont frappés de terreur, *patres pavor ingens cepit ;* ils craignent, dans l'intérêt public, que ces congrégations et ces assemblées nocturnes ne couvrent quelque dessein caché, quelque danger secret ; ils tremblent qu'à leur insu, dans leurs propres familles, ne se trouvent des affiliés de ce qu'ils regardent comme un complot [1].

Toutefois, ils commencent par rendre grâces à Posthumius de ce qu'il avait exploré cet événement avec autant de sagacité que de prudence et de discrétion : passant ensuite à la délibération, le Sénat ordonna aux Consuls d'instruire *extraordinairement* sur tout ce qui avait rapport à l'association des Bacchanales et à leurs mystères. On promet des récompenses aux révélateurs ; on prescrit de re-

---

[1] *Quum publico nomine ne quid eæ conjurationes cœtusque nocturni fraudis occultæ aut periculi importarent ; tùm privatim suorum quisque vicem, ne quis ei affinis noxæ esset.*

chercher, soit dans Rome, soit au-dehors, les chefs,
hommes et femmes, de la congrégation : *sacerdotes eorum
sacrorum, seu viri seu feminæ essent, non Romæ modò,
sed per omnia fora et conciliabula conquiri.* On publiera
dans Rome et dans toute l'Italie une proclamation pour défendre à tous et chacun des membres de la congrégation
de se réunir et de s'assembler : *ne quis qui Bacchis ini-
tiatus esset, coiisse aut convenisse caussâ sacrorum velit.*

L'autorité municipale (*œdiles plebis*) fut spécialement
chargée de veiller à ce que rien de ce qui aurait trait au
culte ne se fît en secret. La juridiction des triumvirs, auxquels on adjoignit quelques constables[1], fut chargée de
disposer des gardes dans les divers quartiers pour prévenir
les attroupements et les incendies.

Ces précautions prises, et chacun étant à son poste, les
consuls convoquèrent l'assemblée du peuple, et, après avoir
adressé aux dieux du Capitole la prière accoutumée, Posthumius s'exprima en ces termes : « Romains, dans aucune
» occasion il ne fut plus convenable, plus nécessaire d'adres-
» ser aux dieux de la patrie cette prière solennelle qui vous
» avertit que ce sont là les divinités qui doivent être réelle-
» ment l'objet de votre culte, que vous devez honorer et
» prier à la manière de vos aïeux; et non ces dieux dont le
» culte superstitieux et dépravé n'offre à ceux qui l'exploitent
» qu'une occasion et qu'un prétexte d'agir au gré de leurs
» passions et d'oser toute sorte d'attentats. Je ne sais, au
» reste, ni ce que je dois taire, ni ce qu'il conviendrait de
» vous révéler; je crains également et d'être accusé de né-
» gligence si je vous laisse ignorer une partie des faits,
» et de jeter au milieu de vous un trop grand effroi si je
» mets tout à nu. Quoi que je dise, songez toutefois que je

---

[1] *Adjutores triumviris quinque viri dati.*

» resterai encore au-dessous de l'énormité du sujet..... »
(Après avoir rappelé les bruits répandus sur l'existence de
cette association et sur son objet, le consul reprend :) « Quant
» au nombre des affiliés, si je vous dis qu'ils sont plusieurs
» milliers, il faudra vous en effrayer, à moins que je ne vous
» dise en même temps qui et quels ils sont : *qui qualesque sint*.

» En premier lieu, il y a un grand nombre de femmes,
» et c'est là l'origine du mal, *mulierum magna pars est;*
» ensuite les hommes les plus semblables aux femmes par
» leur mollesse, leur fanatisme, leur relâchement. Cette
» congrégation n'est pas encore redoutable à l'État, cepen-
» dant elle acquiert et prend chaque jour de nouvelles forces : .
» *Nullas adhuc vires conjuratio, cæterùm incrementum in-*
» *gens virium habet, quod in dies plures fiunt.*

» Ce n'est que dans les occasions solennelles, où l'éten-
» dard de l'État est arboré au Capitole pour protéger la
» liberté des suffrages, ou sur la convocation des tribuns
» ou de quelques autres magistrats, que vos aïeux ont voulu
» que le peuple pût s'assembler ; et partout où il y a un
» rassemblement de citoyens, ils ont voulu que ce fût sous
» la présidence d'un magistrat compétent : *Et ubiquè*
» *multitudo esset, ibi et legitimum rectorem multitudinis*
» *censebant debere esse.* » (Le consul en conclut que les assemblées nocturnes et autres dont il a parlé sont illicites et
ne peuvent être tolérées ; il insiste surtout sur le danger particulier qui menace la république, par l'enrôlement de jeunes
gens dans ces sortes d'affiliations.) « C'est de là, dit-il, c'est
» du sein de cette congrégation que sortiront ensuite les con-
» scrits auxquels vous confierez les armes pour la défense de
» vos propriétés, de vos lois et de vos familles ! Et ce ne
» serait rien encore s'ils n'en sortaient qu'efféminés et que
» du moins leurs jeunes cœurs n'eussent pas été corrompus
» par une fausse morale et livrés à la fraude : *si mentem à*

» *fraude abstinuissent.* Jamais un si grand mal n'a travaillé
» la république ; jamais un mal qui tînt à tant de gens et à
» tant de choses : *Nunquàm tantum malum in republicà*
» *fuit, nec ad plures, nec ad plura pertinens.* Tout ce que dans
» ces derniers temps nous avons pu remarquer de corrup-
» tion, de fraude, de vénalité, tous les péchés qui nous affli-
» gent sont sortis de cette congrégation soi-disant religieuse :
» *Quidquid in his annis libidine, quidquid fraude, quid-*
» *quid scelere peccatum est, ex illo uno sacrario, scitote, or-*
» *tum est.* Et comme tout ce qu'ils ont médité contre
» l'ordre public n'est pas encore prêt, et qu'ils ne sont point
» encore en mesure d'opprimer la république, ils s'exer-
» cent dans des intrigues domestiques, au sein des familles.
» Cette congrégation impie se tient dans l'obscurité ; mais,
» en attendant, le serpent rampe, le mal croît chaque jour :
» il est déjà si grand qu'il dépasse la limite des intérêts
» particuliers ; il menace la république elle-même et la
» constitution de l'État !

» S'il n'y est pourvu, déjà leurs conciliabules égalent en
» nombre les membres de cette assemblée nationale. Ils
» vous craignent à présent, que vous délibérez en qualité
» de peuple romain ; mais rentrés dans vos maisons, dans
» vos terres, ils s'assembleront à leur tour et délibèreront
» à la fois et de votre perte et du salut de leur société.
» Alors chacun de vous devra trembler isolément. Vous devez
» donc désirer que chacun reprenne ou conserve de bons
» sentiments ; que les hommes égarés qui auraient pu se
» laisser entraîner à faire partie de cette association s'en
» détachent et laissent le crime à ceux-là seuls qui l'ont
» conçu : car je ne puis être assuré qu'aucun des mem-
» bres de cette assemblée ne se soit laissé surprendre par
» de faux semblants. Rien, en effet, n'est plus propre à faire
» illusion que ce qui se pratique en fraude, mais sous le

» nom de la religion : *Nihil enim in speciem fallacius est* » *quam prava religio.* Du moment que certains hommes » invoquent Dieu à l'appui de leurs criminels complots, une » terreur subite se glisse dans les âmes, et l'on craint, en » vengeant les intérêts humains, de blesser les intérêts di- » vins qu'on a eu soin de mêler aux choses profanes. » (Le consul rappelle les décrets et les sénatus-consultes qui, de tout temps, ont proscrit et réprimé les abus pratiqués dans l'exercice du culte ; et il fait l'éloge de cette prudence des anciens Romains, qui n'avaient jugé rien de si dange- reux, pour la religion et pour l'État, que d'autoriser des pratiques religieuses contraires au rit national et venues de l'étranger : *Nihil æquè dissolvendæ religionis esse, quàm* *ubi non patrio, sed externo ritu sacrificaretur.*)

« J'ai dû prévenir ainsi vos esprits, reprend Posthu- » mius, de crainte que quelque superstition ne vînt agiter » vos âmes lorsque vous verrez démolir et dissoudre les re- » paires de la congrégation soi-disant religieuse des Bac- » chanales. Avec l'aide et la volonté des dieux nous en » viendrons à bout : c'est sans doute parce qu'ils étaient » indignés de tant de profanations secrètes qu'ils ont enfin » permis que la révélation s'en fît au grand jour ; ils n'ont » pas voulu de cette publicité pour offrir l'affligeant scan- » dale de l'impunité, mais pour que les lois en prissent plus » aisément vengeance. Le sénat m'a chargé de ce soin ainsi » que mon collègue. Nous nous en acquitterons sans re- » lâche. Nous avons pris toutes les mesures convenables » pour assurer le maintien de l'ordre ; prenez confiance ; » obéissez à vos magistrats et veillez avec nous au salut de » la république ! »

Je passe sous silence les mesures qui furent ensuite prises par les consuls. Tite-Live dit qu'après la séparation de l'assemblée, une grande inquiétude se manifesta et dans

Rome et dans toute l'Italie. On fit des arrestations, on rechercha les chefs ; plusieurs furent punis de la peine capitale ; ceux des initiés qui furent reconnus coupables de délits particuliers furent traités selon la rigueur des lois ; les hommes simples qui n'avaient été qu'entraînés, et qui, liés par le serment d'association, n'avaient du reste rien commis qu'on pût leur reprocher, en furent quittés pour la peur et un léger emprisonnement ; quelques-uns furent admonestés en public ; les femmes furent remises à leurs maris et à leurs proches, pour être jugées en conseil de famille, au tribunal domestique.

Le Sénat chargea ensuite les consuls de veiller à la pleine et entière dissolution de cette congrégation : à Rome d'abord, et successivement dans toute l'Italie ; de ramener l'ancien culte à sa simplicité, et de le purger de toutes les superstitions dont les congrégations l'avaient surchargé. On porta enfin un sénatus-consulte conçu en ces termes :

« Qu'il n'y ait plus d'association ni de congrégation de ce genre, ni à Rome, ni dans toute l'Italie. Si quelqu'un croit nécessaire à sa piété d'établir un oratoire particulier, qu'il en fasse la demande au préteur ; le préteur en référera au Sénat, assemblé au moins au nombre de cent de ses membres ; et le Sénat le permettra s'il y a lieu, à la condition toutefois que ces sacrifices particuliers ne pourront pas se célébrer en présence de plus de cinq personnes, et qu'elles n'auront ni caisse commune, ni directeur, ni prêtre à leur tête. »

§ 3. *Droit public français sur les associations et congrégations.*

La police romaine sur les associations, est devenue l'une des maximes de notre droit public français.

Domat, *du Droit public*, liv. Ier, titre 2, sect. 2, n° 14, dit : « Il est de l'ordre et de la police d'un État que toutes assemblées de plusieurs personnes en un corps y soient illicites , à cause du danger de celles qui pourraient avoir pour fin quelque entreprise contre le public. Celles mêmes qui n'ont pour fin que de justes causes ne peuvent se former sans une expresse approbation du souverain, sur la connaissance de l'utilité qui peut s'y trouver, ce qui rend nécessaire l'usage des permissions d'établir des corps et communautés ecclésiastiques ou laïques, régulières, séculières et *de toute autre sorte*, chapitres, universités, colléges, monastères, hôpitaux, corps de métiers, confréries, maisons de villes ou d'autres lieux, et toutes autres qui rassemblent diverses personnes pour *quelque usage que ce puisse être.* »

Domat ne distingue pas : il n'excuse point les associations par le motif plus ou moins louable qui a présidé à leur formation. Quelles qu'elles soient, pour quelque usage que ce puisse être , il faut la permission de l'autorité publique.

Et pourquoi ? — M. l'avocat-général Joly de Fleury en donnait la vraie raison dans ses conclusions, lors de l'arrêt du 18 avril 1760 ; c'est que « dans l'État, toute assemblée particulière qui n'est point autorisée par le souverain..... donne lieu à des *soupçons légitimes* que la police a intérêt de vérifier, et présente toujours une matière ouverte à des *inquiétudes* qu'il est du bon ordre d'écarter. »

Le prétexte même de religion, quelque respectable qu'il soit, n'en impose pas ; il faut, dans tous les cas, une autorisation expresse et dans la forme légale ; autrement, dit Feyret (tom. 1er, p. 89, 91, 96 et 97), il y a abus, et abus d'autant plus dangereux que le prétexte étant plus respectable peut entraîner un plus grand nombre de personnes. *Nam vidimus plerumque, etiam sub sacri conventûs pretextum , multa improbos adversus pudicitiam et leges moliri.* Alciat, in l. 85, ff. de *Verb. signif.*

Aussi voit-on grand nombre d'ordonnances, de règlements et d'arrêts qui, dans notre législation . ont eu pour
objet de réprimer les assemblées, associations, congrégations et confréries non autorisées légalement.

' On peut voir : le mandement adressé en 1305, par Philippe-le-Bel, au prévôt de Paris ; le prince y défend toute
congrégation au nombre de plus de cinq, sous quelque
forme ou simulation que ce soit (*Ord. du Louvre,* tom. Ier,
p. 428) ;

Les lettres de Philippe de Valois pour le bailliage d'Auvergne en 1343, qui défendent à toutes personnes de faire
assemblées sous couleur de confrérie ou autrement (tom. II,
p. 189) ;

D'autres ordonnances rapportées dans Fontanon, tom. Ier,
liv. 3, p. 66, et dans les Conférences de Guénois, liv. Ier,
tit. 5, part. 2, §§ 16 et 17, qui enjoignent aux officiers
royaux d'en faire la poursuite *diligemment ;*

Ajoutez encore l'ordonnance de Moulins, de février 1566,
art. 27 ; la déclaration du 24 mai 1724, et les ordonnances citées par Fevret, *Traité de l'abus,* tom. Ier, p. 96
et 97.

Lorsqu'il s'agissait d'une association ou congrégation religieuse, même d'une simple confrérie, le concours de la
puissance civile était exigé. Il n'eût pas suffi d'une bulle
du pape ou de l'autorisation de l'évêque : il fallait encore
l'autorisation du roi, donnée par lettres patentes dûment
enregistrées et vérifiées.

(Pour le consentement de l'évêque, *voyez* art. 10 du *Règlement des Réguliers, Mémoires du Clergé,* tom. V, p. 1574 ;
tom, VI, p. 1231. — Pour l'autorisation royale, *voyez
Preuves des libertés de l'Église gallicane,* chap. 15 ; *Déclaration* du mois de juin 1659 ; *Lois ecclésiastiques,* chap.
des Fêtes, n°s 17 et 18.)

Les parlements veillaient avec soin à l'observation de cette règle de droit public. J'en puis rapporter un exemple saillant.

Le 11 janvier 1760, sur la demande d'un de Messieurs, accueillie par l'assemblée des Chambres, le procureur-général fut chargé de s'informer de différentes *associations et congrégations non autorisées et non revêtues de lettres patentes.* Il rendit ce compte le 18 avril 1760 ; il donna des détails sur ces différentes associations et sur plusieurs pratiques superstitieuses qui y avaient lieu ; il s'éleva surtout contre le *secret* qui régnait dans ces associations. Il fit observer que toutes ces congrégations étaient inutiles dans les beaux siècles de l'Église, qu'elles ne devaient leur établissement qu'à la dévotion peu éclairée de fidèles, etc., etc.; enfin, il requit contre ces réunions des mesures qui furent adoptées par l'arrêt qui fut rendu le 9 mai. Par cet arrêt : « La » Cour ordonne que les ordonnances, arrêts et règlements » de la Cour seront *exécutés selon leur forme et teneur ;* ce » faisant, fait inhibitions et défenses à toutes personnes, de » quelque qualité et condition qu'elles soient, *de former au-* » *cunes assemblées illicites*, ni *confréries, congrégations* » ou *associations*, sans l'expresse permission du roi, et » lettres patentes vérifiées en la Cour..... leur fait très-- » expresses inhibitions et défenses de souffrir aucune as- » semblée, ni faire aucun exercice desdites *affiliations* et » *congrégations*, » etc.; etc.

Le célèbre arrêt du parlement de Paris, du 6 août 1762, qui prononce la suppression de l'institut des Jésuites, après un examen approfondi des constitutions de cette société, et les arrêts des autres parlements à la suite, témoignent hautement du droit de la puissance publique en cette matière. (*Voyez* notes à la suite de l'éloge d'Ét. Pasquier, p. 284.)

À l'époque de la révolution, il existait en France un

25.

grand nombre de corporations et congrégations séculières, ecclésiastiques et laïques, dûment autorisées; mais une loi du 18 août 1792 les a toutes supprimées sans exception, *quelle que fût leur dénomination*, ainsi que *toutes les familiarités, confréries, et toutes autres associations* de piété ou de charité.

Quelques agrégations ou associations religieuses ayant essayé de se reproduire sous l'Empire, un décret du 3 messidor an XII (22 juin 1804), rédigé par M. Portalis, en prescrivit la *dissolution*.

Le Code pénal de 1810, art. 291 et suivants, prononce également la *dissolution* de toute association *non autorisée*.

La loi du 10 avril 1834, sur les associations, est venue compléter ces dispositions.

Dans le § suivant, on trouvera le texte de ces trois actes, qui sont le fondement actuel de notre législation sur la matière.

§ 4. *Lois modernes relatives aux associations et congrégations non autorisées.*

RAPPORT

DU CONSEILLER D'ÉTAT, COMTE PORTALIS,

sur les Ecclésiastiques qui s'établissent en France

sous le titre de *Pères de la Foi*, sous le nom de *Sacré-Cœur de Jésus*, et autres semblables;

et DÉCRET du 3 messidor an XII.

On m'a ordonné de faire un rapport sur les ecclésiastiques qui s'établissent en France sous le titre de *Pères de la Foi*, sur les associations connues sous le nom de *Sacré Cœur*, etc., etc.; de présenter un projet d'arrêt pour dissoudre toutes ces congrégations, et ordonner aux tribunaux d'informer contre les individus qui persisteraient à les maintenir.

L'intention manifeste du gouvernement est de conserver l'utile institution des Sœurs de la Charité, à la charge que leurs statuts seront vérifiés, approuvés et enregistrés au conseil d'Etat, et qu'on ne connaisse en France d'autre clergé ni d'autres institutions religieuses que celles qui sont établies par le Concordat et par les lois organiques.

Pour me conformer aux ordres que j'ai reçus, je vais poser quelques faits et établir quelques principes.

(Ici le rapporteur parle de l'origine des ordres religieux dans la chrétienté, des motifs qui les avaient fait établir, et des raisons qui, en 1215, avaient déterminé le concile de Latran à défendre qu'il en fût établi de nouveaux. Enfin il signale les infractions de la cour de Rome aux décrets de ce concile, puis il poursuit :)

Par une de ces révolutions inévitables dans le cours des choses humaines, les institutions religieuses ont vieilli et dégénéré avec le temps. On a même observé que, dans ces sortes d'institutions, la ferveur ne durait guère qu'un siècle, après quoi elles avaient besoin de réformation.

Dans les vingt-quatre années qui ont précédé la révolution, on avait formé, en France, des commissions d'évêques et de magistrats pour rétablir la discipline dans les cloîtres, pour réunir les ordres qui avaient eu dans l'origine le même objet, et qui ne pouvaient plus subsister séparément, pour éteindre ceux qui n'étaient qu'incommodes ou qui s'annonçaient comme irréformables ; mais tous les plans de réforme étaient demeurés sans exécution, ou n'avaient produit aucun effet utile. L'expérience de tous les temps a démontré qu'un établissement peut plus aisément se maintenir contre la violence que contre la corruption.

D'ailleurs, chaque siècle a sa tendance particulière et ses opinions dominantes. Les changements qui arrivent dans les mœurs et dans les idées ébranlent toujours plus ou moins des institutions qui sont nées avec d'autres idées et avec d'autres mœurs. On ne peut se dissimuler qu'un autre esprit avait depuis long-temps remplacé celui qui avait présidé à l'établissement des différents ordres religieux. Les derniers fondateurs avaient montré des idées plus libérales : ils s'étaient plus occupés de vertus utiles à la société que des pratiques et des austérités jusque-là usitées dans le cloître ; ils avaient cherché à substituer des corporations libres, des communautés de séculiers, telles que l'*Oratoire*, aux anciens ordres, dont la religion n'était plus en harmonie avec l'esprit général.

Aussi, en 1789, l'Assemblée constituante déclara que la loi française n'autorisait plus de vœux solennels.

Malheureusement la révolution fut bientôt défigurée par la fureur des partis et des systèmes. Les passions se mêlèrent à tout. Si l'on avait gémi jusque-là sous le poids des abus, on ne tarda pas à gémir sous celui des excès : alors les principes d'une saine philosophie furent perdus ou obscurcis pour tout le monde au milieu des tempêtes politiques. Un fanatisme impie ralluma le fanatisme religieux, et il se forma une foule de petites sectes dans lesquelles des âmes inquiètes et exaltées, et qui tiraient toute leur force du malheur même des circonstances, cherchèrent un asile.

Telle est l'origine des diverses associations qui existent actuellement en France, sous les noms de *Société du Cœur de Jésus*, de *Société des Victimes de l'amour de Dieu*, de *Société des Pères de la Foi*.

La première de ces sociétés date des premières années de la révolution ; elle est née dans l'ancien diocèse de Saint-Malo. Son fondateur est le prêtre *Corivière*.

(Parmi les règles intolérables que M. Portalis signale dans cette association, est le secret ; rien n'est communiqué qu'aux sociétaires dont on a éprouvé la *discrétion* et la *prudence*, ce qui est bien du *jésuitisme* tout pur, par conséquent dangereux dans l'État.)

La *Société des Victimes de l'amour de Dieu*, continue M. Portalis, m'a été présentée comme essentiellement mauvaise. Ceux qui forment cette association enseignent qu'*avec l'amour de Dieu on est, pour ainsi dire, absorbé en Dieu, et qu'alors les actions extérieures sont indifférentes* ; ce qui ouvre la porte aux désordres. Cette doctrine est une reproduction de l'ancienne erreur désignée par le mot *quiétisme*. Cette société compte parmi ses membres des hommes et des femmes.

(Ici nous réclamons l'attention du lecteur.)

Quant à la société des Pères de la Foi, qui s'appellent aussi les *Adorateurs de Jésus* ou les *Paccanaristes*, elle tient à des plans plus vastes que les deux autres corporations ; *elle suit l'institut des Jésuites*.

On sait que ces anciens religieux n'ont jamais été entièrement détruits. Dans le moment même de leur proscription, ils furent protégés par Frédéric II, roi de Prusse, et par Catherine II, impératrice de Russie.

La Cour de Rome, par ménagement pour la France et pour l'Espagne, résista aux sollicitations de la Prusse et de la Russie, qui voulaient conserver les Jésuites tels qu'ils avaient toujours existé; ils ne purent conséquemment se maintenir dans ces deux États que sous un nom simulé, et avec un costume un peu différent de celui qu'ils avaient porté avant la dissolution de leur compagnie.

Dans le cours de la révolution française, le cabinet de Russie est revenu à la charge : il a demandé au pape une nouvelle autorisation pour les Jésuites, et il l'a obtenue sous la condition que les Jésuites ne pourraient exister qu'en Russie (c'était alors sous le pontificat de Pie VI).

L'empereur de Russie vient de reconnaître dans quelle erreur étaient, à l'égard des Jésuites, Catherine II et Paul Ier, ses prédécesseurs.

Dans le temps que l'on s'occupait de cette organisation, un nommé *Paccanari*, tailleur de pierre, ensuite soldat, puis emprisonné et mis en liberté par les Français, se mit à la tête d'un certain nombre d'ecclésiastiques, et forma le projet de faire revivre l'*institut des Jésuites*, principalement en ce qui concernait l'*enseignement* et les *missions*.

Une armée française faisait alors la conquête de l'Égypte, et le pape Pie VI était prisonnier à Florence.

Depuis, l'empereur d'Allemagne a favorisé dans ses États l'établissement des *Paccanaristes*..... Ils ont une maison à Rome.

On prétend que les anciens Jésuites réfugiés en Russie ont refusé de reconnaître les *Paccanaristes*, et de se réunir à eux; *mais il est certain que ceux-ci observent le même institut, se lient par les mêmes vœux, et font profession de ne dépendre que du pape seul....*

Une objection en général, poursuit le rapporteur, qui frappe également contre toutes les agrégations ou sociétés dont nous venons de parler, est qu'elles se sont formées sans l'aveu de la puissance publique.

N'est-il pas contre l'ordre public qu'il puisse se former dans un État des associations, des ordres, sans l'autorité de l'État ? Le droit d'approuver et de rejeter une corporation nouvelle, civile ou religieuse, n'est-il pas une conséquence nécessaire du droit essentiel qu'ont les États de veiller à leur conservation ?

Les constitutions d'un ordre religieux sont les conditions suivant lesquelles il s'oblige envers l'Église ; et comme il n'y a que le pape qui puisse, en ce point, la représenter, c'est à lui qu'est déférée l'approbation des ordres qui se présentent pour s'établir dans chrétienté.

Mais le pape n'est pas le maître absolu de l'Église, et l'Église elle-même n'a aucun pouvoir sur le temporel ; elle est et existe dans l'État. C'est donc à l'État qu'il appartient de recevoir dans sa domination ou de refuser un ordre ou un institut......

Il serait inouï que l'État pût être contraint d'admettre des hommes qu'il ne connaît pas, et il ne peut les connaître que lorsqu'ils présentent leur institut, leurs lois et leurs constitutions.

Il est donc contre le droit des gens, contre l'ordre public, que les constitutions d'un ordre, de quelque autorité qu'on les suppose émanées, ne soient pas présentées. Il est contre la raison et le bon sens qu'elles ne soient pas publiques, notoires, suffisamment connues.

Le droit public de France a toujours exigé, pour l'établissement des ordres religieux, l'intervention et l'autorisation du magistrat politique. Cette intervention et cette autorisation se manifestaient autrefois par des lettres patentes : elles peuvent se manifester aujourd'hui sous une autre forme ; mais le principe sur la nécessité du consentement de l'autorité civile est toujours le même, et ce principe est commun à tous les États politiques.

Pour prononcer la dissolution des sociétés religieuses sur lesquelles on m'a demandé un rapport, il suffit donc d'observer que ces sociétés se sont établies à l'insu de l'État, et sans représenter à la puissance publique l'institut selon lequel elles croient pouvoir se diriger.

Mais on a même des reproches particuliers à faire à chacune des sociétés dont il s'agit.

La société des *Victimes de l'amour de Dieu* n'est qu'une association clandestine, née dans les caves et dans les oratoires particuliers pendant les troubles révolutionnaires ; elle n'est fondée que sur une doctrine fausse et dangereuse, elle n'existe que par le fanatisme.

L'origine de la *Société du Cœur de Jésus* n'est pas plus

rassurante. L'on ne professe aucune erreur connue dans cette société, les membres qui la composent peuvent se prévaloir de quelque approbation au moins tacite des supérieurs ecclésiastiques, mais on ignore les règles d'après lesquelles ils se proposent de vivre : ils admettent des secrets ; ils ont annoncé le désir de se lier par des vœux perpétuels. Or, tout cela est inconciliable avec nos lois.

Les Pères de la Foi ne sont que des Jésuites déguisés ; ils suivent l'institut des anciens Jésuites, ils professent les mêmes maximes; leur existence est donc incompatible avec les principes de l'Église gallicane et le droit public de la nation. On ne peut faire revivre une corporation dissoute dans toute la chrétienté par des ordonnances des souverains catholiques et par une bulle du chef de l'Église.

Pourquoi introduire, d'ailleurs, de nouveaux ordres religieux, ou faire revivre ceux qu'on a cru nécessaire de détruire ?

Les évêques et les prêtres sont établis de Dieu pour instruire les peuples et pour prêcher la religion aux fidèles et aux infidèles. Les ordres religieux ne sont point de la hiérarchie ; ce ne sont que des institutions étrangères au gouvernement fondamental de l'Église.

Je ne dissimulerai pas que de pareilles institutions ont pu être utiles selon les temps et les circonstances ; mais aujourd'hui le grand intérêt de la religion est de protéger les pasteurs destinés à porter le poids du jour et de la chaleur, au lieu de laisser établir à côté d'eux et sur leurs têtes des hommes qui puissent les opprimer. Le clergé séculier, à peine rétabli, est encore trop faible pour pouvoir diriger et contenir des établissements qui, dès leur naissance, seraient plus influents que les évêques.

D'autre part, après une grande révolution, le gouvernement ne pourrait sans danger se fier à des institutions qui, si elles avaient des principes autres que les siens, pourraient devenir infiniment dangereuses.

La plupart des supérieurs ecclésiastiques se plaignent de n'avoir pas, dans leurs diocèses, un nombre suffisant de sujets pour le service de leurs paroisses. Est-ce dans un tel moment qu'il serait convenable de favoriser des établissements qui achèveraient d'enlever à ce service tous ceux qui ont de la piété, du zèle et des lumières ?

Cependant le gouvernement, en portant sa sollicitude

sur toutes les agrégations et associations qui se forment *à
l'insu des lois*, et qui ne peuvent se concilier avec l'ordre
actuel des choses, a cru devoir distinguer certaines institutions d'humanité et de miséricorde, qui sont également
avouées par la religion et la philosophie..... Dans ces circonstances, il importe, en conservant les institutions de
bienfaisance et de charité qui ont déjà produit parmi nous
des effets si salutaires, de dissoudre toutes les agrégations
de sociétés religieuses qui se sont établies clandestinement
et à l'insu des lois, et de rappeler la maxime sur la nécessité de l'intervention de la puissance publique dans l'établissement de toutes les corporations religieuses et civiles.
C'est ce que je me suis proposé dans le projet de décret
que j'ai l'honneur de présenter.

— Suit le texte du décret, tel qu'il a été inséré au Bulletin des lois.

Art. 1er. A compter du jour de la publication du présent
décret, l'agrégation ou l'association connue sous les noms
de *Pères de la foi*, d'*adorateurs de Jésus* ou *Paccanaristes*,
actuellement établie à Belley, à Amiens, et dans quelques
autres villes de l'empire, sera et demeurera dissoute.

Seront pareillement dissoutes toutes autres agrégations
ou associations formées sous prétexte de religion, et non
autorisées.

2. Les ecclésiastiques composant lesdites agrégations ou
associations se retireront sous le plus bref délai dans leurs
diocèses, pour y vivre conformément aux lois et sous la
juridiction de l'ordinaire.

3. Les lois qui s'opposent à l'admission de tout ordre
religieux dans lequel on se lie par des vœux perpétuels,
continueront d'être exécutées selon leur forme et teneur.

4. Aucune agrégation ou association d'hommes ou de
femmes ne pourra se former à l'avenir sous prétexte de
religion, à moins qu'elle n'ait été formellement autorisée
par un décret impérial, sur le vu des statuts et règlements
selon lesquels on se proposerait de vivre dans cette agrégation ou association.

5. Néanmoins les agrégations connues sous les noms de
Sœurs de la Charité, de *Sœurs Hospitalières*, de *Sœurs
de Saint-Thomas*, de *Sœurs de Saint-Charles* et de
Sœurs Vatelottes, continueront d'exister en conformité
des arrêtés des 1er nivôse an IX, 24 vendémiaire an XI,

et des décisions des 28 prairial an XI et 22 germinal an XII; à la charge, par lesdites agrégations, de présenter, sous le délai de six mois, leurs statuts et règlements pour être vus et vérifiés en conseil d'Etat sur le rapport du conseiller d'Etat, chargé de toutes les affaires concernant les cultes.

6. Nos procureurs-généraux près nos cours, et nos procureurs impériaux sont tenus de poursuivre ou faire poursuivre même par voie extraordinaire, suivant l'exigence des cas, les personnes de tout sexe qui contreviendraient directement ou indirectement au présent décret, qui sera inséré au Bulletin des lois.

DÉCRET

RELATIF AUX MISSIONS,

26 septembre 1809.

Art. 1er : Les missions à l'*intérieur* sont défendues.....

NOTA. Sous la Restauration, plusieurs associations de missionnaires ont reparu sous la protection du gouvernement; mais leur existence ne reposait sur aucune loi; et les scènes de trouble et les divisions occasionnées par leurs prédications, n'ont révélé que trop souvent le danger de ces prédications nomades. Voyez mon Plaidoyer pour le *Constitutionnel*.

—Une ordonnance royale du 14 janvier 1831 a rapporté, comme illégale, une ordonnance du 25 septembre 1816 qui, contrairement au décret du 26 septembre 1809, avait approuvé l'établissement de la Société des missionnaires en France.

Quant au droit du gouvernement d'arrêter, et, au besoin, de réprimer les prédications séditieuses, voyez le rapport de M. Portalis du 5e jour complémentaire an XI; et pour les exemples nombreux de ces répressions dans les seizième et dix-septième siècles, la table chronologique placée à la fin du t. V des *Libertés gallic.* de Durand de Maillane.

Pour ce qui concerne les *missions étrangères*, les *Trappistes* du mont Saint-Bernard et du mont Genèvre, et les religieux de la *Grande-Chartreuse*, voyez M. Vuillefroy, au mot Congrégation, p. 167, note (*a*).

EXTRAIT

DU CODE PÉNAL DE 1810

sur les associations ou réunions illicites.

Art. 291. Nulle association de plus de vingt personnes, dont le but sera de se réunir tous les jours ou à certains jours marqués pour s'occuper d'objets religieux, littéraires, politiques ou autres, ne pourra se former qu'avec l'agrément du gouvernement, et sous les conditions qu'il plaira à l'autorité publique d'imposer à la société. — Dans le nombre de personnes indiqué par le présent article ne sont pas comprises celles domiciliées dans la maison où l'association se réunit.

292. Toute association de la nature ci-dessus exprimée qui se sera formée sans autorisation, ou qui, après l'avoir obtenue, aura enfreint les conditions à elle imposées, sera dissoute. — Les chefs-directeurs ou administrateurs de l'association seront en outre punis d'une amende de 16 fr. à 200 fr.

293. Si, par discours, exhortations, invocations ou prières, en quelque langue que ce soit, ou par lecture, affiches, publication ou distribution d'écrits quelconques, il a été fait dans ces assemblées quelque provocation à des crimes ou à des délits, la peine sera de 100 fr. à 300 fr. d'amende, et de trois mois à deux ans d'emprisonnement, contre les chefs, directeurs ou administrateurs de ces associations; sans préjudice des peines plus fortes qui seraient portées par la loi contre les individus personnellement coupables de la provocation, lesquels, en aucun cas, ne pourront être punis d'une peine moindre que celle infligée aux chefs, directeurs ou administrateurs de l'association.

294. Tout individu qui, sans la permission de l'autorité municipale, aurait accordé ou consenti l'usage de sa mai-

son ou de son appartement, en tout ou en partie, pour la réunion des membres d'une association même autorisée, ou pour l'exercice d'un culte, sera puni d'une amende de 16 fr. à 200 fr.

LOI

SUR LES ASSOCIATIONS

Du 10 avril 1834.

Art. 1er. Les dispositions de l'art. 291, Code pénal, sont applicables aux associations de plus de vingt personnes, alors même que ces associations seraient partagées en sections d'un nombre moindre, et qu'elles ne se réuniraient pas tous les jours ou à des jours marqués. — L'autorisation donnée par le gouvernement est toujours révocable.

2o Quiconque fait partie d'une association non autorisée sera puni de deux mois à un an d'emprisonnement, et de 50 à 1000 fr. d'amende. — En cas de récidive, les peines pourront être portées au double. — Le condamné pourra, dans le dernier cas, être placé sous la surveillance de la haute police pendant un temps qui n'excédera pas le double du maximum de la peine — L'art. 463, Code pénal, pourra être appliqué dans tous les cas.

3o Seront considérés comme complices et punis comme tels, ceux qui auront prêté ou loué sciemment leur maison ou appartement pour une ou plusieurs réunions d'une association non autorisée.

4o Les attentats contre la sûreté de l'Etat commis par les associations ci-dessus mentionnées, pourront être déférés à la juridiction de la chambre des pairs, conformément à l'art. 28 de la Charte constitutionnelle. = Les délits politiques commis par lesdites associations seront déférés au jury, conformément à l'art. 69 de la Charte constitutionnelle. — Les infractions à la présente loi, et à l'art. 291, Code pénal, seront déférées aux tribunaux correctionnels.

5o Les dispositions du Code pénal auxquelles il n'est pas dérogé par la présente loi, continueront de recevoir leur exécution.

§ 5. Arrêts *de la Cour royale de Paris.*—Actes *des deux* chambres, et ORDONNANCES ROYALES *concernant les congrégations non autorisées.*

ARRÊTS DE 1825.

En 1825, la réapparition de congrégations non autorisées ayant éveillé de vives inquiétudes dans le public, la presse s'en rendit l'organe. Parmi les journaux qui entrèrent plus avant dans cette polémique, le *Constitutionnel* et le *Courrier français* se firent remarquer. On leur fit ce qu'on appelait alors un procès *de tendance*, en provoquant *leur suspension.*

Je plaidai pour le *Constitutionnel*, et mon honorable ami, M. Mérilhou, depuis garde des sceaux, plaida pour le *Courrier français*. Ces plaidoyers ont été imprimés. Le mien a paru dans les *Annales du barreau français*, édition de Warée; il a été aussi publié par Baudoin, in-18, en 1826. Pour la première fois dans l'histoire du barreau, on voit les avocats obligés de défendre, *contre un procureur-général*, le principe que « des ordres religieux ne » peuvent s'introduire dans l'Etat sans loi qui les institue » ni ordonnance qui les autorise. » (Voyez mon plaidoyer, p. 107 jusqu'à 145.)

Mais, fidèle aux antécédents qui lui avaient été légués par le parlement, la cour royale de Paris, en audience solennelle, sous la présidence du P. P. Séguier, a rendu l'arrêt suivant[1] : « Considérant que l'esprit résultant de » l'ensemble des articles dénoncés n'est pas de nature à » porter atteinte au respect dû à la religion de l'Etat. — » Considérant que ce n'est ni manquer à ce respect, ni » abuser de la liberté de la presse, que de discuter ou » de combattre l'introduction et l'établissement dans le » royaume de *toutes associations non autorisées par la loi,* » dit qu'il n'y a lieu de prononcer la suspension requise. »

Deux jours après (le 5 décembre 1825), la même cour a rendu l'arrêt suivant dans l'affaire du *Courrier français* :

« La Cour, vu l'art. 3 de la loi du 17 mars 1822;

» Considérant que la plupart des articles du *Courrier*

---

[1] La partie de cet arrêt relative à la déclaration de 1682 a été rapportée ci-dessus, page 150.

français dénoncés par le réquisitoire du procureur-général sont blâmables quant à la forme, mais qu'au fond ils ne sont pas de nature à porter atteinte au respect dû à la religion de l'Etat ;

» Qu'à la vérité, plusieurs autres desdits articles présentent ce caractère, mais qu'ils sont peu nombreux, et paraissent avoir été provoqués par certaines circonstances qui peuvent être considérées comme atténuantes ; que ces circonstances résultent principalement de l'*introduction en France de corporations religieuses défendues par la loi, ainsi que de doctrines ultramontaines hautement professées depuis quelque temps par une partie du clergé français*, et dont la propagation *pourrait mettre en péril les libertés religieuses et civiles de la France :*

» Déclare n'y avoir lieu à prononcer la suspension requise dudit journal. »

MONTLOSIER *en* 1826. — MÉMOIRE *à consulter*. — CONSULTATION. — ARRÊT *de la Cour royale de Paris, chambres assemblées.*

En 1826 François-Dominique de Regnaud, comte de Montlosier, anciennement député de la noblesse d'Auvergne aux États-généraux de 1789; Montlosier qui, dans l'Assemblée constituante, avait défendu le clergé et prononcé en l'honneur des évêques cette belle parole : « Si on les » dépouille de leurs biens, s'ils ne peuvent plus porter une » croix d'or, ils porteront une croix de bois, et c'est une » croix de bois qui a sauvé le monde ! » Montlosier, homme monarchique, effrayé des progrès que le jésuitisme et les congrégations avaient faits sous la restauration, et du péril où il lui semblait que cette nouvelle invasion allait entraîner la monarchie, conçut l'idée de dénoncer à l'opinion publique et aux magistrats tout ce que sa qualité de royaliste l'avait mis à portée de découvrir à ce sujet.

En février 1826, il fit paraître le fameux livre intitulé *Mémoire à consulter sur un système religieux et politique tendant à renverser la religion, la société et le trône ;* — et le 5 mars il m'adressa un Mémoire à consulter *manuscrit* sur la question de savoir s'il était en droit de *dénoncer les faits* dont il s'agit à la Cour royale. Une première consul-

tation, signée *Dupin* aîné, *Mérilhou*, *Berville*, *Coffinières* et *Devaux* (du Cher), à la suite de conférences tenues dans mon cabinet, en présence et avec le concours de
plusieurs avocats appartenant à d'autres Cours, qui se
trouvaient alors à Paris, exprima l'opinion qu'il y avait
« lieu à *dénonciation* sur *plusieurs des faits* signalés dans
» le Mémoire à consulter. »

Appuyé de cette consultation, M. de Montlosier adressa
en effet à la Cour royale de Paris, à la date du 16 juillet
1826, sa *dénonciation*, portant sur les quatre points suivants : — 1º l'existence de plusieurs affiliations, connues
sous le nom générique de *congrégations*, dont quelques-
unes ont pour objet apparent des exercices de piété, ou
quelque fin pieuse, mais qui sont toutes liées par *le même
esprit* et sous une *direction centrale*, et tendant, à raison
d'engagements divers, de promesses, de serments ou de
vœux, à se composer dans l'État une influence particulière,
au moyen de laquelle elles espèrent maîtriser l'administration, le ministère et le gouvernement ; — 2º l'existence fla-
grante de divers établissements de *jésuites* en contravention
aux lois du royaume, qui ont proscrit la société de Jésus ;
— 3º la profession patente de *doctrines ultramontaines* ;
— 4º enfin l'esprit d'*invahissement* de ce qu'il appelait le
parti-prêtre. — A l'appui de chacune de ces assertions,
M. de Montlosier allégua et cita nombre de faits ; il offrit
son témoignage et celui de diverses personnes qui, disait-il,
lui avaient fait des révélations ; il invoqua un discours prononcé à la Chambre des députés le 25 mai 1826, par l'évêque d'Hermopolis, ministre des affaires ecclésiastiques, et
dans lequel ce ministre avait avoué l'existence de congrégations religieuses, sans cependant avouer aussi l'existence
de congrégations politiques, et avait reconnu ensuite l'existence de plusieurs établissements de jésuites. M. de Montlosier dénonça aussi une adresse au roi, signée par plusieurs évêques de France, contenant une profession prétendue de l'indépendance de l'autorité royale à l'égard de
l'autorité ecclésiastique, en ce qu'il n'y est fait aucune mention de la déclaration du clergé du mois de mars 1682, déclaration qui est toujours loi de l'État ; il dénonça encore
le défaut d'enseignement dans les écoles et les séminaires
de cette même déclaration, etc. — En même temps qu'il
présentait sa dénonciation à la Cour royale, M. de Montlo-

sier s'adressa de nouveau aux jurisconsultes de France à l'effet de savoir si les faits dénoncés avaient un caractère légal de criminalité, et si l'autorité judiciaire était compétente pour les réprimer.

Les principaux avocats du barreau de Paris, convoqués dans mon cabinet, arrêtèrent, après une délibération solennelle, une consultation où les différentes questions du Mémoire sont examinées et discutées avec soin ; on y insiste principalement sur la nécessité de faire exécuter les lois du royaume en ce qui concerne les congrégations non autorisées, et particulièrement les jésuites. Cette consultation, arrêtée le 1er août 1826, porte trente-neuf signatures : — Dupin aîné, *rédacteur*, Delacroix - Frainville, Berryer père, Persil, Coffinières, Parquin, Dequevauvillers, Mérilhou, Quénault, Lavaux, Barthe, Dupin jeune, Target, Delangle, V. Lanjuinais, Crousse, Boudet, Portalis, Plougoulm, Aylies, etc., etc. — Berville et Renouard donnèrent une adhésion motivée. — Des copies envoyées aux divers barreaux des Cours royales revinrent couvertes d'adhésions : on peut dire avec l'auteur de l'analyse de cette affaire dans le recueil de Sirey, tom. 1828, 2e partie, pag. 339, que « le barreau français s'unit presqu'entier » à M. de Montlosier pour déclarer en principe, que l'an- » cienne suppression des corporations religieuses d'hom- » mes, et notamment la proscription des jésuites *considé-* » *rés comme formant une corporation*, étaient encore » dans toute leur force. » — Devaux du Cher envoya une consultation séparée. M. Isambert voulut aussi en rédiger une à part, parce qu'il ne voulait pas s'autoriser de l'art. 291 du Code de 1810 sur les associations, que la consultation du 1er août mettait au rang des autorités applicables.

En cet état, la Cour royale de Paris, toutes les chambres assemblées sous la présidence de M. Séguier, rendit, le 18 août 1826, l'arrêt dont la teneur suit :

« La Cour, toutes les chambres assemblées, après avoir entendu plusieurs de Messieurs sur les faits contenus dans l'écrit de François-Dominique de Regnaud, comte de Montlosier, en date du 16 juillet 1826, de lui signé et adressé à tous et chacun des membres de la Cour ; ayant aussi entendu le procureur-général du roi en ses conclusions tendantes à ce qu'il n'y eût lieu à délibérer : — La matière mise en délibération ; — Considérant qu'il résulte de

l'ensemble et des dispositions des arrêts du Parlement de
Paris, des 6 août 1762, 1er décembre 1764 et 9 mai 1767,
des arrêts conformes des autres Parlements du royaume, de
l'édit de Louis XV de novembre 1764, de l'édit de
Louis XVI du mois de mai 1777, de la loi du 18 août 1792,
du décret du 3 messidor an XII (22 juin 1804), que l'état actuel de la législation s'oppose formellement au rétablissement de la société dite de Jésus, sous quelque dénomination qu'elle se présente : — Que les arrêts et édits étaient
principalement fondés sur l'incompatibilité reconnue entre
les principes professés par cette société et l'indépendance
de tous les gouvernements ; principes bien plus incompati-
bles encore avec la Charte constitutionnelle, qui fait aujourd'hui le droit public des Français.

» Mais considérant que, suivant cette législation, il n'appartient qu'à la haute police du royaume de dissoudre tous
établissements, toutes agrégations ou associations qui sont
ou seraient formés au mépris des arrêts, édits, loi et décret
sus-énoncés.

» Considérant sur le surplus des faits exposés audit écrit
que, quelle que puisse être leur gravité, ces faits tels qu'ils
sont présentés ne constituent néanmoins ni crime ni délit
qualifiés par les lois, dont la poursuite appartient à la Cour ;
— Par ces motifs : La Cour se déclare incompétente. »

MONTLOSIER EN 1827.

Délaissé à se pourvoir devant l'autorité administrative
par l'arrêt du 18 août, mais fort des considérants de cet arrêt sur le fond même de la question, M. de Montlosier
porta sa *dénonciation* devant la Chambre des pairs.

M. le comte Portalis, chargé du rapport, le fit à la
séance du 18 janvier 1827. — À la suite d'un savant exposé dans lequel il rappelle l'état de la législation, le grave
magistrat établit les deux propositions suivantes : 1° La déclaration de 1682 n'a jamais cessé d'être tenue et considérée
comme *loi de l'État*, devant être enseignée dans les écoles.
Le roi, le clergé, le conseil du roi et les parlements de
1682 à 1784 et jusqu'à la révolution de 1789 ont unanimement reconnu cette vérité. La loi de germinal an X et les
lois subséquentes ont également maintenu l'autorité de
cette déclaration et l'obligation d'enseigner les propositions

qu'elle renferme. Il n'y a rien à ajouter ni à dire de plus sur ce point. — 2º Les congrégations anciennes ont toutes été abolies et supprimées (notamment celle des jésuites pour des motifs particuliers).— Elles ne pourraient être rétablies qu'en vertu d'une disposition expresse de la loi. — Une loi de ce genre a bien été rendue le 24 mai 1825 pour les congrégations des *femmes;* mais aucune loi n'a dérogé aux lois abolitives des congrégations d'*hommes.* — En particulier la défense aux membres de l'*Institut des jésuites* de s'immiscer dans l'*enseignement* subsiste dans son entier. — Cependant en fait l'existence des jésuites en France, et leur immixtion dans la direction de quelques séminaires avec l'approbation des évêques, a été avouée à la tribune par un ministre du roi.

« Ainsi, dit M. le rapporteur, il est avéré qu'il existe, malgré nos lois et sans autorisation légale, une congrégation religieuse d'hommes.

» Si elle est reconnue utile, elle doit être autorisée. Mais ce qui ne doit pas être possible, c'est qu'un établissement, même utile, *existe de fait, lorsqu'il ne peut avoir aucune existence de droit,* et que loin d'*être protégé par la puissance des lois, il le soit par leur impuissance !*

» Ce n'est pas la sévérité des lois que votre commission invoque, c'est le *maintien de l'ordre légal.*

» Les tribunaux se sont déclarés *incompétents,* l'administration seule peut *procurer en cette partie l'exécution des lois.*

» Votre commission vous propose de renvoyer à M. le président du conseil la pétition de M. de Montlosier, en ce qui touche l'établissement en France de diverses maisons d'un ordre monastique non autorisé par la loi. »

A la séance du 19 janvier :

M. le vicomte d'Ambray propose de passer à l'ordre du jour sur la pétition.

M. le vicomte Lainé appuie les conclusions de la commission.

M. le vicomte de Bonald défend les congrégations, comme étant, dit-il, une conséquence de la liberté des cultes ; il insiste pour l'ordre du jour.

M. le baron de Barante le réfute, et vote pour le renvoi au ministre.

M. le ministre des affaires ecclésiastiques fait une longue apologie des jésuites anciens; il essaie de légitimer l'existence des nouveaux membres de cette société, et leur immixtion dans la direction des séminaires, avec l'approbation des évêques qu'il trouve suffisante; il est en conséquence d'avis de l'ordre du jour.

M. le baron Pasquier resserre et précise la discussion :

.... C'est la puissance même qu'a exercée l'institut des jésuites qui rend plus nécessaire à son égard l'application des lois existantes ; n'y a-t-il donc, en effet, aucun danger de permettre à cette puissance de se rétablir autrement que par l'autorité du roi (et de la loi)? On a cherché à faire entendre que les jésuites, dont l'existence est aujourd'hui avouée, ne sont plus de véritables jésuites, parce qu'ils n'ont pas les prérogatives dont ils jouissaient autrefois! Le noble pair ne saurait admettre une pareille distinction. *La société est toujours la même;* son institut *n'a pas changé;* les inquiétudes qu'elle inspire aux plus fidèles amis du roi *subsistent toujours.....* — A ceux qui verraient dans son rétablissement un bienfait plutôt qu'un danger, M. Pasquier répond : Proposez une loi, et l'on examinera alors la question dans toute son étendue. Mais jusque-là il ne verra, dans ce rétablissement, qu'une infraction aux lois, et ne cessera de s'y opposer de tout son pouvoir. — On a cherché à élever quelque équivoque sur l'application possible des lois existantes, le noble pair n'entrera pas dans cette discussion. Il y a ici *plus qu'une loi*[1]; c'est un *principe éternel et indépendant des lois positives*, que celui *qui ne permet pas qu'une société quelconque se forme dans un Etat sans l'approbation des grands pouvoirs de la nation....* A la vérité, ce n'est pas une existence légale et régulière que l'on sollicite pour eux; mais la tolérance dont ils sont l'objet n'est-elle pas bien plus dangereuse et plus sujette à l'abus qu'une reconnaissance patente et dont la loi fixerait les conditions ? C'est pourtant cette *tolérance* que la Chambre *établirait pour toujours* si elle ne renvoyait pas la pétition au ministre....

On va aux voix : La Chambre rejette d'abord l'ordre du jour : Le renvoi aux ministres est ensuite ordonné.

---

[1] Ceci répond d'avance à M. de Vatimesnil de 1843 (Consultation pour les Jésuites), car celui de 1828 était de l'avis de M. Pasquier.

ANNÉE 1828.

Après les élections de 1827, et le changement de ministère, le discours du trône annonça une nouvelle ère pour la France, celle du *retour à l'ordre légal*.

Une ordonnance du roi, du 20 janvier 1828, chargea une commission spéciale d'*examiner les faits* relatifs aux établissements connus sous le nom d'*Écoles secondaires ecclésiastiques*[1], et de les *comparer aux lois*, et aussi d'indiquer les dispositions qui seraient reconnues indispensables au *maintien du régime légal*.

Cette commission était composée de M. l'archevêque de Paris (M. de Quélen), de M. l'évêque de Beauvais, de MM. le vicomte Lainé, le comte Mounier, pairs de France, de M. le premier président Séguier, de MM. Labourdonnais, Alexis de Noailles et Dupin aîné, membres de la Chambre des députés, enfin de M. de Courville, membre du Conseil de l'Université. M. l'évêque de Beauvais ayant été appelé au ministère des affaires ecclésiastiques, il fut remplacé dans la commission par M. l'archevêque d'Alby ; M. le comte Portalis était alors ministre de la justice.

Cette commission tint un grand nombre de séances, d'abord au Louvre, dans l'une des salles du conseil d'État, ensuite au palais de l'archevêché.

Ses travaux sont analysés dans le rapport qu'elle a adressé au roi le 28 mai 1828.

Les opinions, d'accord sur tous les autres points, avaient été divisées sur la question principale, celle de l'illégalité de la présence des Jésuites et de leur immixtion dans la direction des petits séminaires. *Cinq* voix avaient opiné pour la négative et quatre pour l'affirmative. La scission avait été assez marquée et jugée assez grave pour que les membres de la minorité (MM. Lainé, Mounier, Séguier et Dupin) exigeassent que mention de leurs noms et de leurs votes fût faite au procès-verbal. Deux d'entre eux (M. le président Séguier et M. Dupin) déposèrent même leur opinion écrite et signée, et en demandèrent l'annexe au procès-verbal : ce qui fut ordonné. La minorité ne s'en tint pas là ; elle désira que la substance de son vote fût insérée dans le corps même du procès-verbal, lequel fut revêtu de la si-

---

[1] Il est à remarquer que le mot de *petits séminaires* appliqué de fait à ces écoles ne leur a été donné dans aucune loi.

gnature de M. l'archevêque de Paris, président, et de M. Mounier, secrétaire de la commission.

Peu de jours après, et à la suite d'un rapport de M. l'évêque de Beauvais, ministre des affaires ecclésiastiques (auquel des hommes implacables ont cruellement fait expier cet acte de courage et de vérité), parurent les deux ordonnances du 16 juin, qui ont pour but : l'une, d'exclure les Jésuites et en général les membres de congrégations non autorisées de la direction des petits séminaires ; et l'autre, de ramener ces écoles dans les limites que leur essence même a fait assigner à leur création. (Nous donnons ci-après l'extrait du *rapport* et le texte de ces deux ordonnances à l'article des *Séminaires.*)

Le 21 juin, une séance mémorable eut lieu à la chambre des députés. Des pétitions qui signalaient, 1° l'existence illégale des Jésuites, 2° leur immixtion dans l'éducation de la jeunesse dans plusieurs colléges placés sous leur direction, amenèrent la question à la tribune. M. de Sade, rapporteur, conclut à ce que les pétitions fussent renvoyées sur le premier chef, à M. le garde des sceaux, et sur le second chef, à M. le ministre de l'instruction publique, qui était alors M. de Vatimesnil. MM. de Conny, de Sainte-Marie et de Montbel (depuis l'un des signataires des ordonnances de juillet 1830) ayant combattu les conclusions de la commission et demandé l'*ordre du jour* sur le renvoi proposé, je me levai pour leur répondre et pour appuyer les deux renvois qui furent successivement mis aux voix et adoptés à une immense majorité. Dix-huit ou vingt membres du côté droit seuls se levèrent contre. (Ce discours est rapporté à la suite des notes sur l'*Éloge d'Étienne Pasquier*, au *Dialogue des Avocats*, édit. de 1844, p. 289.)

En 1843, diverses pétitions en sens inverse, c'est-à-dire pour que l'éducation fût confiée aux Jésuites, furent présentées tant à la chambre des pairs qu'à la chambre des députés ; elles ont été écartées par l'ordre du jour à la séance de la chambre des pairs du 27 mai, après un discours remarquable du baron Charles Dupin, et par la chambre des députés à celle du 27, après avoir entendu, d'une part, MM. de Carné et Larochejaquelein et, de l'autre, MM. Dubois et Villemain.

Ainsi, opinion des jurisconsultes, arrêts des cours royales, ordonnances du roi, votes des deux chambres, tout est *unanime* pour repousser les congrégations non autorisées, et particulièrement pour proclamer que les lois qui ont supprimé l'institut des Jésuites, et défendu à ses membres de s'immiscer dans l'éducation de la jeunesse et la direction des écoles, n'ont pas cessé d'être en vigueur et doivent recevoir leur exécution.

Cependant à côté du droit ainsi proclamé, des faits contraires n'ont pas cessé de se produire, en divers lieux, sous différentes formes. Ils ont excité des réclamations!... Dans sa session de 1843, le conseil d'arrondissement d'Angers a émis le vœu : — que le gouvernement soit conjuré avec vives instances de faire rigoureusement observer toutes les lois auxquelles le clergé et les corporations religieuses sont assujettis, notamment : 1º celles qui proscrivent toutes les congrégations d'hommes, et spécialement la congrégation des Jésuites et toutes les congrégations de femmes *non autorisées* (1er novembre 1789, 19 février 1790, 18 août 1792, 3 messidor an XII, 18 février 1809, 2 janvier 1817, 24 mai 1825); — 2º celles qui règlent la propriété et l'administration du temporel du culte, églises, cures, séminaires, fabriques et menses épiscopales (30 décembre 1809, 6 novembre 1813); — 3º celles qui régissent les petits séminaires (16 et 21 juin 1828); — 4º celles qui, pour garantir la fortune des citoyens et le patrimoine des familles contre tout abus des influences cléricales, imposent aux dons et legs religieux des conditions en dehors desquelles commencent la fraude et la spoliation (18 germinal an XIII, Code civil, 909 et 910. 12 août 1807, 2 avril 1817, 24 mai 1825) [*Constitutionnel* du 21 août 1843].

§ 6. *Dispositions législatives concernant quelques congrégations autorisées.*

DÉCRET

RELATIF AUX CONGRÉGATIONS OU MAISONS HOSPITALIÈRES DE FEMMES,

du 18 février 1809.

SECTION PREMIÈRE.
Dispositions générales.

Art. 1er. Les congrégations ou maisons hospitalières de femmes, savoir : celles dont l'institution a pour but de desservir les hospices de notre empire, d'y servir les infirmes, les malades et les enfants abandonnés, ou de porter aux pauvres des soins, des secours, des remèdes à domicile, sont placées sous la protection de Madame, notre très-chère et honorée mère.

Art. 2. Les statuts de chaque congrégation ou maison séparée seront approuvés par nous et insérés au Bulletin des lois, pour être reconnus avoir force d'institution publique.

Art. 3. Toute congrégation d'hospitalières dont les statuts n'auront pas été approuvés et publiés avant le 1er janvier 1810, sera dissoute.

SECTION DEUXIÈME.

Noviciats et Vœux.

...Art. 8. À l'âge de vingt et un ans, ces novices pourront s'engager pour *cinq ans*.

CODE CIVIL, art. 1780 : « On ne peut engager ses services qu'*à temps.*

LOI

SUR LES DONATIONS ET LEGS AUX ÉTABLISSEMENTS ECCLÉSIASTIQUES,

Du 2 janvier 1817.

Art. 1er. Tout établissement ecclésiastique, *reconnu par la loi*, pourra accepter, avec l'autorisation du roi, tous les biens meubles, immeubles et rentes qui lui seront donnés par actes entre-vifs ou par actes de dernière volonté.

Art. 2. Tout établissement ecclésiastique, *reconnu par la loi*, pourra également, avec l'autorisation du roi, acquérir des biens immeubles ou des rentes.

Art. 3. Les immeubles ou rentes appartenant à un établissement ecclésiastique seront possédés à perpétuité par ledit établissement, et seront inaliénables à moins que l'aliénation n'en soit autorisée par le roi.

Nota. Cette loi rappelle incidemment le principe qu'il n'y a d'établissement régulier et capable de dons et legs, que ceux qui sont *autorisés par la loi.*

Une ordonnance du 2 avril 1817, rendue à la suite de la loi du 2 janvier, détermine le détail des formalités à remplir pour l'acceptation des divers dons et legs, selon leur nature, leur quotité et leur destination.

Il faut y joindre l'ordonnance du 7 mai 1826 sur le même sujet.

Toutes ces lois oublient de rétablir des dispositions analogues à celles instituées dans l'ancien droit, pour assurer au trésor public l'équivalent du droit de mutation pour les immeubles possédés par les gens de main-morte, soit à l'aide de la fiction d'un *homme vivant et mourant*, destiné à représenter chaque communauté pour donner ouverture au droit à son décès; soit par la désignation d'un délai fixe, par exemple, tous les vingt ans. Autrement ces biens se trouveraient *à perpétuité* affranchis de ce genre d'impôt, qui pèse sur toutes les propriétés des citoyens.

LOI

RELATIVE AUX CONGRÉGATIONS RELIGIEUSES DE FEMMES,

Du 24 mai 1825.

Art. 1er. A l'avenir, aucune congrégation religieuse de femmes ne pourra être autorisée et, une fois autorisée, ne pourra former d'établissement que *dans les formes et sous les conditions* prescrites par les articles suivants.

Art. 2. Aucune congrégation religieuse de femmes ne sera autorisée qu'après que les statuts, dûment *approuvés* par l'évêque diocésain, auront été *vérifiés et enregistrés au conseil d'Etat* en la forme requise pour les bulles d'institution canonique. Ces statuts ne pourront être approuvés et enregistrés s'ils ne contiennent la clause que la congrégation est soumise dans les choses spirituelles à la juridiction *de l'ordinaire*. Après la vérification et l'enregistrement, l'autorisation sera accordée PAR UNE LOI à celles de ces congrégations qui n'existaient pas au 1er janvier 1825. A l'égard de celles de ces congrégations qui existaient antérieurement au 1er janvier 1825, l'autorisation sera accordée par ordonnance du roi.

Art. 3. Il ne sera formé aucun établissement d'une congrégation religieuse de femmes déjà autorisée, s'il n'a été préalablement *informé* sur la convenance et les inconvénients de l'établissement, et si l'on ne produit à l'appui de la demande le consentement de l'évêque diocésain et l'avis du conseil municipal de la commune où l'établissement devra être formé. L'autorisation spéciale de former l'établissement sera accordée par ordonnance du roi, laquelle sera insérée dans quinzaine au Bulletin des lois.

Art. 4. Les établissements *dûment autorisés* pourront, avec l'autorisation spéciale du roi : 1° accepter les biens meubles et immeubles qui leur auraient été donnés par actes entre-vifs ou de dernière volonté, à titre particulier seulement; 2° acquérir à titre onéreux des biens immeubles ou des rentes ; 3° aliéner les biens immeubles ou les rentes dont ils seraient propriétaires.

Art. 5. Nulle personne faisant partie d'un établissement autorisé ne pourra disposer par actes entre-vifs ou par testament, soit en faveur de cet établissement, soit au profit de l'un de ses membres, au delà du quart de ses biens, à moins que le don ou legs n'excède pas la somme de dix mille francs. Cette prohibition cessera d'avoir son effet relativement au membre de l'établissement, si la légataire ou donataire était héritière en ligne directe de la testatrice ou donatrice. Le présent article ne recevra son exécution pour les communautés déjà autorisées que six mois après la publication de la présente loi, et pour celles qui seraient autorisées à l'avenir, six mois après l'autorisation accordée.

Art. 6. L'autorisation des congrégations religieuses de femmes ne pourra être révoquée que *par une loi.* L'autorisation des maisons particulières, dépendant de ces congrégations, ne pourra être révoquée qu'après avoir pris l'avis de l'évêque diocésain, et avec les autres formes prescrites par l'article 3 de la présente loi [1].

NOTA. Pour les Frères des Écoles chrétiennes et les Congrégations de femmes chargées des Écoles primaires de filles, voyez ci-après, p. 325.

---

[1] Sans préjudice, sans doute, des *mesures urgentes et de police* qui seraient reconnues nécessaires, et qui devraient recevoir *provisoirement* leur exécution.

SÉMINAIRES. — ENSEIGNEMENT.

EXPOSÉ

DES MOTIFS DU PROJET DE LOI

relatif à l'organisation des séminaires métropolitains,

PAR M. PORTALIS,
conseiller d'État.

Séance du corps législatif du 12 ventôse an XII.

Citoyens législateurs, la convention passée le 26 messidor an IX entre le gouvernement français et le pape Pie VII, porte en l'art. 11, que *les* évêques pourront avoir un séminaire pour leur diocèse sans que le gouvernement s'oblige à le doter.

Les articles organiques de cette convention AUTORISENT également les séminaires par plusieurs dispositions formelles, et ILS EXIGENT que les *règlements* qui pourront être faits par les évêques pour cet objet, soient soumis à l'APPROBATION du premier consul.

Les séminaires sont des établissements *destinés à former des ecclésiastiques.* On fait remonter l'origine de ces établissements aux communautés de clercs que les évêques réunissaient auprès d'eux dans les premiers âges du Christianisme. Les clercs n'étaient point alors obligés d'étudier les sciences humaines : ils n'apprenaient que les choses qui appartiennent à la religion. Si nous voyons dans ces premiers siècles des évêques et des prêtres très-versés dans la philosophie, dans la littérature, et dans les sciences qu'on appelait profanes ou sciences du dehors, c'est que ces évêques et ces prêtres avaient apporté dans l'Église les connaissances qu'ils avaient acquises avant leur conversion.

L'invasion des barbares changea la face de l'Europe civilisée. Telle est la condition de notre malheureuse espèce, dont le but se trouve subordonné à tant d'événements et de révolutions diverses. De grandes nations, dit un auteur célèbre, croupissent des siècles entiers dans l'ignorance.

27.

On voit ensuite poindre une faible aurore, enfin le jour paraît, après lequel on ne voit plus qu'un long et triste crépuscule.

On s'aperçut de la décadence des études dans les Gaules dès la fin du vi° siècle, c'est-à-dire environ cent ans après l'établissement des Francs.

Les études et les connaissances auraient disparu partout après la chute de l'empire romain, si elles n'avaient été conservées par les clercs. Elles trouvèrent heureusement un asile dans les communautés religieuses et dans les temples. Les ouvrages des historiens, des philosophes, des poètes et des orateurs romains, étaient comme en dépôt dans les monastères. Le latin, banni du commerce habituel de la société, s'était réfugié dans les chants de l'Eglise et dans les livres de la religion.

On vit dans son siècle, et on est toujours plus ou moins dépendant des circonstances dans lesquelles on vit. Il était impossible que les clercs fissent de bonnes études, quand il n'y avait plus qu'eux qui eussent le loisir et la volonté d'étudier.

La longue minorité du genre humain dura jusqu'au règne de Charlemagne. Ce prince fonda un vaste empire par ses conquêtes et par ses lois, et avec les matériaux de la religion il construisit l'Europe.

Il amena des grammairiens de Rome. Il *ordonna* à tous les évêques et à tous les abbés de ses Etats d'établir des écoles pour l'enseignement des lettres humaines, dont il présenta la connaissance comme infiniment utile et favorable à l'intelligence des divines écritures. Il voulut ainsi propager la religion par les sciences et les beaux-arts, et assurer la stabilité et le progrès des beaux-arts et des sciences par les progrès et la stabilité de la religion même.

Le mouvement fut donné: tous les conciles du temps sanctionnèrent par leurs décisions les grandes vues que Charlemagne avait manifestées dans ses ordonnances.

Quel spectacle plus étonnant au milieu de l'ignorance et de la barbarie, que celui de l'alliance sacrée de la religion et des sciences, alliance si heureusement conçue et consommée par le génie de ce grand homme !

De là on vit sortir toutes les écoles connues sous le nom d'*universités*, dans lesquelles on se proposa d'enseigner toutes les choses divines et humaines. La première et la

plus célèbre de toutes fut l'université de Paris, dont l'abbé
Fleury fixe l'établissement à la fin du xiie siècle.

Les divers peuples cessèrent d'être étrangers les uns aux
autres. On accourait de toutes parts pour recevoir le même
enseignement et la même doctrine. Les mœurs s'adoucirent,
les relations se multiplièrent ; et insensiblement l'Europe,
en s'éclairant, ne fut plus qu'une grande famille composée
de diverses nations, qui, continuant à être divisées par le
territoire, se trouvèrent *unies* par *la religion, les sciences*
et *les mœurs*.

On sait quelle était la constitution des universités. Elles
étaient composées de quatre facultés : les arts, la médecine,
le droit et la théologie.

On ne pouvait presque parvenir à aucune place sans
avoir étudié dans ces écoles, et sans y avoir pris des *degrés*
qui étaient un *témoignage public* et *légal* de la *capacité*
des étudiants.

On s'aperçut bientôt que les personnes qui se destinaient
à la cléricature perdaient l'esprit de leur état par leur commerce avec cette foule de compagnons d'étude qui se destinaient aux différentes professions de la vie civile.

On établit alors les séminaires tels que nous les connaissons. Ils eurent une grande influence sur le retour et le
maintien de la discipline. Les séminaires étaient moins des
maisons d'étude que des maisons de retraite et de probation ;
car nous trouvons que les universités s'étaient constamment
opposées à ce qu'on fondât des écoles de théologie dans les
séminaires.

L'université de Paris avait, à cet égard, obtenu divers
arrêts qui avaient fait droit à sa réclamation.

Nous savons que des universités moins privilégiées n'a-
vaient point eu le même succès. Celle de Rennes succomba dans une contestation qu'elle eut à soutenir contre
l'évêque de Nantes pour une école de théologie établie
dans le séminaire de cet évêque.

Mais il n'est pas moins certain que l'enseignement des
universités était le véritable enseignement national ; que
les citoyens qui se destinaient à certaines professions ne
pouvaient y parvenir s'ils n'avaient étudié et pris des grades dans quelques-unes des universités autorisées, et que les
ecclésiastiques eux-mêmes ne pouvaient posséder de grands

bénéfices, ni même une cure dans une ville murée, s'ils n'étaient gradués.

Les universités n'existent plus; elles ont cédé aux révolutions et au temps comme tous les autres ouvrages des hommes.

Quelle est même l'institution civile, politique ou religieuse qui ait pu résister à l'esprit de délire et de faction qui a si long-temps désolé la France?

Nos maux sont oubliés; un génie vaste et puissant les répare.

Déjà, citoyens législateurs, on s'est occupé des lycées et des écoles spéciales pour la propagation des sciences humaines. Il s'agit aujourd'hui de la religion qui prêta jadis un si grand secours aux sciences et aux lettres, et qui est un auxiliaire si utile de la puissance dans les affaires de la société.

En rendant à la *grande majorité des citoyens français* le culte de leurs pères, et en rendant à tous la liberté de conscience et l'exercice de leurs différents cultes, vous avez contracté l'engagement de leur assurer les moyens d'avoir constamment des pasteurs et des ministres dignes de leur confiance.

La loi du 18 germinal an X a pourvu aux académies ou séminaires des communions protestantes.

Dans le projet de loi qui vous est soumis, on s'est occupé des séminaires pour les catholiques.

Le gouvernement, en reconnaissant par le concordat la liberté qu'a chaque évêque d'établir un séminaire dans son diocèse, n'a fait que rendre hommage au droit naturel d'inspection qu'ont les évêques sur la vocation, les principes et les mœurs des personnes qui se destinent à la cléricature. Sous ce point de vue, les séminaires ne sont pour ainsi dire que le régime intérieur: aussi le gouvernement a déclaré qu'il ne s'engageait point à les doter.

Mais il a paru nécessaire de remplacer l'enseignement public et national des universités. Des écoles spéciales remplacent cet enseignement pour la jurisprudence et pour la médecine. Sur le modèle de ces écoles spéciales, le projet de loi établit par chaque arrondissement métropolitain une maison d'instruction pour ceux qui se proposent d'embrasser l'état ecclésiastique.

Il y a dix métropoles. Les maisons dont nous parlons seront donc au nombre de dix. On a toujours observé que la
multitude des petits colléges nuisait au progrès des bonnes
études. Les professeurs habiles sont rares. Les moyens d'exciter l'émulation sont plus difficiles dans de petits établissements qui échappent à l'attention publique. Quelques
grandes écoles placées à certaines distances et sous la protection du gouvernement, appellent davantage l'émulation
et le talent, et sont plus assurées de produire de grands
effets.

L'État ne pouvait demeurer indifférent sur l'éducation
des ecclésiastiques ; il lui importe que les *ministres de la
religion soient bons citoyens;* il lui importe que chacun
remplisse fidèlement les devoirs de la profession qu'il embrasse ; mais, pour bien remplir ces devoirs, il faut les connaître ; l'ignorance n'est bonne à rien, elle nuit à tout:
elle serait surtout dangereuse dans une classe d'hommes
qui doivent être d'autant plus instruits qu'ils sont chargés
d'instruire les autres.

Mais les circonstances ne permettaient point à l'État de
doter soixante séminaires ; et il n'eût pu dans aucun temps
se promettre de faire prospérer un tel nombre d'établissements, dont la multiplicité seule eût empêché la bonne organisation.

Le projet de loi porte que dans les maisons d'instruction
dont il s'agit, on enseignera la morale, le dogme, l'histoire
ecclésiastique, les maximes de l'Église gallicane, et qu'on
y donnera les règles de l'éloquence sacrée.

Les anciens s'étaient attachés plus particulièrement que
nous à l'étude de la morale. La raison en est que leur religion n'avait que des rits et qu'elle ne se mêlait en aucune
manière de l'enseignement public. Chez eux la morale était
confiée aux législateurs et aux philosophes. Les prêtres con-
servaient le dépôt des pratiques et des anciennes traditions,
mais c'étaient les philosophes et les législateurs qui prê-
chaient la vertu et la règle des mœurs. Le célèbre *Panœ-
tius* recommandait la sagesse et les devoirs, tandis que l'au-
gure *Scævola* ordonnait les sacrifices et les cérémonies du
culte.

Depuis l'établissement du Christianisme, il existe un sacerdoce chargé d'annoncer toute vérité, de recommander
tout ce qui est bon, tout ce qui est sain, tout ce qui est

juste, tout ce qui est aimable ; de donner des conseils aux
parfaits et des préceptes à tous.

Dans les premiers siècles de l'Eglise, les règles des mœurs
prêchées et développées par les Lactance, les Chrysostôme,
les Augustin, les Jérôme, les Ambroise, conservèrent ce
caractère d'évidence, de grandeur et de dignité que le génie et la piété de ces grands hommes imprimaient à tout ce
qui sortait de leur bouche ou de leur plume.

Nous savons que dans la suite on n'eut pour professeurs
de morale que des scolastiques, amis des abstractions, que
des esprits subtils, qui, dans les siècles d'ignorance, sont
les beaux esprits ; mais il ne serait pas juste de faire un
reproche particulier aux ecclésiastiques de ce qui ne fut
que la suite du malheur des temps. Alors, sans doute, on se
perdit en vaines questions sur le *libre* et le *volontaire*, sur
la béatitude *formelle* ou *intuitive*, et sur mille autres points
de controverse qui fatiguaient la raison sans l'éclairer.

Mais le beau siècle de Louis XIV n'a-t-il pas produit les
admirables *Essais de Nicole* et les excellents Traités des
Bossuet et des Fénelon ?

L'enseignement d'une morale religieuse importe plus
que l'on ne pense au bien de l'humanité ; elle fixe les incertitudes, parce qu'elle consiste en maximes positives ;
elle règle le sentiment en s'emparant du cœur ; elle console
la raison, en lui laissant entrevoir toutes les jouissances
que l'on ne peut avoir que par le sentiment.

En développant la morale évangélique dans son auguste
simplicité, en prêchant la fidélité aux lois, l'amour du prochain et toutes les vertus sociales, en écartant la prétendue
science des opinions probables qui n'était que le fruit d'une
fausse métaphysique, les ministres de la religion deviendront les vrais bienfaiteurs de l'humanité.

Dans l'enseignement du dogme, on cherchera surtout à
donner un appui à la morale.

La morale suppose un Dieu législateur, comme la physique suppose un Dieu créateur et premier moteur de toutes
les causes secondes.

On ne bâtira pas de systèmes contentieux sur des objets
qui n'ont jamais été définis par l'Eglise.

On ne cherchera que dans les Ecritures et la tradition qui
sont les uniques fondements de la foi, les vérités sacrées

qui nous découvrent les desseins impénétrables de l'auteur de la nature sur les enfants des hommes.

L'étude de l'histoire ecclésiastique est nécessaire à ceux qui se destinent au ministère des âmes. Cette histoire nous offre toute la suite du Christianisme depuis son établissement. On y voit la succession constante de la doctrine, les variations de la discipline dans les choses qui ne sont point fondamentales, et le tableau des mœurs dans les différents siècles.

L'histoire est un cours de sagesse pratique, dans lequel on apprend à se dégager de toutes les aspérités d'une vaine théorie.

On distinguera dans les princes qui ont professé la foi catholique, ce qu'ils ont fait comme chrétiens d'avec ce qu'ils ont fait comme princes; et depuis que les papes et les évêques ont possédé des seigneuries et ont eu tant de part aux affaires temporelles, on ne confondra point ce qu'ils ont pu faire en qualité de seigneurs temporels avec ce qu'ils pouvaient et devaient faire comme évêques et comme chrétiens.

Les opinions qui ont prévalu dans certains siècles et qui ont disparu dans d'autres, nous apprennent à distinguer la vérité d'avec ce qui n'est qu'opinion.

Le spectacle de nos controverses si souvent occasionnées par des abus de mots ou par des futilités inintelligibles, nous invite à nous méfier de nous-mêmes, à être moins précipités dans nos jugements, moins jaloux de nos propres pensées, enfin à nous tenir en garde contre des disputes qui ont si souvent dégradé l'esprit humain et désolé le monde.

Le grand avantage de l'histoire est de nous présenter, non de simples faits isolés comme ceux qui nous sont fournis par l'expérience journalière, mais des exemples complets, c'est-à-dire des faits dont on puisse voir à la fois le principe et les suites. Ainsi, un schisme éclate : on voit par les dissensions qui ont autrefois déchiré l'Eglise, la cause qui produit ces sortes de désordres et de scandales, les effets terribles qu'ils ont produits et les sages mesures qui les ont terminés. On devient, en considérant le passé, moins entêté et plus conciliant sur les affaires présentes; on est plus disposé à tous les sacrifices qui, sans altérer la substance de la religion, peuvent conserver le grand principe de l'unité ecclésiastique.

En général, les maximes et les préceptes ne nous suffisent pas, il faut des exemples. Peu de gens, dit Tacite, distinguent, par la seule force du raisonnement, ce qui est bon de ce qui est mauvais, ce qui est juste de ce qui ne l'est pas. La plupart ne s'instruisent que par les choses qu'ils voient arriver aux autres. L'exemple parle aux passions et les engage dans le parti de la sagesse. Selon l'expression d'un écrivain, la science et le génie, sans les leçons de l'expérience et de l'histoire, sont ce qu'on croyait autrefois qu'étaient les comètes, des météores éclatants, irréguliers dans leurs cours et dangereux dans leurs approches, qui ne peuvent servir aucun système et qui sont capables de les détruire tous.

L'Eglise catholique est une dans tout ce qui est de foi et de discipline fondamentale ; mais chaque portion de cette Eglise peut avoir ses maximes et des coutumes particulières. Tout ecclésiastique français doit donc chercher à connaître les maximes de l'Eglise gallicane.

Le principe de l'indépendance de la puissance publique dans le gouvernement temporel des Etats, celui qui réduit les droits du sacerdoce aux choses purement spirituelles, et qui ne reconnaît dans le chef de l'Eglise et dans les autres ministres du culte qu'une autorité réglée par les canons et les saints décrets, appartiennent sans doute au droit public de toutes les nations chrétiennes. Mais ces principes ont été moins obscurcis en France ; ils y ont reçu moins d'atteinte qu'ailleurs.

Les Français ont également conservé avec plus de fidélité toutes les maximes sur les droits des évêques et des curés ; ils ont toujours été moins favorables aux priviléges et aux exemptions.

On ne doit pas se contenter dans les séminaires d'enseigner tout ce qui regarde le fond de la science ecclésiastique ; on doit encore y donner les règles de l'éloquence sacrée.

L'éloquence est un grand moyen de présenter au cœur et à l'esprit ce que l'on peut peindre à l'œil.

Comment les ministres de la religion, dont la mission est de prêcher et d'enseigner, pourraient-ils négliger l'art de la parole, le plus étendu, le plus beau et le plus puissant de tous les arts ?

C'est avec le ministère de la parole que les apôtres ont

conquis le monde. Saint-Paul étonna l'aréopage en annonçant aux membres de ce sénat auguste le Dieu inconnu qu'ils adoraient et qu'ils ne connaissaient pas.

Ce sont les grands intérêts de la patrie qui avaient produit les orateurs de l'ancienne Grèce et de l'ancienne Rome. L'éloquence est née dans nos temps modernes avec les grands intérêts de la religion.

Quel effet ne produisit pas la peinture éloquente du jugement dernier, faite par Massillon dans son sermon sur le petit nombre des élus! A la voix de cet orateur, une grande assemblée se lève par un mouvement spontané et frissonne.

. La voix de Bossuet retentissait dans toutes les capitales et dans toutes les cours, quand ce ministre de l'Evangile représentait l'incertitude des choses humaines et peignait le bruyant fracas de la chute des empires.

Aucune nation ne peut rivaliser avec la nôtre pour l'éloquence de la chaire. Ce genre de supériorité est une propriété nationale que nous devons être jaloux de conserver.

Après avoir fixé l'enseignement des séminaires, nous avons voulu constater dans le projet de loi les bons effets de cet enseignement. Les aspirants à la cléricature seront obligés de soutenir des exercices publics et de rapporter des certificats de capacité. Ces certificats sont le supplément des *anciens grades*.

La garantie exigée pour s'assurer de la capacité des aspirants est même mieux organisée qu'elle ne l'était autrefois; car, sous l'ancien régime, on était dirigé par des lois qui remontaient à des époques éloignées, et qui, voulant uniquement bannir l'ignorance et la barbarie, ne s'étaient proposé que la propagation des sciences en général. On était parti du principe que toutes les sciences sont sœurs, et qu'il suffisait d'avoir fait quelques progrès dans une science quelconque pour avoir droit à des places et à des fonctions étrangères à cette science. Ainsi, les canonistes enseignaient qu'un gradué en médecine avait toute la capacité requise pour occuper une cure dans une ville murée ou une dignité dans un chapitre. L'opinion des canonistes avait été adoptée par la jurisprudence.

. Aujourd'hui tout rentre dans l'ordre. Les études et les grades dans une science ne rendront capables que des fonctions pour lesquelles cette science est requise. Il faudra avoir étudié le droit, et non la médecine, pour remplir des fonctions judiciaires, et un ecclésiastique, s'il n'a les connaissances de son état, ne sera point jugé capable de remplir les fonctions importantes du sacerdoce.

On n'exige pas les mêmes preuves de capacité pour toutes les fonctions sacerdotales. Il suffira à un curé de seconde classe, à un desservant, à un simple vicaire, d'avoir soutenu un exercice public sur la morale et sur le dogme. Ce sont là des choses dont la connaissance est indispensable pour tous les ministres de la religion, parce qu'elles tiennent à la substance de la religion même. Mais l'étude de l'histoire ecclésiastique, celle des maximes de l'Eglise gallicane et des règles de l'éloquence sacrée, seront nécessaires aux évêques, aux vicaires-généraux, aux chanoines, aux curés de première classe, c'est-à-dire à tous ceux qui administrent en chef les diocèses ou qui participent plus ou moins à cette administration, ainsi qu'aux pasteurs qui exercent le ministère curial dans les villes importantes qui exigent une plus grande connaissance des choses et des hommes.

Nous avons dit que l'enseignement des maisons d'instruction établies par le projet de loi, doit remplacer l'enseignement national des universités. Il doit donc être sous la surveillance du magistrat politique, comme l'était celui des universités qu'il remplace. En conséquence, les directeurs et professeurs seront nommés par le premier consul.

Cependant l'enseignement dont il s'agit devant être à la fois national et ecclésiastique, il ne saurait être étranger à la sollicitude des évêques. Le choix du premier consul sera donc éclairé par l'indication qu'ils feront des sujets à choisir.

Quoiqu'il soit porté par le projet de loi qu'il y aura une maison d'instruction ou un séminaire par chaque arrondissement métropolitain, il est évident que ces établissements ne sont point particuliers à chaque métropole, mais qu'ils sont institués pour le bien et pour l'utilité de l'Eglise de France en général. En conséquence, on ne s'en rapporte pas uniquement, pour le choix des directeurs et des professeurs, à la désignation qui pourra être faite par l'archevêque; on fait concourir tous les évêques suffragants. Par cette mesure, le vrai talent ne sera pas exposé au danger d'être oublié, méconnu, ou d'être repoussé par la prévention particulière d'un seul homme.

Aucun établissement ne peut exister sans dotation. Autrefois les lois de l'Etat autorisaient les évêques et leur enjoignaient même de doter ces établissements en y unissant des bénéfices. C'était la disposition formelle de l'art. 24 de l'ordonnance de Blois, de l'art. 1er de l'édit de Melun, et de l'art. 6 de l'ordonnance de 1629. Dans le moment actuel, cette ressource manque puisqu'il n'y a plus de bénéfices. La dotation des séminaires ne peut donc être qu'à la charge de l'Etat. Mais de toutes les dépenses publiques, cette dépense ne saurait être ni la moins utile, ni la moins favorable. Les lois romaines plaçaient tout ce qui regarde le culte dans la classe des choses qui appartiennent essentiellement au droit public, et qui intéressent d'une manière particulière les mœurs d'une nation et le bonheur des hommes.

Nous ajouterons ici que la circonstance de la dotation fournie par l'Etat est un nouveau motif de mettre les établissements dont il s'agit sous la surveillance du gouvernement, et de confier au magistrat politique la nomination des directeurs et professeurs ; car dès lors l'Etat est vrai fondateur de ces établissements. Or, l'Eglise a toujours applaudi avec reconnaissance aux droits que se réservait un fondateur dans l'acte par lequel il signalait quelque libéralité ou quelque bienfait. C'est de là que sont nés tous les droits de patronage, et tous ceux que nos anciens souverains exerçaient sur les églises cathédrales et sur une foule d'autres bénéfices.

Il n'a pas été possible de fixer d'avance la dotation de chaque séminaire ; cette dotation est subordonnée à une multitude de circonstances qui ne sont pas susceptibles d'être calculées avec précision ; elle doit donc être laissée, ainsi que plusieurs autres objets secondaires, à l'arbitrage du gouvernement, qui peut plus facilement, par la connaissance que lui donnent les détails journaliers de l'administration, combiner les ressources avec les besoins. L'office de la loi est de donner le premier être à une institution et de fixer les grandes maximes qui doivent la régir. Mais, après avoir donné le mouvement et la vie à un établissement, le pouvoir créateur se repose et laisse agir le pouvoir qui exécute.

Vous avez actuellement sous les yeux, citoyens législateurs, toute l'économie du projet de loi sur les séminaires.

Si la religion est utile et nécessaire à l'État, ces établissements sont nécessaires à la religion. Comment pourrait-elle subsister si on ne lui ménageait pas les moyens de perpétuer la succession de ses ministres ?

En donnant à ceux qui se destinent à la cléricature la facilité de s'instruire, vous les préparez à être aussi bons citoyens que pasteurs vertueux et aimables, vous écartez d'avance la superstition et le fanatisme qui sont le produit ordinaire de l'ignorance.

*Achevez donc, citoyens législateurs, le grand ouvrage du rétablissement du culte ; ouvrage admirable qui a été comme le terme de nos tempêtes politiques, qui a réconcilié la patrie avec tous ses enfants, et qui semble avoir fait une seconde fois descendre du ciel les vertus destinées à décorer et à consoler la terre.

LOI

RELATIVE AUX SÉMINAIRES MÉTROPOLITAINS.

Du 23 ventôse an XII.

Article 1er. Il y aura, par chaque arrondissement métropolitain, et sous le nom de *Séminaire*, une maison d'instruction pour ceux qui se destinent à l'état ecclésiastique.

2. On y enseignera la morale, le dogme, l'histoire ecclésiastique et les maximes de l'Église gallicane ; on y donnera les règles de l'éloquence sacrée.

3. Il y aura des examens ou exercices publics sur les différentes parties de l'enseignement.

4. A l'avenir, on ne pourra être nommé évêque, vicaire-général, chanoine ou curé de première classe, sans avoir soutenu un exercice public et rapporté un certificat de capacité sur tous les objets énoncés en l'art. 2.

5. Pour toutes les autres places et fonctions ecclésiastiques, il suffira d'avoir soutenu un exercice public sur la morale et sur le dogme, et d'avoir obtenu sur cet objet un certificat de capacité.

6. Les directeurs et professeurs seront nommés par le premier consul sur les indications qui seront données par l'archevêque et les évêques suffragants.

7. Il sera accordé une maison nationale et une bibliothèque pour chacun des établissements dont il s'agit, et il

sera assigné une somme convenable pour l'entretien et les frais desdits établissements.

8. Il sera pourvu, par des règlements d'administration publique, à l'exécution de la présente loi.

Nota. Les règles tracées par cette loi pour les séminaires *métropolitains*, sont devenues applicables de droit aux séminaires *diocésains* à mesure qu'il a été possible d'en établir dans chaque évêché. Voyez à ce sujet les excellentes remarques de M. Vuillefroy, au mot séminaire, pag. 478, note (c).

ORDONNANCE

QUI AUTORISE LES ARCHEVÊQUES ET ÉVÊQUES A ÉTABLIR DES ÉCOLES (SECONDAIRES) ECCLÉSIASTIQUES [1].

Du 5 octobre 1814 (insérée au *Moniteur* du 11 novembre 1814.)

Louis, etc.

Ayant égard à la nécessité où sont les archevêques et évêques de notre royaume, dans les circonstances difficiles où se trouve l'Église de France, de faire instruire, dès l'enfance, des jeunes gens qui puissent ensuite entrer avec fruit dans les grands séminaires, et désirant leur procurer le moyen de remplir avec facilité cette pieuse intention ; ne voulant pas toutefois que les écoles de ce genre se multiplient sans raison légitime.

Sur le rapport de notre ministre secrétaire d'état de l'intérieur, etc.

1º Les archevêques et évêques de notre royaume pourront avoir, dans chaque département, une école ecclésiastique dont ils nommeront les chefs et les instituteurs, et où ils feront élever et instruire dans les lettres des jeunes gens destinés à entrer dans les grands séminaires.

L'art. 25 du décret du 15 novembre 1811 portait que ces écoles seraient *gouvernées par l'Université*, et que l'enseignement ne pourrait y être donné que *par des membres de l'Université.* (Voir art. 1 et 6 de la 2ᵉ ordonnance du 16 juin 1828.)

---

[1] La législation de ces écoles avait été fixée sous l'Empire par le décret du 9 avril 1809 et les art. 24-32 du décret du 15 novembre 1811, qu'il faut consulter comme documents historiques. Il faut aussi consulter, quant à l'administration temporelle de ces établissements, le tit. IV du décret du 6 novembre 1813, demeuré en vigueur.

2º Les écoles pourront être placées à la campagne et dans les lieux où il n'y aura ni lycée, ni collége communal.

Dérogations formelles aux art. 28 et 29 du décret de 1811.

3º Lorsqu'elles seront placées dans les villes où il y aura un lycée ou un collége communal, les élèves, après deux ans d'étude, seront tenus de prendre l'habit ecclésiastique. Ils seront dispensés de fréquenter les leçons desdits lycées et colléges.

L'art. 32 du décret de 1811 exigeait que ces élèves portassent l'habit ecclésiastique dès leur entrée dans l'école. L'art. 4 de l'ordonnance du 16 juin 1828, exige qu'ils le portent après l'âge de 14 ans, lorsque d'ailleurs ils sont depuis 2 ans dans l'école.

4º Pour diminuer autant que possible les dépenses de ces établissements, les élèves seront exempts de la rétribution due à l'Université par les élèves des lycées, colléges, institutions et pensionnats.

5º Les élèves qui auront terminé leurs cours d'étude pourront se présenter à l'examen de l'Université pour obtenir le grade de bachelier-ès-lettres. Le grade leur sera conféré gratuitement.

Voir l'art. 5. Ordonnance du 16 juin 1828.

6º Il ne pourra être érigé dans un département une seconde école ecclésiastique qu'en vertu de notre autorisation, donnée sur le rapport de notre ministre secrétaire d'État de l'intérieur, après qu'il aura entendu l'évêque et le grand-maître de l'Université.

L'art. 27 du décret de 1811 défendait d'établir plus d'une école secondaire ecclésiastique par département. Voir l'art. 1er de la 2e ordonnance du 16 juin 1828.

7º Les écoles ecclésiastiques sont susceptibles de recevoir des legs et des donations, en se conformant aux lois existantes sur cette matière.

Voir l'art. 67 du décret du 6 novembre 1813.

8º Il n'est au surplus en rien dérogé à notre ordonnance du 22 juin dernier, qui maintient provisoirement les décrets et règlements relatifs à l'Université. Sont seulement rapportés tous les articles desdits décrets et règlements contraires à la présente.

J'ai exposé précédemment, page 344, les circonstances qui, en 1828, avaient amené le gouvernement de Charles X à nommer une commission pour rechercher les illégalités qui avaient été signalées dans la direction des *Écoles secondaires ecclésiastiques* [1]. Ces illégalités ont été signalées par quatre des membres de la commission, et fondées sur des motifs que le rapport de M. de Quélen, archevêque de Paris, président de la commission, analyse en ces termes :

« La loi du 19 février 1790 a expressément supprimé les ordres religieux. Cette suppression a été confirmée ou maintenue par l'art. 11 du décret du 8 avril 1802, qui a réglé l'exécution du concordat, et a été formellement renouvelée par un décret de 1804. C'était, d'ailleurs, un principe incontestable dans le droit public de la monarchie, qu'aucune institution d'ordres religieux ne pouvait avoir lieu sans l'autorisation royale donnée en forme d'édit.

» Il est vrai qu'on allègue que, sous le régime de la Charte, il est libre à chacun de suivre les règles et pratiques religieuses qu'il s'impose.

» S'il s'agit de règles et de pratiques religieuses dont un individu se prescrit l'observance dans son intérieur, sans doute la chose ne peut tomber que sous la juridiction des directeurs spirituels; mais, du moment qu'il résulte de l'adoption de cette règle une association d'hommes réunis par des vœux et des liens monastiques, *cette association est passible de l'application des lois qui viennent d'être citées.*

» Ces lois n'ont pas été éteintes par l'effet des dispositions généreuses de la Charte. Non seulement elle a déclaré que les lois alors existantes resteraient en vigueur tant qu'il n'y aurait pas été légalement dérogé; mais une loi rendue *sous son empire*, à la suite de longues et solennelles discussions (en 1825), a consacré, d'une manière irréfragable,

---

[1] Le nom de *petits séminaires*, employé plus tard pour les faire participer plus aisément à la faveur des grands, ne se trouve dans aucun acte de la législation pour signifier les *écoles secondaires ecclésiastiques*. Ce dernier mot est celui dont se sert habituellement le législateur.

le principe qu'une *association religieuse ne peut exister
sans la sanction législative.*

» L'Institut ou l'ordre de saint Ignace n'a point obtenu
cette sanction.

» Si l'on soutenait que les ecclésiastiques suivant la règle de saint Ignace, dont la présence dans plusieurs petits
séminaires a fixé l'attention, ne forment pas une congrégation, et qu'individus isolés ils sont hors de l'action des lois
qui prohibent les ordres religieux, nous répondrions, qu'à
nos yeux, les ecclésiastiques qui sont chargés des petits séminaires de Saint-Acheul, Dôle, Bordeaux, Sainte-Anne-
d'Auray, Aix, Forcalquier, Montmorillon et Billom, sont
constitués en congrégation. En un mot, ils font partie de
l'institut des *Jésuites.*

» Nous pourrions invoquer à cet égard la notoriété et
faire observer que, dans les publications répandues depuis
quelque temps pour la défense de ces petits séminaires, si
évidemment sortis du cercle que les ordonnances royales
leur avaient tracé, les ecclésiastiques qui les dirigent sont
ouvertement et hautement qualifiés de *jésuites*; mais d'autres motifs ont déterminé notre persuasion.

» Dès 1826, M. l'évêque d'Hermopolis, alors ministre
des affaires ecclésiastiques et de l'instruction publique, a
déclaré à la tribune des deux chambres, et notamment le
26 mai à celle des députés, que sept petits séminaires
étaient sous la main des jésuites.

» Depuis, un huitième établissement formé dans leur ancienne maison de Billom leur a été également confié.

» C'est d'après ces renseignements authentiques et ces
déclarations formelles, que la minorité de la commission
*considère comme un fait positif l'existence de la congré-
gation des jésuites* dans huit petits séminaires.

» On prétend vainement qu'il ne s'agit que de *prêtres
isolés*, observant pour leur régime intérieur la règle particulière de l'institut de saint Ignace. *La base des statuts
de cet ordre est l'obéissance absolue et hiérarchique de
tous ceux qui reconnaissent s'y soumettre en aboutis-
sant jusqu'au général, qui réside hors du royaume.*

» Se ranger sous ces statuts, en observer les prescriptions, porter un costume particulier, accepter la qualification de membre de l'ordre, *c'est s'associer, même exté-
rieurement, à une congrégation religieuse.* Il est vrai

que cette congrégation ne se présente pas comme une corporation ; qu'elle ne possède ni n'acquiert à ce titre ; mais elle ne pourrait le faire que si l'autorité compétente lui avait déjà donné l'existence civile. Or, personne ne prétend que la congrégation dont il s'agit en ce moment ait une capacité qui ne peut résulter que d'une création légale. Dans l'opinion de la minorité, c'est une erreur de croire que les lois, ainsi que les anciennes maximes de la monarchie, qui veulent qu'aucun ordre religieux ne puisse s'introduire en France sans la permission expresse de la puissance souveraine, ont eu seulement en vue la capacité relative à la propriété et à sa disposition. Elles ont eu d'abord en vue les *règles par lesquelles il s'agissait de lier d'une manière continue et permanente, pour tous les instants de leur vie*, des habitants du royaume. Aussi la permission ne pouvait-elle et ne pourrait-elle, dans aucun cas, être accordée que d'après l'examen des statuts. Ceux qui se réunissent pour vivre sous des statuts qui n'ont point été communiqués au gouvernement, qui n'ont point été approuvés dans la forme prescrite, *sont donc en contravention aux lois*.

» Toutefois, l'autorisation que les évêques leur accordent ne suffit-elle pas pour les relever de cette irrégularité ? Nous n'hésitons pas à répondre *négativement*. S'il en était autrement, *l'autorité épiscopale* ferait plus que *l'autorité du monarque*, puisque le roi lui-même ne pourrait prononcer qu'avec le concours des deux chambres. Et ne sentira-t-on pas les conséquences d'un pareil système, d'où il résulterait que chaque évêque pourrait, au gré de son opinion particulière, *introduire dans l'état des congrégations rivales*? Les exemples du passé en ont prouvé les inconvénients.

» Si maintenant on passe aux considérations particulières à l'institut de saint Ignace, on voit que des édits solennels avaient aboli cet institut, et que, lorsque le roi Louis XVI voulut en tempérer l'exécution relativement aux individus qui en avaient fait partie, il ordonna (en 1777) expressément *qu'à aucun titre ils ne pussent s'immiscer dans l'instruction publique*.

» Ainsi, l'ordre des jésuites a été prohibé ; et bien loin que des actes postérieurs aient révoqué cette prohibition, la législation subséquente l'a confirmée.

» En résumé, l'association des prêtres, suivant la règle de saint Ignace, paraît, aux yeux de la minorité, constituer une congrégation qui est formée sans autorisation régulière.

» La direction et l'enseignement des écoles ecclésiastiques, confiés à des membres de cette congrégation, paraissent, à la minorité, contraires aux dispositions légales. »

Cinq membres de la commission furent d'un avis contraire ; mais comme ils ne pouvaient détruire *les faits matériels* signalés par la minorité, et qu'en principe ils n'opposaient rien qui ne fût contraire aux lois et aux maximes de notre droit public, le gouvernement, éclairé tout à la fois sur le fait et sur le droit, rendit les deux ordonnances dont la teneur suit :

Iʳᵉ ORDONNANCE DU ROI

SUR LES ÉCOLES SECONDAIRES ECCLÉSIASTIQUES ET SUR L'IMMIXTION DES CONGRÉGATIONS DANS LA DIRECTION DE CES ÉCOLES.

Du 16 juin 1828.

CHARLES, etc. — Sur le compte qui nous a été rendu :

1° Que parmi les établissements connus sous le nom d'*Écoles secondaires ecclésiastiques*, il en existe huit qui se sont écartés du but de leur institution en recevant des élèves, dont le plus grand nombre ne se destine pas à l'état ecclésiastique ;

2° Que ces huit établissements sont dirigés par des personnes appartenant à une congrégation religieuse NON LÉGALEMENT *établie en France.*

VOULANT POURVOIR A L'EXÉCUTION DES LOIS DU ROYAUME :

De l'avis de notre conseil,

Nous avons ordonné et ordonnons ce qui suit :

ARTICLE 1ᵉʳ. A dater du 1ᵉʳ octobre prochain, les établissements connus sous le nom d'*Écoles secondaires ecclésiastiques*, dirigés par des personnes appartenant à une congrégation religieuse non autorisée, et actuellement existants à Aix, Billom, Bordeaux, Dôle, Forcalquier,

Montmorillon, Saint-Acheul et Sainte-Anne d'Auray seront soumis au régime de l'Université.

2. A dater de la même époque, nul ne pourra être ou demeurer chargé, soit de la direction, soit de l'enseignement dans une des maisons d'éducation dépendantes de l'Université, ou dans une des écoles secondaires ecclésiastiques, s'il n'a affirmé par écrit qu'*il n'appartient à aucune congrégation religieuse non légalement établie en France.*

3. Nos ministres secrétaires d'état sont chargés de la présente ordonnance, qui sera insérée au *Bulletin des Lois.*

Donné en notre château de Saint-Cloud, le 16 juin de l'an de grâce 1828, et de notre règne le quatrième.

CHARLES.

Par le Roi :

Le pair de France, garde des sceaux, ministre de la justice.

Comte PORTALIS.

IIe ORDONNANCE

SUR LES ÉCOLES SECONDAIRES ECCLÉSIASTIQUES.

Du 16 juin 1828.

CHARLES, etc.... A tous ceux qui ces présentes verront, salut.

Sur le rapport de notre ministre secrétaire d'état des affaires ecclésiastiques.

Notre conseil des ministres entendu.

Nous avons ordonné et ordonnons ce qui suit :

ART. 1er. Le nombre des élèves des écoles secondaires ecclésiastiques, instituées par l'ordonnance du 5 octobre 1814, *sera limité* dans chaque diocèse, conformément au tableau que, dans le délai de trois mois à dater de ce jour, notre ministre secrétaire d'état des affaires ecclésiastiques soumettra à notre approbation.

Ce tableau sera *inséré au Bulletin des Lois*, ainsi que les changements qui pourraient être ultérieurement réclamés et que nous nous réservons d'approuver, s'il devient nécessaire de modifier la première répartition.

Toutefois le nombre des élèves placés dans les écoles secondaires ecclésiastiques ne pourra excéder vingt mille.

2. Le nombre de ces écoles et la désignation des communes où elles seront établies, seront déterminés par nous d'après la demande des archevêques et évêques, et sur la proposition de notre ministre des affaires ecclésiastiques.

3. Aucun externe ne pourra être reçu dans lesdites écoles. Sont considérés comme externes les élèves qui ne sont pas logés et nourris dans l'établissement même.

4. Après l'âge de quatorze ans, tous les élèves admis dans lesdites écoles depuis deux ans, seront tenus de porter un *habit ecclésiastique*.

5. Les élèves qui se présenteront pour obtenir le grade de bachelier ès-lettres, ne pourront, avant leur entrée dans les ordres sacrés, recevoir qu'un diplôme spécial, lequel n'aura d'effet que pour parvenir *aux grades en théologie*. Mais il sera susceptible d'être échangé contre un diplôme ordinaire de bachelier ès-lettres, après que les élèves seront engagés dans les ordres sacrés.

6. Les supérieurs ou directeurs des écoles secondaires ecclésiastiques seront nommés par les archevêques et évêques et agréés par nous.

Les archevêques et évêques adresseront, avant le 1er octobre prochain, les noms des supérieurs ou directeurs actuellement en exercice à notre ministre des affaires ecclésiastiques à l'effet d'obtenir notre agrément.

7. Il est créé, dans les écoles secondaires ecclésiastiques, huit mille demi-bourses à 150 fr. chacune.

La répartition de ces huit mille demi-bourses entre les diocèses, sera réglée par nous sur la proposition de notre ministre des affaires ecclésiastiques. Nous déterminerons ultérieurement le mode de présentation et de nomination à ces bourses.

8. Les écoles secondaires ecclésiastiques, dans lesquelles les dispositions de la présente ordonnance et de notre ordonnance en date de ce jour, ne seraient pas exécutées, *cesseront* d'être considérées comme telles, et rentreront sous le régime de l'Université.

9. Nos ministres secrétaires d'état sont chargés, chacun en ce qui le concerne, de l'exécution de la présente ordonnance, qui sera insérée au *Bulletin des Lois.*

Donné en notre château de Saint-Cloud, le 16 juin de l'an de grâce 1828, et de notre règne le quatrième.

CHARLES.

Par le Roi :

Le ministre secrétaire d'état des affaires ecclésiastiques,

† F.-J.-H., *évêque* DE BEAUVAIS.

Les Frères des Écoles chrétiennes.

Décret du 17 mars 1808.

Art. 109. « Les Frères des Écoles chrétiennes seront brevetés et encouragés par le grand-maître, qui visera leurs statuts intérieurs, les admettra au serment, leur prescrira un habit particulier et fera surveiller leurs écoles. — Les supérieurs de ces congrégations pourront être membres de l'Université. »

Congrégations chargées des Écoles primaires de filles.

Ordonnance du 23 juin 1836.

Art. 13. Les institutrices appartenant à une congrégation religieuse dont les statuts *régulièrement approuvés* renfermeraient l'obligation de se livrer à l'éducation de l'enfance, pourront être aussi *autorisées par le recteur* à tenir une école primaire élémentaire, sur le vu de leurs lettres d'obédience et sur l'indication par la supérieure de la commune où les sœurs seraient appelées.

Art. 14. L'*autorisation* de tenir une école primaire supérieure ne pourra être accordée sans que la postulante justifie d'un brevet de capacité d'un degré supérieur, obtenu dans la forme et aux conditions prescrites dans la présente ordonnance.

TITRE V.

Des Autorités préposées à l'instruction primaire.

Art. 15. Les comités locaux et les comités d'arrondissement institués en vertu de la loi du 28 juin 1833 et de l'ordonnance du 8 novembre même année, exerceront sur les écoles primaires des filles les attributions énoncées dans les art. 21, §§ 1, 2, 3, 4 et 5 ; 22, §§ 1, 2, 3, 4 et 5 ; 23, §§ 1, 2 et 3 de ladite loi.

Art. 16. Les comités feront visiter les écoles primaires de filles par des délégués pris parmi les membres ou par des dames inspectrices.

HAUTES ÉTUDES ECCLÉSIASTIQUES.

ORDONNANCE DU ROI

RELATIVE A L'ÉTABLISSEMENT A PARIS D'UNE MAISON CENTRALE DE HAUTES ÉTUDES ECCLÉSIASTIQUES.

Du 20 juillet 1825.

CHARLES, etc. — Considérant combien il importe de perpétuer, dans l'Eglise gallicane, cette tradition de savoir et de lumières qui l'ont illustrée sous les règnes de nos prédécesseurs. — Sur le rapport de notre ministre secrétaire d'état des affaires ecclésiastiques et de l'instruction publique.

Nous avons ordonné et ordonnons ce qui suit :

ART. 1er. Il sera établi à Paris une maison centrale de hautes études ecclésiastiques.

2. Cette maison sera composée de sujets d'élite désignés par les évêques diocésains. Nul ne pourra y être admis sans être engagé dans les ordres sacrés et sans avoir terminé le cours ordinaire de philosophie et de théologie. — Tous devront soutenir des thèses publiques en Sorbonne en présence des professeurs et docteurs de la théologie de Paris.

3. Les chefs de l'établissement seront nommés par nous, sur la présentation d'une commission ecclésiastique de notre choix, dont les archevêques de Paris feront partie, et sur le rapport de notre ministre des affaires ecclésiastiques et de l'instruction publique.

4. La même commission sera chargée de rédiger les statuts et règlements dudit établissement, lesquels seront soumis à notre approbation.

5. Notre ministre des affaires ecclésiastiques et de l'in-

struction publique est chargé de l'exécution de la présente ordonnance.

Donné en notre château de Saint-Cloud, le 20ᵉ jour de juillet de l'an de grâce 1825, et de notre règne le premier

CHARLES.

Par le Roi.

Le ministre secrétaire d'état au département des affaires ecclésiastiques et de l'instruction publique.

† D., *évêque* D'HERMOPOLIS.

CIRCULAIRE

DE M. L'ÉVÊQUE D'HERMOPOLIS A MM. LES ÉVÊQUES ET AUTRES MEMBRES COMPOSANT LA COMMISSION CRÉÉE PAR ORDONNANCE ROYALE DU 20 JUILLET 1825, AU SUJET DE L'ÉTABLISSEMENT A PARIS D'UNE ÉCOLE DES HAUTES ÉTUDES ECCLÉSIASTIQUES.

MONSEIGNEUR,

Héritier de la foi comme du trône de saint Louis, persuadé que la religion n'est jamais plus vénérable aux yeux des peuples, plus utile aux familles et à l'État, que lorsque le zèle de ses ministres est dirigé par la science, le roi, dès les commencements de son règne, forma le dessein de faire revivre *les hautes études ecclésiastiques* de cette *ancienne Sorbonne* d'où sont sortis tant de docteurs et de pontifes illustres qui ont fait la gloire de l'Eglise gallicane.

Quand cette royale pensée a été manifestée par l'ordonnance du 20 juillet 1825, la France religieuse a tressailli d'espérance. Et quels services n'a pas rendus, dans les âges passés, cette école célèbre ! Chargée de l'enseignement de la science divine, sous l'autorité de l'épiscopat, qui en est le vrai dépositaire, jamais elle n'a manqué de signaler, de combattre l'erreur à sa naissance, et de prémunir les fidèles contre les dangers de la séduction. Dans le dernier siècle en particulier, ne l'a-t-on pas vue s'élever avec courage contre ces productions de mensonge et d'impiété qui menaçaient tout ensemble l'autel et le trône, et qui devaient être si fécondes en désordres et en calamités ?

Rempart de la foi contre les attaques de tous les novateurs, au point d'avoir mérité le surnom de *concile permanent des Gaules*, elle était encore la gardienne de ces *maximes françaises* auxquelles Bossuet donna tout le poids de son savoir et de son génie : elle les professait avec liberté, mais aussi avec cette sagesse qui en prévient les abus, qui concilie tous les droits et tous les devoirs, et s'éloigne également de la servitude et de la licence.

Centre de lumières, elle entretenait dans notre Église cette unité de doctrines, de vues, de règles de conduite, qui a fait sa beauté aux jours de ses prospérités, et sa force aux jours de ses malheurs.

Qui ne sent combien il importe, pour l'avantage de la religion et de l'État, de rétablir cette institution salutaire ? C'est par son heureuse influence que le clergé de France se montrera plus que jamais semblable à lui-même, toujours prêt à rendre à César ce qui est à César, et à Dieu ce qui est à Dieu.

Vous êtes appelé, monseigneur, à concourir à cette glorieuse restauration : vous appartenez à la commission ecclésiastique qui doit s'occuper de rédiger les statuts, de régler la discipline et les études de l'établissement, de l'approprier à nos besoins et à notre situation présente, de le rendre digne, en un mot, et du prince qui l'a conçu, et de la grande Église à laquelle il prépare le plus consolant avenir.

Le moment est venu pour vous, monseigneur, de répondre à ce que la confiance du roi attend de vos lumières, de votre expérience et de votre dévouement. Sa majesté m'ordonne de vous annoncer que les membres de la commission sont convoqués à Paris pour le 16 janvier 1826.

Agréez, monseigneur, l'expression de mon attachement respectueux.

Le ministre secrétaire d'état au département des affaires ecclésiastiques et de l'instruction publique,

† D., *évêque* D'HERMOPOLIS.

DU POUVOIR DE L'ÉTAT

SUR L'ENSEIGNEMENT.

La loi et les ordonnances qui précèdent attestent hautement le droit de la puissance publique, de réglementer ce qui a rapport à l'enseignement ; — elles montrent que les écoles ecclésiastiques, aussi bien que les autres, sont assujetties à l'action de ce pouvoir réglementaire.

Il importe de défendre l'intégrité de ce principe, précisément parce que, dans ces derniers temps, on s'est efforcé d'y faire brèche, et d'élever, sous le nom si favorable de *liberté*, des prétentions dont l'exagération, si elles étaient admises, tendrait à détruire des maximes qui ont toujours fait partie de notre droit public, et que notre époque n'est sûrement pas destinée à voir périr.

Dans ce dessein, nous replacerons d'abord, sous les yeux du lecteur, le remarquable préambule de l'édit de Louis XV, de février 1763, portant *règlement pour les colléges qui ne dépendent pas de l'Université.* Il offre une excellente récapitulation des règles de la matière, en même temps que l'édit, dont il développe les motifs, en contient l'application la plus énergique et la plus étendue.

» Louis, etc.

» Les écoles publiques destinées à l'éducation de la jeunesse dans les lettres et les bonnes mœurs, et à la culture et l'accroissement des différents genres de connaissances que chaque sujet y peut puiser, autant qu'il convient *à son état et à sa destination*, ont toujours été regardées comme *un des fond-ments les plus solides de la durée et de la prospérité des États*, par la multitude et la suite non interrompue des sujets qu'elles préparent *aux*

29.

divers emplois de la vie civile, par l'épreuve longue et assidue qu'elles font de la portée de leurs talents, enfin par tout ce qu'elles contribuent d'avantageux à la gloire des sciences et des lettres, qui fait un si grand sujet d'émulation entre les nations policées. Un objet si important n'a jamais échappé à l'attention des rois nos prédécesseurs, et dès les siècles les plus reculés de la monarchie, ils en ont été occupés à proportion de ce que leur permettaient les circonstances des temps, en quoi ils ont toujours été secondés par le zèle et par les soins des personnes les plus recommandables de leur État, et surtout par les principaux membres du clergé. Dans les siècles d'ignorance et de confusion, les lettres trouvèrent un asile dans les églises cathédrales et dans les monastères les plus célèbres qui purent conserver leur liberté et leur repos, sous la protection et la garde de nos prédécesseurs, tandis que l'université de Paris, de l'origine la plus ancienne, traçait dès lors le modèle d'un *autre genre d'écoles, plus régulier et plus complet*. A l'exemple de cette première université, formée sous les yeux des rois nos prédécesseurs et appuyée de toute leur faveur, de toute leur protection, il en a été établi d'autres en plusieurs villes principales de notre royaume, où chacune d'elles présente *un centre d'études et de savoir universel érigé en corps d'université*, composé de personnes ecclésiastiques et séculières, partagé en autant de facultés qu'on a cru pouvoir distinguer de genres principaux de sciences relatifs au service de l'Église et de l'État, et non-seulement destiné à les faire fleurir et à les enseigner, mais encore à conférer des degrés, sur la foi desquels ceux qui les obtiennent, après les épreuves requises, puissent être admis au titre et à l'exercice des différentes fonctions de l'ordre ecclésiastique et civil : en sorte que l'*institution des universités fait une partie essentielle de l'ordre public*, puisque, *par les degrés qu'elles confèrent, ce sont elles qui ouvrent l'accès à la plus grande partie des fonctions publiques*, et jusqu'aux dignités mêmes les plus éminentes de l'Église et de l'État. Au grand ouvrage de l'établissement des universités, il en a été ajouté un autre d'un ordre moins élevé, mais d'un détail plus étendu, auquel l'autorité et la sagesse des rois nos prédécesseurs ne se sont pas moins intéressées : comme les écoles des universités, fixées dans un certain nombre de villes, ne pouvaient servir qu'à ceux qui étaient en état de les fréquenter, la jeunesse se trouvait privée partout ailleurs, même dans les autres villes les plus nombreuses et les plus distinguées, du secours et des avantages de l'éducation publique. Pour y remédier, autant qu'il était possible, la plupart des villes de notre royaume ont successivement obtenu l'établissement de *colléges particuliers* bornés à l'éducation et à l'instruction si utiles en elles-mêmes, INDÉPENDAMMENT DES DEGRÉS, ET PROPRES EN MÊME TEMPS A Y PRÉPARER *ceux qui, pour les obtenir, voudraient dans la suite* PASSER AUX UNIVERSITÉS ET Y ACCOMPLIR LE COURS DES ÉTUDES ACADÉMIQUES. Tout a concouru à la dotation de ces colléges : le clergé à celle de la plupart, par l'application des prébendes préceptoriales destinées à l'instruction de la jeunesse, aux termes des ordonnances d'Orléans et de Blois, et par l'union des bénéfices ecclésiastiques ; les corps municipaux, par les engagements qu'ils ont pris pour aider à en soutenir les charges ; les particuliers de tout ordre et de toute condition par leurs dons et leurs libéralités ; les rois mêmes par leurs grâces et par leurs bienfaits. C'est ainsi que, *sous l'autorité* des rois nos prédécesseurs et la nôtre, *sans laquelle il ne peut être permis d'établir aucune école publique dans le royaume*, se sont établies les deux sortes d'écoles qui existent aujourd'hui dans nos États ; les unes gouvernées par nos universités, sous leur inspection et leur discipline, soumises à leurs lois et statuts ; les autres, subsistantes chacune par son propre établissement, et dispersées dans tout le royaume. Nous devons également à toutes notre protection royale et notre attention paternelle, et dans l'intention où nous sommes de porter successivement nos vues sur les différentes parties d'un objet si intéressant et si étendu, nous ne négligerons pas sans doute *ce qui regarde le bon ordre, le maintien et la splendeur des universités, leur réformation même* s'il en est besoin : mais ce qui nous paraît le plus instant, c'est d'apporter un meilleur ordre à l'état de tant de colléges particuliers, répandus par tout : leur multiplicité, l'obscurité et l'indigence des revenus d'un grand nombre d'entre eux peuvent faire craindre qu'il ne s'en trouve plusieurs dont l'établissement peu solide, le défaut de règles ou les vices de l'administration exigent une entière réforme, ou une réunion à d'autres colléges plus utiles et mieux établis, quelques-uns même une entière suppression. C'est dans cette vue que nous jugeons à propos, d'un côté, d'ordonner qu'il nous sera rendu incessamment un *compte exact de l'établissement de chacun de ces collèges*, et de tout ce qui peut nous faire connaître quelle est la situation actuelle ; et de l'autre, de donner dès à présent à ces collèges, autres néanmoins que ceux dont l'administration serait entre les mains de congrégations régulières ou séculières pour les desservir et gouverner, une forme d'administration qui leur soit commune, et qui, sans préjudicier aux droits légitimes des fondateurs ni aux conditions primitives des fondations bien et dûment autorisées, *puisse satisfaire à ce qui regarde la conservation et l'amélioration des biens, la dispensation régulière des revenus, le choix des sujets pour les places à remplir, la discipline pour les études et pour les mœurs, et en général veiller à tout ce qui est du bien et de l'avantage de chaque établissement.* Nous avons jugé ne pouvoir choisir de meilleure forme d'administration que celle d'un bureau formé pour chaque collège et composé de divers ordres de personnes, *soit du clergé,* intéressé à plusieurs titres à y prétendre part, *soit du nombre des officiers de justice,* pour qui ce genre d'administration est un objet de bien public et de police ; *soit du corps municipal et des notables habitants du lieu à qui surtout l'éducation des enfants des citoyens doit être recommandable* ; en quoi nous avons cherché à nous conformer, autant que l'objet le pouvait comporter, à l'exemple que nous a laissé le feu roi notre très-honoré seigneur et bisaïeul, dans sa déclaration du 12 décembre 1698, donnée pour une administration d'un genre également utile au bien de ses sujets ; et nous avons cru ne pouvoir choisir un moment plus heureux pour faire éclore une loi destinée au rétablissement et à la perfection d'une *partie si importante de l'ordre public,* que celui où la certitude de la paix va nous mettre en état de ne nous occuper que de leur avantage et de leur bonheur. A ces causes et autres considérations à ce nous mouvant, de l'avis de notre conseil, et de notre certaine science, pleine puissance et autorité royale, nous avons, par notre présent édit, perpétuel et irrévocable, dit, statué et ordonné, disons, statuons et ordonnons, voulons et nous plaît ce qui suit :

« Art. 1er. Ceux qui seront chargés de la direction et administration desdits colléges, soit qu'ils se trouvent régis et desservis par des congrégations régulières ou séculières, ou par quelques autres personnes que ce puisse être, seront tenus de nous remettre dans six mois pour tout délai, à compter du jour de la publication et enregistrement du présent édit, des états exacts de tout ce qui peut concerner les titres d'établissement desdits colléges, et les unions de bénéfices qui y ont été faites ; le lieu et le diocèse où ils sont situés, le nombre des classes, des professeurs, régents et écoliers, les biens, revenus et fondations, leurs charges, honoraires, pensions et gages, la manière dont ils sont régis, et généralement tout ce qui pourrait servir à faire connaître leur administration et leur situation actuelle, auquel état ils joindront telles observations qu'ils aviseront bon être sur les avantages ou les inconvénients qui peuvent résulter desdits établissements ; pour que, *sur le compte qui nous en sera rendu par les personnes que nous jugerons à propos d'en charger*, et sur les représentations et mémoires que nos cours et nos procureurs-généraux pourront nous présenter à ce sujet, *nous soyons en état de nous déterminer* sur ceux desdits colléges qu'il y aura *lieu de placer ailleurs*, *de réunir à d'autres*, ou même *de supprimer*, et de *pourvoir définitivement*, *par nos lettres patentes* que nous ferons expédier dans la forme ordinaire, à l'état de ceux que nous aurons jugé *à propos de conserver* ; même à ce qui pourrait être de notre autorité par rapport aux unions de bénéfices qui y auraient été faites ; voulons que jusqu'à ce les pensions ou autres revenus qui ont été donnés par nous ou les rois nos prédécesseurs, à aucuns desdits colléges, continuent de leur être payés en la manière accoutumée : n'entendons au surplus comprendre dans les dispositions du présent article, ni dans toutes celles de notre présent édit, les *colléges qui font partie des universités de notre royaume ou qui en dépendent*, *ni déroger aux droits et priviléges desdites universités*. »

En effet, l'autorité royale, quelles qu'eussent été ses *concessions* en faveur de certains colléges particuliers tenus par des laïcs ou des congrégations, n'avait jamais laissé entamer le DROIT PRIVATIF DES UNIVERSITÉS, DE CONFÉRER LES GRADES AU NOM DE LA PUISSANCE PUBLIQUE, et avec ces grades l'aptitude à remplir certaines fonctions publiques, tant civiles qu'ecclésiastiques, ou à exercer diverses professions appropriées aux besoins de la société.

La fermeté de l'ancien gouvernement soutenait ainsi, avec vigilance, les priviléges des universités, et résistait aux plus puissantes influences pour sauver de toute atteinte le droit de l'État, dont ces corps illustres étaient les fidèles dépositaires. — « Cette politique, dit un savant magistrat, était sage et prévoyante. Le gouvernement comprenait à merveille que le clergé, cette portion si respectable et si utile de la nation, cette puissance douée d'un si grand ascendant sur les directions et les destinées de la vie sociale, ne devait pas se former dans des *régions trop solitaires, trop séparées de ce monde, qu'il faut apprendre à connaître pour le bien savoir diriger*. Il voulait que les dernières épreuves de son éducation *le rattachassent à ces universités dans lesquelles la France reflétait son esprit,* et où le siècle avait laissé l'empreinte de ses idées et de ses mœurs. Et pourquoi donc abandonner les pratiques d'un système d'enseignement consacré par l'expérience? N'était-ce pas sous son empire, sous l'empire de ce mélange de l'instruction cléricale et de l'instruction séculière, de ce rapprochement de la jeunesse des temples avec la jeunesse du siècle, que le clergé français, fort de ses études variées et de son éducation nationale, s'était élevé si haut par ses lumières, son patriotisme, ses vertus, qu'il avait donné à l'État des richesses, à la science et aux lettres des Fleury, aux libertés de l'Église gallicane un Bossuet? »

Ces dernières réflexions, dont tous les bons esprits apprécieront l'élévation et la justesse, sont empruntées au savant mémoire que M. Troplong, l'un des plus doctes et des plus laborieux magistrats de la Cour de cassation, a lu à l'Académie des sciences morales et politiques, dans les séances des 9 décembre 1843, 20 et 27 janvier 1844, et dans lequel il recherche avec étendue et fait ressortir avec soin le *pouvoir de l'État sur l'enseignement d'après l'ancien droit public français*. Ce mémoire a été inséré en très-grande partie dans le *Moniteur* des 16 et 17 février 1844. Après avoir parcouru et caractérisé toutes les époques de notre histoire, et cité pour chacune d'elles les lois et les actes qui s'y rapportent, l'auteur conclut en ces termes qui offrent le résumé de son mémoire, *Résumé* dont nous pouvons affirmer que tous les termes sont pleinement justifiés dans le cours de cette belle et utile dissertation.

« L'enseignement, d'après les principes essentiels de l'ancien droit public, est un droit de la couronne ; il est reconnu, proclamé que l'un des principaux objets du gouvernement est de veiller à l'éducation de la jeunesse, que c'est là un des points les plus importants à la conservation de la monarchie. De là le droit acquis à la puissance publique de diriger l'éducation des colléges, de les maintenir dans les voies conformes au principe du gouvernement ; de là cette maxime si souvent consacrée par les édits et les arrêts que nulle école ne peut s'établir en France que par le bon plaisir du roi.

» Si, dans les temps plus reculés, ce droit est demeuré suspendu et comme assoupi, si l'Eglise a été alors en possession de répandre les lumières et l'enseignement, il n'est résulté de là qu'un déplacement provisoire et passager du droit d'enseigner, que l'occupation accidentelle d'une fonction qui ne doit jamais vaquer, mais non pas une prescription de nature à dépouiller l'Etat d'une prérogative imprescriptible.

» Bientôt, en effet, l'Etat reparaît, et il revendique l'enseignement comme sa propriété, comme son droit. L'Eglise entend ce langage, elle se soumet, elle accepte la sécularisation des universités comme un fait social incontestable. Elle continue à laisser dans ces écoles respectées la pépinière de ses jeunes disciples.

» Plus tard cependant l'Eglise se laisse entraîner à d'autres vues. Une compagnie, célèbre par sa vocation pour l'enseignement, vient apporter en France ses colléges et des projets nouveaux ; elle veut *partager* avec les universités les études académiques, et sous l'apparence d'une *agrégation* impraticable, elle demande à être *elle-même une université*. Des évêques élèvent bientôt la même prétention pour les séminaires que leur ont donnés le concile de Trente et les ordonnances de nos rois. Cette tentative était périlleuse pour les universités : il y allait de leur existence ! Tout aurait été université, excepté les universités mêmes ! *Et le droit de l'État qu'elles résumaient et représentaient, courait risque d'être surpris, ébranlé, renversé!* Mais le gouvernement veillait ; les magistrats étaient à leur poste, et la prérogative de la puissance publique demeura dans son intégrité.

» Ce conflit est le dernier auquel nous fasse assister l'histoire de l'ancien droit public français. La conclusion qui la termine est la démonstration de ce principe que nous énoncions en commençant, savoir : que depuis que l'Etat est arrivé à une organisation fixe et régulière, l'enseignement a été dans la France d'autrefois de droit régalien, (c'est-à-dire un droit de la puissance publique, de la souveraineté). »

Si les universités anciennes ont eu besoin d'être soutenues et protégées par les rois et les parlements, l'université moderne a aussi été en butte à de vives attaques. — Elles n'ont pas éclaté sous l'empire ! Ces hommes qui ne parlent que d'affronter des périls dont on ne les menace pas, n'ont pas essayé d'élever la voix sous le gouvernement impérial ! Mais dès que la restauration eut paru leur offrir de meilleures chances, ils n'hésitèrent pas à renouveler la lutte du temps passé. Nous avons vu comment les ordonnances du 16 juin 1828 essayèrent d'y apporter remède.

En 1830, on était sous l'impression de ces tentatives si tardivement, si faiblement réprimées ! On avait gardé le souvenir de l'antipathie que certains coryphées du gouvernement déchu avaient souvent montrée contre l'*instruction*

des classes populaires; — on n'avait pas oublié les luttes que
la *Société pour l'instruction élémentaire* avait eu à soutenir
pour protéger les *écoles mutuelles* contre les écoles rivales;
— les plaintes des *colléges communaux* et des *institutions
privées* contre les faveurs accordées et les extensions données à leur détriment aux *écoles secondaires* ecclésiastiques,
et leurs doléances sur les conséquences d'une concurrence
qui ne serait pas long-temps possible à des conditions rendues si inégales! — De toutes parts on demandait, et avec
raison, la *suppression de la rétribution universitaire!* — C'est
en présence de tous ces griefs que nous inscrivîmes dans
l'article 69 de la Charte : qu'il serait « pourvu par des lois
» séparées et dans le plus court délai possible à divers ob-
» jets, notamment l'*instruction publique* et la *liberté de l'en-
» seignement.* » — Ainsi, cette promesse fut faite en vue de
répandre davantage l'instruction parmi le peuple, et de
rendre vraiment l'*instruction publique;* elle eut lieu en vue
de fortifier les institutions départementales et communales,
en les dégageant de redevances et d'entraves qui rendaient
pour eux la concurrence trop difficile! Telle fut la pensée
libérale de 1830! — Mais, certes, les mots *instruction publique* et *liberté d'enseignement* ne furent pas inscrits dans
la Charte en vue de perpétuer et d'accroître les inconvénients qu'on avait déjà ressentis! Ils ne couvraient pas la
pensée d'étendre le développement des écoles ecclésiastiques au delà de la *spécialité* de leurs besoins! Ils ne rece-
laient pas l'idée que ces mots serviraient de texte pour
attaquer le droit de l'État en attaquant le corps chargé de
distribuer sur toutes les parties du royaume le bienfait de
l'enseignement public! Les rédacteurs de l'article 69 de la
Charte n'y ont pas consigné la sourde pensée qu'il servirait
de passe-port aux congrégations *non autorisées,* que dis-
je? aux congrégations *défendues,* pour qu'elles pussent s'im-

miscer soit dans la direction des séminaires, dont la restauration elle-même avait voulu les exclure, soit dans la direction d'autres collèges, en prenant effrontément un nom que la loi leur dénie, ou en gardant hypocritement un masque qu'elle est en droit de leur arracher!

Cela est si vrai que, lorsque depuis 1830 on a essayé de faire arriver le nom de ces congrégations devant les chambres législatives, dans des pétitions où l'on réclamait en leur faveur la liberté d'enseignement, les chambres, après les discussions les plus significatives, les ont constamment repoussées par des ordres du jour.

C'est alors qu'elles ont voulu s'ouvrir d'autres voies, et que, dans les brochures, dans les pamphlets, dans certains journaux, on a, toujours *au nom de la liberté* (c'est la peau de mouton dont se couvrent ces nouveaux docteurs), poursuivi le but qu'on voulait atteindre. — On a surtout dirigé les attaques contre l'Université : le monopole de l'Université ! l'immoralité de l'Université ! l'irréligion de l'Université ! l'athéisme de ses professeurs !.....

Le retentissement de ces clameurs fit retour jusque dans la chambre des députés, et il devint le sujet d'une discussion spéciale dans la session de 1842. — A la séance du 18 mai, un orateur y fit allusion en demandant aux ministres quand ils se décideraient enfin à présenter la loi sur la liberté de l'enseignement? Et comme les ministres gardaient le silence, je me plaignis à mon tour de tant d'acquiescement de la part du pouvoir en présence de telles agressions.

Je reconnaîtrai volontiers avec vous, disais-je à M. de Carné en lui répondant, qu'il y a seulement dans le clergé quelques prélats, dont vous-même, avec raison, avez blâmé le zèle, qui sont entrés dans cette polémique. Nous sommes d'accord sur ce point en limitant ainsi l'objection.

Et en effet, d'un côté, aucun prélat pas plus qu'aucun autre citoyen, pas plus qu'aucun autre fonctionnaire d'aucun ordre, ne peut attaquer avec cette virulence les institutions du pays; et d'un autre côté, moins que qui ce soit, un prélat, animé sans doute de l'esprit de charité, ne doit pas se permettre des attaques contre les personnes, et tout le monde sait qu'il y a eu des attaques personnelles contre plusieurs professeurs de l'université.

Eh bien, je blâme les attaques contre les institutions, je blâme les attaques contre les personnes; c'est excéder le droit. *On peut attaquer l'erreur, attaquer les propositions d'une fausse philosophie, faire des mandements où les raisonnements catholiques soient opposés aux fausses propositions de l'école, où l'on signale ce qu'elles peuvent avoir de faux, d'audacieux, de dangereux pour le cœur et pour l'esprit.* Voilà le droit, voilà le devoir des évêques. Mais respectez les institutions, ménagez charitablement les personnes. (Très-bien!)

Ce n'est pas seulement des mandements que je parlerai ici. On a dit que le clergé, que du moins l'esprit catholique entrait dans l'esprit des affaires, et que du moment qu'il y avait un nouvel esprit, de nouvelles institutions, il s'était servi des machines nouvellement inventées. (On rit.)

C'est ainsi qu'en effet ils se sont servis de la presse. Il y a des journaux qui s'appellent religieux, et que certes on ne reconnaîtrait pas pour tels à l'esprit de charité, à l'esprit de douceur, à la modération des termes et aux justes ménagements pour tout ce qu'il y a de plus respectable dans l'Etat (C'est vrai, c'est vrai!), ce sont ces écrivains qui déclament avec le plus de violence en réclamant à grands cris la liberté d'enseignement.

La liberté de l'enseignement, oui, mais à la même condition que les autres libertés. Il n'y en a pas une qui ne soit réglementée. — La liberté de conscience existe pour tous les cultes reconnus; mais un culte indécent, un culte faux, qui ferait courir des idées immorales à l'ombre de cette allégation que c'est un culte, serait interdit; il excéderait des limites tracées par la loi. — La liberté de la presse a sa faveur, mais elle a ses entraves, ses répressions, ses conditions d'exister; elle doit se renfermer dans certaines bornes. — La liberté individuelle reçoit ses exceptions dans tous les cas d'arrestation; c'est seulement à l'is-

sue d'un jugement, aussi prompt que possible, d'un jugement légitime, qu'on peut rendre la libre action au droit.

Il y a la liberté d'enseignement réglée, comme nous
l'entendons, selon la charte que nous avons faite, et la liberté d'enseignement à peu près illimitée, selon la charte
qu'on se fait, que l'on imagine, selon la charte qu'on interprète à sa façon. (Approbation.)

Eh bien, vienne cette loi quand on voudra; ce ne sera
qu'une loi réglementaire. Malheur à l'Etat, qui, réglant
tout dans l'Etat, ne connaîtrait pas qu'il est de son droit et
de son devoir de surveiller l'enseignement!

On n'entend pas réglementer la liberté du dogme; c'est
là que doit être la liberté absolue, toute liberté pour la
croyance.

Mais la manière de se tenir dans l'Etat, d'être en rapport avec les fonctionnaires, de prêcher la domination, la
subordination, la séparation des pouvoirs, de faire des citoyens qui devront un jour fonctionner dans l'Etat, y remplir des devoirs, être animés d'un esprit conforme à la constitution et aux besoins actuels de la société, à peine d'établir des germes de guerre civile : voilà ce que l'Etat doit
surveiller et est en droit de demander à toutes les institutions. (Très-bien! très-bien!)

De ce qu'aucun culte n'est plus dominant, on affecte de
croire que l'Etat est déshérité de ses anciens droits. Voici
la seule différence. Quand il n'y a qu'un culte, c'est sur
ce culte que l'Etat doit faire porter toute sa surveillance.
Quand il y a plusieurs cultes, le gouvernement a la même
surveillance; mais, au lieu de porter sur un seul, elle se divise, le droit de l'Etat est le même vis-à-vis de tous, il ne
peut abdiquer ce droit sans abdiquer la première tutelle
de l'Etat.

Eh bien, c'est de ceux qui réclament cette liberté d'enseignement, poussée jusqu'à la licence, jusqu'à l'insubordination, que je parle; je ne parle ni du clergé, ni des prélats, je parle de ces hommes ardents, de ces écrivains
passionnés qui croient imprimer une idée catholique en la
poussant à l'excès dans les journaux ou ailleurs, et qui vont
contester aux pères de famille, et au premier de tous les
pères de famille, au roi, le droit de faire élever leurs enfants dans les collèges de l'université, et cela en présence
des résultats de la plus magnifique éducation qui ait jamais

été donnée, éducation à laquelle ces hommes haineux reprochent mensongèrement de manquer du fondement le plus réel, le fondement moral et le fondement religieux.

Messieurs, je termine par une réflexion:

Il y a deux branches de la même famille; voyez ce que les moines ont fait de l'une, et ce que l'université a fait de l'autre. (Rires approbatifs. — Très-bien! très-bien!)

Cet incident n'eut pas alors d'autres suites. La session se termina, et la polémique au dehors continua avec plus de vivacité que jamais.

En novembre 1843, elle avait pris un caractère plus grave par l'intervention de quelques prélats. L'opinion publique commençait à s'en inquiéter, on accusait hautement l'inertie du pouvoir; une nouvelle session allait s'ouvrir; le gouvernement l'aborderait-il sans avoir usé de ses justes droits pour protéger, comme il le devait, une institution de l'Etat aussi violemment insultée et calomniée? — L'ordonnance suivante a paru:

ORDONNANCE DU ROI

DÉCLARANT QU'IL Y A ABUS DANS UNE LETTRE DE L'ÉVÊQUE DE CHALONS,

en ce qu'elle contient des allégations injurieuses pour l'université de France et les membres du corps enseignant, et des menaces de refus de sacrement capables de troubler arbitrairement les consciences.

Du 8 novembre 1843.

Louis-Philippe, roi des Français;

A tous présents et à venir, salut.

Sur le rapport de notre garde des sceaux, ministre secrétaire d'Etat au département de la justice et des cultes.

Vu le recours comme d'abus à nous présenté en notre conseil d'Etat, le 30 octobre 1843, par notre garde des sceaux, ministre secrétaire d'Etat au département de la justice et des cultes, contre la déclaration adressée, le 24 octobre 1843, par M. de Prilly (Marie-Joseph-François-Victor Monyer), évêque de Châlons, au journal *l'Univers*, et publiée par ledit journal le 26 du même mois, ledit rapport enregistré au secrétariat-général de notre conseil d'Etat, le 3 novembre 1843 ;

Vu ladite déclaration ;

Vu la copie certifiée de la lettre en date du 30 octobre 1843, par laquelle notre garde des sceaux informe l'évêque de Châlons qu'il nous a déféré en notre conseil d'Etat la déclaration précitée ;

Vu la lettre adressée le 31 octobre 1843 par l'évêque de Châlons à notre garde des sceaux, ladite lettre contenant les observations dudit prélat, et enregistrée au secrétariat-général de notre conseil d'Etat, le 7 novembre 1843 ;

Vu la copie certifiée d'une lettre du 2 novembre 1843, par laquelle notre garde des sceaux donne à l'évêque de Châlons communication du recours précité ;

Vu la lettre en réponse de l'évêque de Châlons, ladite lettre, en date du 6 novembre 1843, enregistrée au secrétariat-général de notre conseil d'Etat, le 7 du même mois ;

Vu toutes les autres pièces produites et jointes au dossier ;

Vu la loi du 18 germinal an X, notamment l'art. 6 ainsi conçu :

« Il y aura recours au conseil d'Etat dans tous les cas
» d'abus de la part des supérieurs et autres personnes ec-
» clésiastiques. Les cas d'abus sont : l'usurpation ou l'excès
» de pouvoir, la contravention aux lois et règlements, l'in-
» fraction aux règles consacrées par les canons reçus en
» France, l'attentat aux libertés, franchises et coutumes
» de l'Eglise gallicane, et toute entreprise et tout procédé
» qui, dans l'exercice du culte, peut compromettre l'hon-
» neur des citoyens, troubler arbitrairement leur con-
» science, dégénérer contre eux en oppression ou en in-
» jures, ou en scandale public. »

Considérant que, dans la déclaration ci-dessus visée, l'évêque de Châlons, agissant en cette qualité, se livre à des allégations injurieuses pour l'université de France et les membres du corps enseignant :

Que ledit évêque menace de refus éventuel des sacrements les enfants élevés dans les établissements universitaires ;

Que ces faits constituent envers l'université et les membres du corps enseignant une injure et une atteinte à leur honneur ;

Qu'ils sont de nature à troubler arbitrairement la conscience des enfants élevés dans les établissements universitaires, et celle de leurs familles ;

Et que, sous ce double rapport, ils rentrent dans les cas d'abus déterminés par l'art. 6 précité de la loi du 18 germinal an X ;

Notre conseil d'Etat entendu,

Nous avons ordonné et ordonnons ce qui suit :

Art. 1er. Il y a abus dans la déclaration ci-dessus visée de M. de Prilly, évêque de Châlons.

Art. 2. Notre garde des sceaux, etc., est chargé de l'exécution de la présente ordonnance.

Du 6 mars 1844.

Arrêt de la cour d'assises de Paris qui condamne l'abbé Combalot à 15 jours d'emprisonnement et 4000 fr. d'amende pour délit de diffamation envers l'Université, et pour avoir cherché à troubler la paix publique en excitant la haine ou le mépris contre une classe de personnes.

Session de 1844.

Le discours de la Couronne annonçait que, dans le cours de cette session, la loi sur la liberté de l'enseignement serait présentée.

La commission de l'Adresse proposa d'y répondre par un paragraphe ainsi conçu :

« Nous accueillons avec empressement l'assurance que le projet de loi qui nous sera présenté sur l'instruction secondaire, en satisfaisant au vœu de la charte pour la liberté de l'enseignement, maintiendra l'autorité et l'action de l'Etat sur l'éducation publique. »

Ce n'était pas le compte des opinions qui dans les chambres correspondent, à divers titres, aux opinions du dehors. — Chacun essaya de se reproduire à sa manière ;... on s'accusa même un peu d'*insincérité !*...

Je dus prendre part à ce débat ; je le fis en ces termes, à la séance du 25 janvier :

Messieurs, il faut toujours poser franchement les questions. Eh bien, je le dis sans détour, sous une question de liberté s'agite une question de domination. (C'est cela!)

Il y a des attaques contre l'université. Ces attaques ont commencé par l'injure, du côté où l'on devait le moins l'attendre. Ces attaques ont été violentes et dirigées cependant contre une institution fondée sur les lois, et à laquelle on doit respect dans l'intérêt des lois et de la société.

C'est au nom de la religion qu'on a déclaré une sorte de guerre à la partie morale de l'université, afin de ruiner, s'il était possible, son crédit dans l'opinion des familles, afin d'élever à sa place et au-dessus d'elle une autre influence. On lui dispute le droit qu'elle exerce, en l'appelant monopole, pour le transporter dans un autre monopole sous le titre d'une concurrence indéfinie. (Très-bien!)

On a dit, avec raison, que la querelle d'autrefois se renouvelait; elle est suscitée par des hommes qui ressemblent fort aux anciens (on rit), à l'aide de doctrines qui sont restées les mêmes, et, on peut le dire, avec des procédés qui furent aussi ceux d'autrefois.

L'ancienne université n'a certes jamais encouru le reproche de ne pas être orthodoxe. Les Gerson et les Richer étaient les oracles de la chrétienté et de la catholicité; et, quant à la partie morale, qui contestera l'enseignement moral de cette université, lorsqu'on sait que cet enseignement est venu se fondre dans le magnifique programme qui forme le *Traité des études* de Rollin, sous le double rapport de l'esprit et du cœur? Rollin, homme religieux, mais qui laissait l'enseignement de la religion aux prêtres, ne se réservant que l'enseignement universitaire. Eh bien, cette ancienne université n'a pas été plus ménagée que l'université actuelle; elle a été attaquée pendant plusieurs siècles par la concurrence d'abord, et ensuite par la domination.

Port-Royal était religieux et moral! et pourtant ses adversaires n'ont eu de cesse qu'après avoir fait exiler les hommes et raser l'habitation. (Sensation.)

Ainsi, sous le nom de concurrence, de liberté, on poursuit un autre but, on poursuit la domination: la domination par l'éducation, parce qu'on comprend toute la puissance de l'éducation dans les mains de l'État, et qu'on veut transporter cette puissance au profit de ceux qui se posent vis-à-vis de l'État, non comme auxiliaires de la société civile, mais en quelque sorte comme un État rival, je ne dis pas assez, comme une puissance supérieure.

Et par quels moyens, employés de tous les temps, essaie-t-on d'y parvenir ?

Est-ce un gouvernement despotique ? on dispose du souverain ; on surprend un mauvais édit, ou la révocation d'un bon édit ; s'il y a une liberté de la presse, on lui impose la censure ; et si on est assez fort pour persécuter, on persécute en effet.

Voilà ce qu'on fait avec un gouvernement despotique et sous un roi faible et dévot.

Quand il y a un gouvernement libéral et constitutionnel, avec une tribune nationale, et une liberté de la presse solidement garantie, l'emploi des moyens dont je viens de parler n'est plus possible ; mais il en reste un autre. Le gouvernement est fondé sur la liberté ! allons jusqu'à la licence, jusqu'à la liberté indéfinie ! s'il y a une liberté mal réglée et si la législation laisse des brèches, on passe partout où l'on peut, et l'on marche à son but.

On ne peut pas, comme autrefois, atteindre le résultat qu'on poursuit par la force, on veut l'atteindre par la ruse. (On rit.)

Et qu'on ne dise pas que cette question est un terrain neutre ! il n'y a point de question où l'on soit moins neutre que dans celle-là. Ceux qui s'efforceraient de se dissimuler dans la forme seront toujours obligés de se révéler par le fond ; ils auront beau prendre un détour, il y a un but auquel on veut arriver : vous les reconnaîtrez à leurs fruits ! C'est dans des questions de ce genre qu'a été inventé un mot employé à cette tribune par un orateur trop sincèrement libéral pour qu'on puisse le lui appliquer.

Les Anglais, vous le savez, ont un langage parlementaire très-souple avec lequel ils disent ou font entendre tout ce qu'ils veulent, même vis-à-vis de la couronne.

Eh bien, le roi Jacques n'ayant pas paru sincère vis-à-vis du parlement, les Anglais, trop polis pour dire que le roi Jacques n'était pas de bonne foi, l'accusaient quelque peu d'*insincérité*. (On rit.)

Je crois que dans le nombre de ceux qui, au dehors, font des pamphlets, des écrits ou des consultations sur la question (on rit), se rencontrent aussi quelques hommes qu'on pourrait accuser d'un peu d'*insincérité*!..... Ici il n'en faut point, et c'est pour cela que je demande tout de suite au profit de qui on veut faire tourner cette liberté indéfinie qu'on prétend faire surgir de l'art. 69 de la Charte ?

Est-ce au profit de l'épiscopat que nous révérons tous ? est-ce au profit de nos curés de campagne, qui ont toujours trouvé dans cette enceinte des voix amies qui correspondent aux bonnes œuvres dont ces dignes pasteurs donnent l'exemple, et dont nous sommes les témoins dans nos campagnes, bonnes œuvres auxquelles nous sommes heureux de concourir ? — Non, messieurs ; aussi avais-je raison de proclamer, en 1830, que le clergé ne perdrait rien à se séparer de la politique, qu'il y gagnerait l'affection des peuples, et que ses efforts n'en seraient que plus profitables dans l'intérêt de l'instruction et de la morale. (C'est vrai!). Ce résultat, messieurs, a été atteint pendant plus de onze ans. Et s'il y a eu un temps d'arrêt, un mouvement rétrograde, si quelques défiances ont reparu, c'est depuis que, malheureusement, quelques prélats, en petit nombre, ont eu la faiblesse de céder (je ne puis l'attribuer à autre chose qu'à de mauvaises suggestions), pour se mêler à une querelle qui n'était pas la leur, qui n'était pas celle du clergé hiérarchique. Non, ce qu'on demande du pouvoir n'est pas demandé dans l'intérêt du vrai clergé, des évêques ou des curés. (Mouvements d'approbation.)

Est-ce qu'ils voudraient quitter le palais épiscopal pour se faire professeurs ? déserter le presbytère, les bonnes œuvres, les malades, pour se faire maîtres d'école ou régents de collége ? Non, ils ont assez de grandes, de nobles, de salutaires choses à faire dans les fonctions qui leur sont propres. Ce n'est donc pas dans leur intérêt qu'on agit.

Quant à l'intérêt du culte, il est garanti ; il y a les grands et les petits séminaires : ce sont là les écoles spéciales du clergé ; c'est comme l'école polytechnique pour les services publics, c'est comme l'école navale pour la marine, c'est comme l'école des arts et métiers pour les métiers et pour les arts.

Il y a les petits séminaires où l'on donne l'enseignement en vue de la religion, où l'on étudie les vocations, afin de diriger les esprits vers l'état clérical.

Il y a ensuite les grands séminaires où l'on façonne les jeunes lévites à devenir ministres du sacerdoce. C'est là que l'on prépare à l'exercice du culte ; c'est là où doit dominer l'esprit de l'Église, où l'on doit enseigner dans ce but spécial et avec cette direction donnée.

Et pourtant, même quant aux séminaires, ne croyez pas que l'État, dans aucun temps, ait abdiqué la surveillance et l'action qui lui appartiennent sur tous les établissements d instruction publique, sans excepter ceux-là !

Autrefois, sur la nomination des professeurs, sur la désignation des prédicateurs, sur les serments à exiger, sur l'enseignement de certaines doctrines, il y avait une action réservée au pouvoir ; une surveillance exercée, non-seulement par des hommes de l'administration, mais par des magistrats qui, au sortir de l'inspection, avaient immédiatement action, s'il était nécessaire.

Voilà quel était autrefois le droit de l'État ; et par les lois actuelles le Gouvernement n'est pas destitué de ce droit : s'il y avait relâchement dans l'observation des règlements, ce serait fâcheux ; mais les lois existent, et l'État aurait toujours le droit de les faire exécuter et de les rendre efficaces.

Voilà la part régulière du clergé dans l'enseignement proprement dit. Pour qui donc l'excédant de liberté, d'influence, que l'on revendique avec tant de chaleur et d'âcreté ? Je le dis franchement encore, il faut aborder les objections, c'est au profit des congrégations. (C'est vrai !)

Les uns ont été sincères dans les pétitions qui ont été présentées, et dont nous avons fait justice. Ceux qui parlent moins ouvertement se croient plus habiles, mais ils tendent au même but.

Mais, nous dit-on, ces congrégations, il n'y a pas plus de moyens de les empêcher que les associations ! — Si cela était, nous serions livrés, l'État serait conquis. (Très-bien !) — Il n'y aurait plus rien à faire ; on pourrait, en quelque sorte, se passer de vous. Cependant, voyez pour les associations. Je sais bien que si on veut rester moins de vingt personnes, on est en dehors des termes de la loi ; alors on fera des associations de dix-huit ou de dix-neuf.

quel que soit le chiffre, pourvu qu'il soit inférieur au chiffre légal, et la loi serait parfaitement éludée.

Quant à la manière de s'établir, il faut pour les associations une autorisation du gouvernement, une simple ordonnance : on peut la donner, on peut la refuser ; on peut surveiller, on peut dissoudre.

Mais ce ne serait pas connaître l'énorme différence qu'il y a entre les congrégations et les associations, que de les placer sur la même ligne. Il y a, messieurs, une grande différence : une association se forme aujourd'hui fortuitement par vingt ou trente personnes qui ont leur état dans la cité, qui y ont leur domicile, qui y laissent leurs femmes, leurs enfants, qui vont s'occuper d'un objet qui peut être bon, qui peut être utile, qui aussi peut être illicite, qui, ayant bien commencé, peut devenir dangereux ; car beaucoup de choses dégénèrent souvent dans ces sortes d'associations.

Mais une congrégation, c'est tout autre chose ! dans une congrégation on dénature sa personne, on fait des vœux qui séparent l'individu de la cité : cela est si vrai que, sous l'ancien régime, ceux qui faisaient des vœux étaient censés morts au monde ; ils ne succédaient plus à leurs parents. L'association tout entière, quel que fût le nombre des membres, devenait une personne civile, une fiction ; elle formait une individualité au milieu de la cité, elle pouvait posséder et acquérir en nom collectif. C'était donc une grande innovation ; c'étaient des hommes soustraits, jusqu'à un certain point, à l'action de la société, aux charges communes, à la disponibilité du gouvernement. Et vous concevez qu'alors, comme aujourd'hui, une ordonnance ne suffisait pas, il fallait des lettres patentes dûment vérifiées et enregistrées.

Dans l'état actuel des choses, la seule loi qui existe, c'est point de vœux perpétuels ; la seule loi qui existe, c'est point de congrégations d'hommes. Pour avoir des moines en France, si on les aimait assez pour cela, il faudrait donc les rétablir à nouveau, et j'espère qu'on ne les rétablira pas. (On rit.)

En présence de cette législation, comment essaie-t-on de l'éluder ? On demande à un jurisconsulte, à plusieurs jurisconsultes, à tous ceux qui voudront entrer dans cette voie, si, à défaut d'autorisation, on ne peut pas se passer du gouvernement ; et alors on raisonne de la manière suivante :

Nous n'existons pas comme congrégation, cela est vrai, puisque vous ne voulez pas nous autoriser ; eh bien, mais nous existons comme individus, et nous ferons, nous prétendons faire impunément tout ce que nous pourrions faire si nous étions autorisés. Ainsi, si un homme s'avouait membre d'une congrégation autorisée, il lui serait défendu de capter des legs au profit de la communauté ; mais, comme simple individu, il les sollicite et les fait faire au profit de ce qu'ils appellent *un des nôtres* (on rit), au profit d'un de ceux qui sont connus du solliciteur pour être en secret l'un de ses associés ; il y a des *prête-noms*. Et ainsi, on poursuivra la question d'enrichissement par une association de fait, quoiqu'elle ne soit pas autorisée par la loi. Nous n'avouerons pas notre nom, nous ne dirons pas que nous sommes telle ou telle congrégation ; mais cependant nous nous produirons, nous agirons, nous ferons comme si nous étions la congrégation elle-même.

Et ne croyez pas, messieurs, que cela soit sans dangers, que ce soit là seulement l'exercice d'une liberté ! c'est l'exercice d'une liberté qui tend à faire tout ce qui n'est pas permis : car elle tend à faire indirectement tout ce qu'on ne pourrait pas faire directement ; elle tend à faire, d'une manière sournoise, ce qu'on ne pourrait pas faire d'une manière ouverte et patente ; on viole ainsi la loi du pays.

Voilà cependant la position où l'on voudrait se placer aujourd'hui vis-à-vis du gouvernement ; et c'est la marche qu'a suivie, dès l'origine, une société fameuse, lorsqu'elle a voulu s'introduire et s'implanter en France.

Dès l'origine, les membres de cette société n'ont pas demandé autre chose que ceci : Laissez-nous faire, laissez-nous enseigner ; liberté de l'enseignement ! Nous ne sommes pas une congrégation, nous ne sommes que des maîtres enseignant des écoliers. Eh bien ! on ne peut trop appeler l'attention des hommes publics sur la facture, sur l'existence, sur la renaissance, sur le remuement de cette société. (Sensation.)

Tous ceux qui appartiennent à d'autres congrégations sont obligés de s'associer dans l'intérieur d'un État ; ordinairement ils y sont nés, ils achèteront une maison, ils deviendront propriétaires. Ils demandaient autrefois, au gouvernement, l'autorisation de s'établir ; leurs statuts étaient préalablement examinés, bien examinés, mieux que nous ne pouvons le faire dans une chambre de députés ; car dans les parlements on y regardait de très-près, cela passait par plusieurs mains, et l'on autorisait la congrégation, si son but paraissait utile et son existence sans danger pour l'ordre public. Et si plus tard les espérances étaient déçues, si quelque mal venait à se manifester, on avait bien vite fait de réformer l'établissement, s'il était réformable, ou de le supprimer si le mal paraissait incurable.

Mais à côté de cette manière d'agir ainsi franchement et à découvert, il y en a une autre qui agit sourdement, et qui consiste à se passer des lois. Par exemple, il y a des hommes qui prétendent qu'ils n'ont pas besoin de vous pour se constituer, qui sont d'avance constitués à l'étranger, qui ont leur chef à l'étranger, un chef qui tient ses sujets dans sa main par un serment comme personne n'en prête ; par un serment qui admet peut-être des distinctions pour les serments secondaires qui dérogeraient au premier (longue hilarité) ; mais qui n'admet aucune modification pour le serment principal, serment d'obéissance passive et de soumission absolue, qui met le simple religieux dans la main de son général, comme le bâton dans la main de l'aveugle, comme un cadavre soumis à la volonté d'autrui ; voilà l'expression même des constitutions des jésuites ! (Très-bien !)

Eh bien, si cette société qui a son point d'appui hors du royaume, et qui est toute formée à l'étranger, qui a ses correspondances, ses influences, ses finances ramassées de toutes parts, que dans un temps donné on peut verser sur un seul point ; si elle nous envoie seulement des sujets détachés, vous ne pourrez les dénombrer, ils s'éparpilleront de toutes parts, et ils vous diront qu'ils ne sont que des individus ; ou, s'ils vivent réunis en association, ils vous diront qu'ils sont au-dessous du nombre fixé par la loi.

Vous rencontrerez alors des hommes appartenant de fait à un institut que l'État n'aurait pas autorisé.

Je reviens maintenant à la question d'enseignement. Si les membres d'une telle congrégation voulaient se borner à vivre comme des individus isolés, comme restant libres dans la société, il n'y aurait pas de discussion, pas de querelle. Personne ne leur demanderait : Appartenez-vous à la congrégation qui existe dans tel ou tel pays? — Mais si ces mêmes hommes veulent enseigner la jeunesse française, la question prend à l'instant une autre face.

Messieurs, l'enseignement est une fonction publique, *munus publicum*, même quand on est à la tête d'une institution privée; c'est une fonction qu'on remplit dans l'intérêt de la société. Est-ce donc que la société devient inquisitoriale quand elle s'informe de la qualité et des principes de ceux qui veulent enseigner? Est-ce qu'elle excède ses droits et ses devoirs quand elle vous dit : Êtes-vous Français ou étrangers? Non, car enfin cette question n'est autre que celle de savoir si vous appartenez ou non à cette congrégation. (Très-bien ! très-bien !)

Eh bien, si la loi à faire est poursuivie par ces hommes, et nous n'en pouvons douter à la vue des pétitions qui, depuis quelques années, nous ont été présentées dans leur intérêt; si c'est là le but que quelques-uns voudraient atteindre, c'est là aussi le but que tous les hommes intelligents des intérêts du pays, imbus de la science du gouvernement, prévoyants au profit de la tranquillité publique et de la sûreté de l'État, c'est là le but qu'ils doivent conjurer. (Mouvement prolongé.)

L'art. 69 de la Charte a promis une loi sur l'instruction primaire. .

Plusieurs voix. Et l'instruction secondaire?

M. Dupin. L'instruction publique, voilà le mot de la Charte.

M. le Ministre de l'Instruction publique. La Charte parle de l'instruction publique et de la liberté de l'enseignement.

M. Dupin. On a déjà satisfait amplement au premier de ces objets, en donnant à l'enseignement primaire une base plus large, plus étendue, que sous les précédents gouvernements; en assurant aux instituteurs de meilleures conditions; et l'on n'est pas au bout, d'autres améliorations se réaliseront encore.

On a aussi fait une loi sur l'instruction secondaire; son

organisation a été un pas immense fait dans le règlement de l'instruction publique.

Reste ce qu'on appelle la liberté de l'enseignement. Certainement, je repousserais, comme un acte imputable seulement à ceux que je combats, une promesse de la Charte qui devrait aboutir à une déception ; une promesse de liberté qui ne serait qu'un leurre ; une promesse de quelque changement qui aboutirait à ne rien changer. Mais si on a voulu voir dans l'art. 69 une liberté outrée, destructive de la vraie liberté, une liberté qui pourrait aller jusqu'à saper nos institutions et à préparer la destruction de la charte, la licence d'attaquer, au nom de la liberté, les institutions existantes, je ne verrais pas là une interprétation exacte de l'art. 69.

C'est ce qui arriverait, messieurs, si l'on permettait inconsidérément de s'immiscer dans l'enseignement à des hommes qui, au lieu d'élever la jeunesse dans l'esprit de nos institutions, en feraient des adversaires de la constitution dont les jeunes générations doivent être les soutiens. Car, enfin, les choses ne valent que par les hommes ; or, nous n'avons pas inscrit ce mot, *liberté d'enseignement*, avec cette intention-là. Dans notre bonne foi, nous n'avons considéré qu'une chose, une loi à faire, *Sub lege libertas* ; et, quand les choses doivent être réglées par une loi, je suis parfaitement tranquille.

De ce que l'on aurait annoncé une loi sur la liberté individuelle, est-ce à dire que le législateur aurait abdiqué par là le droit d'inscrire dans nos codes la faculté de mettre en prison certains individus pour certaines choses? (On rit.) — Non, certes, et cependant il y aurait encore place pour la véritable liberté individuelle.

Si la liberté de la presse n'avait pas existé en vertu de la Charte elle-même, et qu'on eût seulement promis par l'art. 69 une loi sur la liberté de la presse, est-ce à dire pour cela qu'on aurait eu le droit absolu d'imprimer tout ce qu'on aurait voulu, les diffamations contre les particuliers, les attaques à la Charte et à la morale publique? Nullement. Toute liberté admet une limite ; je n'en conçois pas sans limite, parce que, s'il y a une liberté sans limite, mon droit est atteint. La limite est apportée au droit d'un citoyen pour sauver le droit des autres, le droit de tous. (Très-bien !)

Voilà quelle est la théorie des libertés. Une loi sur la liberté d'enseignement est promise par la Charte. Cette loi, nous la ferons ; mais quelles en seront les bases? Ce sera une loi de liberté, mais aussi une loi de gouvernement. On ne méconnaîtra pas le droit essentiel de l'État sur l'éducation. C'est un droit et un devoir. Il n'est pas un moraliste ancien, pas un écrivain politique, pas un publiciste qui n'ait considéré ce droit et l'exercice de ce droit comme la chose la plus essentielle de la part d'un gouvernement.

Il y a une instruction que l'État doit donner; et, sur celle même qu'il ne donne pas, il faut qu'il ait le droit de surveiller, de contrôler et de régler par la loi les conditions et les garanties qu'on est en droit d'exiger; conditions de moralité, de capacité dans l'intérêt public, vis-à-vis de ceux qui voudront professer ou fonder des établissements.

Voilà les bases d'une loi. Il y a ensuite le principe de l'éducation laïque. Il faut que l'éducation générale de l'État soit une éducation laïque au point de vue de la cité. Vous faites des écoles spéciales pour le clergé, des séminaires petits et grands, parce qu'il est essentiel qu'il y ait des hommes dont les dispositions dès l'enfance soient excitées ou entretenues en vue de les destiner au service des autels, et qui prennent de bonne heure le goût et l'esprit de l'état ecclésiastique. Mais, comme l'a dit M. le ministre de l'instruction publique, la société a besoin d'autre chose que de prêtres; il faut qu'une nouvelle génération se prépare à remplacer les fonctionnaires de toutes les hiérarchies. Il faut donc une éducation civique, une éducation de famille.

Ce principe est le principe d'autrefois, et entendons-nous : quoique l'éducation soit laïque, l'université ancienne pas plus que la nouvelle n'a jamais exclu les ecclésiastiques du droit de professer et d'enseigner. L'université actuelle accueille dans son sein tous les prêtres qui n'étant ni curés, ni évêques, ni moines, et ayant d'ailleurs toutes les aptitudes requises, se présentent pour être professeurs. Il y en a beaucoup de fort distingués; il y en avait autrefois, il y en a encore aujourd'hui; mais ce n'en est pas moins une éducation laïque. Ce ne sont pas des moines enseignants au profit de leur couvent ou de leur congré-

gation. En voici les conséquences : elles méritent d'être
pesées. Quand vous, négociant, vous avez mis un fils dans
un collége, parce que vous voulez qu'il prenne votre maison de commerce. quand un magistrat destine son fils à
lui succéder dans les fonctions judiciaires ; ou encore, si
un militaire qui a servi glorieusement son pays et conquis
des grades éminents dans l'armée, destine son fils à entrer
dans la carrière militaire et à marcher sur ses traces, quel
ne sera pas son chagrin, si son fils revient du collége, et
lui dit : « Je veux être jésuite? » Quel est le père qui, devant une telle déclaration, n'est pas déchiré dans ses affections, s'il voit son fils, qui au lieu de répondre à ses espérances, à celles de sa famille, à la pensée de toute sa vie,
s'il voit son fils lui échapper? (Sensation.)

On appelait cela dérober un enfant à ses père et mère,
et dans l'ancienne législation de tels faits s'appelaient rapt
de séduction, lorsqu'ils étaient accompagnés de certaines
circonstances. C'est pour éviter de telles suggestions que
l'on maintenait le principe de l'éducation laïque dans l'intérêt de tous les pères de famille, dans l'intérêt de tous
les citoyens ; et je prends le mot de citoyens dans l'acception la plus étendue, c'est-à-dire dans toutes les carrières
civiles, militaires, administratives, commerciales, littéraires ; en un mot, tout ce qui fait la puissance, la gloire
et l'honneur du pays.

Le clergé, sans doute, est une partie essentielle de la
puissance, de la gloire et de l'honneur du pays, quand il
marche franchement au sein de la société ; mais elle ne
veut pas être opprimée par lui ; le clergé a une part très-
large dans la société, mais il ne faut pas permettre qu'il la
domine.

La France n'a jamais voulu plier sous le joug clérical ;
elle le voudrait aujourd'hui moins que jamais : la France
est religieuse, mais, je le répète, elle ne veut pas de la
domination du clergé.

Que vient-il de se passer? D'étranges manifestations
se sont produites au sein de la société. On a élevé contre
l'université d'insultantes clameurs ; des prétentions exagérées se sont manifestées ; on a voulu par là influer sur
la loi qui est annoncée par l'art. 69. Messieurs, cette loi
a certainement une très-grande importance : elle sera
bonne, si, en donnant la mesure de liberté nécessaire,

si, en opérant certaines réformes reconnues utiles, elle impose aussi des barrières infranchissables à de dangereux empiétements ; et si, comme le disait hier M. le ministre en finissant, elle ne permet pas à la contre-révolution de pénétrer par l'éducation dans les fissures du projet de loi.

Nous verrons alors! mais, dès à présent, qu'attend de vous la France, qui s'est émue de toute cette levée de boucliers? La France veut être rassurée contre ces démonstrations. Nous devons lui donner l'assurance que nous saurons concilier les principes de la liberté avec les conditions d'un bon gouvernement.

Nous défendons l'université comme institution ; si le clergé était attaqué, nous défendrions aussi le clergé, parce que chacun dans sa sphère est également respectable et doit être protégé. Nous ne permettrions pas à l'université d'attaquer le clergé ; nous ne devons ni permettre, ni approuver qu'au nom du clergé on attaque l'université. Il y a dans nos lois de la discipline pour toutes les professions ; il y a la discipline militaire pour l'armée, la discipline judiciaire pour les magistrats ; il y a enfin la discipline ecclésiastique, dont une bonne partie a toujours été dans les mains du pouvoir politique ; ne l'oublions pas.

Messieurs, le paragraphe de votre adresse est sage, car il exprime à la fois la ligne gouvernementale et la ligne parlementaire aussi bien que la liberté de l'enseignement. Je vote pour le paragraphe. (Aux voix, aux voix! — Mouvement d'approbation prolongé.)

Le paragraphe, tel que je l'ai rapporté, fut adopté sans amendement.

Et le 2 février, M. Villemain, ministre de l'instruction publique, a présenté à la chambre des pairs un *projet de loi sur l'instruction secondaire*, précédé d'un brillant exposé de motifs....

La commission chargée de l'examiner, se compose de MM. Rouillé de Fontaines, Passy, Bérenger de la Drôme, comte Portalis, comte Molé, vicomte de Caux, duc de Broglie.

Évéques agissant en nom collectif.

La loi sur l'enseignement à peine présentée, la polémique a continué de la part du clergé. Les journaux des 7, 8 et 9 février ont reproduit un Mémoire adressé au roi par M. l'archevêque de Paris et par ses suffragants les évêques de Versailles, Meaux, Blois et Orléans pour la *province de Paris*. C'est une infraction aux règles de la discipline ecclésiastique, qui défendent aux évêques de se réunir, de se concerter et d'agir en nom collectif, sans l'autorisation préalable du gouvernement (voyez ci-devant, page 14, l'art. 10 des Libertés et le Commentaire, et aussi l'art. 4 de la loi du 18 germinal an X). Une réclamation de ce genre ayant été faite sous la restauration par *plusieurs* évêques contre les ordonnances du 16 juin 1828, le Moniteur du 17 août qualifia sévèrement leur conduite. En 1835 M. l'évêque de Moulins ayant écrit *circulairement* aux autres évêques, cette manière de se *concerter* fut déclarée abusive par arrêt du conseil d'État (ordonnance) du 4 mars 1835.

CHANGEMENT DE BREVIAIRES.

Du Bréviaire romain *substitué au* Bréviaire de France.

On lit dans le *Moniteur* du 4 août 1843 : — Sa Sainteté vient d'adresser le Bref suivant à M. l'archevêque de Reims, sous la date du 6 août 1842 : — « A notre vénérable frère Thomas Gousset, archevêque de Reims, Grégoire XVI, pape. — Vénérable frère, salut et bénédiction. » — Nous avons reconnu le zèle d'un pieux et prudent archevêque dans les deux lettres que vous nous avez adressées, renfermant vos plaintes au sujet de la variété des livres liturgiques qui s'est introduite dans un grand nombre d'églises de France, et qui s'est accrue encore depuis la nouvelle circonscription des diocèses, de manière à offen-

» ser les fidèles. Assurément nous déplorons comme vous
» ce malheur, vénérable frère, et rien ne nous semblerait
» plus *désirable* que de voir observer partout, chez vous,
» les constitutions de saint Pie V, notre prédécesseur d'im-
» mortelle mémoire, qui ne voulut excepter de l'obligation
» de recevoir le Bréviaire et le Missel, corrigés et publiés
» à l'usage des églises du rit romain, suivant l'intention du
» Concile de Trente (Sess. XXV), que ceux qui, *depuis*
» *deux cents ans au moins, avaient coutume d'user d'un*
» *Bréviaire et d'un Missel différents* de ceux-ci : de fa-
» çon, toutefois, qu'il ne leur fût pas permis de changer et
» de remanier, à leur volonté, ces livres particuliers, mais
» simplement de les *conserver*, si bon leur semblait (*Con-*
» *stit.* Quod à nobis. *Vij idus julii*, 1568 ; — et *Constit.*
» Quo primum. *Pridie idus julii*, 1570). Tel serait donc
» aussi notre désir, vénérable frère ; mais vous compren-
» drez parfaitement combien c'est une œuvre difficile et
» embarrassante de *déraciner cette coutume implantée*
» *dans votre pays depuis un temps déjà long ;* c'est pour-
» quoi, redoutant les graves dissensions qui pourraient s'en-
» suivre, nous avons cru devoir, pour le présent, nous abs-
» tenir, non seulement de presser la chose avec plus d'é-
» tendue, mais même de donner des réponses détaillées aux
» questions que vous nous aviez proposées. » — Néanmoins le Saint-Père, dans un dernier paragraphe, ajoute
qu'il a décerné des *éloges mérités* à un évêque de France
qui « *profitant* avec *une rare prudence* d'une occasion *fa-*
» *vorable*, avait supprimé les divers livres liturgiques qu'il
» avait trouvés dans son église, et avait *ramené tout son*
» *clergé à la pratique universelle des usages de l'Église*
» *romaine.* » — Le souverain pontife déclare même qu'il a
la confiance que les autres évêques de France suivront
tour à tour l'*exemple de leur collègue.*

J'ai rendu compte ailleurs (note S sur l'Éloge d'Et. Pasquier) des efforts infructueux faits dans le diocèse de Nevers, pour amener le clergé niverniste à adopter le Bréviaire romain.

Pour l'histoire de pareilles tentatives essayées en France
au commencement du xviiᵉ siècle, et sur l'intervention de
la puissance temporelle, en ce qui concerne les changements dans les offices, voyez DURAND DE MAILLANE sur
l'art. 41 des *Lib. de l'Égl. gall..* tome 2, p. 38, 39 et 40,

BIENS ECCLÉSIASTIQUES.

DÉCRET

SUR LA CONSERVATION ET ADMINISTRATION DES BIENS QUE POSSÈDE LE CLERGÉ DANS PLUSIEURS PARTIES DE L'EMPIRE.

Du 6 novembre 1813.

TITRE Ier.

Des Biens des Cures.

SECTION PREMIÈRE.
De l'Administration des Titulaires.

Art. 1er. Dans toutes les paroisses dont les curés ou desservants possèdent à ce titre des biens-fonds ou des rentes, la fabrique établie près chaque paroisse est chargée de veiller à la conservation desdits biens.

2. Seront déposés dans une caisse ou armoire à trois clefs de la fabrique, tous papiers, titres et documents concernant ces biens.

Ce dépôt sera effectué dans les six mois, à compter de la publication du présent décret. Toutefois les titres déposés près des chancelleries des évêchés ou archevêchés seront transférés aux archives des préfectures respectives, sous récépissé, et moyennant une copie authentique qui en sera délivrée par les préfectures à l'évêché.

3. Seront aussi déposés dans cette caisse ou armoire les comptes, les registres, les sommiers et les inventaires, le tout ainsi qu'il est statué par l'art. 54 du règlement des fabriques.

4. Nulle pièce ne pourra être retirée de ce dépôt que sur un avis motivé, signé par le titulaire.

5. Il sera procédé aux inventaires des titres, registres et papiers, à leurs récollements et à la formation d'un registre-sommier, conformément aux articles 55 et 56 du même règlement.

6. Les titulaires exercent les droits d'usufruit; ils en supportent les charges, le tout ainsi qu'il est établi par le

Code Napoléon, et conformément aux explications et modifications ci-après.

7. Le procès-verbal de leur prise de possession, dressé par le juge de paix, portera la promesse, par eux souscrite, de jouir des biens en bons pères de famille, de les entretenir avec soin, et de s'opposer à toute usurpation ou détérioration.

8. Sont défendues aux titulaires, et déclarées nulles, toutes aliénations, échanges, stipulations d'hypothèques, concessions de servitudes, et en général toutes dispositions opérant un changement dans la nature desdits biens, ou une diminution dans leurs produits, à moins que ces actes ne soient par nous autorisés en la forme accoutumée.

9. Les titulaires ne pourront faire des baux excédant neuf ans, que par forme d'adjudication aux enchères, et après que l'utilité en aura été déclarée par deux experts, qui visiteront les lieux et feront leur rapport : ces experts seront nommés par le sous-préfet, s'il s'agit de bien de cures, et par le préfet, s'il s'agit de biens d'évêchés, de chapitres et de séminaires.

Ces baux ne continueront, à l'égard des successeurs des titulaires, que de la manière prescrite par l'article 1429 du Code Napoléon.

10. Il est défendu de stipuler des pots-de-vin pour les baux des biens ecclésiastiques.

Le successeur du titulaire qui aura pris un pot-de-vin, aura la faculté de demander l'annulation du bail, à compter de son entrée en jouissance, ou d'exercer son recours en indemnité, soit contre les héritiers ou représentants du titulaire, soit contre le fermier.

11. Les remboursements des capitaux faisant partie des dotations du clergé, seront faits conformément à notre décret du 16 juillet 1810, et à l'avis du conseil d'État du 21 décembre 1808.

Si les capitaux dépendent d'une cure, ils seront versés dans la caisse de la fabrique par le débiteur, qui ne sera libéré qu'au moyen de la décharge signée par les trois dépositaires des clefs.

12. Les titulaires ayant des bois dans leur dotation, en jouiront, conformément à l'article 590 du Code Napoléon, si ce sont des bois taillis.

Quant aux arbres futaies réunis en bois ou épars, ils devront se conformer à ce qui est ordonné pour les bois des communes.

13. Les titulaires seront tenus de toutes les réparations des biens dont ils jouissent, sauf, à l'égard des presbytères, la disposition ci-après, article 21.

S'il s'agit de grosses réparations, et qu'il y ait dans la caisse à trois clefs des fonds provenant de la cure, ils y seront employés.

S'il n'y a point de fonds dans cette caisse, le titulaire sera tenu de les fournir jusqu'à concurrence du tiers du revenu foncier de la cure, indépendamment des autres réparations dont il est chargé.

Quant à l'excédant du tiers du revenu, le titulaire pourra être par nous autorisé, en la forme accoutumée, soit à un emprunt avec hypothèque, soit même à l'aliénation d'une partie des biens.

Le décret d'autorisation d'emprunt fixera les époques de remboursement à faire sur les revenus, de manière qu'il en reste toujours les deux tiers aux curés.

En tout cas il sera suppléé par le trésor impérial à ce qui manquerait, pour que le revenu restant au curé égale le taux ordinaire des congrues.

14. Les poursuites à fin de recouvrement des revenus seront faites par les titulaires, à leurs frais et risques.

Ils ne pourront néanmoins, soit plaider en demandant ou en défendant, soit même se désister, lorsqu'il s'agira des droits fonciers de la cure, sans l'autorisation du conseil de préfecture, auquel sera envoyé l'avis du conseil de la fabrique.

15. Les frais des procès seront à la charge des curés, de la même manière que les dépenses pour réparations.

SECTION II.

De l'Administration des Biens des Cures pendant la Vacance.

16. En cas de décès du titulaire d'une cure, le juge de paix sera tenu d'apposer le scellé d'office, sans rétribution pour lui et son greffier, ni autres frais, si ce n'est le seul remboursement du papier timbré.

17. Les scellés seront levés soit à la requête des héritiers, en présence du trésorier de la fabrique, soit à la requête du trésorier de la fabrique, en y appelant les héritiers.

18. Il sera procédé, par le juge de paix, en présence des héritiers et du trésorier, au récolement du précédent inventaire, contenant l'état de la partie du mobilier et des ustensiles dépendante de la cure, ainsi que des titres et papiers la concernant.

19. Expédition de l'acte de récolement sera délivrée au trésorier par le juge de paix, avec la remise des titres et papiers dépendants de la cure.

20. Il sera aussi fait, à chaque mutation de titulaire, par le trésorier de la fabrique, un récolement de l'inventaire des titres et de tous les instruments aratoires, de tous les ustensiles ou meubles d'attache, soit pour l'habitation, soit pour l'exploitation des biens.

21. Le trésorier de la fabrique poursuivra les héritiers, pour qu'ils mettent les biens de la cure dans l'état de réparation où ils doivent les rendre.

Les curés ne sont tenus, à l'égard du presbytère, qu'aux réparations locatives, les autres étant à la charge de la commune.

22. Dans le cas où le trésorier aurait négligé d'exercer ses poursuites à l'époque où le nouveau titulaire entrera en possession, celui-ci sera tenu d'agir lui-même contre les héritiers, ou de faire une sommation au trésorier de la fabrique de remplir à cet égard ses obligations. Cette sommation devra être dénoncée par le titulaire au procureur impérial, afin que celui-ci contraigne le trésorier de la fabrique d'agir, ou que lui-même il fasse d'office les poursuites, aux risques et périls du trésorier, et subsidiairement aux risques des paroissiens.

23. Les archevêques et évêques s'informeront, dans le cours de leurs visites, non-seulement de l'état de l'église et du presbytère, mais encore de celui des biens de la cure, afin de rendre, au besoin, des ordonnances à l'effet de poursuivre, soit le précédent titulaire, soit le nouveau. Une expédition de l'ordonnance restera aux mains du trésorier pour l'exécuter ; et une autre expédition sera adressée au procureur impérial, à l'effet de contraindre, en cas de besoin, le trésorier par les moyens ci-dessus.

24. Dans tous les cas de vacance d'une cure, les revenus de l'année courante appartiendront à l'ancien titulaire ou à ses héritiers, jusqu'au jour de l'ouverture de la va-

cance, et au nouveau titulaire, depuis le jour de sa nomination.

Les revenus qui auront eu cours du jour de l'ouverture de la vacance, jusqu'au jour de la nomination, seront mis en réserve dans la caisse à trois clefs, pour subvenir aux grosses réparations qui surviendront dans les bâtiments appartenant à la dotation, conformément à l'article 13.

25. Le produit des revenus pendant l'année de la vacance sera constaté par les comptes que rendront, le trésorier pour le temps de la vacance, et le nouveau titulaire pour le reste de l'année : ces comptes porteront ce qui aurait été reçu par le précédent titulaire pour la même année, sauf reprise contre sa succession s'il y a lieu.

26. Les contestations sur les comptes ou répartitions de revenus dans les cas indiqués aux articles précédents, seront décidées par le conseil de préfecture.

27. Dans le cas où il y aurait lieu à remplacer provisoirement un curé ou desservant qui se trouverait éloigné du service, ou par suspension, par peine canonique, ou par maladie, ou par voie de police, il sera pourvu à l'indemnité du remplaçant provisoire, conformément au décret du 17 novembre 1811.

Cette disposition s'appliquera aux cures ou succursales dont le traitement est en tout ou en partie payé par le trésor impérial.

28. Pendant le temps que, pour les causes ci-dessus, le curé ou desservant sera éloigné de la paroisse, le trésorier de la fabrique remplira, à l'égard des biens, les fonctions qui sont attribuées au titulaire par les art. 6 et 13 ci-dessus.

TITRE II.

Des Biens des Menses épiscopales.

29. Les archevêques et évêques auront l'administration des biens de leur mense, ainsi qu'il est expliqué aux articles 6 et suivants de notre présent décret.

30. Les papiers, titres, documents concernant les biens de ces menses, les comptes, les registres, les sommiers, seront déposés aux archives du secrétariat de l'archevêché ou évêché.

31. Il sera dressé, si fait n'a été, un inventaire des titres

et papiers ; et il sera formé un registre-sommier, con'orémément a l'article 56 du règlement des fabriques.

32. Les archives de la mense seront renfermées dans des caisses ou armoires, dont aucune pièce ne pourra être retirée qu'en vertu d'un ordre souscrit par l'archevêque ou évêque sur le registre-sommier, et au pied duquel sera le récépissé du secrétaire.

Lorsque la pièce sera rétablie dans le dépôt, l'archevêque ou l'évêque mettra la décharge en marge du récépissé.

33. Le droit de régale continuera d'être exercé dans l'Empire, ainsi qu'il l'a été de tout temps par les souverains nos prédécesseurs.

34. Au décès de chaque archevêque ou évêque, il sera nommé, par notre ministre des cultes, un commissaire pour l'administration des biens de la mense épiscopale pendant la vacance.

35. Ce commissaire prêtera, devant le tribunal de première instance, le serment de remplir cette commission avec zèle et fidélité.

36. Il tiendra deux registres, dont l'un sera le livre-journal de sa recette et de sa dépense ; dans l'autre il inscrira de suite, et à leur date, une copie des actes de sa gestion, passés par lui ou à sa requête. Ces registres seront cotés et paraphés par le président du même tribunal.

37. Le juge de paix du lieu de la résidence d'un archevêque ou évêque fera d'office, aussitôt qu'il aura connaissance de son décès, l'apposition des scellés dans le palais ou autres maisons qu'il occupait.

38. Dans ce cas, et dans celui où le scellé aurait été apposé à la requête des héritiers, des exécuteurs testamentaires ou des créanciers, le commissaire à la vacance y mettra son opposition, à fin de conservation des droits de la mense, et notamment pour sûreté des réparations à la charge de la succession.

39. Les scellés seront levés et les inventaires faits à la requête du commissaire. les héritiers présents ou appelés, ou à la requête des héritiers en présence du commissaire.

40. Incontinent après sa nomination, le commissaire sera tenu de la dénoncer aux receveurs, fermiers ou débiteurs, qui seront tenus de verser dans ses mains tous deniers, denrées ou autres choses provenant des biens de la mense, à la charge d'en tenir compte à qui il appartiendra.

41. Le commissaire sera tenu, pendant sa gestion, d'acquitter toutes les charges ordinaires de la mense : il ne pourra renouveler les baux, ni couper un arbre futaie en masse de bois épars, ni entreprendre au delà des coupes ordinaires des bois taillis et de ce qui en est la suite.

Il ne pourra déplacer les titres, papiers et documents que sous son récépissé.

42. Il fera, incontinent après la levée des scellés, visiter, en présence des héritiers ou eux appelés, les palais, maisons, fermes et bâtiments dépendants de la mense, par deux experts, que nommera d'office le président du tribunal.

Ces experts feront mention, dans leur rapport, du temps auquel ils estimeront que doivent se rapporter les reconstructions à faire ou les dégradations qui y auront donné lieu ; ils feront les devis et estimations des réparations ou reconstructions.

43. Les héritiers seront tenus de remettre, dans les six mois après la visite, les lieux en bonne et suffisante réparation ; sinon, les réparations seront adjugées au rabais, au compte des héritiers, à la diligence du commissaire.

44. Les réparations dont l'urgence se ferait sentir pendant sa gestion, seront faites par lui, sur les revenus de la mense, par voie d'adjudication au rabais, si elles excèdent trois cents francs.

45. Le commissaire régira depuis le jour du décès jusqu'au temps où le successeur nommé par Sa Majesté se sera mis en possession.

Les revenus de la mense sont au profit du successeur, à compter du jour de sa nomination.

46. Il sera dressé procès-verbal de la prise de possession par le juge de paix : ce procès-verbal constatera la remise de tous les effets mobiliers, ainsi que de tous titres, papiers et documents concernant la mense, et que les registres du commissaire ont été arrêtés par ledit juge de paix ; ces registres seront déposés avec les titres de la mense.

47. Les poursuites contre les comptables, soit pour rendre les comptes, soit pour faire statuer sur les objets de contestation, seront faites devant les tribunaux compétents, par la personne que le ministre aura commise pour recevoir les comptes.

48. La rétribution du commissaire sera réglée par le ministre des cultes : elle ne pourra excéder cinq centimes

pour franc des revenus, et trois centimes pour franc du prix du mobilier dépendant de la succession en cas de vente, sans pouvoir rien exiger pour les vacations ou voyages auxquels il sera tenu tant que cette gestion le comportera.

TITRE III.

Des Biens des Chapitres cathédraux et collégiaux.

49. Le corps de chaque chapitre cathédral ou collégial aura, quant à l'administration de ses biens, les mêmes droits et les mêmes obligations qu'un titulaire de biens de cure, sauf les explications et modifications ci-après.

50. Le chapitre ne pourra prendre aucune délibération relative à la gestion des biens ou répartition des revenus, si les membres présents ne forment au moins les quatre cinquièmes du nombre total des chanoines existants.

51. Il sera choisi par le chapitre, dans son sein, au scrutin et à la pluralité des voix, deux candidats, parmi lesquels l'évêque nommera le trésorier.

Le trésorier aura le pouvoir de recevoir de tous fermiers et débiteurs, d'arrêter les comptes, de donner quittance et décharge, de poursuivre les débiteurs devant les tribunaux, de recevoir les assignations au nom du chapitre, et de plaider quand il y aura été dûment autorisé.

52. Le trésorier pourra toujours être changé par le chapitre.

Lorsque le trésorier aura exercé cinq ans de suite, il y aura une nouvelle élection; et le même trésorier pourra être présenté comme un des deux candidats.

53. Le trésorier ne pourra plaider en demandant ni en défendant, ni consentir à un désistement, sans qu'il y ait eu délibération du chapitre et autorisation du conseil de préfecture. Il fera tous actes conservatoires, et toutes diligences pour les recouvrements.

54. Tous les titres, papiers et renseignements concernant la propriété, seront mis dans une caisse ou armoire à trois clefs.

Dans les chapitres cathédraux, l'une de ces clefs sera entre les mains du premier dignitaire, la seconde entre les mains du premier officier, et la troisième entre les mains du trésorier.

Dans les chapitres collégiaux, l'une de ces clefs sera entre les mains du doyen, la seconde entre les mains du premier officier, et la troisième entre les mains du trésorier.

55. Seront déposés dans cette caisse les papiers, titres et documents, les comptes, les registres, les sommiers et les inventaires, le tout ainsi qu'il est statué par l'article 54 du règlement des fabriques ; et ils ne pourront en être retirés que sur un avis motivé, signé par les trois dépositaires des clefs, et au surplus conformément à l'article 57 du même règlement.

56. Il sera procédé aux inventaires des titres et papiers, à leurs récolements et à la formation d'un registre-sommier, conformément aux articles 55 et 56 du même règlement.

57. Les maisons et biens ruraux, appartenant aux chapitres, ne pourront être loués ou affermés que par adjudication aux enchères sur un cahier des charges, approuvé par délibération du chapitre, à moins que le chapitre n'ait, à la pluralité des quatre cinquièmes des chanoines existants, autorisé le trésorier à traiter de gré à gré, aux conditions exprimées dans sa délibération. Une semblable autorisation sera nécessaire pour les baux excédant neuf ans, qui devront toujours être adjugés avec les formalités prescrites par l'article 9 ci-dessus.

58. Les dépenses des réparations seront toujours faites sur les revenus de la mense capitulaire ; et s'il arrivait des cas extraordinaires qui exigeassent à la fois plus de moitié d'une année du revenu commun, les chapitres pourront être par nous autorisés, en la forme accoutumée, à faire un emprunt remboursable sur les revenus aux termes indiqués, sinon à vendre la quantité nécessaire de biens, à la charge de former, avec des réserves sur les revenus des années suivantes, un capital suffisant pour remplacer, soit en fonds de terre, soit autrement, le revenu aliéné.

59. Il sera rendu par le trésorier, chaque année, au mois de janvier, devant des commissaires nommés à cet effet par le chapitre, un compte de recette et dépense.

Ce compte sera dressé conformément aux articles 82, 83 et 84 du règlement des fabriques. Il en sera adressé une copie au ministre des cultes.

60. Les chapitres pourront fixer le nombre et les épo-

ques des répartitions de la mense, et suppléer par leurs délibérations aux cas non prévus par le présent décret, pourvu qu'ils n'excèdent pas les droits dépendants de la qualité du titulaire.

61. Dans tous les cas énoncés au présent titre, les délibérations du chapitre devront être approuvées par l'évêque ; et, l'évêque ne jugeant pas à propos de les approuver, si le chapitre insiste, il en sera référé à notre ministre des cultes, qui prononcera.

TITRE IV.
Des Biens des Séminaires.

62. Il sera formé, pour l'administration des biens du séminaire de chaque diocèse, un bureau composé de l'un des vicaires généraux, qui présidera en l'absence de l'évêque ; du directeur et de l'économe du séminaire, et d'un quatrième membre remplissant les fonctions de trésorier, qui sera nommé par le ministre des cultes, sur l'avis de l'évêque et du préfet.

Il n'y aura aucune rétribution attachée aux fonctions du trésorier.

63. Le secrétaire de l'archevêché ou évêché sera en même temps secrétaire de ce bureau.

64. Le bureau d'administration du séminaire principal aura en même temps l'administration des autres écoles ecclésiastiques du diocèse.

65. Il y aura aussi, pour le dépôt des titres, papiers et renseignements, des comptes, des registres, des sommiers, des inventaires, conformément à l'article 54 du règlement des fabriques, une caisse ou armoire à trois clefs, qui seront entre les mains des trois membres du bureau.

66. Ce qui aura été ainsi déposé ne pourra être retiré que sur l'avis motivé des trois dépositaires des clefs, et approuvé par l'archevêque ou évêque : l'avis ainsi approuvé restera dans le même dépôt.

67. Tout notaire devant lequel il aura été passé un acte contenant donation entre-vifs ou disposition testamentaire au profit d'un séminaire ou d'une école secondaire ecclésiastique, sera tenu d'en instruire l'évêque, qui devra envoyer les pièces, avec son avis, à notre ministre des cultes,

afin que, s'il y a lieu, l'autorisation pour l'acceptation soit donnée en la forme accoutumée.

Ces dons et legs ne sont assujettis qu'au droit fixe d'un franc.

68. Les remboursements et les placements des deniers provenant des dons ou legs aux séminaires ou aux écoles secondaires, seront faits conformément aux décrets et décisions ci-dessus cités.

69. Les maisons et biens ruraux des séminaires et des écoles secondaires ecclésiastiques, ne pourront être loués ou affermés que par adjudication aux enchères, à moins que l'archevêque ou évêque et les membres du bureau ne soient d'avis de traiter de gré à gré, aux conditions dont le projet signé d'eux sera remis au trésorier et ensuite déposé dans la caisse à trois clefs. Il en sera fait mention dans l'acte.

Pour les baux excédant neuf ans, les formalités prescrites par l'article 9 ci-dessus devront être remplies.

70. Nul procès ne pourra être intenté, soit en demandant, soit en défendant, sans l'autorisation du conseil de préfecture, sur la proposition de l'archevêque ou évêque, après avoir pris l'avis du bureau de l'administration.

71. L'économe sera chargé de toutes les dépenses : celles qui seraient extraordinaires ou imprévues devront être autorisées par l'archevêque ou évêque, après avoir pris l'avis du bureau : cette autorisation sera annexée au compte.

72. Il sera toujours pourvu aux besoins du séminaire principal, de préférence aux autres écoles ecclésiastiques, à moins qu'il n'y ait, soit par l'institution de ces écoles secondaires, soit par des dons ou legs postérieurs, des revenus qui leur auraient été spécialement affectés.

73. Tous deniers destinés aux dépenses des séminaires, et provenant soit des revenus de biens-fonds ou de rentes, soit de remboursements, soit des secours du gouvernement, soit des libéralités des fidèles, et en général quelle que soit leur origine, seront, à raison de leur destination pour un service public, versés dans une caisse à trois clefs, établie dans un lieu sûr au séminaire : une de ces clefs sera entre les mains de l'évêque ou de son vicaire général, l'autre entre celles du directeur du séminaire, et la troisième dans celles du trésorier.

74. Ce versement sera fait le premier jour de chaque mois par le trésorier, suivant un état ou bordereau qui comprendra la recette du mois précédent, avec indication d'où provient chaque somme, sans néanmoins qu'à l'égard de celles qui auront été données, il soit besoin d'y mettre les noms des donateurs.

75. Le trésorier ne pourra faire, même sous prétexte de dépense urgente, aucun versement que dans ladite caisse à trois clefs.

76. Quiconque aurait reçu pour le séminaire une somme qu'il n'aurait pas versée dans les trois mois entre les mains du trésorier, et le trésorier lui-même qui n'aurait pas, dans le mois, fait les versements à la caisse à trois clefs, seront poursuivis conformément aux lois concernant le recouvrement des deniers publics.

77. La caisse acquittera, le premier jour de chaque mois, les mandats de la dépense à faire dans le courant du mois, lesdits mandats signés par l'économe et visés par l'évêque : en tête de ces mandats, seront les bordereaux indiquant sommairement les objets de la dépense.

78. La commission administrative du séminaire transmettra au préfet, au commencement de chaque semestre, les bordereaux de versement par les économes, et les mandats des sommes payées. Le préfet en donnera décharge, et en adressera les *duplicata* au ministre des cultes avec ses observations.

79. Le trésorier et l'économe de chaque séminaire rendront, au mois de janvier, leurs comptes en recette et en dépense, sans être tenus de nommer les élèves qui auraient eu part aux deniers affectés aux aumônes : l'approbation donnée par l'évêque à ces sortes de dépenses leur tiendra lieu de pièces justificatives.

80. Les comptes seront visés par l'évêque, qui les transmettra au ministre des cultes ; et si aucun motif ne s'oppose à l'approbation, le ministre les renverra à l'évêque, qui les arrêtera définitivement et en donnera décharge.

81. Notre grand juge ministre de la justice, et nos ministres des cultes, de l'intérieur, des finances et du trésor impérial, sont chargés, chacun en ce qui le concerne, de l'exécution du présent décret, qui sera inséré au Bulletin des lois.

En 1837, le gouvernement ayant jugé à propos de donner une nouvelle destination à l'ancien emplacement de l'archevêché, M. l'archevêque de Paris crut devoir s'y opposer par des actes qui furent déférés au conseil d'État par la voie d'appel comme d'abus.

Louis Philippe, etc.

Vu le rapport par lequel le garde des sceaux, ministre secrétaire d'État au département de la justice et des cultes, nous propose de déclarer, de l'avis de notre conseil d'État, qu'il y a abus dans la déclaration de l'archevêque de Paris, en date du 4 mars 1837, et dans la délibération du chapitre métropolitain, en date du 6 du même mois.

Vu lesdites déclaration et délibération, imprimées à Paris chez Adrien Leclère, imprimeur de l'archevêché ;

Vu la lettre du 7 mars 1837, par laquelle l'archevêque de Paris adresse à notre ministre des cultes un exemplaire imprimé desdites déclaration et délibération ;

Vu les lettres des 7 et 14 mars 1837, faisant le même envoi à notre ministre des finances et au préfet du département de la Seine ;

Vu la lettre de notre ministre des cultes à l'archevêque de Paris du 17 mars 1837, par laquelle il lui accuse réception d'un exemplaire desdites déclaration et délibération, et lui annonce qu'il les a déférées, par la voie de l'appel comme d'abus, à notre conseil d'État ;

Vu la délibération du clergé de France du 19 mars 1682, et l'édit du même mois, et le sénatus-consulte du 17 février 1810, art. 14, et le décret du 25 février 1810 ;

Vu les lois des 2 novembre 1789, 20 avril 1790, 15 mai 1791 ;

Vu les art. 12 et 13 du concordat de 1801, et les art. 6, 8, 71, 72 et 75 de la loi du 18 germinal an X ;

Vu l'art. 6 de la Charte constitutionnelle ;

Considérant qu'aux termes de la déclaration de 1682, il est de maxime fondamentale, dans le droit public du royaume, que le chef de l'Église, et l'Église même, n'ont reçu de puissance que sur les choses spirituelles, et non pas sur les choses temporelles et civiles ; que, par conséquent, s'il appartient aux évêques du royaume de nous soumettre, relativement aux actes dè notre autorité qui touchent au temporel de leurs églises, les réclamations qu'ils croient justes et utiles, ce n'est point par la voie des lettres pastorales qu'ils peuvent exercer ce droit, puisqu'elles ne doivent avoir pour objet que d'instruire les fidèles des devoirs religieux qui leur sont prescrits ;

Considérant que l'archevêque de Paris, dans un écrit pastoral publié sous le titre de *Déclaration* adressée à tous ceux qui ont ou qui auraient à l'avenir droit ou intérêt d'en connaître, communiquée par lui au chapitre métropolitain, et envoyée à tous les curés du diocèse, a protesté contre notre ordonnance du 13 août 1831, en exécution de laquelle les bâtiments en ruines de l'ancien palais archiépiscopal ont été mis en vente, comme propriété de l'État, à charge de démolition, et réclamé contre la présentation faite par nos ordres, le 23 février dernier, d'un projet de loi ayant pour objet de céder à la ville de Paris les terrains et emplacements dudit palais : que, par ces protestations et réclamations faites en qualité de supérieur ecclésiastique, il a commis un excès et une usurpation de pouvoir, et contrevenu aux lois du royaume ;

Considérant que, dans le même écrit pastoral, l'archevêque de Paris, prétendant agir en vertu de son institution, installation et mise en possession canoniques, comme tuteur, gardien, conservateur et défenseur des biens affectés à son église, a réclamé la remise desdits terrains et emplacement comme faisant partie du patrimoine de l'église de Paris ;

Qu'en revendiquant par ces motifs, et comme propriété de l'église, des terrains et emplacement qui appartiennent à l'État, il a méconnu l'autorité des lois ci-dessus visées, qui ont réuni au domaine de l'État les biens ecclésiastiques, et lui ont conféré un droit de propriété que n'ont pas modifié les *affectations* consenties par le concordat de 1801 et les articles organiques du 18 germinal an X, affectations dans lesquelles les palais archiépiscopaux et épiscopaux ne sont pas même compris ; qu'il a méconnu également l'autorité de la Charte constitutionnelle, qui a déclaré toutes les propriétés inviolables, sans distinction de celles qu'on appelle nationales, et des lois qui ont fait défense d'attaquer cette inviolabilité ;

Considérant que l'archevêque de Paris, soit en communiquant la susdite déclaration au chapitre métropolitain, en adoptant et publiant l'adhésion de ce chapitre, soit en déclarant qu'il a rempli une obligation de solidarité épiscopale dans l'intérêt de toutes les églises, atteint et compromis par le nouveau projet de loi que nous avons fait présenter à la chambre des députés, a commis un excès de pouvoir ;

Considérant que le chapitre métropolitain, en adhérant à la déclaration de M. l'archevêque de Paris et à tous les motifs qui y sont énoncés, s'est rendu propres les abus qu'elle renferme, et qu'il a de plus commis un excès de pouvoir, en prenant une délibération sur des matières qui ne sont pas de sa compétence, et en faisant transcrire sur ses registres ladite délibération ;

Sur le rapport de notre garde des sceaux, ministre secrétaire d'Etat au département de la justice et des cultes ;

Notre conseil d'Etat entendu,

Nous avons déclaré et déclarons,

Nous avons ordonné et ordonnons ce qui suit :

Art. 1er. Il y a abus dans la déclaration de l'archevêque de Paris, en date du 4 mars 1837, et dans tous les actes qui ont eu pour objet de lui donner effet et publicité.

Ladite déclaration est et demeure supprimée.

Art. 2. Il y a abus dans la délibération du chapitre métropolitain, en date du 6 mars 1837, portant adhésion à la déclaration de l'archevêque de Paris, et dans la transcription de cette déclaration sur les registres du chapitre.

Ladite délibération est et demeure supprimée ; la transcription qui en a été faite sur les registres sera considérée comme nulle et non avenue.

(Suit le rapport de M. Dumon, dont le texte n'est que le développement des considérants de l'ordonnance ci-dessus.)

Voyez dans le même sens deux arrêts du conseil d'Etat du 28 octobre 1820 et 10 juillet 1824.

ÉDIT DE LOUIS XV,

DONNÉ À VERSAILLES AU MOIS D'AOUT 1749, SUR LES ACQUISITIONS D'IMMEUBLES PAR LES GENS DE MAIN-MORTE [1].

Louis , etc.

Le désir que nous avons de profiter du retour de la paix [2] pour maintenir de plus en plus le bon ordre dans l'intérieur du royaume , nous fait regarder comme un des principaux objets de notre attention les *inconvénients de la multiplication des établissements des gens de main-morte*, et de la facilité qu'ils trouvent à acquérir des fonds naturellement destinés à la subsistance et à la conservation des *familles*. Elles ont souvent le déplaisir de s'en voir privées, soit par la disposition que les hommes ont à former des établissements nouveaux qui leur soient propres, et fassent passer leur nom à la postérité avec le titre de fondateur ; soit par une trop grande affection pour des établissements déjà autorisés, dont plusieurs testateurs préfèrent l'intérêt à celui de leurs héritiers légitimes. Indépendamment même de ces motifs, il arrive souvent que, par les ventes qui se font à des gens de main-morte, les biens immeubles qui passent entre leurs mains cessent pour toujours d'être dans le commerce, en sorte qu'une très-grande partie des fonds de notre royaume se trouve actuellement possédée par ceux dont les biens, ne pouvant être diminués par des aliénations, s'augmentent au contraire continuellement par de nouvelles acquisitions.

Nous savons que les rois nos prédécesseurs, en protégeant les établissements qu'ils jugeaient utiles à leur Etat, ont souvent renouvelé les *défenses d'en former de nouveaux sans leur autorité*; et le feu roi, notre très-honoré seigneur et bisaïeul, y ajouta des peines sévères par ses lettres patentes en forme d'édit, du mois de décembre 1666.

.....Concilier, autant qu'il est possible, l'*intérêt des fa-*

---

[1] Cet édit et son préambule ont été rédigés par le chancelier d'Aguesseau. *Voyez* les Lettres imprimées dans le recueil des œuvres de ce grand magistrat, notamment la lettre 377.

[2] Elle venait d'être publiée le 12 février, entre la France, l'Angleterre et les alliés.

milles avec la faveur des établissements *véritablement
utiles* au public : c'est ce que nous nous proposons de faire,
soit en nous réservant d'autoriser ceux qui pourraient être
fondés sur des motifs suffisants de religion et de charité,
soit en laissant aux gens de main - morte déjà établis la faculté de nous exposer les raisons qui peuvent nous porter à
leur permettre d'acquérir quelques fonds, et en leur conservant une entière liberté de posséder des rentes constituées sur nous ou sur ceux qui sont de la même condition
qu'eux, dont la jouissance leur sera souvent plus avantageuse et toujours plus convenable au bien public, que celle
des domaines et des rentes hypothécaires sur les biens des
particuliers.

A ces causes et autres considérations à ce nous mou-
vantes, de l'avis de notre conseil et de notre certaine
science, pleine puissance et autorité royale, nous avons,
par notre présent édit, perpétuel et irrévocable, dit, statué et ordonné, disons, statuons et ordonnons, voulons et
nous plaît ce qui suit :

Art. 1er. Renouvelant, autant que de besoin, les défenses portées par les ordonnances des rois nos prédécesseurs,
voulons qu'il ne puisse être fait aucun nouvel établissement
de chapitres, colléges, séminaires, maisons ou communautés religieuses, même sous prétexte d'hospices, congrégations, confréries, hôpitaux ou autres corps ou communautés, soit ecclésiastiques, séculiers ou réguliers, soit laïcs ;
de quelque qualité qu'ils soient, ni pareillement aucune nouvelle érection de chapelles ou autres titres de bénéfices,
dans toute l'étendue de notre royaume, terres et pays de
notre obéissance, *si ce n'est en vertu de notre permission
expresse*, portée par nos lettres patentes enregistrées en
nos parlements ou conseils supérieurs, chacun dans son
ressort, en la forme qui sera prescrite ci-après [1].

---

[1] Ces formes prescrites par l'art. 4 de l'édit ont été changées par les
lois actuellement en vigueur ; les principes restant d'ailleurs les mêmes.

FABRIQUES.

DÉCRET

CONCERNANT LES FABRIQUES.

Du 30 décembre 1809.

CHAPITRE PREMIER.

DE L'ADMINISTRATION DES FABRIQUES.

Art. 1er. Les fabriques, dont l'article 76 de la loi du 18 germinal an X a ordonné l'établissement, sont chargées de veiller à l'entretien et à la conservation des temples; d'administrer les aumônes et les biens, rentes et perceptions autorisées par les lois et règlements, les sommes supplémentaires fournies par les communes, et généralement tous les fonds qui sont affectés à l'exercice du culte; enfin d'assurer cet exercice et le maintien de sa dignité dans les églises auxquelles elles sont attachées, soit en réglant les dépenses qui y sont nécessaires, soit en assurant les moyens d'y pourvoir.

2. Chaque fabrique sera composée d'un conseil et d'un bureau de marguilliers.

SECTION PREMIÈRE.

Du Conseil.

§ 1er De la Composition du Conseil.

3. Dans les paroisses où la population sera de cinq mille âmes ou au-dessus, le conseil sera composé de neuf conseillers de fabrique; dans toutes les autres paroisses, il devra l'être de cinq: ils seront pris parmi les notables; ils devront être catholiques et domiciliés dans la paroisse.

4. De plus seront de droit membres du conseil:

1º Le curé ou desservant, qui y aura la première place et pourra s'y faire remplacer par un de ses vicaires;

2º Le maire de la commune du chef-lieu de la cure ou succursale: il pourra s'y faire remplacer par l'un de ses adjoints: si le maire n'est pas catholique, il devra se substituer un adjoint qui le soit; ou à défaut, un membre du conseil municipal catholique. Le maire sera placé à la gauche et le curé ou desservant à la droite du président.

5. Dans les villes où il y aura plusieurs paroisses ou succursales, le maire sera de droit membre du conseil de chaque fabrique; il pourra s'y faire remplacer comme il est dit dans l'article précédent.

6. Dans les paroisses ou succursales dans lesquelles le conseil de fabrique sera composé de neuf membres, non compris les membres de droit, cinq des conseillers seront, pour la première fois, à la nomination de l'évêque, et quatre à celle du préfet : dans celles où il ne sera composé que de cinq membres, l'évêque en nommera trois et le préfet deux. Ils entreront en fonctions le premier dimanche du mois d'avril prochain.

7. Le conseil de fabrique se renouvellera partiellement tous les trois ans, savoir : à l'expiration des trois premières années dans les paroisses où il est composé de neuf membres, sans y comprendre les membres de droit, par la sortie de cinq membres qui, pour la première fois, seront désignés par le sort, et des quatre plus anciens après les six ans révolus; pour les fabriques dont le conseil est composé de cinq membres, non compris les membres de droit, par la sortie de trois membres désignés par la voie du sort, après les trois premières années, et des deux autres après les six ans révolus. Dans la suite, ce seront toujours les plus anciens en exercice qui devront sortir.

8. Les conseillers qui devront remplacer les membres sortants seront élus par les membres restants.

Lorsque le remplacement ne sera pas fait à l'époque fixée, l'évêque ordonnera qu'il y soit procédé dans le délai d'un mois; passé lequel délai, il y nommera lui-même, et pour cette fois seulement.

Les membres sortants pourront être réélus.

9. Le conseil nommera au scrutin son secrétaire et son président : ils seront renouvelés le premier dimanche d'avril de chaque année, et pourront être réélus. Le président aura, en cas de partage, voix prépondérante.

Le conseil ne pourra délibérer que lorsqu'il y aura plus de la moitié des membres présents à l'assemblée; et tous les membres présents signeront la délibération, qui sera arrêtée à la pluralité des voix.

§ 2. Des Séances du Conseil.

10. Le conseil s'assemblera le premier dimanche du mois d'avril, de juillet, d'octobre et de janvier, à l'issue de la grand'messe ou des vêpres, dans l'église, dans un lieu attenant à l'église ou dans le presbytère.

L'avertissement de chacune de ses séances sera publié, le dimanche précédent, au prône de la grand'messe.

Le conseil pourra de plus s'assembler extraordinairement sur l'autorisation de l'évêque ou du préfet, lorsque l'urgence des affaires ou de quelques dépenses imprévues l'exigera.

§ 3. Des Fonctions du Conseil.

11. Aussitôt que le conseil aura été formé, il choisira au scrutin, parmi ses membres, ceux qui, comme marguilliers, entreront dans la composition du bureau ; et, à l'avenir, dans celle de ses sessions qui répondra à l'expiration du temps fixé par le présent règlement pour l'exercice des fonctions de marguillier, il fera également, au scrutin, élection de celui de ses membres qui remplacera le marguillier sortant.

12. Seront soumis à la délibération du conseil :

1º Le budget de la fabrique ;

2º Le compte annuel de son trésorier ;

3º L'emploi des fonds excédant les dépenses du montant des legs et donations, et le remploi des capitaux remboursés;

4º Toutes les dépenses extraordinaires au delà de 50 fr. dans les paroisses au-dessous de mille âmes, et de 100 fr. dans les paroisses d'une plus grande population;

5º Les procès à entreprendre ou à soutenir, les baux emphytéotiques ou à longues années, les aliénations ou échanges, et généralement tous les objets excédant les bornes de l'administration ordinaire des biens des mineurs.

SECTION DEUXIÈME.

Du Bureau des Marguilliers.

§ 1er. De la Composition du Bureau des Marguilliers.

13. Le bureau des marguilliers se composera :

1º Du curé ou desservant de la paroisse ou succursale, qui en sera membre perpétuel et de droit;

2º De trois membres du conseil de fabrique.

Le curé ou desservant aura la première place, et pourra se faire remplacer par un de ses vicaires.

14. Ne pourront être en même temps membres du bureau les parents ou alliés, jusques et compris le degré d'oncle et de neveu.

15. Au premier dimanche d'avril de chaque année, l'un des marguilliers cessera d'être membre du bureau, et sera remplacé.

16. Des trois marguilliers qui seront pour la première fois nommés par le conseil, deux sortiront successivement par la voie du sort, à la fin de la première et de la seconde année, et le troisième sortira de droit la troisième année révolue.

17. Dans la suite, ce seront toujours les marguilliers les plus anciens en exercice qui devront sortir.

18. Lorsque l'élection ne sera pas faite à l'époque fixée, il y sera pourvu par l'évêque.

19. Ils nommeront entre eux un président, un secrétaire et un trésorier.

20. Les membres du bureau ne pourront délibérer, s'ils ne sont au moins au nombre de trois.

En cas de partage, le président aura voix prépondérante.

Toutes les délibérations seront signées par les membres présents.

21. Dans les paroisses où il y avait ordinairement des marguilliers d'honneur, il pourra en être choisi deux par le conseil parmi les principaux fonctionnaires publics domiciliés dans la paroisse. Ces marguilliers et tous les membres du conseil auront une place distinguée dans l'église : ce sera le *banc de l'œuvre ;* il sera placé devant la chaire autant que faire se pourra. Le curé ou desservant aura dans ce banc la première place toutes les fois qu'il s'y trouvera pendant la prédication.

§ 2. Des Séances du Bureau des Marguilliers.

22. Le bureau s'assemblera tous les mois, à l'issue de la messe paroissiale, au lieu indiqué pour la tenue des séances du conseil.

23. Dans les cas extraordinaires, le bureau sera convoqué soit d'office par le président, soit sur la demande du curé ou desservant.

§ 3. Fonctions du Bureau.

24. Le bureau des marguilliers dressera le budget de la fabrique, et préparera les affaires qui doivent être portées au conseil ; il sera chargé de l'exécution des délibérations du conseil et de l'administration journalière du temporel de la paroisse.

25. Le trésorier est chargé de procurer la rentrée de toutes les sommes dues à la fabrique, soit comme faisant partie de son revenu annuel, soit à tout autre titre.

26. Les marguilliers sont chargés de veiller à ce que toutes fondations soient fidèlement acquittées et exécutées suivant l'intention des fondateurs, sans que les sommes puissent être employées à d'autres charges.

Un extrait du sommier des titres contenant les fondations qui doivent être desservies pendant le cours d'un trimestre, sera affiché dans la sacristie au commencement de chaque trimestre, avec les noms du fondateur et de l'ecclésiastique qui acquittera chaque fondation.

Il sera aussi rendu compte à la fin de chaque trimestre par le curé ou desservant, au bureau des marguilliers, des fondations acquittées pendant le cours du trimestre.

27. Les marguilliers fourniront l'huile, le pain, le vin, l'encens, la cire, et généralement tous les objets de consommation nécessaires à l'exercice du culte ; ils pourvoiront également aux réparations et achats des ornements, meubles et ustensiles de l'église et de la sacristie.

28. Tous les marchés seront arrêtés par le bureau des marguilliers, et signés par le président ainsi que les mandats.

29. Le curé ou desservant se conformera aux règlements de l'évêque pour tout ce qui concerne le service divin, la prière et les instructions, et l'acquittement des charges pieuses imposées par les bienfaiteurs, sauf les réductions qui seraient faites par l'évêque, conformément aux règles canoniques, lorsque le défaut de proportion des libéralités et des charges qui en sont la condition l'exigera.

30. Le curé ou desservant agréera les prêtres habitués et leur assignera leurs fonctions.

Dans les paroisses où il en sera établi, il désignera le sacristain prêtre, le chantre prêtre et les enfants de chœur.

Le placement des bancs ou chaises dans l'église ne pourra

être fait que du consentement du curé ou desservant, sauf le recours à l'évêque.

31. Les annuels auxquels les fondateurs ont attaché des honoraires, et généralement tous les annuels emportant une rétribution quelconque, seront donnés de préférence aux vicaires, et ne pourront être acquittés qu'à leur défaut par les prêtres habitués ou autres ecclésiastiques, à moins qu'il n'en ait été autrement ordonné par les fondateurs.

32. Les prédicateurs seront nommés par les marguilliers, à la pluralité des suffrages, sur la présentation faite par le curé ou desservant, et à la charge par lesdits prédicateurs d'obtenir l'autorisation de l'ordinaire.

33. La nomination et la révocation de l'organiste, des sonneurs, des bedeaux, suisses ou autres serviteurs de l'église, appartiennent aux marguilliers sur la proposition du curé ou desservant.

34. Sera tenu le trésorier de présenter tous les trois mois, au bureau des marguilliers, un bordereau signé de lui et certifié véritable, de la situation active et passive de la fabrique pendant les trois mois précédents : ces bordereaux seront signés de ceux qui auront assisté à l'assemblée, et déposés dans la caisse ou armoire de la fabrique pour être représentés lors de la reddition du compte annuel.

Le bureau déterminera dans la même séance la somme nécessaire pour les dépenses du trimestre suivant.

35. Toute la dépense de l'église et les frais de sacristie seront faits par le trésorier; et, en conséquence, il ne sera rien fourni par aucun marchand ou artisan sans un mandat du trésorier, au pied duquel le sacristain, ou toute autre personne apte à recevoir la livraison, certifiera que le contenu audit mandat a été rempli.

CHAPITRE II.

DES REVENUS, DES CHARGES, DU BUDGET DE LA FABRIQUE.

SECTION PREMIÈRE.
Des Revenus de la Fabrique.

36. Les revenus de chaque fabrique se forment :

1° Du produit des biens et rentes restitués aux fabriques, des biens des confréries, et généralement de ceux qui auraient été affectés aux fabriques par nos divers décrets;

2º Du produit des biens, rentes et fondations qu'elles ont été ou pourront être par nous autorisées à accepter ;

3º Du produit de biens et rentes célés au domaine dont nous les avons autorisées ou dont nous les autoriserions à se mettre en possession ;

4º Du produit spontané des terrains servant de cimetières ;

5º Du produit de la location des chaises ;

6º De la concession des bancs placés dans l'église ;

7º Des quêtes faites pour les frais du culte ;

8º De ce qui sera trouvé dans les troncs placés pour le même objet ;

9º Des oblations faites à la fabrique ;

10º Des droits que, suivant les règlements épiscopaux approuvés par nous, les fabriques perçoivent, et de celui qui leur revient sur le produit des frais d'inhumation ;

11º Du supplément donné par la commune, le cas échéant.

SECTION DEUXIÈME.

Des Charges de la Fabrique.

§ 1er. Des Charges en général.

37. Les charges de la fabrique sont :

1º De fournir aux frais nécessaires du culte, savoir : les ornements, les vases sacrés, le linge, le luminaire, le pain, le vin, l'encens, le payement des vicaires, des sacristains, chantres, organistes, sonneurs, suisses, bedeaux et autres serviteurs de l'église, selon la convenance et les besoins des lieux ;

2º De payer l'honoraire des prédicateurs de l'avent, du carême et autres solennités ;

3º De pourvoir à la décoration et aux dépenses relatives à l'embellissement intérieur de l'église ;

4º De veiller à l'entretien des églises, presbytères et cimetières ; et, en cas d'insuffisance des revenus de la fabrique, de faire toutes diligences nécessaires pour qu'il soit pourvu aux réparations et reconstructions, ainsi que le tout est réglé au § 3.

§ 2. De l'Etablissement et du Payement des Vicaires.

38. Le nombre des prêtres et des vicaires habitués à chaque église sera fixé par l'évêque, après que les marguil-

liers en auront délibéré, et que le conseil municipal de la
commune aura donné son avis.

39. Si, dans le cas de la nécessité d'un vicaire reconnue
par l'évêque, la fabrique n'est pas en état de payer le traitement, la décision épiscopale devra être adressée au préfet ; et il sera procédé ainsi qu'il est expliqué à l'art. 49
concernant les autres dépenses de la célébration du culte,
pour lesquelles les communes suppléent à l'insuffisance des
fabriques.

40. Le traitement des vicaires sera de 500 francs au plus
et de 300 francs au moins.

§ 3. Des Réparations.

41. Les marguilliers, et spécialement le trésorier, seront
tenus de veiller à ce que toutes ces réparations soient bien
et promptement faites. Ils auront soin de visiter les bâtiments avec les gens de l'art au commencement du prin-
temps et de l'automne.

Ils pourvoiront sur le champ, et par économie, aux réparations locatives ou autres qui n'excéderont pas la proportion indiquée de l'art. 12, et sans préjudice toutefois
des dépenses réglées pour le culte.

42. Lorsque les réparations excéderont la somme ci-dessus indiquée, le bureau sera tenu d'en faire rapport au conseil, qui pourra ordonner toutes les réparations qui ne s'é-
lèveraient pas à plus de 100 francs dans les communes au-
dessous de mille âmes ; et de 200 francs dans celles d'une
plus grande population.

Néanmoins ledit conseil ne pourra, même sur le revenu
libre de la fabrique, ordonner les réparations qui excéde-
raient la quotité ci-dessus énoncée, qu'en chargeant le bureau de faire dresser un devis estimatif, et de procéder à
l'adjudication au rabais ou par soumissions après trois affiches renouvelées de huitaine en huitaine.

43. Si la dépense ordinaire, arrêtée par le budget, ne
laisse pas de fonds disponibles ou n'en laisse pas de suffisants pour les réparations, le bureau en fera son rapport
au conseil, et celui-ci prendra une délibération tendant à
ce qu'il y soit pourvu dans les formes prescrites au chapitre IV du présent règlement : cette délibération sera envoyée par le président au préfet.

44. Lors de la prise de possession de chaque curé ou des-

servant, il se. a dressé, aux frais de la commune et à la diligence du maire, un état de situation du presbytère et de ses dépendances. Le curé ou desservant ne sera tenu que des simples réparations locatives et des dégradations survenues par sa faute. Le curé ou desservant sortant, ou ses héritiers ou ayants-cause, seront tenus desdites réparations locatives et dégradations.

SECTION TROISIÈME.

Du Budget de la Fabrique.

45. Il sera présenté chaque année au bureau par le curé ou desservant un état par aperçu des dépenses nécessaires à l'exercice du culte, soit pour les objets de consommation, soit pour réparations et entretien d'ornements, meubles et ustensiles d'église.

Cet état, après avoir été, article par article, approuvé par le bureau, sera porté en bloc sous la désignation de *dépenses intérieures* dans le projet du budget général : le détail de ces dépenses sera annexé audit projet.

46. Ce budget établira la recette et la dépense de l'église. Les articles de dépense seront classés dans l'ordre suivant :

1º Les frais ordinaires de la célébration du culte ;

2º Les frais de réparation des ornements, meubles et ustensiles d'église ;

3º Les gages des officiers et serviteurs de l'église ;

4º Les frais de réparations locatives.

La portion de revenus qui restera après cette dépense acquittée servira au traitement des vicaires légitimement établis ; et l'excédant, s'il y en a, sera affecté aux grosses réparations des édifices affectés au service du culte.

47. Le budget sera soumis au conseil de la fabrique dans la séance du mois d'avril de chaque année ; il sera envoyé avec l'état des dépenses de la célébration du culte à l'évêque diocésain pour avoir sur le tout son approbation.

48. Dans le cas où les revenus de la fabrique couvriraient les dépenses portées au budget, le budget pourra, sans autres formalités, recevoir sa pleine et entière exécution.

49. Si les revenus sont insuffisants pour acquitter, soit les frais indispensables du culte, soit les dépenses nécessaires pour le maintien de sa dignité, soit les gages des

officiers et des serviteurs de l'église, soit les réparations des bâtiments, ou pour fournir à la subsistance de ceux des ministres que l'Etat ne salarie pas, le budget contiendra l'aperçu des fonds qui devront être demandés aux paroissiens pour y pourvoir, ainsi qu'il est réglé dans le chapitre IV.

CHAPITRE III.

DE LA RÉGIE DES BIENS ET DES COMPTES.

SECTION PREMIÈRE.

De la Régie des Biens de la Fabrique.

50. Chaque fabrique aura une caisse ou armoire fermant à trois clefs, dont une restera dans les mains du trésorier, l'autre dans celles du curé ou desservant, et la troisième dans celles du président du bureau.

51. Seront déposés dans cette caisse tous les deniers appartenant à la fabrique ainsi que les clefs des troncs des églises.

52. Nulle somme ne pourra être extraite de la caisse sans autorisation du bureau, et sans un récépissé qui y restera déposé.

53. Si le trésorier n'a pas dans les mains la somme fixée à chaque trimestre par le bureau pour la dépense courante, ce qui manquera sera extrait de la caisse, comme aussi ce qu'il se trouverait avoir d'excédant sera versé dans cette caisse.

54. Seront aussi déposés dans une caisse ou armoire les papiers, titres et documents concernant les revenus et affaires de la fabrique, et notamment les comptes avec les pièces justificatives, les registres de délibérations autres que le registre courant, le sommier des titres et les inventaires ou récolements dont il est mention aux deux articles qui suivent.

55. Il sera fait incessamment et sans frais deux inventaires : l'un, des ornements, linges, vases sacrés, argenterie, ustensiles, et en général de tout le mobilier de l'église ; l'autre, des titres, papiers et renseignements, avec mention des biens contenus dans chaque titre, du revenu qu'ils produisent, de la fondation à la charge de laquelle les biens ont été donnés à la fabrique. Un double inventaire du mobilier sera remis au curé ou desservant.

Il sera fait tous les ans un récolement desdits inventaires afin d'y porter les additions, réformes et autres changements : ces inventaires et récolements seront signés par le curé ou desservant et par le président du bureau.

56. Le secrétaire du bureau transcrira, par suite de numéros et par ordre de dates, sur un registre-sommier :

1° Les actes de fondation et généralement tous les titres de propriété;

2° Les baux à ferme ou loyer.

La transcription sera entre deux marges qui serviront pour y porter dans l'une les revenus et dans l'autre les charges.

Chaque pièce sera signée et certifiée conforme à l'original par le curé ou desservant et par le président du bureau.

57. Nul titre ni pièce ne pourra être extrait de la caisse sans un récépissé qui fera mention de la pièce retirée, de la délibération du bureau par laquelle cette extraction aura été autorisée, de la qualité de celui qui s'en chargera et signera le récépissé, de la raison pour laquelle elle aura été tirée de ladite caisse ou armoire ; et, si c'est pour un procès, le tribunal et le nom de l'avoué seront désignés.

Ce récépissé ainsi que la décharge au temps de la remise seront inscrits sur le sommier ou registre des titres.

58. Tout notaire devant lequel il aura été passé un acte contenant donation entre-vifs ou disposition testamentaire au profit d'une fabrique, sera tenu d'en donner avis au curé ou desservant.

59. Tout acte contenant des dons ou legs à une fabrique sera remis au trésorier, qui en fera son rapport à la prochaine séance du bureau. Cet acte sera ensuite adressé par le trésorier avec les observations du bureau à l'archevêque ou évêque diocésain, pour que celui-ci donne sa délibération s'il convient ou non d'accepter.

Le tout sera envoyé au ministre des cultes, sur le rapport duquel la fabrique sera, s'il y a lieu, autorisée à accepter : l'acte d'acceptation dans lequel il sera fait mention de l'autorisation sera signé par le trésorier au nom de la fabrique.

60. Les maisons et biens ruraux appartenant à la fabrique seront affermés, régis et administrés par le bureau des marguilliers dans la forme déterminée pour les biens communaux.

61. Aucun des membres du bureau des marguilliers ne peut se porter, soit pour adjudicataire, soit même pour associé de l'adjudicataire, des ventes, marchés de réparations, constructions, reconstructions ou baux des biens de la fabrique.

62. Ne pourront les biens immeubles de l'église être vendus, aliénés, échangés, ni même loués pour un terme plus long que neuf ans sans une délibération du conseil, l'avis de l'évêque diocésain et notre autorisation.

63. Les deniers provenant de donations ou legs, dont l'emploi ne serait pas déterminé par la fondation, les remboursements de rentes, le prix de ventes ou soultes d'échanges, les revenus excédant l'acquit des charges ordinaires, seront employés dans les formes déterminées par l'avis du conseil d'État, approuvé par nous, le 21 décembre 1808.

Dans le cas où la somme serait insuffisante, elle restera en caisse si on prévoit que dans les six mois suivants il rentrera des fonds disponibles, afin de compléter la somme nécessaire pour cette espèce d'emploi; sinon, le conseil délibérera sur l'emploi à faire, et le préfet ordonnera celui qui paraîtra le plus avantageux.

64. Le prix des chaises sera réglé pour les différents offices par délibération du bureau, approuvée par le conseil : cette délibération sera affichée dans l'église.

65. Il est expressément défendu de rien percevoir pour l'entrée de l'église, ni de percevoir dans l'église plus que le prix des chaises sous quelque prétexte que ce soit.

Il sera même réservé dans toutes les églises une place où les fidèles qui ne louent pas des chaises ni des bancs, puissent commodément assister au service divin et entendre les instructions.

66. Le bureau des marguilliers pourra être autorisé par le conseil, soit à régir la location des bancs et chaises, soit à la mettre en ferme.

67. Quand la location des chaises sera mise en ferme, l'adjudication aura lieu après trois affiches de huitaine en huitaine : les enchères seront reçues au bureau de la fabrique par soumission, et l'adjudication sera faite au plus offrant en présence des marguilliers; de tout quoi il sera fait mention dans le bail auquel sera annexée la délibération qui aura fixé le prix des chaises.

68. Aucune concession de bancs ou de places dans l'église ne pourra être faite, soit par bail pour une prestation annuelle, soit au prix d'un capital ou d'un immeuble, pour un temps plus.long que la vie de ceux qui l'auront obtenue, sauf l'exception ci-après.

69. La demande de concession sera présentée au bureau, qui préalablement la fera publier par trois dimanches, et afficher à la porte de l'église pendant un mois, afin que chacun puisse obtenir la préférence par une offre plus avantageuse.

S'il s'agit d'une concession pour immeuble, le bureau le fera évaluer en capital et en revenu, pour être, cette évaluation, comprise dans les affiches et publications.

70. Après ces formalités remplies, le bureau fera son rapport au conseil.

S'il s'agit d'une concession par bail pour une prestation annuelle, et que le conseil soit d'avis de faire cette concession, sa délibération sera un titre suffisant.

71. S'il s'agit d'une concession pour un immeuble, il faudra, sur la délibération du conseil, obtenir notre autorisation dans la même forme que pour les dons et legs. Dans le cas où il s'agirait d'une valeur mobilière, notre autorisation sera nécessaire, lorsqu'elle s'élèvera à la même quotité pour laquelle les communes et les hospices sont obligés de l'obtenir.

72. Celui qui aurait entièrement bâti une église pourra retenir la propriété d'un banc ou d'une chapelle pour lui et sa famille, tant qu'elle existera.

Tout donateur ou bienfaiteur d'une église pourra obtenir la même concession, sur l'avis du conseil de fabrique, approuvé par l'évêque et par le ministre des cultes.

73. Nul cénotaphe, nulles inscriptions, nuls monuments funèbres ou autres, de quelque genre que ce soit, ne pourront être placés dans les églises, que sur la proposition de l'évêque diocésain et la permission de notre ministre des cultes.

74. Le montant des fonds perçus pour le compte de la fabrique, à quelque titre que ce soit, sera, à fur et mesure de la rentrée, inscrit avec la date du jour et du mois, sur un registre coté et paraphé, qui demeurera entre les mains du trésorier.

75. Tout ce qui concerne les quêtes dans les églises sera

400   FABRIQUES.

réglé par l'évêque, sur le rapport des marguilliers, sans préjudice des quêtes pour les pauvres, lesquelles devront toujours avoir lieu dans les églises, toutes les fois que les bureaux de bienfaisance le jugeront convenable.

76. Le trésorier portera, parmi les recettes en nature, les cierges offerts sur les pains bénis, ou délivrés pour les annuels, et ceux qui, dans les enterrements et services funèbres, appartiennent à la fabrique.

77. Ne pourront les marguilliers entreprendre aucun procès, ni y défendre, sans autorisation du conseil de préfecture, auquel sera adressée la délibération qui devra être prise à ce sujet par le conseil et le bureau réunis.

78. Toutefois, le trésorier sera tenu de faire tous actes conservatoires pour le maintien des droits de la fabrique, et toutes diligences nécessaires pour le recouvrement de ses revenus.

79. Les procès seront soutenus au nom de la fabrique, et les diligences faites à la requête du trésorier, qui donnera connaissance de ces procédures au bureau.

80. Toutes contestations relatives à la propriété des biens, et toutes poursuites à fin de recouvrement des revenus, seront portées devant les juges ordinaires.

81. Les registres des fabriques seront sur papier non timbré. Les dons et legs qui leur seraient faits ne supporteront que le droit fixe d'un franc.

SECTION DEUXIÈME.
Des Comptes.

82. Le compte à rendre chaque année par le trésorier, sera divisé en deux chapitres : l'un de recette, et l'autre de dépense.

Le chapitre de recette sera divisé en trois sections ; la première, pour la recette ordinaire ; la deuxième, pour la recette extraordinaire ; et la troisième, pour la partie des recouvrements ordinaires ou extraordinaires qui n'auraient pas encore été faits.

Le reliquat d'un compte formera toujours le premier article du compte suivant. Le chapitre de dépense sera aussi divisé en dépenses ordinaires, dépenses extraordinaires et dépenses tant ordinaires qu'extraordinaires non encore acquittées.

83. A chacun des articles de recette, soit des rentes, soit des loyers ou autres revenus, il sera fait mention des débiteurs, fermiers ou locataires, des noms et situation de la maison et héritages, de la qualité de la rente foncière ou constituée, de la date du dernier titre nouvel ou du dernier bail, et des notaires qui les auront reçus ; ensemble de la fondation à laquelle la rente est affectée, si elle est connue.

84. Lorsque, soit par le décès du débiteur, soit par le partage de la maison ou de l'héritage qui est grevé d'une rente, cette rente se trouve due par plusieurs débiteurs, il ne sera néanmoins porté qu'un seul article de recette, dans lequel il sera fait mention de tous les débiteurs, et sauf l'exercice de l'action solidaire, s'il y a lieu.

85. Le trésorier sera tenu de présenter un compte annuel au bureau des marguilliers, dans la séance du premier dimanche du mois de mars.

Le compte, avec les pièces justificatives, leur sera communiqué, sur le récépissé de l'un d'eux. Ils feront au conseil, dans la séance du premier dimanche du mois d'avril, le rapport du compte ; il sera examiné, clos et arrêté dans cette séance, qui sera, pour cet effet, prorogée au dimanche suivant, si besoin est.

86. S'il arrive quelques débats sur un ou plusieurs articles du compte, le compte n'en sera pas moins clos, sous la réserve des articles contestés.

87. L'évêque pourra nommer un commissaire pour assister, en son nom, au compte annuel ; mais, si ce commissaire est un autre qu'un grand vicaire, il ne pourra rien ordonner sur le compte, mais seulement dresser procès-verbal sur l'état de la fabrique et sur les fournitures et réparations à faire à l'église.

Dans tous les cas, les archevêques et évêques en cours de visite, ou leurs vicaires généraux, pourront se faire représenter tous comptes, registres et inventaires, et vérifier l'état de la caisse.

88. Lorsque le compte sera arrêté, le reliquat sera remis au trésorier en exercice, qui sera tenu de s'en charger en recette. Il lui sera en même temps remis un état de ce que la fabrique a à recevoir par baux à ferme, une copie du tarif des droits casuels, un tableau par approximation des

dépenses, celui des reprises à faire, celui des charges et fournitures non acquittées.

Il sera, dans la même séance, dressé sur le registre des délibérations, acte de ces remises, et copie en sera délivrée, en bonne forme, au trésorier sortant, pour lui servir de décharge.

89. Le compte annuel sera en double copie, dont l'une sera déposée dans la caisse ou armoire à trois clefs; l'autre, à la mairie.

90. Faute par le trésorier de présenter son compte à l'époque fixée, et d'en payer le reliquat, celui qui lui succédera sera tenu de faire, dans le mois au plus tard, les diligences nécessaires pour l'y contraindre; et, à son défaut, le procureur impérial, soit d'office, soit sur l'avis qui lui en sera donné par l'un des membres du bureau ou du conseil, soit sur l'ordonnance rendue par l'évêque en cours de visite, sera tenu de poursuivre le comptable devant le tribunal de première instance, et le fera condamner à payer le reliquat, à faire régler les articles débattus, ou à rendre son compte, s'il ne l'a été, le tout dans un délai qui sera fixé; sinon, et ledit temps passé, à payer provisoirement, au profit de la fabrique, la somme égale à la moitié de la recette ordinaire de l'année précédente, sauf les poursuites ultérieures.

91. Il sera pourvu, dans chaque paroisse, à ce que les comptes qui n'ont pas été rendus le soient dans la forme prescrite par le présent règlement, et six mois au plus tard après la publication.

CHAPITRE IV.
DES CHARGES DES COMMUNES RELATIVEMENT AU CULTE.

92. Les charges des communes relativement au culte, sont:

1º De suppléer à l'insuffisance des revenus de la fabrique, pour les charges portées en l'article 37;

2º De fournir au curé ou desservant un presbytère, ou, à défaut de presbytère, un logement, ou, à défaut de presbytère et de logement, une indemnité pécuniaire;

3º De fournir aux grosses réparations des édifices consacrés au culte.

93. Dans le cas où les communes sont obligées de sup-

pléer à l'insuffisance des revenus des fabriques pour ces deux premiers chefs, le budget de la fabrique sera porté au conseil municipal dûment convoqué à cet effet, pour y être délibéré ce qu'il appartiendra. La délibération du conseil municipal devra être adressée au préfet, qui la communiquera à l'évêque diocésain, pour avoir son avis. Dans le cas où l'évêque et le préfet seraient d'avis différents, il pourra en être référé, soit par l'un, soit par l'autre, à notre ministre des cultes.

94. S'il s'agit de réparations des bâtiments, de quelque nature qu'elles soient, et que la dépense ordinaire arrêtée par le budget ne laisse pas de fonds disponibles, ou n'en laisse pas de suffisants pour ces réparations, le bureau en fera son rapport au conseil, et celui-ci prendra une délibération tendant à ce qu'il y soit pourvu par la commune : cette délibération sera envoyée par le trésorier au préfet.

95. Le préfet nommera les gens de l'art par lesquels, en présence de l'un des membres du conseil municipal et de l'un des marguilliers, il sera dressé, le plus promptement qu'il sera possible, un devis estimatif des réparations. Le préfet soumettra ce devis au conseil municipal et, sur son avis, ordonnera, s'il y a lieu, que ces réparations soient faites aux frais de la commune, et, en conséquence, qu'il soit procédé par le conseil municipal, en la forme accoutumée, à l'adjudication au rabais.

96. Si le conseil municipal est d'avis de demander une réduction sur quelques articles de dépense de la célébration du culte, et dans le cas où il ne reconnaîtrait pas la nécessité de l'établissement d'un vicaire, sa délibération en portera le motif.

Toutes les pièces seront adressées à l'évêque, qui prononcera.

97. Dans le cas où l'évêque prononcerait contre l'avis du conseil municipal, ce conseil pourra s'adresser au préfet ; et celui-ci enverra, s'il y a lieu, toutes les pièces au ministre des cultes, pour être par nous, sur son rapport, statué en notre conseil d'État ce qu'il appartiendra.

98. S'il s'agit de dépenses pour réparations ou reconstructions qui auront été constatées, conformément à l'article 95, le préfet ordonnera que ces réparations soient payées sur les revenus communaux, et en conséquence

qu'il soit procédé par le conseil municipal, en la forme accoutumée, à l'adjudication au rabais.

99. Si les revenus communaux sont insuffisants, le conseil délibérera sur les moyens de subvenir à cette dépense, selon les règles prescrites par la loi.

100. Néanmoins, dans le cas où il serait reconnu que les habitants d'une paroisse sont dans l'impuissance de fournir aux réparations, même par levée extraordinaire, on se pourvoira devant nos ministres de l'intérieur et des cultes, sur le rapport desquels il sera fourni à cette paroisse tel secours qui sera par eux déterminé, et qui sera pris sur le fonds commun établi par la loi du 15 septembre 1807, relative au budget de l'État.

101. Dans tous les cas où il y aura lieu au recours d'une fabrique sur une commune, le préfet fera un nouvel examen du budget de la commune, et décidera si la dépense demandée pour le culte peut être prise sur les revenus de la commune, ou jusqu'à concurrence de quelle somme, sauf notre approbation pour les communes dont les revenus excèdent vingt mille francs.

102. Dans le cas où il y a lieu à la convocation du conseil municipal, si le territoire de la paroisse comprend plusieurs communes, le conseil de chaque commune sera convoqué, et délibérera séparément.

103. Aucune imposition extraordinaire sur les communes ne pourra être levée pour les frais du culte, qu'après l'accomplissement préalable des formalités prescrites par la loi.

CHAPITRE V.

DES ÉGLISES CATHÉDRALES, DES MAISONS ÉPISCOPALES ET DES SÉMINAIRES.

104. Les fabriques des églises métropolitaines et cathédrales continueront à être composées et administrées conformément aux règlements épiscopaux qui ont été approuvés par nous.

105. Toutes les dispositions concernant les fabriques paroissiales sont applicables, en tout ce qui concerne leur administration intérieure, aux fabriques des cathédrales.

106. Les départements compris dans un diocèse sont te-

nus envers la fabrique de la cathédrale aux mêmes obligations que les communes envers leurs fabriques paroissiales.

107. Lorsqu'il surviendra de grosses réparations ou des reconstructions à faire aux églises cathédrales, aux palais épiscopaux et aux séminaires diocésains, l'évêque en donnera l'avis officiel au préfet du département dans lequel est le chef-lieu de l'évêché; il donnera en même temps un état sommaire des revenus et des dépenses de sa fabrique, en faisant sa déclaration des revenus qui restent libres après les dépenses ordinaires de la célébration du culte.

108. Le préfet ordonnera que, suivant les formes établies pour les travaux publics, en présence d'une personne à ce commise par l'évêque, il soit dressé un devis estimatif des ouvrages à faire.

109. Ce rapport sera communiqué à l'évêque, qui l'enverra au préfet avec ses observations.

Ces pièces seront ensuite transmises par le préfet avec son avis, à notre ministre de l'intérieur; il en donnera connaissance à notre ministre des cultes.

110. Si les réparations sont à la fois nécessaires et urgentes, notre ministre de l'intérieur ordonnera qu'elles soient provisoirement faites sur les premiers deniers dont les préfets pourront disposer, sauf le remboursement avec les fonds qui seront faits pour cet objet par le conseil général du département, auquel il sera donné communication du budget de la fabrique de la cathédrale, et qui pourra user de la faculté accordée aux conseils municipaux par l'art. 96.

111. S'il y a dans le même évêché plusieurs départements, la répartition entre eux se fera dans les proportions ordinaires, si ce n'est que le département où sera le chef-lieu du diocèse payera un dixième de plus.

112. Dans les départements où les cathédrales ont des fabriques ayant des revenus dont une partie est assignée à les réparer, cette assignation continuera d'avoir lieu; et seront, au surplus, les réparations faites conformément à ce qui est prescrit ci-dessus.

113. Les fondations, donations ou legs faits aux églises cathédrales, seront acceptés, ainsi que ceux faits aux séminaires, par l'évêque diocésain, sauf notre autorisation donnée en conseil d'État, sur le rapport de notre ministre des cultes.

114. Nos ministres de l'intérieur et des cultes sont chargés, chacun en ce qui le concerne, de l'exécution du présent décret.

ORDONNANCE DU ROI

RELATIVE AUX CONSEILS DE FABRIQUE DES ÉGLISES.

Du 12 janvier 1825.

CHARLES, par la grâce de Dieu, roi de France et de Navarre, à tous ceux qui ces présentes verront, salut :

Sur le rapport de notre ministre secrétaire d'État au département des affaires ecclésiastiques et de l'instruction publique ;

Vu le décret du 30 décembre 1809, contenant règlement général sur les fabriques des églises ;

Considérant que, dans la plupart des conseils de fabrique des églises de notre royaume, les renouvellements prescrits par les articles 7 et 8 dudit décret n'ont pas été faits aux époques déterminées ;

Voulant que des dispositions relatives à cette partie de l'administration temporelle des paroisses puissent donner les moyens de remédier aux inconvénients que l'expérience a signalés ;

Notre Conseil d'État entendu,

Nous avons ordonné et ordonnons ce qui suit :

Art. 1er. Dans toutes les églises ayant le titre de cure, succursale ou chapelle vicariale, dans lesquelles le conseil de fabrique n'a pas été régulièrement renouvelé, ainsi que le prescrivent les articles 7 et 8 du décret du 30 décembre 1809, il sera immédiatement procédé à une nouvelle nomination des fabriciens, de la manière voulue par l'article 6 du même décret.

2. A l'avenir, la séance des conseils de fabrique, qui, aux termes de l'article 10 du règlement général, doit avoir lieu le premier dimanche du mois d'avril, se tiendra le dimanche de *Quasimodo*.

Dans cette séance devront être faites, tous les trois ans,

les élections ordinaires prescrites par le décret du 30 décembre 1809.

3. Dans les cas de vacance par mort ou démission, l'élection en remplacement devra être faite dans la première séance ordinaire du conseil de fabrique qui suivra la vacance.

Les nouveaux fabriciens ne seront élus que pour le temps d'exercice qui restait à ceux qu'ils sont destinés à remplacer.

4. Si, un mois après les époques indiquées dans les deux articles précédents, le conseil de fabrique n'a pas procédé aux élections, l'évêque diocésain nommera lui-même.

5. Sur la demande des évêques et l'avis des préfets, notre ministre secrétaire d'état au département des affaires ecclésiastiques et de l'instruction publique pourra révoquer un conseil de fabrique pour défaut de présentation de budget ou de reddition de comptes, lorsque ce conseil, requis de remplir ce devoir, aura refusé ou négligé de le faire, ou pour toute autre cause grave.

Il sera, dans ce cas, pourvu à une nouvelle formation de ce conseil, de la manière prescrite par l'article 6 du décret du 30 décembre 1809.

6. L'évêque et le préfet devront réciproquement se prévenir des autorisations d'assemblées extraordinaires qu'aux termes de l'article 10 du décret du 30 décembre 1809, ils accorderaient aux conseils de fabrique, et des objets qui devront être traités dans ces assemblées extraordinaires.

7. Dans les communes rurales, la nomination et la révocation des chantres, sonneurs et sacristains seront faites par le curé, desservant ou vicaire ; leur traitement continuera à être réglé par le conseil de fabrique et payé par qui de droit.

8. Le règlement général des fabriques du 30 décembre 1809 continuera d'être exécuté en tout ce qui n'est pas contraire à la présente ordonnance.

9. Notre ministre secrétaire d'État au département des affaires ecclésiastiques et de l'instruction publique est chargé de l'exécution de la présente ordonnance, qui sera insérée au *Bulletin des lois.*

DÉCRET IMPÉRIAL

SUR LES SÉPULTURES.

Du 23 prairial an XII.

TITRE Ier.

Des sépultures et des lieux qui leur sont consacrés.

Art. 1er. Aucune inhumation n'aura lieu dans les églises, temples, synagogues, hôpitaux, chapelles publiques, et généralement dans aucun des édifices clos et fermés où les citoyens se réunissent pour la célébration de leurs cultes, ni dans l'enceinte des villes et bourgs.

2. Il y aura hors de chacune de ces villes ou bourgs, à la distance de trente-cinq à quarante mètres au moins de leur enceinte, des terrains spécialement consacrés à l'inhumation des morts.

3. Les terrains les plus élevés et exposés au nord seront choisis de préférence ; ils seront clos de murs de deux mètres au moins d'élévation. On y fera des plantations en prenant les précautions convenables pour ne point gêner la circulation de l'air.

4. Chaque inhumation aura lieu dans une fosse séparée : chaque fosse qui sera ouverte aura un mètre cinq décimètres à deux mètres de profondeur sur huit décimètres de largeur, et sera ensuite remplie de terre bien foulée.

5. Les fosses seront distantes les unes des autres de trois à quatre décimètres sur les côtés, et de trois à cinq décimètres à la tête et aux pieds.

6. Pour éviter le danger qu'entraîne le renouvellement trop rapproché des fosses, l'ouverture des fosses pour de nouvelles sépultures n'aura lieu que de cinq années en cinq années ; en conséquence, les terrains destinés à former des lieux de sépulture seront cinq fois plus étendus que l'espace nécessaire pour y déposer le nombre présumé des morts qui peuvent y être enterrés chaque année.

TITRE II.

De l'établissement des nouveaux cimetières.

7. Les communes qui seront obligées, en vertu des art. 1 et 2 du titre Ier, d'abandonner les cimetières actuels et de s'en procurer de nouveaux hors de l'enceinte de leurs habitations, pourront, sans autre autorisation que celle qui leur est accordée par la déclaration du 10 mars 1776, acquérir les terrains qui leur seront nécessaires en remplissant les formes voulues par l'arrêté du 7 germinal an IX.

8. Aussitôt que les nouveaux emplacements seront disposés à recevoir les inhumations, les cimetières existants seront fermés, et resteront dans l'état où ils se trouveront sans que l'on en puisse faire usage pendant cinq ans.

9. A partir de cette époque, les terrains servant maintenant de cimetières pourront être affermés par les communes auxquelles ils appartiennent; mais à condition qu'ils ne seront qu'ensemencés ou plantés, sans qu'il puisse y être fait aucune fouille ou fondation pour des constructions de bâtiment jusqu'à ce qu'il en soit autrement ordonné.

TITRE III.

Des concessions de terrains dans les cimetières.

10. Lorsque l'étendue des lieux consacrés aux inhumations le permettra, il pourra y être fait des concessions de terrains aux personnes qui désireront y posséder une place distincte et séparée pour y fonder leur sépulture et celle de leurs parents ou successeurs, et y construire des caveaux, monuments ou tombeaux.

11. Les concessions ne seront néanmoins accordées qu'à ceux qui offriront de faire des fondations en faveur des pauvres et des hôpitaux, indépendamment d'une somme qui sera donnée à la commune, et lorsque ces fondations ou donations auront été autorisées par le gouvernement dans les formes accoutumées, sur l'avis des conseils municipaux et la proposition des préfets.

12. Il n'est point dérogé par les deux articles précédents aux droits qu'a chaque particulier, sans besoin d'autorisa-

tion, de faire placer sur la fosse de son parent ou de son ami une pierre sépulcrale ou autre signe indicatif de sépulture, ainsi qu'il a été pratiqué jusqu'a présent.

13. Les maires pourront également, sur l'avis des administrations des hôpitaux, permettre que l'on construise dans l'enceinte de ces hôpitaux des monuments pour les fondateurs et bienfaiteurs de ces établissements, lorsqu'ils en auront déposé le désir dans leurs actes de donation, de fondation ou de dernière volonté.

14. Toute personne pourra être enterrée sur sa propriété, pourvu que ladite propriété soit hors et à la distance prescrite de l'enceinte des villes et bourgs.

TITRE IV.
De la police des lieux de sépulture.

15. Dans les communes où l'on professe plusieurs cultes, chaque culte doit avoir un lieu d'inhumation particulier ; et, dans le cas où il n'y aurait qu'un seul cimetière, on le partagera par des murs, haies ou fossés, en autant de parties qu'il y a de cultes différents, avec une entrée particulière pour chacune, et en proportionnant cet espace au nombre d'habitants de chaque culte.

16. Les lieux de sépulture, soit qu'ils appartiennent aux communes, soit qu'ils appartiennent aux particuliers, seront soumis à l'autorité, police et surveillance des administrations municipales.

17. Les autorités locales sont spécialement chargées de maintenir l'exécution des lois et règlements qui prohibent les exhumations non autorisées, et d'empêcher qu'il ne se commette dans les lieux de sépulture aucun désordre, ou qu'on s'y permette aucun acte contraire au respect dû à la mémoire des morts.

TITRE V.
Des pompes funèbres.

18. Les cérémonies précédemment usitées pour les convois, suivant les différents cultes, seront rétablies, et il sera libre aux familles d'en régler la dépense selon leurs moyens et facultés ; mais, hors de l'enceinte des églises et

des lieux de sépulture, les cérémonies religieuses ne seront permises que dans les communes où l'on ne professe qu'un seul culte, conformément à l'art. 45 de la loi du 18 germinal an X.

19. Lorsque le ministre d'un culte, sous quelque prétexte que ce soit, se permettra de refuser son ministère pour l'inhumation d'un corps, l'autorité civile, soit d'office, soit sur la réquisition de la famille, commettra un autre ministre du même culte pour y remplir ces fonctions; dans tous les cas, l'autorité civile est chargée de faire porter, présenter, déposer et inhumer les corps.

20. Les frais et rétributions à payer aux ministres des cultes et autres individus attachés aux églises et temples, tant pour leur assistance aux convois que pour leurs services requis par les familles, seront réglés par le gouvernement, sur l'avis des évêques, des consistoires et des préfets, et sur la proposition du conseiller d'État chargé des affaires concernant les cultes. Il ne sera rien alloué pour leur assistance à l'inhumation des individus inscrits aux rôles des indigents.

21. Le mode le plus convenable pour le transport des corps sera réglé, suivant les localités, par les maires, sauf l'approbation des préfets.

22. Les fabriques des églises et les consistoires jouiront seuls du droit de fournir les voitures, tentures, ornements, et de faire généralement toutes les fournitures quelconques nécessaires pour les enterrements, et pour la décence ou la pompe des funérailles.

Les fabriques et consistoires pourront faire exercer ou affermer ce droit, d'après l'approbation des autorités civiles sous la surveillance desquelles ils sont placés.

23. L'emploi des sommes provenant de l'exercice ou de l'affermage de ce droit sera consacré à l'entretien des églises, des lieux d'inhumation, et au paiement des desservants : cet emploi sera réglé et réparti sur la proposition du conseiller d'État chargé des affaires concernant les cultes, et d'après l'avis des évêques et des préfets.

24. Il est expressément défendu à toutes autres personnes, quelles que soient leurs fonctions, d'exercer le droit susmentionné, sous telle peine qu'il appartiendra, sans préjudice des droits résultant des marchés existants

et qui ont été passés entre quelques entrepreneurs et les préfets ou autres autorités civiles, relativement aux convois et pompes funèbres.

25. Les frais à payer par les successions des personnes décédées pour les billets d'enterrement, le prix des tentures, les bières et le transport des corps, seront fixés par un tarif proposé par les administrations municipales, et arrêté par les préfets.

26. Dans les villages et autres lieux où le droit précité ne pourra être exercé par les fabriques, les autorités locales y pourvoiront, sauf l'approbation des préfets.

27. Le ministre de l'intérieur est chargé de l'exécution du présent décret, qui sera inséré au Bulletin des lois.

DISPOSITIONS DU CODE PÉNAL DE 1810,

sur les infractions aux lois sur les inhumations.

358. Ceux qui, sans autorisation préalable de l'officier public, dans le cas où elle est prescrite, auront fait inhumer un individu décédé, seront punis de six jours à deux mois d'emprisonnement, et d'une amende de 16 fr. à 50 fr.; sans préjudice de la poursuite des crimes dont les auteurs de ce délit pourraient être prévenus dans cette circonstance. La même peine aura lieu contre ceux qui auront contrevenu, de quelque manière que ce soit, à la loi et aux règlements relatifs aux inhumations précipitées.

359. Quiconque aura recélé ou caché le cadavre d'une personne homicidée ou morte des suites de coups ou blessures, sera puni d'un emprisonnement de six mois à deux ans, et d'une amende de 50 fr. à 400 fr.; sans préjudice des peines plus graves s'il a participé au crime.

360. Sera puni d'un emprisonnement de trois mois à un an, et de 16 fr. à 200 fr. d'amende, quiconque se sera rendu coupable de violation de tombeaux ou de sépultures; sans préjudice des peines contre les crimes ou délits qui seraient joints à celui-ci.

ARTICLES ORGANIQUES

DES CULTES PROTESTANTS [1].

Loi du 18 germinal an X.

TITRE Ier.

Dispositions générales pour toutes les Communions protestantes.

Art. 1er. Nul ne pourra exercer les fonctions du culte, s'il n'est Français.

2. Les églises protestantes, ni leurs ministres, ne pourront avoir des relations avec aucune puissance ni autorité étrangère.

3. Les pasteurs et ministres des diverses communions protestantes prieront et feront prier, dans la récitation de leurs offices, pour la prospérité de la république française et pour les consuls.

4. Aucune décision doctrinale ou dogmatique, aucun formulaire, sous le titre de *confession*, ou sous tout autre titre, ne pourront être publiés ou devenir la matière de l'enseignement, avant que le gouvernement en ait autorisé la publication ou promulgation.

5. Aucun changement dans la discipline n'aura lieu sans la même autorisation.

6. Le conseil d'État connaîtra de toutes les entreprises des ministres du culte, et de toutes dissensions qui pourront s'élever entre ces ministres.

7. Il sera pourvu au traitement des pasteurs des églises consistoriales ; bien entendu qu'on imputera sur ce traitement les biens que ces églises possèdent, et le produit des oblations établies par l'usage ou par des règlements.

8. Les dispositions portées par les articles organiques du

---

1 *Voyez* ci-devant la partie du rapport de M. Portalis, sur les articles organiques des cultes protestants, et les articles de la Charte *sur la liberté des cultes.*

culte catholique, sur la liberté des fondations, et sur la nature des biens qui peuvent en être l'objet, seront communes aux églises protestantes.

9. Il y aura deux académies ou séminaires dans l'est de la France, pour l'instruction des ministres de la confession d'Augsbourg.

10. Il y aura un séminaire à Genève, pour l'instruction des ministres des églises réformées.

11. Les professeurs de toutes les académies ou séminaires seront nommés par le premier consul.

12. Nul ne pourra être élu ministre ou pasteur d'une église de la confession d'Augsbourg, s'il n'a étudié, pendant un temps déterminé, dans un des séminaires français destinés à l'instruction des ministres de cette confession, et s'il ne rapporte un certificat en bonne forme, constatant son temps d'étude, sa capacité et ses bonnes mœurs.

13. On ne pourra être élu ministre ou pasteur d'une église réformée, sans avoir étudié dans le séminaire de Genève, et si on ne rapporte un certificat dans la forme énoncée dans l'article précédent.

14. Les règlements sur l'administration et la police intérieure des séminaires, sur le nombre et la qualité des professeurs, sur la manière d'enseigner, et les objets d'enseignement, ainsi que sur la forme des certificats ou attestations d'études, de bonne conduite et de capacité, seront approuvés par le Gouvernement.

TITRE II.
Des Eglises réformées.

SECTION PREMIÈRE.
De l'organisation générale de ces Eglises.

15. Les églises réformées de France auront des pasteurs, des consistoires locaux, et des synodes.

16. Il y aura une église consistoriale par six mille âmes de la même communion.

17. Cinq églises consistoriales formeront l'arrondissement d'un synode.

Des Pasteurs et des Consistoires locaux.

18. Le consistoire de chaque église sera composé du pasteur ou des pasteurs desservant cette église , et d'anciens ou notables laïques, choisis parmi les citoyens les plus imposés au rôle des contributions directes : le nombre de ces notables ne pourra être au-dessous de six, ni au-dessus de douze.

19. Le nombre des ministres ou pasteurs, dans une même église consistoriale, ne pourra être augmenté sans l'autorisation du Gouvernement.

20. Les consistoires veilleront au maintien de la discipline, à l'administration des biens de l'église, et à celle des deniers provenant des aumônes.

21. Les assemblées des consistoires seront présidées par le pasteur, ou par le plus ancien des pasteurs. Un des anciens ou notables remplira les fonctions de secrétaire.

22. Les assemblées ordinaires des consistoires continueront de se tenir aux jours marqués par l'usage.

Les assemblées extraordinaires ne pourront avoir lieu sans la permission du sous-préfet, ou du maire en l'absence du sous-préfet.

23. Tous les deux ans, les anciens du consistoire seront renouvelés par moitié : à cette époque, les anciens en exercice s'adjoindront un nombre égal de citoyens protestants, chefs de famille, et choisis parmi les plus imposés au rôle des contributions directes, de la commune où l'église consistoriale sera située, pour procéder au renouvellement.

Les anciens sortants pourront être réélus.

24. Dans les églises où il n'y a point de consistoire actuel, il en sera formé un. Tous les membres seront élus par la réunion des vingt-cinq chefs de famille protestants les plus imposés au rôle des contributions directes : cette réunion n'aura lieu qu'avec l'autorisation et en la présence du préfet ou du sous-préfet.

25. Les pasteurs ne pourront être destitués qu'à la charge de présenter les motifs de la destitution au Gouvernement, qui les approuvera ou les rejettera.

26. En cas de décès, ou de démission volontaire, ou de destitution confirmée d'un pasteur, le consistoire, formé de la manière prescrite par l'article 18, choisira à la pluralité des voix pour le remplacer.

Le titre d'élection sera présenté au premier consul, par le conseiller d'état chargé de toutes les affaires concernant les cultes, pour avoir son approbation.

L'approbation donnée, il ne pourra exercer qu'après avoir prêté entre les mains du préfet le serment exigé des ministres du culte catholique.

27. Tous les pasteurs actuellement en exercice sont provisoirement confirmés.

28. Aucune église ne pourra s'étendre d'un département dans un autre.

SECTION TROISIÈME.

Des Synodes.

29. Chaque synode sera formé du pasteur, ou d'un des pasteurs, et d'un ancien ou notable de chaque église.

30. Les synodes veilleront sur tout ce qui concerne la célébration du culte, l'enseignement de la doctrine et la conduite des affaires ecclésiastiques. Toutes les décisions qui émaneront d'eux, de quelque nature qu'elles soient, seront soumises à l'approbation du gouvernement.

31. Les synodes ne pourront s'assembler que lorsqu'on en aura rapporté la permission du gouvernement.

On donnera connaissance préalable au conseiller d'État chargé de toutes les affaires concernant les cultes, des matières qui devront y être traitées. L'assemblée sera tenue en présence du préfet ou du sous-préfet; et une expédition du procès-verbal des délibérations sera adressée par le préfet au conseiller d'État chargé de toutes les affaires concernant les cultes, qui, dans le plus court délai, en fera son rapport au gouvernement.

32. L'assemblée d'un synode ne pourra durer que six jours.

TITRE III.

De l'organisation des Églises de la Confession d'Augsbourg.

SECTION PREMIÈRE.

Dispositions générales.

33. Les églises de la confession d'Augsbourg auront des pasteurs, des consistoires locaux, des inspections et des consistoires généraux.

SECTION DEUXIÈME.

Des Ministres ou Pasteurs, et des Consistoires locaux de chaque Église.

34. On suivra, relativement aux pasteurs, à la circonscription et au régime des églises consistoriales, ce qui a été prescrit par la section deuxième du titre précédent, pour les pasteurs et pour les églises réformées.

SECTION TROISIÈME.

Des Inspections.

35. Les églises de la confession d'Augsbourg seront subordonnées à des inspections.

36. Cinq églises consistoriales formeront l'arrondissement d'une inspection.

37. Chaque inspection sera composée d'un ministre, et d'un ancien ou notable de chaque église de l'arrondissement ; elle ne pourra s'assembler que lorsqu'on en aura rapporté la permission du gouvernement ; la première fois qu'il écherra de la convoquer, elle le sera par le plus ancien des ministres desservant les églises de l'arrondissement. Chaque inspection choisira dans son sein deux laïques, et un ecclésiastique, qui prendra le titre d'inspecteur, et qui sera chargé de veiller sur les ministres et sur le maintien du bon ordre dans les églises particulières.

Le choix de l'inspecteur et des deux laïques sera confirmé par le premier consul.

38. L'inspection ne pourra s'assembler qu'avec l'auto-

risation du gouvernement, en présence du préfet ou du sous-préfet, et après avoir donné connaissance préalable au conseiller d'État chargé de toutes les affaires concernant les cultes, des matières que l'on se proposera d'y traiter.

39. L'inspecteur pourra visiter les églises de son arrondissement; il s'adjoindra les deux laïques nommés avec lui toutes les fois que les circonstances l'exigeront; il sera chargé de la convocation de l'assemblée générale de l'inspection. Aucune décision émanée de l'assemblée générale de l'inspection ne pourra être exécutée sans avoir été soumise à l'approbation du gouvernement.

SECTION QUATRIÈME.
Des Consistoires généraux.

40. Il y aura trois consistoires généraux : l'un à Strasbourg, pour les protestants de la confession d'Augsbourg, des départements du Haut et Bas-Rhin; l'autre à Mayence, pour ceux des départements de la Sarre et du Mont-Tonnerre; et le troisième à Cologne, pour ceux des départements de Rhin-et-Moselle et de la Roer.

41. Chaque consistoire sera composé d'un président laïque protestant, de deux ecclésiastiques inspecteurs, et d'un député de chaque inspection.

Le président et les deux ecclésiastiques inspecteurs seront nommés par le premier consul.

Le président sera tenu de prêter, entre les mains du premier consul, ou du fonctionnaire public qu'il plaira au premier consul de déléguer à cet effet, le serment exigé des ministres du culte catholique.

Les deux ecclésiastiques inspecteurs et les membres laïques prêteront le même serment entre les mains du président.

42. Le consistoire général ne pourra s'assembler que lorsqu'on en aura rapporté la permission du gouvernement, et qu'en présence du préfet ou du sous-préfet : on donnera préalablement connaissance au conseiller d'État chargé de toutes les affaires concernant les cultes des matières qui devront y être traitées. L'assemblée ne pourra durer plus de six jours.

43. Dans le temps intermédiaire d une assemblée à l'autre, il y aura un directoire composé du président, du plus âgé des deux ecclésiastiques inspecteurs, et de trois laïques, dont un sera nommé par le premier consul ; les autres seront choisis par le consistoire général.

44. Les attributions du consistoire général et du directoire continueront d'être régies par les règlements et coutumes des églises de la confession d'Augsbourg, dans toutes les choses auxquelles il n'a point été formellement dérogé par les lois de la république et par les présents articles.

QUESTIONS

CONCERNANT LES CULTES

JUGÉES PAR LA COUR DE CASSATION

sur les Conclusions de M. le Procureur-général Dupin.

QUESTION. L'art. 5 de la Charte constitutionnelle, en proclamant que chacun exerce son culte avec une égale liberté, a-t-il abrogé l'art. 291 du Code pénal, qui déclare que toute réunion de plus de 20 personnes qui s'assemblent à un jour fixe, dans un but religieux, doit obtenir au préalable l'autorisation du Gouvernement? — Non.

Arrêt du 18 septembre 1830. — Recueil des réquisitoires, tome 2, page 12.

QUESTION. Depuis la Charte de 1830, les ministres du culte peuvent-ils être poursuivis directement sans qu'il soit besoin d'autorisation préalable du Conseil-d'État, pour les crimes et délits commis par eux dans l'exercice des actes de leur ministère? — Oui.

Arrêt du 23 juin 1831. — Recueil des réquisitoires, tome 2, page 19.

QUESTION. L'art. 358 du Code pénal, qui punit de 6 jours à 2 mois d'emprisonnement et d'une amende de 16 à 50 fr., ceux qui, sans l'autorisation préalable de l'officier public, auront fait inhumer un individu décédé, ne s'applique qu'à ceux qui ont quelque intérêt à l'inhumation et non aux ministres du culte, qui ne font que lever les corps et les accompagner hors des églises et des temples.

Arrêt du 27 janvier 1832. — Recueil des réquisitoires, tome 2, page 25.

QUESTION. Les curés ou vicaires de paroisse qui tiennent une école où le latin est enseigné avec une rétribution payée volontairement par quelques élèves seulement, sont-ils dispensés de l'autorisation de l'Université, sous le prétexte que les élèves sont des enfants de chœur, et que la rétribution ne sert qu'aux dépenses faites pour l'école par la fabrique? — Non.

Arrêt du 18 décembre 1833. — Recueil des réquisitoires, tome 2, page 27.

Question. Les curés et vicaires des paroisses qui tiennent des écoles de manécanteries peuvent-ils être dispensés de l'autorisation sous prétexte que l'enseignement élémentaire qu'y reçoivent les enfants de chœur est restreint? — Non.

Arrêt du 15 décembre 1834. — Recueil des réquisitoires, tome 2, page 35.

Question. L'association saint-simonienne peut-elle être considérée comme constituant un culte, et les ministres de ce culte peuvent-ils s'autoriser de cette qualité pour se dispenser du service de la garde nationale? — Non.

— Les ministres des cultes reconnus par l'autorité publique, peuvent-ils seuls invoquer le bénéfice de l'art. 12 de la loi du 22 mars 1831, sur la garde nationale? — Oui.

Arrêt du 23 décembre 1831. — Recueil des réquisitoires, tome 2, page 317.

Question. En principe, l'art. 294 du Code pénal est-il inconciliable avec l'art. 5 de la Charte de 1830, qui consacre la liberté des cultes? — Non.

— Un maire peut-il légalement refuser à un citoyen la permission de réunir dans sa maison ses coréligionnaires, sauf recours à l'autorité supérieure dans le cas où les motifs du refus seraient mal fondés? — Oui.

— La contravention à ce refus doit-elle être jugée par les Tribunaux correctionnels à l'exclusion des Cours d'assises? — Oui.

Arrêt du 20 mai 1836. — Recueil des réquisitoires, tome 2, page 480.

Question. N'est-ce pas dans l'intérêt unique du maintien des doctrines religieuses et de la pureté du dogme, sans qu'on puisse rien en induire en ce qui touche la propriété littéraire, que le décret du 7 germinal an XIII a requis la permission des évêques pour l'impression et la réimpression des livres d'église? — Oui.

Arrêt du 26 avril 1836. — Recueil des réquisitoires, tome 2, page 495.

QUESTION. Du mariage des prêtres qui déclarent renoncer à la prêtrise et se séparer de l'Église romaine.

Arrêt du 21 février 1833. — Recueil des réquisitoires, tome 3, page 47.

QUESTION. — Affaire dite des protestants de Montargis. — Liberté religieuse. — Réunion non autorisée. — Le fait de la part de citoyens appartenant à un culte reconnu de se réunir pour l'exercice de ce culte, spontanément, sans accord préalable, sous la direction d'un de leurs ministres ou d'un délégué de ce ministre, mais sans autorisation du gouvernement, donne-t-il lieu à l'application de l'art. 291 du Code pénal? Cet article est-il abrogé par l'art. 5 de la Charte de 1830? — Non.

Arrêt du 12 avril 1838. — Recueil des réquisitoires, tome 4, page 509.

QUESTION. — Confrérie des pénitents bleus à Montpellier. — Autorisation d'une association religieuse. — Louage et acquisition pour le culte. — Pouvoir de l'évêque sur les confréries.

Arrêt du 29 mai 1838. — Recueil des réquisitoires, tome 6, page 156.

QUESTION. — L'inhumation dans une propriété particulière, sans autorisation de l'administration municipale, constitue-t-elle une infraction au décret du 23 prairial an XII et à l'art. 471, n° 15, du Code pénal? — Oui.

Arrêt du 14 avril 1838. — Recueil des réquisitoires, tome 5, page 162.

DISCOURS

PRONONCÉS PAR M. DUPIN

A LA CHAMBRE DES DÉPUTÉS,

relativement aux affaires ecclésiastiques et des cultes ;

indication sommaire des questions qui y sont traitées.

Session de 1828.

21 mai. Incident relatif aux Jésuites, soutenu par MM. Dubourg et Alexis de Noailles (ce dernier, membre de la commission ecclésiastique) ; M. Dupin soutient l'opinion qu'il a émise au sein de la commission à la séance du 10 mai.

21 juin. Défense des ordonnances du 16 juin 1828, contre MM. de Sainte-Marie, de Conny et de Montbel. (Ce discours a été réimprimé dans les notes à la suite de l'Eloge de Pasquier, au *Dialogue des Avocats*, édit. de Videcoq, p. 296 et suiv.)

7 juillet. Sur le budget des affaires ecclésiastiques. — Revue du clergé. Archevêque d'Amasie *in partibus* (administrant le siége de Lyon comme vicaire du Saint-Siége).

26 juillet. Sur les appels comme d'abus.

30 juillet. Demi-bourses dans les petits séminaires.

Session de 1829.

10 juin. Budget des affaires ecclésiastiques. Traitements des desservants. Relevé des donations faites au clergé.

26 juin. Sur les aumôniers des régiments.

11 juillet. Appels comme d'abus. Pétition de la commune de Lalonde.

Session de 1831.

19 février. Contre les émeutes du 14. — Plaintes contre la dévastation de l'archevêché et de Saint-Germain-l'Auxerrois. — « *Démolir, c'est voter un impôt.* »

15 octobre. Contre l'amendement de M. Mesnard, tendant à admettre les archevêques, évêques et présidents de consistoires, etc., dans les catégories d'aptitude à la pairie.

31 décembre. Sur la pétition des Trappistes de la Meilleraye.

Session de 1832.

11 février. Contre la proposition d'abroger la loi relative à la célébration des fêtes et dimanches.

15 et 16 février. Budget des cultes. Traitements des évêques créés depuis 1821. Saisie du temporel. Traitement des absents.

Session de 1833.

17 janvier. Sur la question d'éligibilité des ministres du culte aux conseils généraux.

23 février. Dans la discussion de la proposition de M. Aug. Portalis sur le mariage des prêtres qui ont renoncé au sacerdoce.

29 mai. Défense des évêchés contre l'amendement de M. Eschassériaux.

Session de 1834.

1er mars. (Défense de l'évêché de Nevers, par le baron Ch. Dupin à la Chambre des pairs.)

26 avril. A l'appui des pétitions pour le maintien des trente évêchés constitués en vertu de la loi du 4 juillet 1821.

Session de 1842.

18 mai. Dans la discussion du budget des cultes. Rappel des principes sur l'autorisation nécessaire pour la publication des bulles, et incidemment sur la question de liberté d'enseignement.

Session de 1844.

25 janvier. Dans la discussion du paragraphe de l'adresse relatif au projet de loi sur la liberté de l'enseignement.

SUCCESSION CHRONOLOGIQUE

DES PAPES,

DEPUIS SAINT PIERRE JUSQU'A GRÉGOIRE XVI.

CALLISTE II (Gui), des comtes de Bourgogne, mort le
12 décembre 1124
> 1er Concile de Latran (Rome), 9e œcuménique, en 1123. —
> Fin de la querelle des investitures; à l'avenir le prince donnera
> l'investiture aux évêques; elle se donnera par le sceptre et
> non par la crosse et l'anneau.

HONORIUS II (Lambert de Fagnani, des comtes de Bologne en Italie), mort le 14 février 1130
> Guelfes (partisans des papes) et Gibelins (partisans de l'em-
> pereur.) Ces deux factions tenaient du reste autant à des riva-
> lités de familles qu'à des opinions.

INNOCENT II (Grégoire, cardinal), Romain, 24 sept. 1143
= Riv. 1º PIERRE DE LÉON, sous le nom d'Anaclet II,
février 1130 — 7 janvier 1138;
2º GRÉGOIRE, cardinal, se disant Victor IV,
mort en mai 1138.
> 2me Concile de Latran, 10e œcuménique, en 1139.

CÉLESTIN II (Guy de Castel), Toscan, mort le 9 mars 1144
LUCIUS ou LUCE II (Gérard, cardinal), Bolonais,
mort le 13 février 1145
> Arnauld de Brescia, en Italie.

EUGÈNE III (Bernard, abbé), Pisan, mort le 8 juillet. 1153
> Croisade en 1147. — Décret de Gratien, publié en 1152. —
> Compilation fautive, source de beaucoup d'erreurs relevées
> trop tard.

ANASTASE IV (Conrad, évêque de Sabine), Romain,
mort le 2 décembre. 1154
ADRIEN IV (Nicolas Breackspeare), Anglais, mort le
1er septembre. 1159
> Démêlés avec l'empereur Frédéric Barberousse, qui annonce
> l'intention de raffermir en Italie la puissance impériale.

ALEXANDRE III (Roland, cardinal), Siennais, mort le
13 août. 1181
= Riv. 1º OCTAVIEN, cardinal, se disant Victor IV,
septembre 1159 — avril 1164.
2º GUY DE CRÊME, cardinal, se disant Pascal III, avril 1164 — 20 septembre 1168.
3º JEAN, abbé de Sturm, se disant CAL-
LISTE III, septembre 1168 — 29 août 1178.
4º LANDO SITINO, de la maison de Frangi-
pane, se disant Innocent III, du 29 septembre 1178 — 1180.

> Thomas Becket de Cantorbéry. — 3me Concile de Latran,
> 11e œcuménique, 1179.

GRÉGOIRE X (Théalde ou Thibaut Visconti), de Plaisance, mort le 10 janvier. 1276

2ᵐᵉ Concile de Lyon, 14ᵉ œcuménique, en 1274.

INNOCENT V (Pierre de Tarentaise), du Dauphiné, mort le 22 juin. 1276

ADRIEN V (Ottobon de Fiesque), neveu d'Innocent IV, mort le 18 août. 1276

JEAN XX ou XXI (Pierre Julien), Portugais, mort le 16 mai 1277

NICOLAS III (Jean Gaëtan, de la maison des Ursins), Romain, mort le 22 août 1280

MARTIN IV (Simon de Montpincé), de Brie, mort le 28 mars 1285

Vêpres siciliennes, en 1282.

HONORIUS IV (Jacques Savelli), Romain, mort le 3 avril 1287

NICOLAS IV (Jérôme d'Ascoli), de la Marche d'Ancône, mort le 4 avril. 1292

CÉLESTIN V (Pierre de Meuron), de la Pouille, abdique le 13 décembre. 1294

BONIFACE VIII (Benoît Cajetani), d'Agnani, mort le 11 octobre 1303

Célèbres démêlés avec le roi Philippe-le-Bel. — Tout le peuple de France prend parti pour le Roi, afin d'assurer l'indépendance de la Couronne contre les téméraires entreprises du Pape. — Collection des Décrétales sous le nom de *Sexte*.

BENOÎT XI (Nicolas Boccasini), de Trévise, mort le 6 juillet. 1304

CLÉMENT V (Bertrand de Goth), du diocèse de Bordeaux, mort le 20 avril 1314

Le Saint-Siége transféré à Avignon. — Condamnation des Templiers. — Concile de Vienne, 15ᵉ œcuménique, en 1311.

JEAN XXII (Jacques d'Euse), de Cahors, mort le 4 décembre. 1334

= *Riv.* PIERRE RAINALLUCI, de Corbario, dans l'Abruzze, 12 mai 1328 — 25 août 1330.

Pierre de Cugnières, avocat du Roi sous Philippe de Valois, soutient les droits du pouvoir civil contre les prétentions des Papes. — Origine des Appels comme d'abus.

BENOÎT XII (Jacques Fournier), de Saverdun, comté de Foix, mort le 25 avril. 1342

> L'empereur Charles IV reconnaît formellement l'indépendance de la Puissance temporelle des Papes en 1355. Jusque-là les Empereurs avaient toujours soutenu que le Pape était vassal de l'Empire. (*Essai*, t. 1, p. 247.)

> A sa mort, en 1378, schisme d'Avignon ou d'Occident. Il y eut alors deux Papes : l'un à Rome, l'autre à Avignon.

> La France, n'ayant pu apaiser le conflit entre les deux Papes, se soustrait à l'obédience de l'un et de l'autre et en profite pour réformer quelques abus.

> Concile de Pise en 1409. Il destitue Grégoire XII et Benoît XIII et élit Alexandre V.

> Concile de Constance, du 5 novembre 1414 au 22 avril 1418, 16e œcuménique. Les principaux décrets de ce célèbre Concile sont rapportés ci-devant.

Martin V (Othon Colonne), Romain, mort le 21 février. 1431

= Riv. Gilles Mugnos ou de Munion, Aragonais, se disant Clément VIII. 7 septembre 1424 — 26 juillet 1429.

Eugène IV (Gabriel Gondolmero), Vénitien, mort le 23 février. 1447

> Concile de Bâle, du 23 juillet 1431 jusqu'en mai 1443, 17e œcuménique. — Concile de Florence, du 26 février 1439 au 26 avril 1442, 18e œcuménique. On y traite sans succès de la réconciliation des Grecs. — Pragmatique-sanction de Charles VII, en 1439, dans l'assemblée de Bourges; règle les affaires de l'Église de France.

= Riv. Amédée VIII, duc de Savoie, se disant Félix V, 5 novembre 1439 — 9 avril 1449.

Nicolas V (Thomas de Sarzane), d'une bourgade près de Luni, mort le 24 mars 1455

> Fin du schisme d'Occident en 1449. — Prise de Constantinople par les Turcs, 1453.

Callixte III (Alphonse de Borgia), Espagnol, mort le 6 août. 1458

Pie II (Énée Piccolomini) de Corsini, près Sienne, mort le 14 août. 1464

> Bulle Execrabilis. — Abrogation de la Pragmatique sous Louis XI, en vue des promesses restées illusoires que le Pape lui fit au sujet du royaume de Naples.

Paul II (Pierre Barbo), Vénitien, mort le 25 juillet. 1471

Sixte IV (François d'Albescola de la Rovère) de Celles, près Savone, mort le 13 juillet. 1484

Innocent VIII (Jean-Baptiste Cibo de Melfe), Génois, mort le 25 juillet. 1492

Alexandre VI (Roderic Lenzuoli Borgia), neveu de Calliste III, mort le 17 août. 1503

Pie III (François Todeschini-Piccolomini), neveu de Pie II, mort en octobre. 1503

Jules II (Julien de la Rovère), neveu de Sixte IV, mort le 21 février 1513

> Ligue de Cambrai. — Louis XII excommunié. — 5e Concile de Latran, 19e œcuménique.

Léon X (Jean de Médicis), Florentin, mort le 1er décembre. 1521

> Excommunication de Luther. — Concordat avec François Ier, en 1516.

ADRIEN VI (Adrien Florent van Trusen), Hollandais, mort le 14 ou 24 septembre. 1523

CLÉMENT VII (Jules de Médicis), cousin germain de Léon X, mort le 25 septembre. 1534

Ligue sainte contre Charles-Quint. — Excommunication d'Henri VIII d'Angleterre.

PAUL III (Alexandre Farnèse), Romain, mort le 10 novembre. 1549

Approuve l'Institut des Jésuites fondé par Ignace de Loyola. — Bulle *In cœna Domini*, remet en vigueur toutes les préten-tions relatives à la toute-puissance du Saint-Siége, au préju-dice des droits des Églises particulières et des Souverains. — Concile de Trente de 1545 au 4 décembre 1563, 20e et dernier œcuménique.

JULES III (Jean-Marie Giocchi del Monte-Sansorino), Romain, mort le 25 mars. 1555

Excommunication du roi de France, Henri II.

MARCEL II (Marcel Cervin de Montepulciano), de Fano, État Ecclésiastique, mort le 30 avril. 1555

PAUL IV (Jean-Pierre Caraffa), Napolitain, mort le 18 août. 1559

Excommunication d'Élisabeth, reine d'Angleterre.

PIE IV (Jean-Ange de Médicis), Milanais, mort le 9 décembre. 1565

PIE V (Michel Ghisleri), de Boschi, près Alexan-drie de la Paille, mort le 1er mai. 1572

Ce pape renouvelle la Bulle *In cœna Domini*.

GRÉGOIRE XIII (Hugues Buoncompagno), Bolonais, mort le 10 avril. 1585

Massacre de la Saint-Barthélemi, 24 août 1572.—La Ligue.

SIXTE V (Félix Peretti), de la marche d'Ancône, mort le 24 août. 1590

Anathème contre Henri IV, roi de Navarre. — Henri III, roi de France, assassiné par Jacques Clément.

URBAIN VII (Jean-Baptiste Castagna), de famille génoise, mort le 27 septembre. 1590

GRÉGOIRE XIV (Nicolas Sfondrato), de Crémone, mort le 15 octobre. 1591

Il excommunie Henri IV, roi de France.

INNOCENT IX (Jean-Antoine Facchinetti), Bolo-nais, mort le 30 décembre. 1591

CLÉMENT VIII (Hippolyte Aldobrandini), Florentin,
mort le 3 mars. 1605

    Edit de Nantes, avril 1598. — Abjuration et absolution de
Henri IV. — Traité de Guy Coquille sur les *libertés de l'É-
glise gallicane*, 1594. — P. Pithou les rédige en 83 *articles*,
même année.

LÉON XI (Alexandre-Octavien de Médicis), d'une
branche cadette des ducs de Toscane, mort le 26
avril. 1605

PAUL V (Camille Borghèse), de famille siennaise,
mort le 28 janvier. 1621

GRÉGOIRE XV (Alexandre Ludovisio), Bolonais,
mort le 8 juillet. 1623

URBAIN VIII (Maffeo Barberini), Florentin, mort le
29 juillet. 1644

INNOCENT X (J.-P. Panfili), Romain, mort le 7 janvier. 1655

ALEXANDRE VII (Fabio Chigi), Siennais, mort le 22
mai. 1667

    Doctrine de Jansénius condamnée. — Formulaire de sou-
mission à cette condamnation; résistances; persécutions. —
Créqui, ambassadeur de Louis XIV, insulté à Rome par la
Garde pontificale, qui tue un de ses pages. — Le roi s'empare
d'Avignon et le réunit à la Couronne. — Eclatante réparation
accordée par la cour de Rome.

CLÉMENT IX (Jules Rospigliosi), Toscan, mort le 9
décembre. 1669

CLÉMENT X (Émile-Bonaventure Altieri), Romain,
mort le 22 juillet. 1676

INNOCENT XI (Benoît Odescalchi), de Côme, mort le
12 août. 1689

    Les 4 articles de la déclaration du Clergé de France de 1682.
— Révocation de l'édit de Nantes, 1685.

ALEXANDRE VIII (Pierre Ottoboni), Vénitien, mort
le 31 août. 1691

INNOCENT XII (Antoine Pignatelli), Napolitain, mort
le 27 septembre. 1700

    Refus d'accorder des Bulles aux Prélats partisans de la Dé-
claration.

CLÉMENT XI (Jean-François Albano), d'Urbin, mort
le 19 mars. 1721

    Bulle *Vineam Domini*, en 1705. — Bulle *Unigenitus*, en 1713,

Innocent XIII (Michel-Ange Conti), Romain, mort le 7 mars. 1724

Benoît XIII (Pierre-François Orsini ou des Ursins), Romain, mort le 21 février. 1730

Légende de Grégoire VII, condamnée par arrêt du Parlement du 22 juillet 1729.

Clément XII (Laurent Corsini), Florentin, mort le 6 février. 1740

Benoît XIV (Prosper Lambertini), né à Bologne le 31 mars 1675, élu pape le 17 août 1740, mort le 4 mai. 1758

Excellent jurisconsulte et grand pape.

Clément XIII (Charles Rezzonico), né à Venise le 7 mars 1693, élu pape le 6 juillet 1758, mort en février. 1769

Arrêt du Parlement de Paris, qui, en 1762, supprime les Jésuites; allocution du Pape (6 septembre 1761), où il proteste contre cet arrêt.

Clément XIV (François-Laurent Ganganelli), né dans le diocèse de Rimini, le 31 octobre 1705, élu le 24 septembre 1759 et mort le 22 septembre. . . 1774

Abrogation de la Bulle *In cœna Domini*. — Destruction des Jésuites. — Bulle de 1773.

Pie VI (Jean-Ange Braschi), né à Césène, élu pape le 15 février 1775, mort. 1799

Pie VII (Barnabé Chiaramonti), né à Césène. . . . 1823

Concordat de l'an IX (1801). — Couronnement de l'empereur Napoléon à Paris par le Pape.

10 juin 1809. Bulle d'excommunication contre les sujets de l'empereur Napoléon, affichée dans trois églises de Rome.

Les Jésuites, supprimés à la demande des princes catholiques (en 1773), sont rétablis (en 1814) à la demande d'un prince schismatique grec, l'empereur de Russie.

Concordat avorté de 1817.

Léon XII (Annibal della Genga), mort le 10 février. 1829

Pie VIII (François-Xavier Castiglione), né à Cigoli. mort le. 1830

Grégoire XVI (Mauro Capellari), de Bellune. . . .

SUITE CHRONOLOGIQUE
DES ROIS DE FRANCE.

BIBLIOTHÈQUE CHOISIE

CONTENANT L'INDICATION

DES OUVRAGES LES PLUS UTILES ET LES PLUS ESTIMÉS

SUR L'HISTOIRE ECCLÉSIASTIQUE ET LE DROIT CANONIQUE.

Ignoti nulla cupido.

SECTION PREMIÈRE.
Ecriture sainte.

1. Biblia sacra, Vulgatæ editionis. Coloniæ Agrippinæ, 1630, 1 vol. petit in-8°, format portatif fort commode. (C'est celle qu'on appelle la Bible des Evêques.) *Ibid.*, 1682.

2. La sainte Bible latine et française traduite par Lemaître de Sacy, avec l'explication des sens littéral et spirituel. Paris, 1682-1700, 32 vol. in-8°. — 1742, 21 vol. in-12. — Le libraire Desoër a aussi publié, en 1819, une traduction de la Bible, par M. Le Gros, en un seul volume compacte in-8°.

3. Dictionnaire abrégé de la Bible, par Chompré. Desaint, 1755, petit in-12.

4. Concordantiæ Bibliorum, ant. Lucas. Coloniæ Agrippinæ, 1684, in-8°. — Avenioni, 1786, 2 vol. in-4°. — Curâ Dutryon, Paris, 1838, in-4°. — Il y a aussi des éditions in-f°.

Cet ouvrage est fort commode pour retrouver tous les passages de l'Ecriture à l'aide d'un seul mot.

SECTION DEUXIÈME.
Histoire et notions préliminaires.

5. Histoire Ecclésiastique (jusqu'en 1414), par l'abbé Fleury, (jusqu'en 1595) continuée par le P. Fabre. Paris, 1691 ou 1722 et années suivantes, 36 vol. in-4°. — La même, ibid. 1724-1758, 40 vol. in-12. — Nîmes, 1778-1780, 25 vol. in-8°. — Caen, 25 vol. in-4. — En achetant

cette histoire, il faut faire attention que la table des matières donnée en 1758 par Rondet y soit jointe ; elle forme
le 37ᵉ volume de l'édition in-4°, et les 37, 38, 39 et 40ᵉ de
l'édition in-12. — Les continuateurs de cette histoire sont
restés fort au-dessous de l'abbé Fleury.

Claude Fleury, né à Paris le 6 décembre 1640, mort le
14 juillet 1723. Son père était avocat ; il suivit la même
carrière, fut reçu avocat au parlement de Paris en 1658
et fréquenta le palais pendant neuf ans. Il fut ensuite pré-
cepteur des princes. C'était un de ces philosophes chrétiens
qui aiment la solitude et qui disent librement ce qu'ils pensent même sur les matières les plus ardues et les plus déli-
cates. Sa vie a été imprimée en tête du xxiᵉ vol. de l'Histoire ecclésiastique continuée par le P. Fabre.

6. Discours (huit) sur l'histoire ecclésiastique, par l'abbé
Fleury, Paris, 1708, 2 vol. in-12, 1724, 1747. — XIIIᵉ
Discours, Paris, 1763, in-12.—Ibid. 1769, in-12.—Nîmes,
1785, in-12.

Ces discours sont imprimés d'ailleurs avec l'Histoire ecclésiastique ; mais à défaut de l'histoire, il faut au moins
avoir les discours. On assure que Bossuet a concouru à leur
rédaction. Ce prélat et Fleury, se rencontrant souvent à la
cour, allaient se promener au labyrinthe de Versailles, où
ils se communiquaient réciproquement leurs vues toujours
grandes et justes. Les discours ont été traduits en latin. —
Camus ajoute ce qui suit : « Parmi les cinq discours ajoutés
aux huit premiers, trois n'ont qu'une relation indirecte avec
l'histoire ecclésiastique ; le quatrième, qui est sur les libertés de l'Eglise gallicane, n'a vraisemblablement pas été
terminé par son auteur. Il n'a jamais paru du vivant de
Fleury ; les copies d'après lesquelles on l'a imprimé ne se
ressemblent pas, et au moins il faut préférer l'édition de
1763 et celles qui l'ont suivie aux éditions qui en avaient
été faites isolément en 1723, 1724, 1733, 1750. » Le cinquième des nouveaux discours n'est pas de Fleury, mais
de Goujet. Voyez Barbier, *Dictionnaire des Anonymes*,
n° 4158.

7. Histoire de l'Église en abrégé depuis le commence-

ment du monde jusqu'à présent, par Louis Ellies Dupin, Paris, 1712, 4 vol. in-12.

8. Essai historique sur la puissance temporelle des Papes; sur l'abus qu'ils ont fait de leur ministère spirituel et sur les guerres qu'ils ont déclarées aux souverains, spécialement à ceux qui avaient la prépondérance en Italie. 3ᵉ édition, Paris, 1811, 2 vol. in-8°.

Il y a une quatrième édition, contenant des additions importantes; cependant plusieurs pièces insérées dans la troisième ne s'y trouvent pas; cinquante exemplaires de cette édition, sortie des presses du gouvernement, ont pu être conservés après la destruction qui en a été faite en 1813. La pièce essentielle de cet ouvrage, composée par M. Daunou sur l'ordre du gouvernement, est l'exposé de la conduite de la cour de Rome depuis 1800, qui se trouve à la fin du tome II. L'auteur, quand il composait ce remarquable ouvrage, avait sous les yeux les archives du Vatican, déposées à Paris et confiées à sa garde. Il en a peu profité. En général, on doit s'étonner que ces précieuses archives n'aient pas été mieux explorées par nos savants et nos lettrés. Ils n'en ont donc pas compris l'importance? Que de secrets pour l'histoire! Que de choses inédites! Quelle occasion manquée, et qui ne se représentera plus!

9. Histoire politique de l'Église, par Vidaillan, avec cette épigraphe : *Nihil Ecclesia nisi fidem possidet.* Paris, 1832, 2 vol. in-8°.

10. Le Clergé de France ou Tableau Historique et Chronologique des archevêques, évêques, etc., par Hugues du Tems, chanoine de l'église métropolitaine de Bordeaux. Paris, 1774-1775, 4 vol. in-8°.

Cet abrégé de la *Gallia christiana* devait avoir douze volumes; les quatre qui ont paru contiennent l'abrégé des quatre premiers vol. de cet ouvrage, et renferment 64 diocèses.

11. Histoire des Archevêchés et Évêchés de l'univers, avec un dictionnaire ou nomenclature, par Commanville. Tours, 1700, in-8°.

12. Histoire du Droit canonique, par Doujat. Paris, 1677, in-12. — A la suite de cette histoire sont deux autres objets importants, savoir : 1° l'Explication des lieux des Conciles ; 2° une Chronologie des Papes, des Conciles, des Hérésies, des Pères et autres auteurs ecclésiastiques.

Doujat, né à Toulouse vers 1608, mort à Paris en 1688, doyen de la faculté de droit de cette ville.

13. Histoire du Droit canonique, par Durand de Maillane. Lyon, 1770, in-12.

Ce volume est joint aux Institutes du même. Ce n'est presque qu'une copie de Doujat. « Le chemin le plus battu est toujours le meilleur, et nous l'avons pris, » dit Maillane. — Il y a à la fin du volume une table chronologique des conciles. — Durand de Maillane, né en 1729 à Saint-Remy, en Provence, mort le 15 août 1814 juge de la cour d'appel d'Aix, a été membre de l'Assemblée constituante.

14. Institutes du Droit canonique, traduites en français (du latin de Lancelot), et adaptées aux usages présents de l'Italie et de l'Église Gallicane par des applications qui mettent le texte dans le plus grand jour, etc., par Durand de Maillane. Lyon, 1770, 10 vol. in-12, y compris l'Histoire du Droit canonique indiquée ci-dessus.

Cet ouvrage m'a paru superficiel ; il n'a pas à beaucoup près la solidité et la perfection que le savant éditeur aurait pu lui donner. — Lancelot est mort à Pérouse en 1591; il avait composé ses Institutes par ordre du pape.

15. Institution au Droit ecclésiastique, par l'abbé Fleury, 1762, 1767, 1771, 2 vol. in-12.

Cet ouvrage, réellement digne de son auteur, parut d'abord de son vivant en 1676 et 1679, 1 vol. in-12, sous le nom de Charles Bonel, docteur en droit canon à Langres. — Fleury le fit imprimer sous son nom en 1687, 2 vol. in-12, en disant dans un avis au lecteur qu'il ne sait si ce M. Bonel a été au monde. Depuis il y eut de nombreuses éditions; dans les dernières, qui sont de 1762, 1767 et 1771, on a ajouté des notes de Boucher d'Argis. — Cet ouvrage estimable a été mis à l'*index* par la Congrégation du Saint-Office à Rome, sans que cela ait altéré en rien l'estime dont il a toujours joui en France.

16. Manuel du Droit ecclésiastique de toutes les confessions chrétiennes, par Ferdinand Walter; traduit de l'allemand, avec coopération de l'auteur, par A. de Roquemont, docteur en droit. 1840, 1 vol. gr. in-8°.

Cet ouvrage est fort savant et rempli de faits.

17. Traité de l'administration du culte catholique, principes et règles d'administration, extraits des lois, décrets, ordonnances royales, des avis du Conseil d'État et du comité attaché au ministère des cultes, des arrêtés, circulaires et décisions ministérielles, par M. de Vuillefroy, maître des requêtes au Conseil d'État. Paris, 1842, in-8°.

Dans son introduction, l'auteur traite de la *situation du culte catholique dans l'État*. Le reste de l'ouvrage comprend les principales matières rangées par *ordre alphabétique*. C'est un ouvrage essentiel pour la pratique des affaires.

SECTION TROISIÈME.

Conciles. Décrétales. Corps du Droit canonique.

18. Traité de l'étude des Conciles et de leurs collections, avec un catalogue des principaux auteurs qui en ont traité et des éclaircissements sur les ouvrages qui concernent cette matière et sur le choix de leurs éditions. Paris, 1724, in-4°. Leipsig, 1726.

L'auteur est Fr. Salmon, docteur et bibliothécaire de Sorbonne, mort en 1736. L'ouvrage est utile pour connaître les collections des conciles, leurs défauts, et ce qu'il faudrait y ajouter. Cependant on y peut relever des fautes assez graves.

19. Histoire des Conciles généraux depuis les Apôtres jusqu'au Concile de Trente, avec des dissertations par rapport aux mœurs de l'Église gallicane et du royaume, par le P. Félix Buy, carme. Paris, 1699, 2 vol. in-12.

20. Corpus juris canonici ex editione et cum notis Petr. et Franc. Pithæorum, curâ Fr. Desmarès. Parisiis, 1687, 2 vol. in-fol. — Lipsiæ, 1695, 1705. — Augustæ Taurinorum, 1746, 2 vol. in-fol. — Entre ces éditions, la première est la plus belle et la plus correcte.

P. Pithou, né à Troyes en Champagne en 1539, mort à Nogent-sur-Seine en 1596. — F. Pithou, son frère puîné, né à Troyes en 1543, où il mourut en 1621.

SECTION QUATRIÈME.

Libertés de l'Église gallicane. — Pouvoir du prince relativement à la discipline ecclésiastique. — Edits et ordonnances de nos rois sur les matières ecclésiastiques.

21. Traité des Libertés de l'Église gallicane, par Guy Coquille.

Ce traité, composé en 1594, la même année où parurent les Articles de P. Pithou, en contient les développements. — L'auteur avait prêté son manuscrit, et il tomba dans des mains infidèles dont on eut peine à le retirer. Imprimé in-4° avec d'autres opuscules de Guy Coquille, il se trouve aussi dans le recueil in-fol. de ses œuvres.

22. Les Libertés de l'Église gallicane. Paris, Mamert Patisson, 1594, 27 feuillets in-8°.

Ce sont simplement les articles de P. Pithou en texte.

Nouvelle édition, avec un commentaire sur chaque article, par M. Dupin. 1824, 1 vol. in-12. — 2e édition, 1826, in-32. — 3e édition; c'est celle que nous publions en tête de ce volume.

23. Traité des Droits et Libertés de l'Église gallicane, (par Brunet) 1731. Sans nom d'auteur ni d'imprimeur. 2 vol. in-f°.

24. Preuves des Libertés de l'Église gallicane, 3ᵉ édition. 1731, sur l'imprimé à *Paris, Sébastien et Gabriel Cromoisy;* 1651, avec privilége de S. M.; in-fol. en 2 parties.

25. Commentaire de Dupuy sur le Traité des Libertés de l'Église gallicane de P. Pithou. Nouvelle édition, (par Lenglet du Fresnoy.) Paris, 1715, 2 vol. in-4°. — L'édition originale est de Paris, 1652, in-4°.

P. Dupuy était né à Agen, le 27 novembre 1582; il est mort le 14 décembre 1651. Outre le commentaire et trois traités sur les interdits ecclésiastiques, sur les informations de vie et mœurs des nommés aux évêchés par le roi, et sur l'histoire de la pragmatique et du concordat, ouvrages de Dupuy, les deux volumes sus-indiqués renferment trois ouvrages de l'abbé Lenglet : 1° une Préface historique sur la manière d'étudier le droit canonique par rapport aux usages de France ; 2° un Catalogue des principaux canonistes avec des remarques sur les qualités de leurs écrits et leurs éditions ; 3° un Recueil de pragmatiques sanctions, concordats, indults, édits et déclarations sur la discipline et la juridiction ecclésiastiques. L'abbé Lenglet a ajouté quelques notes au commentaire de Dupuy.

26. Les Libertés de l'Église gallicane prouvées et commentées suivant l'ordre des articles dressés par P. Pithou, et sur les recueils de P. Dupuy, par Durand de Maillane, avocat. Lyon, 1771, 5 vol. in-4°.

C'est l'édition la plus complète et la plus commode pour les recherches. Maillane a fait un choix des principales preuves qu'il rapporte sous chaque article, et renvoie pour les pièces plus étendues au recueil de Dupuy.

27. Essai historique sur les Libertés de l'Église gallicane et des autres Églises de la Catholicité, par M. Grégoire, ancien évêque de Blois, 1818, in-8°.

Il contient sur le sort des libertés des Eglises en Europe d'immenses recherches et les anecdotes les plus curieuses.

28. Histoire critique de l'Assemblée générale du Clergé de France en 1682, et de la déclaration des quatre articles qui y furent adoptés, par M. Tabaraud. — Paris, 1826, in-8°.

Tabaraud, prêtre ci-devant de l'Oratoire, a montré un zèle très-vif contre le concordat de 1801. C'était un gallican du temps de la pragmatique ! Il était né à Limoges en 1744, et y mourut le 9 janvier 1831.

29. Traité de l'autorité ecclésiastique et de la puissance temporelle conformément à la déclaration du clergé de France en 1682, etc., par Louis Ellies Dupin, 1707, in-8°. — Nouvelle édition, par l'abbé Dinouart (chanoine de St-Benoît). Paris, 1762, 3 vol. in-12.

J'ai donné l'analyse de cet excellent ouvrage, ci-devant. Louis Ellies Dupin, savant docteur de Sorbonne, né le 17 juin 1657, mourut à Paris le 6 juin 1749. Il était ami d'Arnauld, Bossuet, Rollin, Racine. L'Eglise gallicane lui est redevable d'un grand nombre de bons ou vrages. Voyez l'*Introduction.*

30. Traité de l'autorité des Rois touchant l'administration de l'Église, par Le Vayer de Boutigni. *Londres* (Paris), 1753. 2 vol. in-12 en un seul tome.

Cet ouvrage a été aussi attribué à Omer Talon, et imprimé sous son nom, en 1700 ou 1707, sous ce titre : *Traité de l'autorité des rois dans l'administration de l'Eglise,* 1 vol. petit in-12. — C'est l'un des meilleurs livres qu'on ait publiés sur cette matière, dit l'auteur de l'*Essai de la puissance temporelle des papes,* t. 1er, p. 340.

31. Traité de la puissance et autorité des Rois et de par qui doivent être commandés les Diètes ou Conciles solennels de l'Église ; les États convoqués ; en quel lieu et degré doivent être assis les rois, les gens d'Église, les nobles et le menu peuple. Fait en latin par Claude Gousle, prévôt de Sens, mis en français. Paris, 1564, in-8°.

32. Traité des Appellations comme d'abus, par Edmond Richer. Paris, 1764. 2 vol. in-12.

On trouvera l'analyse de cet excellent traité ci-dessus. Nous indiquons ici ce traité parce qu'il est dogmatique, et porte plutôt sur le fond même des appels comme d'a-bus que sur les applications de ce droit. Sous ce dernier point de vue, on a l'ouvrage de Fevret, indiqué ci-après n° 44.

33. Table chronologique des lois ecclésiastiques à la suite de l'Institution de Fleury, tome II, pages 259-317. Le der-nier acte cité est du 6 juillet 1766. — V. n° 45.

34. Recueil des Règlements sur les matières ecclésias-tiques, par Camus. Paris, 1788, in-32.

La première partie contient les Pragmatiques de saint Louis et de Charles VII, le concordat entre François Ier et Léon X, l'édit de Melun de 1580 et l'édit de décembre 1606, la déclaration de 1682. — Les autres parties contien-nent divers règlements tels que l'édit de 1695 sur la juri-diction ecclésiastique, celui de 1749 sur les acquisitions des gens de main-morte, les ordonnances sur les *bap-témes*, les *mariages*, les *inhumations*, etc., etc.

35. Projet de Code ecclésiastique ou Recueil des lois, ar-rêtés du gouvernement, décrets, avis du Conseil d'État ap-prouvés et ordonnances relatifs à l'administration des cultes; par M. Reverchon, auditeur au Conseil d'État. Paris, 1842. 1 vol. in-8°.

C'est un code véritable, puisqu'il ne contient que des *textes de lois* classés par *ordre de matières*.

36. Circulaires, instructions et autres actes relatifs aux affaires ecclésiastiques et aux affaires des cultes non catho-liques depuis le mois d'août 1830 jusqu'au premier juillet 1840, imprimé par ordre du ministre des cultes. Imprimerie royale, 1841. 1 vol. in-8°.

SECTION CINQUIÈME.

Actes, Titres, Mémoires du Clergé de France et Procès-Verbaux de ses Assemblées.

Cette importante collection est très-volumineuse, fort chère, et devient de plus en plus rare; elle n'est guère de nature à entrer dans les bibliothèques particulières des curés et des jurisconsultes, qui n'étudient le droit ecclésiastique que d'une manière accessoire. Mais il faut savoir qu'elle existe, pour y recourir au besoin.

SECTION SIXIÈME.

Auteurs généraux sur le Droit ecclésiastique.

37. Les Lois ecclésiastiques tirées des seuls Livres saints. Paris, Desaint, 1753. 1 vol. in-12 de 170 pages.

Cet ouvrage, dû à Fromageot, avocat au parlement de Dijon, n'est que le commencement de l'exécution d'un plan beaucoup plus considérable que l'auteur avait conçu, de faire voir les fondements de la discipline de l'Eglise dans ses lois primitives, en opposant leur simplicité à la multiplicité des statuts rendus nécessaires par le malheur des temps. — La mort de Fromageot, en 1753, interrompit ce plan, dont la première partie peut faire juger favorablement.

38. Jus ecclesiasticum universum, auctore Zeg. Bern. Van Espen. Lovanii (Parisiis), 1753, 4 vol. in-fol.

39. Supplementum ad varias collectiones operum clari viri Van Espen. Coloniæ Agrippinæ, apud viduam F. W. Metternich. 1777, in-fol.

. Cet ouvrage contient une vie fort étendue de Van Espen, ses réponses, ses lettres, ses différents opuscules, et à la fin la collection de tous les mémoires imprimés à l'occasion des persécutions éprouvées par Van Espen. Ces derniers mémoires sont en français; ils occupent depuis la page

: 92 jusqu'à la page 748. Le volume se termine par une apologie de Van Espen à l'occasion de sa fuite ; en effet, ce vénérable docteur ayant refusé de souscrire la bulle *Unigenitus*, la persécution le força de fuir à l'âge de 82 ans, dans un pays hospitalier. Il trouva à Amersfort un asile et un tombeau. (Grégoire, Libertés de l'Église, p. 274.)

40. Lois Ecclésiastiques de France, par de Héricourt. Paris, 1756-1771, in-fol.

Louis de Héricourt (il signait ainsi), savant jurisconsulte et le plus célèbre des canonistes français, né à Soissons en 1687, est mort le 18 octobre 1752. Il était de la congrégation de l'Oratoire. La dernière édition de ses *Lois ecclésiastiques* a été donnée par Pinaut (Pierre Olivier), avocat au parlement, reçu en 1736. Elle est préférable, tant à cause des notes dont elle est enrichie qu'à cause d'une table des matières très-ample et fort commode.

41. Les Définitions du Droit canonique, par Desmaisons, avec des notes par Pérard Castel et des remarques par Noyer. Paris, 1700, in-fol.

Cartel mourut en 1687. — Cette édition est la seule recherchée, parce que les remarques sur les définitions sont plus estimées que les définitions elles-mêmes. La première édition sans notes, est de 1668, in-4°, chez Charles de Sercy. — Une autre, chez le même libraire, en 3 petits volumes in-4°, est datée de 1674. Je ne sais pourquoi Gohart attribue cet ouvrage à de Selve.

42. Recueil de Jurisprudence canonique et bénéficiale, par Guy du Roussaud de La Combe. Paris, 1748, 1755, 1771. 1 vol. in-fol.

Lacombe, avocat au parlement de Paris, y est mort en 1749, pendant l'impression de son livre. Mey et Piales revirent les feuilles de l'édition de 1755, mais voici comment s'exprime à ce sujet Mey, dans une consultation qu'il a distribuée en 1765, pour l'abbé Roguier, nommé à la cure de Saint-Sulpice. « (Les conseils du sieur Dulau, curé de Saint-Sulpice) ont affecté de remarquer qu'un canoniste récent a revu le Recueil de la jurisprudence canonique ;

ils ont cru le mettre en contradiction avec lui-même ; il pourrait répondre qu'il n'a pas été chargé seul de ce travail..., mais il ne se fera jamais aucune peine d'avouer que beaucoup de fautes ont échappé aux éditeurs, dont le travail n'a pu être fait qu'avec beaucoup de précipitation. » (Troisième consultation pour le sieur Roguier, p. 68.) Aucune de ces fautes n'a été corrigée dans l'édition de 1771, à l'exception de quelques lois nouvelles ajoutées à la fin.

43. Dictionnaire de droit canonique, par Durand de Maillane. Lyon, 1770. 4 vol. in-4°. — Ibid., 1776. 5 vol. in-4°. — 1786. 6 vol. in-8°.

Ce dictionnaire contient plusieurs pièces qu'il est commode de trouver rassemblées : c'est d'ailleurs une table des Mémoires du clergé, des Traités de Piales et quelques autres ouvrages modernes.

44. Traité de l'Abus, par Fevret. Lyon, 1736. 2 vol. in-fol. presque toujours reliés en un.

Cette édition contient trois espèces de notes : 1° des notes anonymes, insérées dans quelques-unes des éditions précédentes ; 2° des notes de Brunet, avocat ; 3° des notes de Gibert, imprimées à la suite du Traité. On a joint à l'ouvrage de Fevret un Traité que Haute-Serre entreprit par ordre du clergé en 1670 et intitulé : *Ecclesiasticæ jurisdictionis vindiciæ, adversus C. Fevretti et aliorum Tractatus de abusu*. — Charles Fevret, né à Semur en 1583, mort à Dijon en 1661. — L'édition de 1778 reproduit celle de 1736. Le Traité de Haute-Serre a été imprimé à part, en 1703, in-4°.

45. Des Abus en matière ecclésiastique, où des causes, de l'origine et de l'utilité des appels comme d'abus ; par M. Boyard, ancien député, conseiller à la cour royale d'Orléans. 2e édition. 1844, in-8°.

46. Traité du gouvernement des paroisses, où l'on examine tout ce qui les concerne dans leurs rapports avec les lois et règlements d'administration publique, par M. Carré. Rennes, 1824, in-8° avec suppl.

47. Traité des Réparations et Reconstruction des églises et autres bâtiments dépendant des bénéfices, avec un Recueil complet des règlements concernant les économats, par Piales. Paris, 1762. 4 vol. in-12.

J.-J. Piales, de la ville du Mur-de-Barrez (et non de Rhodez), reçu avocat au parlement le 4 décembre 1747, est mort le 4 août 1785. Il avait fait d'excellentes études avec l'abbé Mey, sur le droit canonique. L'abbé s'attacha davantage aux grandes questions de droit public, de juridiction, etc. Piales se livra tout entier à la pratique bénéficiale, et je crois qu'il n'y a pas de jurisconsulte qui ait dicté plus de consultations; dicté est le mot propre, Piales ayant presque complétement perdu la vue dès 1762. — Il fut extrêment recommandable par sa piété, sa modestie, sa frugalité et sa bienfaisance.

48. Législation complète des Églises, présentant dans l'ordre alphabétique un traité particulier de chaque matière sur le temporel des Églises, par Lebesnier. Rouen, 1824, in-8°.

SECTION SEPTIÈME.

Auteurs sur la Discipline ecclésiastique et les Dispenses, le Mariage.

49. Ancienne et nouvelle Discipline de l'Église, par le P. Thomassin. Lyon, 1678. Paris, 1725. 3 vol. in-fol. — Le même ouvrage traduit en latin, mais dans un ordre différent, par le même auteur. Paris, 1688. 3 volumes in-fol. Ed. Sguanin, Moguntiæ, 1786-1787. 4 vol. in-4°.

Louis Thomassin, oratorien, né à Aix en 1619, mort en 1695. Son livre ne contient que de l'érudition assez mal digérée; il faut néanmoins l'avoir lu, parce que c'est une bonne collection d'autorités. — Le P. Loriot, oratorien, en donna un abrégé en 1702 in-4°; mais il ne s'attacha, dans cet extrait, qu'à ce qui regarde la morale. — De Héricourt en donna un nouvel abrégé en 1717, in-4°, extrait exact de tout ce qui est dans l'ouvrage de Thomassin, sur la morale, la discipline ou l'histoire ecclésiastique.—Oberhauser a également publié un abrégé intitulé : *Thomassinus abreviatius*, etc., Salzburg, 1777, in-4°.

50. Traité des Dispenses de Mariage, par Duperrai. Paris, 1749, in-12.

Voyez dans le Recueil général de Van Espen (N° 38) un très-bon *Traité des Dispenses*. Il a été traduit en français et publié à *Cologne*, in-16, sans date ni nom d'auteur.

51. Traité sur le Mariage dans ses rapports avec la Religion et les Lois nouvelles de France, par M. Agier. 1800. 2 vol. in-8°.

Agier (Pierre-Jean), né le 28 décembre 1748 à Paris, y mourut, le 28 septembre 1823, président de chambre à la Cour royale de Paris. Jurisconsulte instruit, magistrat grave, assidu, consciencieux, attentif, personne ne savait mieux *écouter à l'audience*.

SECTION HUITIÈME.

Traités particuliers sur la hiérarchie ; ou de l'autorité du Pape, des Évêques, des Prêtres, du Clergé en général, et du gouvernement de l'Église.

52. Traité du gouvernement de l'Église en commun par les Évêques et les Curés (par Guy Drappier), Basle (Rouen), 1707. 2 vol. in-12.

Guy Drappier était curé de Saint-Sauveur de Beauvais, paroisse qu'il gouverna pendant cinquante-neuf ans, et où il mourut le 3 décembre 1716, âgé de quatre-vingt-douze ans.

53. Le Droit des Prêtres dans le Synode ou Concile diocésain, avec un Recueil de Synodes de toutes les Églises du monde qui prouvent que le Synode est un véritable Concile où les Prêtres délibèrent et jugent avec l'Évêque ; par

Maultrot. Sans nom de ville ni d'imprimeur. 1779. 2 vol. in-12.

Maultrot (Gabriel-Nicolas), né à Paris en 1714, mort en ventôse an XI (1803), a travaillé au bel ouvrage intitulé : *Maximes du Droit public français.*

54. Traité de l'origine des Cardinaux, par Guillaume Du Peyrat. Cologne, 1665, 1670. — Il y a une autre édition de Cologne, dans laquelle se trouvent deux Traités du *légat à latere*, par D. de Saflo.

Du Peyrat, mort en 1645, avait été d'abord substitut du procureur-général, ensuite prêtre et trésorier de la Sainte-Chapelle de Paris. — Il a publié une histoire de la Chapelle de nos Rois, 1645, in-fol.

55. L'Institution divine des Curés et leur droit au gouvernement général de l'Église. En France, 1778, 2 volumes in-12.

Cet ouvrage est probablement le même qui a paru en 1784 sous le titre suivant, qui est plus développé :

56. Juridiction ordinaire, immédiate sur les paroisses. — Elle appartient au Curé seul pour toutes les fonctions qui ne sont pas expressément réservées à l'Épiscopat. Le Curé choisit les Vicaires, les Confesseurs, les Prêtres habitués de sa paroisse. L'Évêque ne peut y en envoyer malgré lui que dans les cas de droit, où comme pasteur supérieur il doit réformer la conduite du Curé ou suppléer sa négligence. Les Prêtres n'ont aucun besoin de la permission ou approbation épiscopale pour remplir la place de Vicaire et pour administrer tous les sacrements qui ne sont pas réservés à l'Évêque, autres que celui de Pénitence. Paris, 1784. 1 vol. in-12.

Cet ouvrage est attribué à Maultrot. (V. Biogr. Univers. de Michaud.)

57. Droits des Curés pour commettre leurs Vicaires et les

Confesseurs dans leurs Paroisses, par l'abbé Guéret (docteur de Sorbonne, ancien Vicaire-Général de Rhodez). Paris, 1759, in-12. — Guéret est mort en 1759.

58. Droits des Curés et des Paroisses considérés sous leur double rapport spirituel et temporel. Paris, 1776. 2 parties in-8°. — Paris (Nancy), 1780. 1 vol. in-8°. — Constance, 1791. 3 vol. in-12.

Il a été fait, sous le titre de supplément, etc. in-8°, une critique de cet ouvrage de l'abbé Reymond, alors curé de Saint-Georges de Vienne, depuis évêque de Grenoble, et mort en 1820 évêque de Dijon. — En 1814 ce prélat refusa de faire chanter un *Te Deum* pour le retour de Louis XVIII.

59. Recueil de Consultations canoniques et de Décisions théologiques concernant les Droits et les Prérogatives des Curés. 1 vol. in-12.

Ce recueil contient les deux écrits de Guéret sur les Interdits arbitraires et le droit de commettre les vicaires ; une consultation pour les curés de Cahors ; une consultation donnée par Camus, le 2 août 1773, pour l'archiprêtre de C.... au diocèse de Béziers ; la consultation pour les curés du Mans ; celle pour les curés d'Auxerre (Voyez la 5ᵉ lettre sur la profession d'avocat, t. 1, p. 336).

60. Traité des Curés primitifs, par J.-B. Furgole. Toulouse, 1736, in-4°.

J.-B. Furgole, ancien avocat au Parlement de Toulouse, était né en 1690 à Castelferrus, diocèse de Montauban, et il mourut en 1771. Il a écrit de nombreux ouvrages de droit, plusieurs fois réimprimés, tant séparément qu'en collection. Le *Traité des Curés primitifs* se trouve dans les éditions collectives.

61. Nouveau Code des Curés, contenant : 1° un Traité sommaire de la matière curiale ; 2° un Recueil relatif audit Traité de toutes les autorités, soit édits, déclarations, soit arrêts et règlements concernant les Curés, par Sallé. Paris, 1780. 4 vol. in 12.

Sallé, né à Paris le 4 juin 1712, y mourut le 14 octobr.
1778. Voyez, dans le 4ᵉ vol. du Code des curés, son élog
historique par Forestier, son gendre, avocat au Parlement
Le Code des curés était peu avancé lorsque Sallé mourut,
Forestier l'acheva. Le plan est bon, et le recueil est accompagné de tables fort commodes.

SECTION NEUVIÈME.

Des Excommunications, monitoires et censures.

62. Traité historique des Excommunications, dans lequ.
on expose l'ancienne et la nouvelle discipline de l'Église à
sujet des Excommunications et autres censures. Paris
Estienne, 1715 et 1719. 2 vol. in-12.

Cet ouvrage est de Louis Ellies Dupin. Plus de la moi
tié du 2ᵉ vol. est occupée par un recueil de pièces relative
à la bulle *Unigenitus* et aux appelants. En 1743 on s'avis
de prendre de l'humeur contre ce livre, et un arrêt d
conseil du 8 janvier 1743 le supprima, ordonnant que *tou*
les exemplaires qui pourraient se trouver, seraient mi
au pilon, et condamna la veuve Estienne en 500 livre
d'amende, pour avoir imprimé le 2ᵉ vol. et le recueil de
pièces en contravention aux règlements de la librairie.

63. Traité des Monitoires, contenant leur origine, leur
effets, etc.; par Rouault, curé de Saint-Pair. Paris, 1740
in-12.

64. Usages de l'Église gallicane, concernant les censure:
par Gibert. Paris, 1724, 1750, in-4º.

SECTION DIXIÈME.

Traités particuliers sur différentes matières.

65. Histoire et Progrès des Revenus ecclésiastiques, p
Jérôme Acosta. Bâle, 1706 2 vol. in-8º.

Cette édition est préférable aux précédentes; l'auteu
cherche le singulier encore plus que l'utile, cependant s
livre est plein d'intérêt.

66. Histoire de l'origine des Dîmes, Bénéfices et autres biens temporels de l'Église. Lyon, Anisson, 1689, in-12.

Dans des frontispices, refaits avec la date de Paris, 1694, on a mis le nom de l'auteur Marsollier. Cet auteur s'est beaucoup aidé, dans la composition de cet ouvrage, d'un traité de Fra Paolo Sarpi.

67. L'Avocat des Pauvres, qui fait voir l'obligation qu'ont les Bénéficiers de faire un bon usage des biens de l'Église et d'en assister les pauvres, par M. Thiers. Paris, 1676. in-12.

Thiers, savant bachelier de Sorbonne, naquit à Chartres vers 1636, mourut curé de Vibraie, le 28 février 1706. Il a fait beaucoup d'ouvrages curieux. L'un d'eux est intitulé : *De l'autorité de l'argument négatif.*

68. Dissertations ecclésiastiques sur les principaux autels des Églises, les Jubés et les Clôtures du chœur, par Thiers. Paris, 1688, in-12.

69. Dissertation sur les Porches des Églises, dans laquelle on fait voir les divers usages auxquels ils ont été destinés, que ce sont des lieux saints et dignes de la vénération des fidèles, et qu'il n'est pas permis d'y vendre aucune marchandise, non pas même celles qui peuvent servir à la piété, par Thiers, Orléans, 1679, in-12.

70. Mandement de Mgr l'archevêque de Bordeaux, en 1844, sur *les Cloches.*

71. Histoire des Ordres monastiques, religieux et militaires, par le P. Hélyot. Paris, 1714-1719. 8 vol. in-4°. — Réimprimé en 1721. — Ibid. en 1792. 8 vol. in-4°, fig.

Hippolyte-Pierre Hélyot, religieux de Picpus, mourut en 1716. Son histoire est la plus étendue et la plus complète que nous ayons sur ce sujet. — L'édition de 1714 est la meilleure et la plus recherchée. — Cet ouvrage a été traduit en allemand.

72. Du Jésuitisme ancien et moderne, par M. de Pradt, ancien archevêque de Malines. Paris, 1825, in-8°. Avec

cette épigraphe : « Le genre humain est en marche et le
» Jésuitisme ne le fera pas rétrograder... »

Cet ouvrage, rajeuni par les faits actuels, a peut-être
encore plus d'à-propos aujourd'hui que lorsqu'il parut en
1825.

SECTION ONZIÈME.

Concordat de 1817. Actes et ouvrages y relatifs.

On peut lire sur ce sujet les écrits de MM. Lanjuinais,
Tabaraud, de l'abbé Dillon et de M. Hutteau. — Nous re-
commandons surtout l'ouvrage suivant :

73. Les Quatre Concordats, suivis de considérations sur
le gouvernement de l'Église en général et sur l'Église de
France en particulier depuis 1815, par M. de Pradt. Paris,
1818. 3 vol. in-8°.

C'est assurément le meilleur ouvrage de M. de Pradt ;
on n'a rien dit de mieux sur ce sujet, qu'il connaissait parfaitement.

SECTION DOUZIÈME.

Ouvrages concernant les Protestants.

74. De l'État des Protestants en France depuis le seizième
siècle jusqu'à nos jours, avec des notes et des éclaircissements historiques, par M. Aignan, de l'Académie Française.
Paris, 1818, in-8°. — Voyez l'analyse intéressante qui a
été donnée de cet ouvrage dans plusieurs articles de la
Minerve.

75. Variations des Protestants, par Bossuet. 3 vol. in-12.
— Cet ouvrage aurait besoin d'un *supplément*.

76. Histoire des Édits de Pacification et des moyens que
les prétendus réformés ont employés pour les obtenir, contenant ce qui s'est passé de plus remarquable depuis la

naissance du Calvinisme jusqu'à présent, par M. Boulier, prêtre. Paris, 1682, in-8°.

77. De l'Édit de Nantes exécuté selon les intentions de Henri-le-Grand en ce qui concerne l'établissement d'exercice public de la religion prétendue réformée et selon les ordres qu'il a donnés sur ce sujet trouvés dans les manuscrits de la Bibliothèque du Roi, avec les articles secrets de l'Édit du 17 novembre 1577; par le P. Bernard Meynier, de la compagnie de Jésus.—Voyez aussi les Mémoires de Vauban, de Gilbert de Voisins et de Malesherbes.

Si l'on veut des indications plus étendues, il faut consulter la Bibliothèque choisie ou catalogue des livres d'Histoire ecclésiastique et de Droit canonique à la suite de l'Institution de Fleury, tome II, p. 338-432. — Voyez aussi dans notre édition des Lettres sur la profession d'avocat au tome II; Bibliothèque de Droit, le titre IX : Droit canonique ou ecclésiastique, depuis le N° 2604 jusqu'au N° 3017.

MANIÈRE

DE COMPTER LES JOURS DE CHAQUE MOIS

selon le Calendrier romain.

Le jour des *calendes*, celui des *nones* et celui des *ides*
étaient trois points fixes auxquels se rapportaient tous les
autres jours, qui se comptaient en rétrogradant et en prenant le nom du point vers lequel on avançait. Prenons
pour exemple janvier : le premier jour, comme celui de
tous les autres mois, était nommé le jour des calendes.
Passé ce premier jour, il n'était plus question des calendes
de janvier, qu'on avait commencé à compter au 14 du
mois de décembre précédent; et, comme depuis ce jour
jusqu'au premier janvier il y a dix-neuf jours, ce même
jour, le 14, selon notre manière de compter, était marqué
et nommé chez les Romains de cette manière : XIX cal.
jan., c'est-à-dire le 19 des calendes de janvier. Le jour
suivant, le 15 décembre, selon notre calendrier, étant le
dix-huitième avant celui des calendes de janvier, était
chez les Romains le dix-huitième des calendes de janvier,
XVIII cal. jan., où il faut suppléer *ante calendas*, de
même que dans la manière de compter les jours des nones
et ceux des ides. — Ainsi, à mesure qu'on approchait des
calendes, on diminuait une unité du nombre précédent
jusqu'à la veille qu'on marquait et nommait *pridie calend.
januarias*, jour d'avant les calendes de janvier.

Le jour des calendes étant passé, on nommait les jours
suivants d'un autre point fixe ; savoir : les nones, qui étaient
de quatre jours dans tous les mois excepté mars, mai,
juillet, octobre, qui en avaient six. Ainsi, le second jour
de janvier, selon notre manière, était le 4 des nones de
janvier, IV *nonas januarias* ; ensuite III *nonas januarias*,
c'est-à-dire le 3 avant les nones ; puis *prid. non. jan.*,
c'est-à-dire le jour d'avant les nones de janvier ; et enfin,
le jour même des *nones*, *nonis januariis*.

Le lendemain des nones, on comptait les ides, et il y en

avait huit jours dans tous les mois. La manière de les
compter était la même que celle des calendes et des nones.
Ainsi, le jour d'après les nones est le 8 des ides, VIII
idus jan.; le jour suivant, le 7 des ides, VII *idus. jan.*
De même, les autres jours des ides, en retranchant chaque
jour une unité du nombre précédent jusqu'à la veille des
ides, *pridie idus januarias*, c'est-à-dire le jour d'avant
les ides de janvier. Le jour même des ides, qui suivait, était
le dernier qui portât le nom du mois; car, dès le lendemain, on commençait à compter par les calendes du mois
suivant. — Ainsi, le jour des ides de janvier tombant le 13
de ce mois, selon notre manière de compter, le jour d'a-
près, le 14, selon notre calendrier, était chez les Romains
le 19 des calendes de février, XIX *calend. februarias*, c'est-
à-dire le dix-neuvième jour avant les calendes de février;
parce que, depuis ce jour, il y en avait dix-neuf jusqu'au
premier de février. Le reste du mois se comptait ainsi qu'il
est marqué plus haut pour les calendes de janvier. Observons encore que le lendemain des calendes était quelquefois
désigné par *postridie calendas*, c'est-à-dire le jour d'après
les calendes. Ainsi, dans le mois de janvier, cette dénomination tenait la place du 4 des nones. Il en était de
même du lendemain des nones et de celui des ides.

———

Histoire du Calendrier romain, qui contient son origine et les divers changements qui lui sont arrivés, par
François Blondel. Paris, 1682, in-4°.

CALENDRIER ROMAIN.

Janv. Août. Déc.	Février.	Mars. Mai. Juill. Oct.	Avril. Juin. Sept. Nov.
Kalendæ.	Kalendæ.	Kalendæ.	Kalendæ.
4 Non.	4 Non.	6 Non.	4 Non.
3.	3.	5.	3.
Pridiè Non.	Pridiè non.	4.	Pridiè Non.
Nonis.	Nonis.	3.	Nonis.
8 Idus.	8 Idus.	Pridiè Non.	8 Idus.
7.	7.	Nonis.	7.
6.	6.	8 Idus.	6.
5.	5.	7.	5.
4.	4.	6.	4.
3.	3.	5.	3.
Pridiè Idus.	Pridiè Idus.	4.	Pridiè Idus.
Idibus.	Idibus.	3.	Idibus.
19 Kalend.	16 Kalend.	Pridiè Idus.	18.
18.	15.	Idibus.	17.
17.	14.	17 Kal.	16.
16.	13.	16.	15.
15.	12.	15.	14.
14.	11.	14.	13.
13.	10.	13.	12.
12.	9.	12.	11.
11.	8.	11.	10.
10.	7.	10.	9.
9.	6.	9.	8.
8.	5.	8.	7.
7.	4.	7.	6.
6.	3.	6.	5.
5.	Pridiè Kalend.	5.	4.
4.		4.	3.
3.		3.	Pridiè Kalend.
Pridiè Kalend.		Pridiè Kalend.	

COMPUT ECCLÉSIASTIQUE

1º Pour trouver le nombre d'or, le cycle solaire et l'indiction : à l'année proposée ajoutez respectivement 1, 9, 3 ; divisez les sommes par 19, 28, 15 ; les restes de ces divisions seront les nombres cherchés. Quand il ne reste rien, le nombre d'or est 19, le cycle solaire 28, l'indiction 15.

2º Pour trouver l'épacte, multipliez le nombre d'or par 11 ; ajoutez 20 au produit, divisez la somme par 30 ; du reste de la division, ôtez 1 pour ce siècle et le précédent, 2 entre 1900 et 2000 ; 3 entre 2000 et 2100 ; ce qui reste est l'épacte cherchée ; s'il ne reste rien, l'épacte est *.

3º Pour trouver la lettre dominicale dans tout le dix-neuvième siècle, de l'année donnée ôtez 1800 ; au reste ajoutez 5 et autant d'unités qu'il y a de bissextiles dans ce reste ; divisez la somme par 7 ; le reste indique la lettre dominicale, en appelant G la première, F la deuxième, E la troisième, etc. Si l'année est bissextile, à la lettre ainsi trouvée joignez la précédente.

4º Pour trouver le jour de Pâques, cherchez le premier jour après le 7 mars auquel répond l'épacte ; ce jour sera le premier de la lune pascale, et le premier jour auquel répondra la lettre dominicale après le quatorzième de cette lune sera le jour de Pâques.

5º Lettres du Martyrologe répondantes aux épactes.

I	II	III	IV	V	VI	VII	VIII	IX	X	XI	XII
a	b	c	d	e	f	g	h	j	k	l	m

XIII	XIV	XV	XVI	XVII	XVIII	XIX	XX	XXI
n	p	q	r	s	t	u	v	A

XXII	XXIII	XXIV	XXV	XXVI	XXVII	XXVIII	XXIX	*
B	C	E	F	G	H	M	N	P

6º L'année est bissextile lorsque divisée par 4 il ne reste rien, excepté 1700, 1800, 1900, qui ne sont pas bissextiles, etc...

7º Les Quatre-Temps arrivent la première semaine de Carême, la semaine de la Pentecôte, le mercredi avant Saint Matthieu, la troisième semaine de l'Avent.

APPENDICE

AU

MANUEL

du Droit public Ecclésiastique Français,

contenant :

1o La réfutation des *assertions* contenues dans le *Manifeste catholique* de M. le Comte de Montalembert ;

2o La défense des *articles organiques* du concordat, et autres *questions* accessoires ;

3o Et le discours prononcé le 19 mars 1844.

PAR M. DUPIN,

Docteur en droit, procureur-général près la Cour de Cassation,
député de la Nièvre.

RÉPONSE

A QUELQUES ASSERTIONS

DE

M. LE Cᵀᴱ DE MONTALEMBERT.

La controverse née des attaques dirigées contre l'Université, après avoir été portée le 19 mars 1844 à la Chambre des Députés, n'a pas tardé aussi à s'agiter devant la Chambre des Pairs; M. le comte de Montalembert l'y a introduite à la séance du 16 avril par un discours dont la forme, aussi vive que le fond en est extraordinaire, fera époque dans les réminiscences de la Pairie.

Ce discours, prononcé aux approches de la discussion de la loi sur la *liberté de l'enseignement*, dont il sonne en quelque façon les *premières vêpres*, exalté par les journaux ultra-religieux, fut aussitôt réimprimé et répandu à profusion sous le titre de *Manifeste catholique* [1].

C'est, en effet, le manifeste, sinon d'un parti, au

---

[1] En tête de cette publication et par manière d'*épigraphe*, les éditeurs ont placé l'annonce suivante : « L'administration du *Mémorial catholi-* » *que* et la *Société de Saint-Nicolas* publient concurremment le remar- » quable discours de M. le comte de Montalembert au prix minime de » *cinq centimes*, afin de le répandre à un nombre très-considérable » d'exemplaires. Il est important que les catholiques apprennent à con- » naître la véritable position qui leur est faite par les sophistes univer- » sitaires, et quels sont leurs droits à la liberté garantie par nos institu- » tions. » — Quelques jours après, l'*Univers religieux* annonçait qu'il s'en était déjà débité 70,000 exemplaires.

moins d'un *corps d'opinion ;* M. de Montalembert
en fait l'aveu : « Permettez-moi de vous le dire, Mes-
» sieurs ; il s'est levé parmi nous une génération d'hom-
» mes *que vous ne connaissez pas ;* qu'on les
» nomme *néo-catholiques,* sacristains, ultramon-
» tains, comme on voudra ; le nom n'y fait rien, la
» *chose existe.* » — C'est sans doute ce qu'à la fin de
son discours, et pour dernier trait, M. de Montalembert appelle les *fils des croisés !*

Remarquons d'abord que le titre de *nouveaux catholiques,* que ces jeunes adeptes s'attribuent ou
qu'ils acceptent, contraste singulièrement avec l'objection qu'on leur fait de *renouveler les prétentions
d'un autre âge,* les prétentions qui furent celles de
Grégoire VII et de Boniface VIII ! — A cette objection,
M. de Montalembert répond avec une apparente ingé-
nuité : « Mon Dieu, oui, l'Église de Grégoire XVI est
» la *même* que celle de *saint* Grégoire VII, comme
» celle de saint Grégoire VII était la même que celle de
» saint Grégoire-le-Grand, de saint Basile et de saint
» Hilaire. Ah ! certainement ce serait bien plus com-
» mode s'il en était autrement ! Je comprends que pour
» nos hommes d'État il serait plus commode que l'É-
» glise pût varier dans ses *dogmes,* dans ses *droits,*
» dans ses *prétentions,* dans ses *pratiques,* comme
» les codes et les tribunaux. Il n'y aurait à cela qu'un
» petit inconvénient, c'est que l'Église catholique ne
» serait plus l'Église ; elle ne serait plus qu'une de ces
» sectes religieuses qui se transforment de siècle en
» siècle selon les milieux où elles vivent. »

Démêlons de suite le vrai du faux dans cette argumentation. Non, sans doute, l'Église ne peut pas varier dans ses *dogmes*, dans ce qui constitue la *foi* dont elle est dépositaire et qu'elle est chargée de perpétuer dans toute sa pureté à travers les âges : si elle variait dans ces *dogmes* et dans cette *foi* qui constitue l'essence même de la religion catholique, il y aurait plus qu'un *petit* inconvénient, il y aurait un mal immense, car l'Église catholique cesserait d'être elle-même, et son droit, comme son devoir, est de rester telle que l'a instituée son divin Auteur. Cela, je le dis et je le crois comme M. de Montalembert; et je le dis, non pas comme néo-catholique, mais comme catholique *ancien*, de la race de ces chrétiens orthodoxes qui ne sont ni les fils des croisés ni les fils de Voltaire, mais qui sont de l'école de Fleury, de d'Héricourt et de Domat, grand ami, et je crois, collaborateur de Pascal.

Mais s'il est vrai de dire, avec M. de Montalembert, que l'Église catholique, l'Église du Christ, ne peut pas varier dans ses *dogmes* et dans ses *véritables droits*, peut-on en dire autant des simples *pratiques?* les *prétentions* peuvent-elles être confondues avec les *droits?* et l'Église elle-même, l'Église universelle, ne doit-elle pas être soigneusement distinguée de ceux qui la font parler, et qui, trop souvent, se couvrent de son saint nom pour accréditer leurs idées particulières, et pour donner un libre cours à leurs intérêts ou à leurs passions? —Et d'abord, quant à ce qu'on nomme des *pratiques*, loin qu'elles soient invariables, toute l'histoire ecclésiastique atteste qu'elles ont fréquemment changé. En effet, la discipline, car c'est ainsi qu'on l'appelle, n'est pas chose immuable comme la foi; ce sont deux choses fort différentes, que les canonistes ont toujours eu grand soin de distinguer : — et quant aux *prétentions*, toute l'histoire atteste encore qu'elles ont paru quelquefois si excessives et si outrées qu'on a pu et dû y résister. — Or c'est cette résistance à d'injustes prétentions, résistance mieux entendue et mieux pratiquée en France que dans tous les autres états de la chrétienté, dont les actes répétés avec constance à travers les siècles sans qu'il en soit jamais résulté aucune brèche au principe de l'unité catholique; — c'est cette résistance, soutenue et contenue, qui a fondé et constitué chez nous les *libertés de l'Église gallicane.*

Ces libertés sont inscrites dans les 83 articles dont P. Pithou n'a été que le rédacteur, — dans la déclaration de 1682, qui les résume, — et dans la loi du 18 germinal an X, qui les rappelle et les reproduit.

Mais, à la simple allégation de ces autorités, M. de Montalembert se soulève et se récrie ! « On ne craint pas, dit-il, d'évoquer contre nous les actes de l'*ancien régime !* » — Eh ! pourquoi pas, monsieur le comte, puisque vous nous dites que le régime catholique est toujours le *même*, et que par conséquent il n'a pas cessé d'être *ancien?*

« On évoque des édits de Louis XIV et de Louis XV » comme si c'étaient des autorités sous un *gouverne-* » *ment libre !* » — Eh ! dirai-je, à mon tour, précisément parce que nous sommes sous un gouvernement *libre*, il ne faut laisser perdre aucune de nos *libertés*, anciennes ou modernes.

Mais voici un singulier argument, dans lequel toutefois M. de Montalembert paraît placer une grande confiance, car il le présente comme *décisif :* « Vous invoquez l'autorité de l'ancien régime contre nous; eh bien ! dit-il, rétablissez aussi pour nous l'ancien régime ; rendez-nous ce serment de la royauté au sacre de maintenir la religion catholique et d'*exterminer l'hérésie !* Vous invoquez l'ancien régime; eh bien ! rétablissez tout ce qui, dans l'ancien régime, nous était favorable. Ainsi, l'Ordre du clergé composait une chambre tout entière, la première [1] des États-Généraux, nous avions 80 millions de rentes en biens fonds; des ordres monastiques, des abbayes, des couvents couvraient le sol de la France; il y avait des conseillers d'état d'église et des conseillers-clercs au parlement. »

Non, certainement, monsieur le comte, on ne rétablira pas l'ancien régime. On ne rétablira pas les trois Ordres; le troisième est devenu, non-seulement le premier, mais le seul; il absorbe tout sous le grand nom de peuple français. — On ne rendra pas au clergé 80 millions de rentes en biens fonds [2]; il est payé par le budget de l'Etat, et cela suffit : — on ne couvrira pas de nouveau le sol de la France de moines et de couvents; —

---

[1] C'est sans doute pour mieux marquer cette primauté de l'Ordre du clergé et l'infériorité graduelle des deux autres, que M. de Clermont-Tonnerre, à la fin d'un sermon resté célèbre, terminait par ces mots : « Grand Dieu, reçois en ce jour les *hommages* du clergé, les *respects* de la noblesse, et les *très-humbles supplications* du tiers-état. »

[2] En parlant de 80 millions de rentes *en biens fonds*, M. de Montalembert ne dit pas tout. Les revenus *de toute nature* dont jouissait le clergé en 1789, sont portés à une somme beaucoup plus forte dans un article statistique fort circonstancié donné par M. Moreau de Jonnès, dans la *Revue des Deux-Mondes* du 1er mai 1833, sous le titre d'*Études statistiques sur l'état et les progrès de la société en France.*

le clergé sera honoré comme il mérite de l'être dans l'exercice de ses fonctions ; mais on ne verra plus d'ecclésiastiques dans le conseil d'État, ni de conseillers-clercs dans les tribunaux, ni un banc des évêques dans le parlement, ou la constitution serait donc bien changée ! — Nos rois ne feront plus de serment entre les mains des prêtres dans une cérémonie semi-politique où l'Église leur faisait ses conditions en latin ; ils ne jureront plus *d'exterminer l'hérésie*, c'est-à-dire de faire la guerre à une portion de leurs sujets ; le temps des croisades est passé ! — Mais ils feront serment dans la langue nationale, en présence de Dieu et devant les représentants du peuple français, de gouverner *selon les lois*, et l'une de ces lois, ne l'oubliez pas, celle qui a le plus coûté à conquérir, et que la nation, par cette raison, est moins que jamais disposée à laisser violer, est la *liberté de conscience*, et, pour chaque culte, une *égale protection*.

Mais si l'on ne rend pas de nouveau l'Église catholique *dominante*, si l'on ne promet pas de nouveau *d'exterminer ses adversaires* avec l'aide des jésuites et des dominicains, si on ne lui rend pas ses abbayes, ses fiefs, ses dixmes et tous les *avantages temporels* dont la révolution l'a privée et qu'elle a retranchés comme de graves *abus* ; — on lui a rendu et on lui maintiendra avec honneur et respect tout ce qui est de son essence, de sa liberté propre, sous la seule condition que l'État de son côté, et avec lui les citoyens, conserveront intacts leurs droits et leur liberté, et qu'il sera permis, *comme autrefois*, de se *défendre* contre les *prétentions d'autrefois* dans tous les cas où l'on aura l'imprudence ou l'audace de les renouveler.

C'est donc à tort que M. de Montalembert s'écrie, à propos des libertés de l'Église gallicane : « *Arrière à jamais ces prétendues libertés!* » — (Murmures), porte l'édition de M. de Montalembert ; et c'est bien le moins que la noble Chambre pût faire que de murmurer à ces mots pour tenir lieu d'un rappel à l'ordre bien mérité....

Mais M. de Montalembert ne se borne pas à rejeter loin de lui les libertés de l'Église gallicane par une exclamation de haine et de dédain ; il essaie de saper tout à la fois leur autorité, — celle de la déclaration de 1682, — et la loi de germinal an X, sur laquelle aujourd'hui repose toute l'organisation de l'Église de France, — c'est-à-dire qu'il dénie toute autorité aux lois existantes ; il va même jusqu'à défier les lois à venir, en même temps qu'il attaque le principe de la juridiction du conseil d'État et qu'il conteste l'autorité de la chose jugée : il conteste tout.

Ces attaques, accréditées par le talent de leur auteur, son caractère public et ses *affiliations*..., ont eu trop de gravité et de retentissement pour qu'il ne soit pas devenu nécessaire de réfuter les sophismes sur lesquels on a cru devoir les appuyer.

§ Ier. *Libertés de l'Église gallicane.*

« Les *libertés gallicanes*, dit M. de Montalem-
» bert, n'ont jamais existé sous une forme authentique,
» n'ont jamais eu force de loi ; recueillies par des *légis-
» tes*[1], par des jurisconsultes sans aucune mission, comme

---

[1] M. de Montalembert, dans ses discours, emploie volontiers le mot *légiste* pour désigner dédaigneusement une des classes d'hommes qu'il

» Pithou et Dupuy, elles ont été condamnées par une
» assemblée du clergé de France en 1639, qui les a dé-
» finies *servitutes potiùsquam libertates.* »

Si l'on ne parle que de la forme dans laquelle ces
libertés ont été rédigées en *articles*, il est vrai que
cette rédaction est l'œuvre d'un simple *légiste*, d'un
jurisconsulte, de P. Pithou ; — mais je répondrai avec
le chancelier d'Aguesseau, dont j'oppose l'autorité à
celle de M. de Montalembert : « Quoique ces maximes
» ne soient que l'ouvrage d'un simple particulier, cet
» ouvrage est si estimé et en effet si estimable qu'on l'a
» regardé comme le *palladium* de la France, et qu'il
» a obtenu une sorte d'autorité plus flatteuse pour son
» auteur que celle des lois mêmes, puisqu'elle n'est fon-
» dée que sur le mérite et la profondeur de son ou-
» vrage [1]. » Le président Hénault, dans son *Abrégé
chronologique*, année 1594, atteste également que
« les maximes de Pithou ont en quelque sorte *force de
» loi*, quoiqu'elles n'en aient pas l'authenticité. »

Et la raison en est simple : Pithou n'a rien inventé

---

aime le moins, et que lui et ses amis redoutent certainement le plus.
Au sujet de ces attaques contre les légistes, je rapporterai une remarque
que j'emprunte à l'auteur de *l'Histoire de l'éloquence politique et religieuse en France*, édit. de 1837, p. 70. « De tout temps, dit M. Gerusez,
» les avocats (les gens de robe) ont été en butte aux sarcasmes des gens
» de guerre et d'église. Tous les sermons, depuis saint Bernard jusqu'à
» Menot, ne leur épargnent pas les invectives. Il semble que tous les or-
» dres de l'État voyaient avec effroi *la parole s'élever comme un pouvoir
» rival* à côté des institutions consacrées par le temps. C'est comme un
» secret pressentiment de leur défaite à venir, car la voix du prolétaire
» éloquent devait enfin *détruire l'empire de la force par l'ascendant de
» la parole....* Toujours est-il que *la parole plébéienne* fut l'instrument
» de la ruine de l'ancienne société, et qu'il y avait quelque chose de
» *prophétique* dans la *haine instinctive* du clergé et de la noblesse contre
» le barreau. » — J'ajoute : et contre la magistrature.

[1] D'Aguesseau, t. I, p. 427.

de son chef ; il s'est borné à *formuler* avec concision et à réduire en articles les *maximes* et les *usages* sur lesquels les libertés gallicanes sont fondées. Il le déclare à son début : « Ce que nos pères, dit-il, ont appelé » *libertés de l'Église gallicane*, et dont ils ont été » si fort jaloux, ne sont point passe-droicts ou priviléges » exorbitants, mais plustôt franchises naturelles et in-» génuités ou droicts communs, èsquels nos ancêtres » se sont très-constamment maintenus, et desquels par-» tant n'est besoin montrer autre titre que la retenue et » naturelle jouissance [1]. » — Aussi Pithou avait rattaché à chacun de ses articles un recueil de pièces destinées à leur servir de *preuves :* c'est ce recueil qui a été complété et publié par Dupuy en 2 volumes in-folio l'année 1638, c'est-à-dire quarante-quatre ans après la publication du texte des 83 articles, dont la première édition (en 27 feuillets in-8°) fut dédiée par Pithou à Henri IV en 1594. (Voyez les termes remarquables de cette dédicace dans notre *Introduction*, p. xi et xij.)

Il est vrai que l'édition des *Preuves* publiée par Dupuy en 1638 fut dénoncée l'année suivante dans une circulaire que quelques prélats, alors assemblés à Paris chez le cardinal de La Rochefoucauld, adressèrent aux autres évêques du royaume; cette lettre se trouve rapportée à la fin du troisième volume de la collection des procès-verbaux du clergé (Paris, 1679, in-folio; pièces justificatives, n° 1); mais ce que ne dit pas M. de Montalembert, c'est que le parlement rendit, le 23 mars 1640, un arrêt qui défendit d'imprimer et vendre la

---

[1] *Voyez*, dans le *Manuel*, le commentaire sur les articles 1, 2, 5 et 6 des *Libertés.*

lettre dont il s'agit, et déclara abusives les censures qui auraient pu suivre sa publication ; (cet arrêt est imprimé au commencement du deuxième volume du *Traité des libertés*, édit. de 1731.) En effet, dit un auteur grave, « cette censure était indigne d'évêques français. »

Aussi, bientôt après, une nouvelle édition, plus ample que la première, parut avec un privilége du roi en date du 11 septembre 1651. Ce privilége est conçu en des termes aussi honorables pour l'ouvrage que pour l'auteur. « Voulant, dit Louis XIV, favoriser un ouvrage de
» si grande importance pour le *bien de notre État* et
» pour l'*intérêt de l'Église* de notre royaume, de la-
» quelle nous sommes premier et universel patron et
» protecteur, nous avons ordonné et ordonnons, permis
» et permettons d'imprimer ledit livre intitulé : *Preuves*
» *des libertés* [1]. »

Ce qu'il faut aussi remarquer, c'est que cette édition de 1651 se produisit sous les auspices du premier président Matthieu Molé, alors garde des sceaux, qui en accepta la dédicace dans les termes suivants : « Mon-
» seigneur, disait Dupuy, je vous offre le *commentaire*
» que j'ai fait sur le *Traité des libertés de l'Église*
» *gallicane* de ce grand homme, M. Pithou. Si je con-
» sidère mon affection, je trouve, à la vérité, mon pré-
» sent très-petit ; mais le sujet de mon travail est si
» beau, si noble et si royal, que je ne dois point douter
» qu'il ne soit vu de très-bon œil et reçu avec toute
» sorte d'applaudissements. On ne verra rien dans cet
» écrit qui ne soit constant et indubitable dans l'esprit
» *de tous les Français qui ont un vrai et sincère*

---

[1] Ce privilége est réimprimé dans l'édition de 1731. 3 vol. in-fol°.

» *amour pour leur roi et leur patrie.* Et néan-
» moins, j'apprends avec beaucoup de regret et d'indi-
» gnation qu'*il y a des gens qui font tout ce qu'ils*
» *peuvent pour ruiner ces droits,* qui sont l'un
» des plus solides fondements de l'autorité royale, et
» l'un des plus beaux et plus riches ornements de cette
» couronne. — Croyez-moi, je vous supplie, Monsei-
» gneur, que leurs desseins et leurs efforts ne sont point
» à mépriser. Comme *le bruit extraordinaire de*
» *certains oiseaux* est une marque assurée de la
» pluie prochaine, l'on peut dire aussi que *l'émotion*
» *extraordinaire que ces personnes font paraître*
» est un présage de quelque mouvement à l'encontre
» de cet État...... »

Assurément, je ne pense pas que nous soyons pro-
chainement menacés d'un tel malheur ; mais, en présence des néo-antagonistes des libertés de l'Église gallicane, des adversaires ardents de cette portion de la
constitution du royaume qui couvre et protège nos libertés religieuses et une partie essentielle de nos droits
et de notre indépendance politique, je répète avec Dupuy « que leurs desseins et leurs efforts ne sont point
» à mépriser.»

Je continue donc :

§ II. *Déclaration du clergé de France en* 1682.

Si M. de Montalembert rejette les 83 articles de
P. Pithou, il n'admet pas davantage les 4 articles de la
déclaration du clergé de France de 1682 ; voici comment il se prononce à cet égard : « Quant à la déclara-

» tion du clergé et aux 4 articles de 1682, c'est autre
» chose : ici, je l'avoue, il y a eu proclamation *comme*
» *loi de l'État*, et l'enseignement de ces 4 articles a
» été *prescrit et ordonné par l'État*. Mais ces lois
» n'ont jamais été exécutées, et elles ne pouvaient pas
» l'être par plusieurs raisons. La première, c'est que
» cette déclaration avait *été cassée, annulée et im-*
» *prouvée* par la plus haute autorité que reconnais-
» sent les catholiques, *par le Saint-Siège !...* »

Une loi de l'État, non exécutée et qui ne pouvait pas
l'être, parce qu'elle avait été *cassée et annulée par*
le Saint-Siège ! et une telle énormité a pu être pro-
férée au sein d'une chambre législative, sous la présidence d'un chancelier de France !... — Répondons à
une si étrange assertion.

J'insiste d'abord sur ce que la déclaration de 1682,
non plus que P. Pithou ne l'avait fait, n'a pas inventé,
n'a pas créé des principes nouveaux. Dans ce grand
acte, les évêques de France procèdent par forme de
déclaration de ce qui est, de ce qui *préexistait* à la
Déclaration elle-même. Elle proclame des droits alors
imprudemment contestés ! elle les remet en lumière,
mais ils existeraient indépendamment même de cette
déclaration [1].

Les quatre articles de cette déclaration peuvent se
réduire à deux maximes, que Pithou avait lui-même
présentées comme étant la source d'où découlent toutes
les autres libertés, qui n'en sont effectivement que des
corollaires.

---

[1] Voyez, en tête du *Manuel du droit public ecclésiast.*, l'*Introduction*,
note p. 24. — Bacon, *de Retrospectione legum*, aphor. 51.

PREMIÈRE MAXIME. — L'autorité temporelle, le gouvernement de l'État, quelle que soit sa forme, est indépendant de l'autorité spirituelle; — en ce sens, surtout, que les papes ne peuvent pas s'attribuer le droit de déposer les rois et de délier les citoyens du serment de fidélité, — ni rien ordonner en ce royaume au préjudice des lois et des droits du pays.

DEUXIÈME MAXIME. — L'autorité du saint-siége n'est pas absolue, elle est réglée par les canons; — elle n'est pas infaillible, elle n'est pas irréformable.

Cette seconde proposition, aussi bien que la première, n'est que *déclarative*, car elle est fondée sur l'autorité des décrets du concile œcuménique de Constance. Loin qu'elle constitue une *servitude* pour l'Église gallicane et pour ses prélats, elle est au contraire un des plus solides fondements de leur pouvoir et de leur dignité; autrement, dirai-je avec M. Rossi : « si on » la rejette, que veut-on par là? Veut-on dire que l'é» piscopat français préfère, dans le gouvernement de » l'Église, dans l'ordre spirituel, la monarchie *absolue* » à la monarchie *limitée;* qu'il veut tenir les canons » du concile de Constance pour *non avenus?...* » Les évêques accepteraient cette dépendance absolue, que l'État, que la catholicité française ne l'accepteraient pas. Dans un droit qui est celui de tous, chacun réclamerait et ferait valoir sa part.

Quant à l'autre proposition, elle s'appuie sur la *nature même des choses*, sur le principe essentiel de *l'indépendance des États*, principe sans lequel la souveraineté ne se conçoit plus! Ce principe existerait donc par lui-même indépendamment de toute déclara-

tion du clergé de France sur les limites de l'autorité
ecclésiastique. Peu importerait encore ici que les ministres de la couronne, ceux qui doivent être les premiers défenseurs de ses prérogatives, se méprissent au
point de n'en pas revendiquer tous les droits, ou se re-
lâchassent dans leur sollicitude à les faire valoir; re-
marquons-le bien, en effet, il ne s'agit pas seulement
ici de prérogatives inhérentes à la personne du prince,
comme le droit de nommer à tous les emplois, ou de
ces autres droits qui, attribués à la royauté dans le départ des pouvoirs publics, ont quelquefois passé des
peuples aux rois, ou des rois aux peuples, sans altérer
pour cela l'intégrité du principe de la souveraineté nationale : — Dans l'allégation, l'exercice et la conservation des libertés de l'Église gallicane, il s'agit du droit
de la nation tout entière vis-à-vis d'une puissance étrangère, qui trop souvent a fait servir ses armes spirituelles
au soutien de ses exigences personnelles et de ses intérêts politiques. Ces droits tiennent à la liberté de
tous et de chacun; et, au besoin, si l'on prétendait sérieusement qu'une des lois fondamentales de l'État a pu
être *annulée* par un souverain étranger, et si des ministres quelconques pouvaient jamais *acquiescer* à de
telles doctrines, nous dirions encore comme au temps
de Philippe-le-Bel : « A vous, très-noble prince, roy de
» France, supplie et requiert le peuple de votre royaume,
» *pour ce qu'il lui appartient que ce soit fait,*
» que vous gardiez la *souveraine franchise de vo-*
» *tre royaume....* »

Une seconde raison que M. de Montalembert paraît
indiquer pour infirmer la déclaration de 1682, même au

chef de l'*indépendance des couronnes*, c'est qu'il
regarde la révolution de juillet et l'expulsion de la branche aînée comme si c'était une infraction à l'article Ier
de la déclaration, comme un acte inconciliable avec la
déclaration.

Assurément cette expulsion et cette révolution seraient une infraction au principe exprimé dans la déclaration, si cette expulsion avait eu lieu à la suite d'une
excommunication, comme celle que Pie VII, en 1809,
lança contre Napoléon et le peuple Français ; ou encore,
par l'effet d'une excommunication comme celle que
saint Grégoire VII prononça contre l'empereur Henri ;
— excommunication pour laquelle il a été canonisé à
Rome, — canonisation que, par ce motif, la France a
repoussée par un acte solennel [1]. Car alors évidemment,
l'autorité spirituelle aurait excédé ses pouvoirs ; et c'est
en cela surtout que l'article Ier de la déclaration a pour
but de *limiter* la puissance ecclésiastique.

Mais de ce qu'une force dont l'action est supérieure
à toutes les autres, une force majeure, irrésistible, que
parfois aussi on a nommée divine, *vis divina*, brise, à
certaines époques, les trônes et les dynasties ; de ce
qu'une nation qui exerce une action toute temporelle,
agissant sur elle-même à ses risques et périls, s'avise
quelquefois de changer ses propres lois et de secouer le
joug des gouvernements qui ont abusé de leur pouvoir ;
— de ce que tous ces changements, maintes fois accomplis dans le cours des siècles, deviennent légitimes
et passent aux yeux de l'Église même pour l'œuvre de

---

[1] Arrêt du parlement du 22 juillet 1729, sur les conclusions de Pierre
Gilbert de Voisins, cité dans mon Eloge de Pasquier, p. 240, édit. in-18.

41.

Dieu, *omnis potestas à Deo ;* s'ensuit-il que le pape
puisse être réputé le collègue de la souveraineté du
peuple, et qu'il puisse lancer sur les rois et sur les nations les foudres du Vatican, à l'exemple et par imitation des foudres révolutionnaires? Il est évident que
toute cette argumentation a bien pu servir de cadre pour
blâmer indirectement la révolution de juillet et l'usage
que la nation a fait de sa force temporelle, en ce qui la
concerne ; mais qu'elle n'a pas pour effet de détruire le
principe posé dans la déclaration à l'encontre de la
puissance spirituelle.

Cette déclaration, dit M. de Montalembert, n'a jamais été enseignée. — Je réponds : Elle l'a été ; — elle
a toujours dû l'être ; les lois, les arrêts n'ont pas cessé
de l'exiger. — Les directeurs et professeurs des séminaires et des facultés de théologie n'ont pas cessé de s'y
engager et de le promettre [1] ; s'ils n'avaient pas tenu
leur engagement, ils auraient menti et forfait (ils en
sont incapables) ; — enfin, s'il était vrai que l'épiscopat
actuel eût déserté les maximes contenues dans la déclaration, maximes que l'évêque d'Hermopolis appelle
avec raison les *maximes françaises,* il se sépare-
rait donc de l'Église dont Bossuet fut le plus docte
et le plus imposant organe; car la déclaration de 1682
se termine par ces mots : « Ce sont les *maximes*
» *que nous avons reçues de nos pères* et que
» nous avons arrêté d'envoyer à toutes les églises galli-
» canes et aux évêques que le Saint-Esprit y a établis
» pour les gouverner, afin *que nous disions tous la*
» *même chose,* que nous *soyons tous dans les mê-*

---

[1] Voyez *Manuel du droit public ecclésiast.,* p. 141, 149 et 238.

» *mes sentiments et que nous tenions tous la*
» *même doctrine.* »

§ III. *Articles organiques du concordat. — Loi*
de germinal an X.

M. de Montalembert ne décline pas seulement l'autorité des actes de l'ancienne législation, il repousse également les lois nouvelles. — *La liberté*, pour lui, est apparemment l'absence de toutes lois, c'est-à-dire l'anarchie dans le gouvernement civil comme acheminement à la domination religieuse.

« Quand on a suffisamment invoqué contre nous les
» libertés de l'Église gallicane, dit le noble pair, on en
» vient au *concordat* et aux *articles organiques.*
» Le concordat, tout le monde le respecte..... Quant
» aux articles organiques, c'est autre chose. » — C'est-à-
dire, vraisemblablement, qu'on ne les respecte pas :
eh ! pourquoi donc, s'il vous plaît, monsieur le comte ?
— « C'est, répondez-vous, que l'Église ne les a jamais
» reconnus. (Murmures.) »

Ici la noble chambre a encore murmuré : c'était le cas, en effet ; mais l'orateur n'en a pas moins continué à développer paisiblement la même idée : « Les articles
» organiques, dit-il, sont pour nous (néo-catholiques)
» une violation du concordat ; ils n'ont *jamais été re-*
» *connus par l'Église....* Je sais qu'ils ont été pré-
» sentés en même temps que le concordat au corps lé-
» gislatif, mais ils *n'ont pas été acceptés* en même
» temps par l'autorité qui stipulait avec l'État au nom
» de l'Église. Au contraire, cette autorité-là a *protesté*

» contre ces articles, par l'organe du cardinal Caprara,
» qui était alors chargé des négociations. »

Autant de mots, autant d'erreurs. J'ai vu partout, en
parcourant l'histoire de notre droit public ecclésiastique,
que les actes des papes et les canons mêmes des conciles
n'ont jamais eu de force en France qu'autant qu'ils y
ont été reçus et publiés avec l'assentiment de la puissance publique ; j'ai vu que dans les occasions les plus
solennelles, pour donner cours d'exécution à ces actes,
nos rois en reprenaient la substance dans leurs édits,
afin que les citoyens parussent obéir à leurs lois, et non
aux prescriptions d'un pouvoir étranger ; c'est, notamment, ce que l'ordonnance de Blois a fait en reprodui-
sant les dispositions du concile de Trente relativement
aux mariages [1]. — Mais je n'ai vu nulle part que, pour
être exécutoires en France, les lois françaises eussent
besoin d'être *reconnues* et homologuées par le pape, ni
qu'elles pussent être regardées comme nulles, parce
qu'elles n'auraient *pas été acceptées* par la puissance
spirituelle, ou même parce qu'on aurait *protesté* contre ces lois de l'autre côté des monts ! L'assertion de
M. de Montalembert à cet égard est la négation la plus
audacieuse de notre droit public, c'est une insulte à
notre souveraineté nationale.

D'un autre côté, il n'est pas vrai que la loi du 18 germinal an X ait été une *violation du concordat ;*
loin de là, elle en *organise les moyens d'exécution.*
En l'an X, deux ans après l'avénement du premier consul au pouvoir, il ne régnait pas en monarque absolu.
Il avait droit de signer des traités avec les puissances

---

[1] *Voyez* p. 15, 16 et 61 du *Manuel.*

étrangères ; mais, alors comme aujourd'hui, un traité qui devait réagir sur les finances et le *régime inté-rieur* de la France avait besoin d'être sanctionné *par une loi* [1]. Aussi voit-on que le titre premier de cette loi porte en tête : *Du régime de l'Église catholique dans ses rapports généraux avec les droits et la police de l'État.* La loi entière est intitulée : « *Arti-cles organiques de la Convention* du 20 messidor an IX » (le concordat).

Cette loi, je le sais, a rencontré trois sortes d'adver-saires : 1° l'ancien clergé, la petite église, dont a parlé M. de Montalembert ; — 2° quelques esprits roides, de vieux et obstinés jansénistes, qui trouvaient que, dans le concordat, Napoléon avait trop cédé sur certains points, en vue, disait-on, de se faire sacrer par le pape ; 3° la cour de Rome, qui voyait avec peine le rappel des anciennes maximes de l'Eglise gallicane.

L'ancien épiscopat avait raison en principe lorsqu'il contestait au pape le droit de porter la main sur la mitre des évêques français pour la leur arracher et la transporter contre leur gré à de nouveaux titulaires ; ces prélats dans leur détresse invoquaient à juste titre les libertés gallicanes violées en leurs personnes par le

[1] Cela est si vrai que, sous la restauration, lorsque Louis XVIII eut jugé à propos, en 1817, de faire un nouveau concordat avec Pie VII, il procéda comme en l'an X, et fit présenter à la chambre des députés un projet de loi destiné à introduire ce nouveau concordat dans l'Etat : et faute d'avoir pu réussir à faire passer cette loi, le concordat de 1817 est resté comme *non avenu*. Il en eût été de même du concordat de l'an IX sans la loi organique de l'an X, dont le projet de loi de 1817 reprodui-sait au reste les principales dispositions, celles qui intéressent le plus nos *libertés gallicanes*. (*Voyez* ci-après le texte de ce projet, que nous avons cru à propos de reproduire en entier, *ad meliorem rei memoriam.*)

chef de l'Église. J'ai qualifié moi-même cette mesure violente de *coup d'Etat* [1].

Quant aux puritains qui ne se contentaient pas de ce qu'avait fait le premier consul, on aurait pu leur demander ce qu'ils auraient fait à sa place? s'ils auraient été plus heureux, plus puissants, plus habiles ou mieux avisés que lui? et l'on aurait pu, à cette occasion, leur rappeler tout ce qu'avait eu de malencontreux leur *constitution civile du clergé* en 1790. Napoléon, alors Bonaparte, a, dit-on, trop cédé sur certains points pour obtenir que le pape vînt le sacrer à Paris. Je ne sais si en l'an IX le premier consul rêvait déjà le sacre de l'empereur! Il est permis au moins de douter que cette pensée ait été une des bases du concordat ; c'est plutôt lors du voyage du pape à Paris qu'ont eu lieu en effet plusieurs concessions gracieuses de l'empereur au pape, qui s'en est félicité à son retour. Quoi qu'il en soit, j'avouerai sans peine qu'il y a eu, de la part du gouvernement français, qui stipulait, non pas seulement *pour l'Etat*, mais aussi *pour l'Eglise de France*, trop de *laisser-aller* sur certains points, et principalement dans la dépendance trop absolue où l'on a placé tout le clergé du second ordre vis-à-vis des évêques [2]; c'est un mal réel auquel on ne pourra remédier qu'en augmentant le nombre infiniment trop faible des curés inamovibles, et en réduisant par conséquent le nombre

---

[1] *Voyez* la note sur l'art. 3 du concordat dans le *Manuel*.

[2] C'est sans doute par l'opinion qu'il a de cette dépendance et de la facilité qu'elle peut donner aux évêques de faire taire ou parler à la fois tout le clergé du second ordre, que l'*Univers religieux* (nᵒ du 16 mai 1844), s'indignant contre M. Persil, qui avait dit à la chambre des pairs : « Le » clergé de France improuve les efforts des évêques, au moins par son si-

beaucoup trop grand des desservants destituables au gré des évêques, *ad nutum*, sans le concours du gouvernement.

Mais si tout cela peut être attribué à un esprit de condescendance du premier consul pour le saint-siége, comment concilier ce reproche avec les réclamations de la cour de Rome contre la loi de l'an X ? — Il est certain en effet qu'elle a réclamé, non pas immédiatement après le vote de cette loi (1802), mais seulement à la fin de 1803 ; et non pas contre tous les articles, mais seulement contre quelques-uns en petit nombre. Et ce qu'il importe bien plus de constater, elle a réclamé, non contre le droit et le pouvoir législatif de la France, mais contre la convenance et l'utilité de ces articles, et en alléguant le déplaisir ou la gêne qu'ils lui causaient. — Elle l'a fait par l'organe du cardinal Caprara ; mais à cette communication *diplomatique* il fut répondu *diplomatiquement* par une lettre officielle de M. Portalis comme chargé de la direction des cultes ; et la réponse dans laquelle cet habile conseiller de l'empire défendait les articles attaqués parut sans doute péremptoire, car il n'y eut pas de réplique. Et loin de prétendre que la loi de l'an X avait *violé le concordat*, et que dès lors il devait être regardé *comme résolu*, il a reçu complé-

---

" lence, " s'est écrié : « Voilà ce qui s'est dit en pleine chambre des pairs " en mai 1844 ! Eh bien ! nous verrons si cela se dira encore en mai 1845. " Sans les évêques, disait encore la même feuille, « le clergé tout entier " serait sous les armes contre le monopole et le despotisme des articles " organiques. " — Que les évêques donc l'exigent, tous obéiront, et feront leur *pronunciamento.* C'est le *Quos ego* du poète *!* — Mais qu'on y réfléchisse ! voilà une voie nouvelle, un grave précédent, qui peut entraîner, pour l'avenir, des conséquences non prévues par l'épiscopat lui-même : *Caveant Consules ! caveant et ipsi Episcopi !...*

tement son *exécution* tant de la part de la cour de
Rome, par ses actes et par son légat resté en France,
que de la part du gouvernement français. Depuis lors,
en effet, sous l'empire, sous la restauration, encore à
présent, l'organisation de l'Église de France a reposé et
repose sur cette loi de l'an X autant que sur le concordat lui-même, promulgués *ensemble* pour être en
vigueur *inséparablement* [1].

C'est cependant de cette loi de l'an X que M. de
Montalembert a dit devant la chambre des pairs :
» *Nous ne la reconnaissons pas comme loi*, nous
» en poursuivrons *la réforme et l'abrogation* par
» tous les moyens légaux et possibles. » —

Il y a contradiction entre les deux membres de cette
phrase : Poursuivez tant qu'il vous plaira l'abrogation
ou la réforme d'une loi ; tout citoyen a le droit de la
solliciter ; M. de Montalembert a mieux que cela, il a,
comme pair, le droit d'*initiative* pour proposer une
loi contraire : cela est légal et possible. — Mais ce qui
n'est pas légal, c'est de déclarer provisoirement qu'on
ne reconnaît pas comme loi une loi qui n'est pas encore
abrogée ; — j'ajoute qu'elle ne le sera pas.

En effet ces articles qu'on voudrait voir abolir ou réformer ne sont pas des articles de caprice et de fantaisie,
qu'on puisse arbitrairement effacer de notre législation.
— C'est le fondement de notre droit public ecclésias-

[1] Le gouvernement ne s'en tint pas là : M. Portalis fut chargé de faire
un nouveau *rapport* qui fut soumis au conseil d'état le cinquième jour
complémentaire an XI, et qui, sur chaque article, rappelle les anciennes lois, les actes et les faits qui leur servent d'appui. Si le gouvernement avait à cœur, comme il le doit, de défendre la loi qu'on attaque, il
ne pourrait mieux faire, selon moi, que de publier ce beau travail ; l'intérêt public l'exige impérieusement.

tique, ce sont nos principes de tous les temps; l'État s'abdiquerait lui-même s'il pouvait jamais y renoncer; le lecteur en demeurera convaincu s'il veut bien jeter les yeux sur la défense de ces articles, que nous avons consignée à la fin de cet écrit.

§ IV. *Appels comme d'abus.* — *Insulte à la chose jugée !*

Non content d'attaquer ainsi nos lois anciennes et modernes et tout ce qui constitue notre droit traditionnel en matière ecclésiastique, M. de Montalembert, sous prétexte de défendre le droit qu'ont les évêques de réclamer contre ce qui les blesse, se plaint des poursuites dirigées contre l'épiscopat; il s'élève à la fois contre *les appels comme d'abus,* et ce qu'il nomme *l'odieuse juridiction du conseil d'État,* en cette matière; — il blâme également l'arrêt rendu en Cour d'assises, sur la déclaration du jury, contre M. l'abbé Combalot. L'obliger à respecter une telle chose jugée, ce serait, dit-il, obliger les chrétiens à ratifier les sentences portées contre les martyrs! et il ajoute : « Le divin fon- » dateur de notre religion a été, lui aussi, condamné par » les tribunaux! »

Reprenons cette série d'objections. —

Personne ne conteste aux évêques, aux clercs, non plus qu'aux simples fidèles, le droit de réclamer contre ce qui leur fait grief et d'user de cette liberté de la plainte, qui est le droit de tous les Français. Ce droit, je le reconnais, je le proclame, je le défends avec M. de Montalembert. Aussi dans la matière même qui nous occupe, dans le discours que j'ai prononcé à la séance

du 18 mai 1842, je m'exprimais en ces termes : « ON
» PEUT attaquer l'erreur, attaquer les propositions d'une
» fausse philosophie, faire des mandements où les *rai-*
» *sonnements catholiques soient opposés aux*
» *propositions erronées de l'École*, où l'on signale
» ce qu'elles peuvent avoir de faux, d'audacieux, de
» dangereux pour le cœur et l'esprit : voilà le DROIT,
» voilà le DEVOIR des évêques. » — Mais, j'ajoutais :
« Respectez les institutions, ménagez charitablement
» les personnes. » Et la Chambre a approuvé ces paroles. —

Dans la session actuelle, à la séance du 19 mars 1844,
dans un discours qui a obtenu encore une plus éclatante approbation, et que, par cette raison, je repro-
duirai à la suite de cet écrit, je suis revenu sur la
même idée; le temps avait marché, et la question était
devenue plus vive; quel a été mon langage? le voici :
« Le clergé, dit-on, use du droit de tous en élevant la
» voix à l'occasion de la discussion d'un projet de loi
» qui l'intéresse ! OUI, mais qu'il parle comme doit le
» faire le clergé ! nettement, fortement, tant qu'il vou-
» dra *sur les choses;* charitablement *sur les per-*
» *sonnes....* Mais quel a été le ton de la discussion?
» Celui d'une violence inouïe. Quel a été le genre d'at-
» taque dont je me plains et sur lequel j'appelle l'opi-
» nion publique comme jugement souverain? Ç'a été le
» ton d'une hostilité déclarée, qui souvent s'est expri-
» mée dans les termes les plus amers! » —

Et c'est ainsi qu'en ont jugé non pas seulement l'o-
pinion publique, mais le conseil d'État, le jury et la
Cour d'assises.

M. de Montalembert s'en tire à son aise en protestant contre les *appels comme d'abus*, et contre l'*odieuse juridiction du conseil d'État!* — Les appels comme d'abus sont plus forts que M. de Montalembert. — Pratiqués pendant plus de quatre siècles, ils ont résisté à des attaques plus puissantes que la sienne en des temps plus mauvais que ceux-ci [1]. Quant au conseil d'État, ce n'est peut-être pas la meilleure juridiction possible pour connaître de ces sortes d'affaires. Moi-même, en maintes occasions, j'ai exprimé le vœu qu'elles fussent renvoyées aux Cours royales (*Manuel*, p. 111.) Napoléon, en 1813, avait reconnu l'opportunité de cette mesure. — La Restauration, en maintenant les cas d'abus tels qu'ils sont caractérisés par l'art. 6 de la loi organique de l'an X, en avait, dans son projet de loi de 1817, art. 8, attribué la connaissance aux *Cours royales*, et l'éloquent et vertueux ministre M. Laîné, dans son exposé des motifs, donnait ceux que voici : « La connaissance des appels comme » d'abus sera attribuée aux *Cours royales;* ces corps » de magistrature sont assez élevés pour devenir étran- » gers aux petites passions qui se déchaînent si souvent » contre les divers dépositaires de l'autorité civile ou » religieuse, et pour résister à l'influence de ces au- » torités mêmes. Composés de magistrats *inamo-* » *vibles*, ils sont éminemment propres à conserver le » *dépôt des maximes nationales* et à en perpétuer » la tradition. Les ministres de la religion trouveront » dans ces magistrats cette gravité de mœurs et de » pensée, ces sentiments vraiment religieux qui ont » toujours honoré la magistrature française. »

---

[1] Voyez *Manuel du Droit public ecclés.*, p. 109 et suiv.

La loi, qui seule pouvait transporter la juridiction aux Cours royales, n'a pas été rendue : le conseil d'État reste donc seul compétent ; et, en attendant, un membre du Parlement, moins que tout autre, n'a pas eu le droit de dire, comme l'a fait M. de Montalembert, l'*odieuse juridiction du conseil d'État* ; il n'aurait pas dû surtout attaquer nominativement [1] les membres de ce Corps, qui, en jugeant comme ils l'ont fait, ont usé de leur droit et noblement rempli leurs devoirs.

Quant au fond même de ces appels comme d'abus et aux matières qui en sont le sujet, voici comment s'en expliquait le même ministre : « L'appel comme d'abus » est le recours à la puissance souveraine contre les » actes de l'autorité ecclésiastique ; *la voie à ce re-* » *cours est ouverte dans tous les cas où le sacer-* » *doce sort des limites de ses fonctions, contre-* » *vient aux lois de l'État, empiète sur les droits* » *de l'autorité civile en exerçant sur les hom-* » *mes, comme citoyens, une puissance qui ne* » *lui est donnée sur eux que comme fidèles, ou* » *s'écarte des règles de la discipline ou des*

---

[1] Voici dans quels termes s'est exprimé M. de Montalembert : « Je le » demande à tout homme de bon sens, y a-t-il une idée *plus risible* que » celle d'une conscience assez délicate pour être troublée par les dires » d'un évêque, et en même temps assez facile pour être rassurée par un » rapport de M. le vicomte d'*Haubersaert* et une ordonnance de M. *Mar-* » *lin du Nord?* Oui, je défie qu'on me trouve en France un seul homme » qui dise : Hier, j'étais troublé, mon évêque avait dit des choses qui » m'inquiétaient ; mais aujourd'hui M. d'*Haubersaert* et M. *Martin* ont » parlé, me voilà tranquille. » — Réponse : Non, on ne prendra pas ce ton épigrammatique, mais on dira : Sur la dénonciation du garde des sceaux, le conseil d'État, sections réunies, après avoir entendu le rapport d'un de ses membres, a déclaré *qu'il y avait abus* ; le roi a rendu une ordonnance conforme. C'est un peu plus sérieux que l'exposé de M. de Montalembert.

» *maximes reçues par l'Église de France*, etc...
» Tout se réduit donc en cette matière à trois chefs
» distincts : 1° l'*excès de pouvoirs* en matière spiri-
» tuelle, ou la violation des saints décrets, maximes et
» canons reçus en France ; 2° l'abus en *matières*
» *mixtes*, ou la violation des lois et règlements du
» royaume, et des droits des citoyens ; 3° l'*outrage*,
» les *violences*, les *voies de fait* dans l'exercice des
» fonctions ecclésiastiques. » —

Or, les cas d'abus déclarés contre M. l'évêque de
Châlons rentraient pleinement dans cette définition, car
on lui imputait tout à la fois : 1° de s'être livré à des
allégations injurieuses pour l'université de France
et les membres des corps enseignants ; 2° d'avoir abusé
de son pouvoir par des actes de nature à *troubler arbitrairement* les consciences. (On appelle ainsi des
menaces d'excommunication en masse et de refus de
sacrements à l'égard d'*enfants* élevés dans les établissements de l'université.)

Ce ton violent et injurieux, que le conseil d'État a
cru devoir improuver dans le langage d'un évêque, la
Cour d'assises l'a condamné et puni dans la personne
de M. l'abbé Combalot, déclaré à son tour « *coupable*
» *de diffamation*, et de *trouble apporté à la paix*
» *publique*, en excitant à la haine contre une classe
» de personnes. » Sont-ce là des délits chrétiens ? et
quand l'Évangile défend de médire, serait-il donc permis
de *calomnier* et de *diffamer ?*

Et c'est l'homme condamné *pour un tel délit* qu'on
a voulu comparer aux martyrs, et qu'un évêque n'a
pas redouté d'assimiler à l'Homme-Dieu ! Mais qu'est-il

arrivé? c'est que cette apologie elle même a trouvé sa condamnation dans un nouvel arrêt de la Cour d'assises du 11 mai 1844, qui, dans la reproduction des éloges donnés à M. Combalot au sujet de sa condamnation personnelle, a vu les délits — de provocation à la désobéissance aux lois, — d'attaques contre le respect dû aux institutions et aux lois, — et d'apologie de faits réputés délits par la loi. Ce dernier arrêt, s'il ne condamne pas l'évêque qui avait écrit l'éloge, mais seulement le journaliste qui l'a publié, doit au moins laisser au prélat le regret d'avoir fourni le sujet de la condamnation, et d'avoir été une occasion de chute pour le prochain, comme il doit laisser à M. de Montalembert le regret d'avoir commis la même erreur en disant que : « M. Combalot, expiant dans les fers le tort » d'avoir *dit la vérité*, ne peut exciter que la sympa- » thie et l'affection. »

Sans doute on n'est pas obligé de révérer d'injustes sentences; je l'ai dit, il y a longtemps : « L'Histoire » perdrait plutôt le souvenir d'une grande bataille que » celui d'une injuste condamnation [1]. » N'ai-je pas moi-même fait le procès au *procès du Christ*, accusé et calomnié par les prêtres, par leurs scribes et par les Pharisiens de ce temps-là? Non, non! on n'est pas obligé de souscrire aux sentences des martyrs; mais il est ridicule d'assimiler aux supplices des *confesseurs de la foi* les condamnations si légères encourues pour faits d'*injures* et de *diffamations!*

Je le répète, il y a eu droit de réclamer au fond; mais des torts graves ont eu lieu en la forme; et quand

[1] Préface du procès du duc d'Enghien.

M. de Montalembert, pour tout légitimer de la part de l'épiscopat, cite le mot d'un évêque à un empereur : « Vous n'avez donc jamais rencontré un évêque ! *nun-* » *quam in episcopum incidisti?* » il oblige de lui rappeler que peu de jours après, un roi a dû dire à un archevêque : *Nunquam in regem incidisti?* --

§ V. *Attaque générale contre les hommes publics.*

Que le noble pair dise à présent, tant qu'il lui plaira, avec une urbanité qui n'appartient qu'à lui et dans un langage dont la tribune où il parlait n'avait point encore offert le modèle, « chaque fois qu'un évêque, qu'un » prélat, qu'un catholique élève la voix et proteste au » nom de son opinion et de sa conscience, aussitôt une » *meute* acharnée de journalistes, d'avocats, de pro- » cureurs généraux, de conseillers d'État se déchaîne » contre lui. » Ainsi, du même coup, voilà la presse, le barreau, la magistrature et la haute administration, accusés par M. de Montalembert de se déchaîner contre le clergé ! Eh ! pourquoi ? « Pour chercher à présenter, » soit comme un forfait, soit comme une grave inconve- » nance chez lui, ce qui est le droit naturel et habituel » des autres citoyens. » — Non, répondrai-je, tous ces organes de la publicité et de la loi ne sont pas les adver- saires de l'Église. Que le clergé réclame et discute tant qu'il voudra ; la presse lui ouvre ses colonnes, et Dieu sait s'il en use librement ! le barreau ne l'a jamais laissé manquer de défenseurs ; les procureurs généraux savent protéger au besoin la religion et ses ministres [1], et le

---

[1] La même cour d'assises qui a condamné, le 6 mars, M. l'abbé Com-

conseil d'État sait aussi rejeter les pourvois mal fondés;
il revendique même le droit de paralyser toute poursuite judiciaire contre des ecclésiastiques qu'il n'aurait
pas préalablement autorisée. Mais si, au lieu d'avoir
raison, le clergé a tort; si ses prélats ou ses lévites, en
parlant ou en écrivant, menacent les libertés publiques,
bravent les lois ou méconnaissent les droits nationaux;
loin de repousser alors la métaphore de M. de Montalembert, je la retiens; oui, les *gardiens* de la société
élèveront la voix [1]! la presse défendra la liberté et les
droits nationaux; les jurisconsultes défendront les doctrines gallicanes; les magistrats poursuivront les atteintes portées aux lois et à l'ordre public; le conseil
d'État dira qu'il y a *abus*...; et si les attaques allaient
au delà des moyens de répression actuels, le législateur
est là pour défendre plus efficacement l'ordre politique
et la société : *Sub lege libertas.*

§ VI. *Injustice d'un dernier reproche adressé
    par M. de Montalembert au Gouvernement
    de Juillet.*

«Nous savons, dit en finissant M. de Montalembert,
» qu'on peut disposer contre nous d'une arme que ni
» Napoléon ni le roi Guillaume n'ont jamais permis de
» frapper sur l'Église, celle des *violences populaires.*
» Nous vivons sous un régime qui a laissé faire l'émeute

---

balot à quinze jours d'emprisonnement pour diffamation et trouble apporté à la paix publique, a, par arrêt du 15 mars, condamné à six mois
d'emprisonnement et 2000 fr. d'amende Toussaint Michel, auteur de
l'ouvrage intitulé *Caducité des religions révélées*, comme contenant un
outrage à la morale publique en tournant en dérision des religions dont
l'établissement en France est reconnu par les lois.

[1] Un adversaire de *Catulus* lui disait, en faisant allusion à son nom :
Quid latras? — Furem video, répondit l'orateur.

» de Saint-Germain-l'Auxerrois, le pillage de l'Arche-
» vêché, et qui est venu proposer une loi pour consacrer
» l'œuvre de l'émeute en transformant en promenade le
» site de l'archevêché de Paris. Aujourd'hui encore,
» à force de dénonciations, de calomnies, de provoca-
» tions directes, on peut *lancer une foule égarée*
» contre telle église, telle maison; mais le lendemain de
» ce jour-là, lequel des deux sera le plus malade, le
» plus déconsidéré en France et en Europe? Est-ce le
» Gouvernement ou l'Église?... »

Il y a bien de la haine déguisée sous ce paragraphe!
Eh quoi! c'est bien le *régime sous lequel nous vi-*
vons, qu'on accuse des torts et des crimes de l'émeute!
Comme si l'émeute n'avait pas été dirigée avant tout
contre le Gouvernement pour l'empêcher de naître et
de se consolider! En novembre, n'a-t-elle pas éclaté
d'abord contre le Palais-Royal? En décembre, contre
la Chambre des Pairs? Comme si le Gouvernement n'a-
vait pas employé tous ses efforts à la combattre; tous
ses soins à préserver la tête des ministres qui avaient eu
la criminelle faiblesse de *contresigner* les ordonnances
dictées à Charles X par la congrégation !

L'émeute de février [1] a dévasté Saint-Germain-l'Auxerrois et l'Archevêché! Mais n'est-ce pas un *détache-*
ment des mêmes hommes qui dans la soirée, est
venu aussi envahir l'hôtel et mettre en péril la personne d'un député? A la séance du 19 février, ce même
député, peu touché des dangers personnels auxquels il
avait été exposé, n'a-t-il pas réuni toutes ses forces
pour tonner contre les crimes de cette émeute, et proclamer devant la Chambre que *démolir, c'était vo-*
ter un impôt?

[1] Cette émeute (il faut le reconnaître aussi), avait été bien imprudemment provoquée par des démonstrations carlistes, commises en face
du tombeau et du sang encore fumant des victimes de juillet!

En effet, le Gouvernement depuis ce temps, a mis tous ses soins à restaurer l'église de Saint-Germain-l'Auxerrois, avec un luxe qu'on n'y aurait probablement pas apporté si l'on n'avait eu à cœur de faire de cette restauration même, une sorte d'expiation.

Quant à l'Archevêché, puisqu'il était détruit, était-il donc défendu à l'État, propriétaire du sol, de faire tourner sa vacance à l'embellissement de l'église métropolitaine en l'ornant d'une place nécessaire pour contenir l'affluence du peuple attiré par ses solennités? n'a-t-on pas, à une égale proximité de cette église, jeté les fondements d'un nouveau palais qui s'élève avec somptuosité? De riches devis ne sont-ils pas en ce moment à l'étude pour donner à cette basilique métropolitaine de la France une magnificence qui dépasse celle des temps passés? Enfin, depuis quatorze ans, n'a-t-on pas vu le nombre des ministres voués au culte des autels, s'accroître de plus de six mille? le budget s'augmenter successivement de plusieurs millions, et des sommes considérables employées chaque année sur tous les points du royaume à réparer les cathédrales et les autres églises? Ce mouvement n'est-il pas suivi par les départements et les communes? n'ai-je pas eu raison de dire à la Chambre (le 19 mars dernier): «Depuis 1830, le clergé a été plus favorisé que sous l'Empire, plus même que sous la Restauration!» — Et dès lors la France de juillet n'a-t-elle pas le droit de dire à son tour: «J'ai donné assez de gages de ma volonté de maintenir » la liberté de la religion, d'entourer le clergé de tout le » respect, de toute la vénération, qui lui sont dus, » pour trouver étranges les paroles qui viennent de » m'être adressées! »

DÉFENSE

DES ARTICLES DE LA LOI ORGANIQUE

DU 18 GERMINAL AN X (1802)

attaqués par les ultramontains.

Toutes les fois qu'un faux zèle, un zèle en cela malheureux, voudra *exagérer* les droits de la puissance spirituelle, il appellera immédiatement l'examen et la recherche des *limites* de cette puissance. Toute tentative, toute menace d'*usurpation* est un appel à la *défense; et c'est en cela surtout que nos *libertés gallicanes* nous sont précieuses. D'Aguesseau l'a dit avec raison : Ce ne sont pas des lances, mais des *boucliers.*

ART. 1er. *Publication et exécution en France des bulles du pape.*

Vers la fin de 1803 le cardinal Caprara, au nom du saint-siége, se plaignait d'abord de la disposition de l'art. 1er de la loi organique, qui exige l'autorisation expresse du gouvernement pour la publication et l'exécution en France des bulles et autres expéditions de la cour de Rome. — C'était se plaindre d'une des plus anciennes maximes de l'Église gallicane, reproduite à toutes les époques de notre histoire, proclamée par Louis XI (quoique déserteur de la pragmatique), retenue par François 1er, admise par Léon X, invoquée maintes fois par J. Bignon et d'Aguesseau, enseignée par tous nos jurisconsultes depuis Pithou jusqu'à d'Héricourt, observée en France même à l'égard des bulles dogmatiques, et ne pouvant souffrir de restrictions qu'à l'égard des brefs de pénitencerie, qui ne sont susceptibles d'aucune publicité. Il faut noter d'ailleurs que cette exception, si toutefois c'en est une, fut expressément accordée par le ministre des cultes dès le 6 janvier 1804 au légat du saint-siége, et confirmée plus tard par le décret du 28 février 1810, dans son article premier.

Veut-on des autorités précises sur ce premier article ?
— Nous allons les indiquer.

« Bulles ou lettres apostoliques de citations exécutoria-
» les, fulminatoires ou autres, ne s'exécutent en France
» sans *pareatis* du roi ou de ses officiers » (art. 44 des libertés). — « On a toujours observé soigneusement que
» toutes bulles et expéditions venant de la cour de Rome
» fussent visitées pour voir si en icelles y avoit aucune
» chose qui portât préjudice, en quelque manière que ce
» fût, aux droits et libertés de l'Église gallicane et à l'au-
» torité du roi. » (Art. 77 des libertés.) — Par lettres-patentes de Louis XI, du 8 janvier 1475, il est ordonné que
toutes bulles, lettres et autres choses venant de Rome seront visitées par les officiers des lieux ès-frontières, pour voir
s'il n'y a rien contre les droits du royaume et les libertés gallicanes. — François Ier, en parlant de ce droit, disait qu'il
*concernoit grandement l'autorité, puissance et prééminence
du roi.* — Les bulles ne sont à considérer quand on n'a pas
obtenu des lettres-patentes du roi pour en requérir la vérification au parlement. (Bignon, 2 janvier 1624. Reg. du
Parl.) — Les rescrits émanés du pape ne peuvent obliger
les sujets du roi que lorsqu'ils sont revêtus de son pouvoir
ou de celui qu'il accorde aux compagnies souveraines du
royaume. (D'Aguesseau, t. II, p. 604.) — Le pape Léon X
reconnut par un traité solennel la légitimité et la nécessité
du droit d'*annexe*; il a, par divers brefs dont le dernier
est signé du cardinal Sadolet, prié le parlement de Provence d'accorder l'annexe à des rescrits : «*Hortamur in
Domino ut debitæ executioni demandare permittatis.* » —
Quoique nos rois n'entreprennent point de décider les
questions de foi, dont ils laissent le jugement aux évêques,
on ne peut publier aucune bulle dogmatique sans lettres-
patentes vérifiées au parlement, parce que les bulles dogmatiques peuvent contenir des clauses contraires aux droits
de la couronne et de l'Église de France. (D'Héricourt, *Lois
ecclés. de France*, t. I, ch. xv, n° 8.) Par exemple, la bulle
Auctorem fidei, qui est dirigée contre la déclaration de
1682. — Voyez l'article 5 du projet de loi présenté en
1817 par le gouvernement de Louis XVIII.

Art. 2. *De la mission et des pouvoirs des légats.*

Le pape réclamait en second lieu contre l'article organique qui déclare que sans l'autorisation du gouvernement aucun légat, nonce ou délégué du saint-siége n'exercera de pouvoirs en France. — Mais cette disposition n'avait rien de nouveau ; le rédacteur de la loi l'avait prise tout à la fois dans les plus saines maximes du droit public, dans l'usage constant de la cour de France, et dans les art. 11, 12, 58, 59 et 60 des libertés (Voyez ces articles dans le *Manuel* avec les autorités citées sur chacun d'eux.) On y verra (notamment aux pages 19 et 20) que le cardinal Caprara s'est complétement soumis aux anciennes règles françaises, et que, dans son discours, il a formellement promis de s'y conformer. On en a usé de même sous la restauration.

Art. 3. *Décrets des conciles et synodes étrangers.*

Il en est de même d'un troisième article de la loi de l'an X, contre lequel Sa Sainteté s'élevait encore, et qui est ainsi conçu : « Les décrets des synodes étrangers, même ceux » des conciles généraux, ne pourront être publiés en France » avant que le gouvernement en ait examiné la forme, la » conformité avec les lois, droits et franchises de l'État, » et tout ce qui dans leur publication pourrait altérer ou » intéresser la tranquillité publique. » — Eh bien ! cet article appartient encore au droit ancien. Il n'est que la reproduction des art. 10 et 11 des *libertés*. La disposition de ces articles est d'ailleurs appuyée sur les faits et les actes les plus constants. Ainsi, en lisant la Pragmatique de Charles VII, on voit que l'assemblée tenue à Bourges n'a admis les articles du concile de Bâle qu'avec les modifications qu'elle jugea convenable d'y apporter (voir le *Manuel*, p. 16). Personne n'ignore non plus qu'en 1576, 1588 et 1614, les états-généraux du royaume s'*opposèrent* à la publication du concile de Trente, et qu'à plusieurs reprises les papes la demandèrent inutilement aux souverains, dont le consentement était reconnu nécessaire par le fait même de ces sollicitations. Il suffit sur ce sujet de renvoyer au savant ouvrage (2 vol. in-12, imprimés à Paris, 1766), intitulé *Histoire de la réception du concile de Trente dans les différents États catholiques,* avec les pièces justificatives

servant à prouver que les décrets et règlements ecclésiastiques ne peuvent et ne doivent être exécutés dans chaque État qu'avec l'autorité des souverains ; c'est le droit
public européen. — Le gouvernement du roi très-chrétien
Louis XVIII n'avait garde d'abandonner un tel article. Sa
disposition est reproduite avec énergie dans l'art. 6 du projet de loi destiné à appuyer le concordat de 1817.

Art. 6. *Appels comme d'abus.*

Sa Sainteté demandait l'abrogation de l'article qui autorise le recours au conseil d'État dans les cas d'abus de la
juridiction ecclésiastique. — Il fut répondu que l'appel
comme d'abus avait été l'un des points les plus constants
de notre ancienne jurisprudence, et que jamais ni le pape,
ni les évêques n'avaient *obtenu de nos rois une fixation rigoureuse des cas dans lesquels il y aurait lieu à ce recours.*
Les rédacteurs de l'ordonnance de 1667 ont reconnu « qu'il
» n'y avait rien de plus contraire aux lois du royaume
» que de *limiter les appellations comme d'abus à certains
» cas ;* que les ecclésiastiques l'ayant souvent demandé, on
» leur avait toujours répondu qu'*on ne pouvait point dé-
» finir autrement ces matières,* sinon que tout ce qui était
» *contraire aux libertés de l'Église gallicane,* aux saints
» canons *reçus en France, aux lois du royaume et à l'au-
» torité du roi, était moyen d'abus ;* que ces règles généra-
» les comprenaient tout ; mais que si on venait à descen-
» dre aux détails, on ferait chose contraire au sentiment
» de tous les grands personnages qui en ont traité, et
» qu'en spécifiant certains cas, on donnerait occasion aux
» ecclésiastiques de soutenir que l'*on n'y aurait pas com-
» pris une infinité de cas qui naissent tous les jours et qui
» exigent absolument qu'on y interpose l'autorité royale. »*
Les cas d'abus ne sauraient donc être plus déterminés
qu'ils ne le sont dans la loi organique de 1802, qui men-
tionne : « l'usurpation ou l'excès de pouvoirs, la contra-
» vention aux lois et règlements de l'État, l'infraction des
» règles consacrées par les canons reçus en France, l'at-
» tentat aux libertés, franchises et coutumes de l'Église gal-
» licane, et toute entreprise ou procédé qui, dans l'exer-
» cice du culte, peut compromettre l'honneur des citoyens,
» troubler arbitrairement leurs consciences, dégénérer con-
» tre eux en oppression ou en injure, ou en scandale pu-

» blic. » — C'était presque dans les mêmes termes que Pithou avait rédigé l'article 79 des *Libertés*. C'est ainsi que les définissait M. Laisné en 1817 ; et son projet de loi sur ce point se bornait à renvoyer à l'art. 6 de la loi de germinal an X. — Voyez surabondamment l'art. 34 de l'édit de 1695.

ART. 9 ET 10. *Sur le régime de l'Eglise gallicane.*

La cour de Rome désapprouvait les articles 9 et 10, qui déclaraient que le culte catholique serait exercé sous la direction des archevêques, des évêques et des curés, et que tout privilége portant exemption ou attribution de juridiction épiscopale demeurerait aboli. Le pape voulait être *évêque universel*, pasteur *immédiat* de chaque diocèse, de chaque paroisse, et que les ordinaires ne fussent en réalité que ses *délégués*. — Le rétablissement de ces priviléges, de ces exemptions abusives de territoire ou de juridiction, qui n'ont été, selon Fleury, qu'une source de division dans l'Église [1], œuvre de l'usurpation ou de la condescendance, pouvait-on au XIXᵉ siècle espérer de les voir rétablir ? — « Tant y a, dit Pithou (art. 71 des *Libertés*), » qu'on peut dire avec vérité pour ce regard que nul mo- » nastère, église, collége ou autre corps ecclésiastique ne » peut être exempté de son ordinaire pour se dire *immé-* » *diatement dépendre du saint-siége*, sans licence et per- » mission du roi. » Ajoutons qu'aujourd'hui le roi lui-même ne pourrait pas dispenser de l'exécution de l'article 10 de la loi de germinal an X. L'article 13 de la Charte de 1830, dans sa disposition finale, le lui interdit positivement, et ici surtout c'est une heureuse impuissance. — Voyez FEVRET, *Traité de l'abus*, liv. 3, ch. I, nᵒˢ 12 et suiv.

ART. 11. *Ordres monastiques.*

Le saint-père soutenait qu'aucun ordre monastique n'avait pu être supprimé en France sans le concours du saint-siège. — C'est assurément une étrange prétention. Qu'il appartienne au souverain pontife d'instituer un ordre religieux *dans l'Eglise*. cette opinion n'a rien que de naturel ; mais c'est assurément par la puissance temporelle, et *par elle seule*, que cet ordre peut exister *dans l'Etat*.

[1] Discours VIII sur l'Histoire ecclésiastique, nᵒ 4.

S'il pouvait y être institué ou maintenu *malgré elle*, ce serait véritablement elle-même qui cesserait d'exister. Prenons pour exemple le rétablissement des Jésuites : Pie VII a pu les rétablir à Rome comme pape et comme souverain temporel des États romains ; le souverain pontife réunissant là les deux pouvoirs, cet ordre monastique y a pu acquérir une existence complète. Mais, pour que cet ordre pût être rétabli en Sicile, il a fallu que le roi des Deux-Siciles le *demandât*. — Pour qu'il prît pied en Russie, il a fallu que l'empereur de Russie y *consentît;* et dès que cela ne lui a plus convenu, il les a *expulsés* par une volonté contraire.—Aboli en France par l'arrêt et les édits de 1762, et mieux encore par la loi générale qui, en 1792, a supprimé tous les ordres religieux, l'ordre des Jésuites, non plus qu'aucun autre ordre religieux, n'a pu être rétabli ; aucun ne pourrait l'être à l'avenir qu'en vertu d'une *loi expresse :* un roi, eût-il le père Lachaise pour confesseur, ne pourrait pas les rétablir de sa seule volonté. —Et s'il le pouvait, le devrait-il ?...

Assurément non. Il existe en effet contre les jésuites, comme ayant leur siége, leur gouvernement et leur point d'appui à l'étranger, des motifs particuliers de répulsion qui rendent leur existence en France incompatible avec nos institutions et avec l'ordre et la tranquillité de l'Église et de l'État. (Voy. dans Sirey, t. XXVIII, 2ᵉ partie, p. 339, l'article qui précède l'arrêt du 18 août 1826.—Voyez aussi le discours prononcé à la chambre des Pairs par le baron Ch. Dupin, à la séance du 10 mai 1844.)

Art. 24. *Relatif à l'enseignement de la déclaration de 1682.*

Entre toutes les plaintes du saint-père contre la loi organique du concordat, une des plus vives était celle qui concernait les quatre maximes proclamées en 1682 par le clergé de France. Le pape prétendait s'*opposer à l'enseignement* de ces quatre propositions, exigé par l'article 24 de la loi de 1802. — Sur ce point le ministre des cultes se contenta de répondre au légat : «Vous comprenez, monsieur le cardinal, *qu'il est impossible que la France renonce à ses antiques maximes.* »

Lorsque Pie VII vint en France en 1804 pour sacrer l'empereur, il profita de l'occasion pour demander et obtenir plusieurs choses favorables à l'Église; mais il échoua sur deux points, à l'égard desquels Napoléon ne crut pas devoir le satisfaire. C'était d'une part la réunion de *la Romagne* aux États pontificaux, et de l'autre l'*abrogation* des quatre articles de 1682. L'empereur ne voulut consentir ni à démembrer le royaume d'Italie, dont l'organisation venait d'être sanctionnée par des traités publics; ni à déposséder l'Église gallicane de ses anciennes immunités. Sur ce dernier point même, Sa Majesté voulut s'éclairer des lumières de plusieurs prélats français, qui tous *s'accordèrent à répondre que la proposition du saint-père n'était aucunement admissible.*

Peu importe qu'ensuite le pape, de retour dans ses États, ait prononcé, le 26 juin 1805, une allocution dans laquelle, tout en se félicitant de l'accueil qu'il a reçu en France et des concessions qu'il y a obtenues, il affecte de citer et recommander comme dogmatique la bulle *Auctorem fidei,* où les quatre articles de 1682 sont condamnés. Cela prouve que Rome a conservé ses opinions; mais il reste aussi pour constant que la France n'a pas abdiqué les siennes. (Voyez l'Introduction du *Manuel du droit ecclésiastique français,* p. 25, 26 et 27.)

OBSERVATION GÉNÉRALE.

Il peut rester encore quelques observations à faire sur d'autres articles que Pie VII déclarait *contraires aux lois et à la doctrine de l'Eglise.* Dans ses correspondances avec le gouvernement français, il n'en a jamais désigné que 13; savoir: ceux dont nous venons de parler, et qui ne sont, comme on vient de le voir, que les antiques maximes, traditions et usages de l'Eglise de France, et les articles 16, 20, 39, 41, 43, 45, 50 et 52, pour lesquels nous nous contentons de renvoyer aux notes que nous avons placées sous chacun d'eux dans cette nouvelle édition de notre *Manuel.* On peut les vérifier et s'assurer qu'il n'en est aucun, parmi ceux qui ont réellement de l'importance, dont les dispositions ne puissent être pleinement justifiées par les décrets des conciles, par des textes d'écrivains recommandables, par la pratique des meilleurs temps; en un mot, par tous les genres de témoignages et d'autorités qui ont caractère de preuves en pareille ma-

tière. En effet, on doit rendre cette justice aux rédacteurs
de la loi de l'an X, qu'elle suppose une connaissance précise de tous les détails du régime ecclésiastique, et qu'ils
ont cherché de bonne foi à renouveler les traditions les
plus saines, à se rapprocher des pratiques les plus con-
stantes de l'Église. Pour y trouver à redire, il faut ignorer
ou feindre d'ignorer l'histoire ecclésiastique, et transformer
en points de foi, en règles sacrées, des usages particuliers,
locaux et variables, introduits après le xe siècle, et réformés par degrés depuis le xve à mesure qu'on étudiait
mieux les principes du régime ecclésiastique. Si jamais on
retouche à cette loi, ce ne sera, j'espère, qu'en conservant
tout ce qu'elle renferme d'essentiel et de fondamental.

Art. 54. *Difficultés relatives au mariage.*

L'exécution du Code civil, publié vers le même temps,
donna aussi lieu à des difficultés particulières.

L'article 54 de la loi de germinal an X dit que « les cu-
» rés ne donneront la bénédiction nuptiale qu'à ceux qui
» justifieront en bonne et due forme avoir contracté ma-
» riage devant l'officier de l'État civil. »

Mais d'une part la loi civile a imposé ses conditions pour
la validité du contrat, et de l'autre l'Église a maintenu des
empêchements particuliers, dont quelques-uns, il est vrai,
sont susceptibles de *dispense, en payant.* Ces dispenses
dans les premiers siècles de l'Église étaient donnés directement par chaque évêque dans son diocèse, en vertu de
son droit propre ; mais, au milieu des ténèbres du moyen
âge, la cour de Rome s'en était réservé la dispensation et
le produit. Dans les premières années qui suivirent le concordat de 1802, le cardinal-légat qui résidait en France déli-
vrait ces dispenses. Après sa retraite en 1808, alors qu'existaient les différends de l'empire avec le saint-siège, il fallut
recourir à Rome. Malheureusement le concordat n'avait pas
prévu ces difficultés. Au milieu des correspondances et des
négociations qu'elles rendirent nécessaires, on rencontra
l'obstination de la cour de Rome à regarder comme nuls
les contrats civils proclamés par le magistrat, conformément aux dispositions du Code civil, et à prétendre qu'il
ne peut exister de mariages réels et valides que par l'intervention d'un prêtre.

A mesure que le Code civil s'introduisait dans les diverses contrées de l'Europe réunies à l'Empire, la cour de Rome adressait partout des instructions qui contenaient le développement de ses doctrines à ce sujet.

L'une de ses instructions, adressée à l'évêque de Varsovie en 1808, contient les propositions suivantes :

1° Qu'il n'y a point de mariage s'il n'est contracté dans les formes que l'Église a établies pour le rendre valide.

2° Que le mariage une fois contracté selon les formes établies par l'Église, il n'y a pas de puissance sur la terre qui en puisse rompre le lien.

3° Que dans le cas d'un mariage douteux, il appartient à l'Église seule d'en juger la validité ou l'invalidité, en sorte que tout autre jugement émané d'une autre puissance quelconque est un jugement incompétent.

4° Qu'un mariage auquel ne s'oppose aucun empêchement canonique est bon, valide et par conséquent indissoluble quel que soit l'empêchement que la puissance laïque y oppose indûment, sans le consentement, l'approbation de l'Église universelle ou de son chef suprême, le pontife romain [1].

5° Qu'au contraire on doit tenir pour nul de toute nullité, tout mariage contracté malgré un empêchement canonique dirimant, abusivement abrogé par le souverain, et que tout catholique doit en conscience regarder comme nul un tel mariage jusqu'à ce qu'il ait été validé par une dispense légitime accordée par l'Église, si toutefois l'empêchement qui le rend nul est susceptible de dispense. —

On voit toute la portée de cette question : elle consiste à savoir si, parce que la bénédiction nuptiale est un sacrement, les souverains doivent abandonner à l'Église toute la partie de la jurisprudence civile relative au mariage? C'est ce que les *légistes* et les *magistrats* français n'accorderont jamais aux ultramontains. Si l'on pouvait fléchir sur ce point, il en résulterait que tout ce qui regarde le mariage et conséquemment l'état civil des personnes serait dans la dépendance de l'autorité ecclésiastique. Nos lois n'ont pas voulu qu'il en fût ainsi : elles ont voulu tout le contraire. Un des premiers, des plus puissants et des plus

---

[1] Si cette assertion était vraie, il faudrait donc déclarer valides les mariages des enfants mineurs contractés à l'insu de leurs parents. En effet, le concile de Trente les déclare bons, la loi civile seule en prononce la nullité.

bienfaisants effets de la révolution de 1789 a été de *sé-culariser la législation*. Ces lois ont particulièrement dé-claré que le mariage était un *contrat civil*. Ce qui, du reste, n'empêche pas les contractants d'y attacher les grâces du sacrement par la bénédiction *subséquente* de leur union. Ceci nous conduit à la question théologique.

Qu'il faille compter la bénédiction nuptiale au nombre des sacrements, c'est ce qu'on ne prétend point contester ; il est vrai que saint Thomas, saint Bonaventure et Scott n'osent pas décider que cela soit de foi ; il est vrai même que Durand et d'autres scolastiques du moyen âge ont avancé qu'il n'était pas prescrit de le croire : mais le con-cile de Trente en a fait un dogme positif. En conséquence il est reconnu que *les époux catholiques ne peuvent se croire chrétiennement unis s'ils n'ont reçu la bénédiction sacra-mentelle*. Mais s'ensuit-il de là que cette bénédiction et le contrat soient *indivisiblement* une seule et même chose ? que le contrat n'existe que par la bénédiction ? Depuis le concile de Trente, la plupart des théologiens, des cano-nistes et des jurisconsultes français ont soigneusement *dis-tingué* le contrat civil du sacrement, et ont considéré le premier comme naturellement *antérieur* au second. Cette matière a été parfaitement éclaircie dans un grand nombre d'ouvrages, entre lesquels on peut citer : les *Conférences ecclésiastiques sur le mariage*, imprimées par ordre du cardinal de Noailles, par le Semelier ; les *Consultations canoniques* de Gibert, sur les sacrements ; l'*Examen des principes sur le mariage*, par Maultrot ; *Du mariage*, etc., par M. Agier ; le *Code matrimonial*, par le Ridant, édi-tion donnée par Camus ; le *Traité du mariage*, par Po-thier ; les *Principes de la jurisprudence française*, de Pré-vost de la Jannès, etc.

Avant 1789, le contrat et la bénédiction ayant lieu en même temps, le prêtre était considéré par rapport au contrat comme officier civil, et en cette qualité tenu de se conformer aux dispositions des lois civiles relatives au mariage, et spécialement à celles de l'édit de 1556, de l'ordonnance d'Orléans de 1560, de l'ordonnance de Blois, de l'édit de Melun, de l'édit de 1606, de l'ordonnance de 1639, de l'édit de 1697. — Tout prêtre n'était pas apte à remplir ces fonctions ; les lois civiles désignaient particu-lièrement ceux par lesquels seuls elles pouvaient être validement exercées. — En faisant depuis rentrer le contrat de mariage dans les attributions de l'autorité civile, la loi n'a laissé à l'Église catholique que ce qui lui appartient véritablement, le *droit de bénir le mariage civil contracté valablement.* Mais passer outre à la bénédiction sans que le mariage civil ait préexisté, ce serait faire un *acte nul,* induire les parties *en erreur sur leur état*, les constituer en véritable *concubinage*, et leurs enfants en état de *bâtardise.* C'est pour ne pas exposer les citoyens à cet inconvénient que l'art. 24 de la loi organique du concordat exige que le prêtre ne puisse donner la bénédiction nuptiale qu'à ceux qui justifieront en bonne forme avoir contracté mariage devant l'officier civil; c'est pour que cette recommandation ne soit point éludée que les art. 199 et 200 du Code pénal de 1811 punissent d'amende, et, en cas de récidive, d'emprisonnement, les contraventions qui y seraient apportées.

Cette bénédiction n'est pas un second mariage, ni un second contrat, et c'est un véritable non-sens que d'obliger les époux à en réitérer les termes ; car à cette question du prêtre : « *Consentez-vous à prendre une telle pour épouse ?* » il n'y a qu'un mot vrai à répondre : « Elle est déjà mon épouse, ainsi que le constate l'acte civil que je vous ai remis. » De même, on ne peut s'empêcher de sourire lorsque le prêtre fait dire par l'époux à l'épouse, en donnant à celle-ci une pièce de monnaie : « Je vous doue du douaire dont il « a été convenu entre vos parents et les miens. » Cela était bon quand il y avait des douaires, et quand le prêtre, faisant fonction d'officier de l'état civil, remplissait en même temps les fonctions de notaire en prenant le peuple à témoin des conventions des mariés. Mais aujourd'hui le curé n'est plus ni notaire ni officier de l'état civil ; il n'est que ministre du culte, et son office, en cela toujours sublime, se borne à appeler la bénédiction du Ciel sur les époux et sur leur union. Il serait bien temps de mettre les mots d'accord avec les choses pour des actes aussi sérieux et aussi importants.

DE L'INSTITUTION CANONIQUE DES ÉVÊQUES.

En 1809, des difficultés sérieuses s'élevèrent au sujet des refus faits par le pape d'accorder l'institution canonique à quelques évêques nommés par l'empereur.

Le pape, alors retiré à Savone, avait répondu le 26 août au cardinal Caprara, puis au cardinal Maury, qu'*il n'instituerait pas d'évêques, et qu'il ne fallait rien attendre de son ministère spirituel tant qu'on ne satisferait point à ses réclamations politiques.*

La dignité de la puissance impériale et l'autorité de la religion ne permettaient pas que les nominations faites par l'empereur, conformément au concordat, demeurassent plus long-temps sans effet, et l'on dut rechercher dans l'histoire les moyens qu'en des circonstances pareilles l'Église de France avait employés pour éviter à la fois le schisme, la suspension du ministère pastoral, l'interruption du culte religieux, et les usurpations de la cour de Rome.

Sous Henri III, sous Henri IV, et quelquefois même sous Louis XIII, des évêques nommés par le roi, et que le pape refusait d'instituer, furent immédiatement envoyés en possession de tous leurs droits spirituels et temporels. Une mesure plus modérée prévalut sous Louis XIV, depuis 1682 jusqu'en 1693, quand la cour de Rome, dans les premières années de son impuissant courroux contre les quatre articles du clergé de France, refusait des bulles d'institution à quiconque les avait signés. Les prélats nommés par le roi, gouvernèrent leurs diocèses en qualité d'*administrateurs capitulaires*, c'est-à-dire en vertu des pouvoirs dont les chapitres les investissaient. Bossuet, dit-on, conseilla ce tempérament, qui peut-être rabaissait un peu la prérogative royale, mais qui pouvait convenir provisoirement aux circonstances, et concilier les opinions et les intérêts. La cour de Rome elle-même en parut satisfaite. Innocent XI, Alexandre VIII, Innocent XII l'approuvèrent, au moins par leur silence ; ils ne réclamèrent contre aucun des actes émanés de ces prélats.

A la vérité, on était forcé de reconnaître que les chapitres sont des établissements modernes dont les droits ne remontent qu'au moyen âge. Mais il était certain aussi que la cour de Rome a maintes fois invoqué et recommandé elle-même les règlements ecclésiastiques qui, depuis le douzième siècle jusqu'au seizième, ont fondé, maintenu et étendu la juridiction des chapitres cathédraux. Suivant ces statuts, la mort d'un évêque fait cesser les pouvoirs des vicaires qu'il s'était donnés [1] ; et durant la vacance du

[1] L'article 36 de la loi organique du concordat disait le contraire; il

siége, c'est par le chapitre, au nom du chapitre, par des vicaires capitulaires, que le diocèse est administré; et, comme il est impossible de citer un seul canon qui refuse au chapitre le droit d'élire pour son vicaire le prélat que le souverain a nommé évêque, il s'ensuit que tout se passe régulièrement et conformément à la discipline introduite dans l'Église par les papes eux-mêmes, quand le prélat, nommé et non institué, n'exerce de juridiction spirituelle que du consentement et sur l'invitation du chapitre de sa cathédrale [1].

Malgré ce que ces faits pouvaient avoir de concluant, pour mieux assurer sa marche et obvier aux difficultés que le pape voudrait élever, l'empereur se détermina à convoquer un conseil ecclésiastique composé de cardinaux et d'évêques [2].

Le Conseil répondit que le concordat est un contrat synallagmatique que le pape n'a pas le droit d'enfreindre. Il ajouta que l'institution canonique ne doit pas arbitrairement être refusée; que le pape est tenu d'accorder des bulles aux sujets nommés par le souverain, ou d'alléguer *des motifs canoniques* du refus; que les motifs exposés par le pape dans sa lettre du 26 août au cardinal Caprara sont dénués de fondement; qu'il ne peut se plaindre d'aucune innovation dans le régime ecclésiastique de la France, *et qu'aucun événement politique ne doit influer sur les fonctions pastorales.* « La religion nous apprend, dit le Conseil, » à ne pas confondre l'ordre spirituel et l'ordre temporel. » La juridiction que le pape exerce de droit divin dans toute » l'Eglise est purement spirituelle; c'est la seule que le » prince des apôtres ait reçue de J.-C., la seule qu'il ait » pu transmettre à ses successeurs. La souveraineté tem- » porelle n'est pour les papes qu'un *accessoire étranger à* » *leur ministère;* elle est d'institution humaine, n'est point

a été abrogé en 1810 à la prière du conseil ecclésiastique. Il faut noter que cet article était un de ceux dont la cour de Rome se plaignait en 1804.

[1] Cette marche fut adoptée à l'égard du cardinal Maury, nommé archevêque de Paris. Il gouverna le diocèse comme *administrateur capitulaire.*

[2] Ce conseil était composé des cardinaux Fesch, Maury et Caselli, de l'archevêque de Tours et des évêques de Nantes, Trèves, Evreux, Verceil. Ce conseil fut formé en novembre 1809. — L'empereur consulta en même temps une commission civile composée ainsi qu'il suit : le prince archichancelier, le ministre des cultes Portalis, les ministres d'état Régnault, Treilhard, et un maître des requêtes pour secrétaire.

» comprise dans les promesses que J.-C. a faites à saint
» Pierre et à ses successeurs ; elle peut leur être enlevée
» comme elle leur a été donnée par les hommes et par les
» événements... Lorsque Rome fut prise d'assaut et sacca-
» gée par les troupes de Charles-Quint, qu'eût-on pensé
» de Clément VII si, pour se venger de ce prince, il eût
» déclaré qu'il abandonnait le soin de toutes les églises de
» la monarchie autrichienne? Pie VII, qui a si glorieuse-
» ment concouru au rétablissement de la religion catho-
» lique, voudrait-il s'exposer à détruire son propre ou-
» vrage?... »

On était en 1811, et depuis deux ans le pape persistait
toujours dans ses refus. Il y a plus; quelques mauvais
Français, au lieu de travailler à concilier les deux puissances, ne cherchaient qu'à les aigrir ; ils s'efforçaient de
constituer une secte de prétendus *catholiques purs* [1], qui,
disant anathème au gouvernement, conseillaient dans leur
correspondance au pape d'opposer aux *vicaires capitulaires* des vicaires *apostoliques* qui s'intituleraient expressément *délégués du Saint-Siége*; et ils promettaient de leur
obéir exclusivement. Assurément il n'est aucune époque
dans les annales de l'Eglise gallicane où l'on ait toléré un
pareil régime! Mais enfin les choses en étaient venues à ce
point...

Pour remédier à ces désordres par les voies les plus
régulières, l'Empereur se détermina, le 7 février 1811, à
convoquer de nouveau le Conseil ecclésiastique consulté
en 1810. — L'état des relations entre le pape et la France
fut mis sous les yeux de ce Conseil, qui devait indiquer
les moyens d'obtenir les dispenses et les institutions refu-
sées par le Saint-Siége, les moyens surtout d'empêcher
d'intervertir l'ordre hiérarchique de l'Eglise, ainsi qu'il le
faisait en nommant des *vicaires apostoliques* et en s'éri-
geant en *évêque universel*.

Le Conseil répondit : 1° que si la communication entre
le pape et les sujets de l'Empereur était interrompue,
c'était aux évêques diocésains que les fidèles devaient s'a-
dresser, afin d'obtenir les dispenses qu'accordait le Saint-

---

[1] « Dans plusieurs diocèses il s'est formé une secte de *catholiques
» purs* qui exercent un culte clandestin auquel président des prêtres qui
» se dérobent à la surveillance des évêques, ne donnant au gouverne-
» ment aucune garantie de leurs principes et de la morale qu'ils ensei-
» gnent. » (Rapport des cardinaux Fesch, Maury, Caselli, et des évêques
de Tours, Malines, Evreux, Trèves et Nantes; 5 mars 1811.)

Siége; 2º que l'institution donnée *conciliairement* par le
métropolitain à ses suffragants et par le plus ancien évêque de la province au métropolitain, devait tenir lieu des
bulles pontificales jusqu'à ce que le pape ou ses successeurs consentissent à l'exécution du concordat; 3º que si
le concordat était jamais révisé, il conviendrait d'y ajouter
une clause *qui obligerait le pape ou à donner l'institution
ou à produire dans un délai déterminé un motif canonique
du refus;* faute de quoi, *le droit d'instituer serait dévolu
de plein droit au synode métropolitain.*

À l'appui de ces réponses, le Conseil rapporte un grand
nombre de faits et de textes qui démontrent que ni la réserve de certaines dispenses au souverain pontife, ni l'obligation d'obtenir des bulles pontificales pour exercer l'épiscopat, ne sont des institutions de la primitive église.
Cependant, quoique ces usages ne se soient introduits que
dans le cours du moyen âge, le Conseil ne peut envisa-
ger sans douleur les circonstances qui semblent inviter à
recourir à l'ancien droit; il pense que le respect dû au
Saint-Siége et le besoin d'entretenir la paix dans l'Eglise
commanderaient de maintenir les lois actuelles si le pape
n'en rendait pas l'exécution impraticable. Il ajoute qu'aujourd'hui « le retour aux lois primitives serait justifié par
» la première de toutes les lois, la loi de la nécessité,
» que N. S. P. le pape a lui-même reconnue, à laquelle il
» s'est soumis, lorsque, pour rétablir l'unité dans l'Eglise
» de France, il s'est mis *au-dessus de toutes les règles or-
» dinaires,* en supprimant *par un acte d'autorité sans exem-
» ple* toutes les anciennes églises de France pour en créer
» de nouvelles. »

Voici maintenant les autorités et les exemples qui prouvent en effet que l'institution canonique des évêques, qu'on
a voulu quelquefois ériger *en dogme,* n'est qu'une affaire
de discipline, qui a *varié* et peut varier encore.

Si l'on remonte au droit primitif, si l'on interroge les
premiers siècles de l'Eglise, on voit que la confirmation
ou institution canonique appartenait au synode de la province ou à l'évêque métropolitain. Saint Gélase, dans
une lettre aux évêques de la Dardanie, leur dit que si le
métropolitain est mort, les évêques de la province doivent
lui choisir un successeur et le sacrer. — Saint Léon [1] ne

---

[1] Lettre 8ᵉ.

veut pas qu'on reconnaisse pour évêque légitime celui qui
n'a pas été demandé par le peuple, élu par le clergé et
consacré par les évêques de la province présidés par le
métropolitain. — Dans une dispute qui s'éleva sur les droits
des métropolitains, entre Arles et Narbonne, le pape Zozime [1] déclare que le siége apostolique même ne peut pas
changer les droits des métropolitains. — Le concile de
Nicée, canon 4e [2], déclare que l'évêque métropolitain doit
confirmer l'évêque. — Le 12e concile de Tolède, en 684 [3],
prescrit la même chose, et pendant treize siècles l'Espagne
n'a jamais demandé à Rome de confirmation ou institution
canonique. — Sirmond [4] prouve que tant que la Gaule fut
soumise aux Romains, les évêques élus par le clergé et le
peuple étaient sacrés par les *métropolitains*. — Lucifer de
Cagliari et saint Eusèbe de Verceil, au retour de leur exil,
ordonnèrent des évêques en Orient et y assemblèrent des
conciles sans distinction de territoire et sans l'intervention
de Rome. — Le célèbre archevêque de Toulouse, M. de
Marca, pensait que s'il arrivait des circonstances qui mis-
sent les évêques dans la nécessité de s'écarter des règles
de la moderne discipline, alors rien ne pouvait les empêcher de revenir *au droit naturel et divin, sans égard pour
les formes introduites par le droit nouveau ;* par exemple,
si la vacance du Saint-Siége se prolongeait pendant plusieurs années ; si des armées ennemies interceptaient les
passages, empêchaient le recours au souverain pontife, ou
s'il survenait *quelques autres causes semblables et de plus
graves encore, les églises devraient alors être gouvernées
suivant le droit divin ou l'ancien droit ecclésiastique.*

Il serait à souhaiter, dit-il ailleurs, qu'on bannît *des
écoles chrétiennes l'opinion nouvelle, et inouïe aux douze
premiers siècles, qui enseigne que les évêques reçoivent leur
juridiction du pape.*

Quelques efforts que nous ayons faits, dit Thomassin,
pour rechercher dans l'antiquité quelques traces de la police moderne qui a presque réservé au pape seul l'élection
et l'ordination des évêques, il a néanmoins paru qu'au
contraire presque tous les anciens évêques, surtout les
patriarches orientaux, montaient sur le trône épiscopal

---

[1] Lettre 7e.
[2] Voyez *Hardouin*, t. 1, col. 783.
[3] Canon 6.
[4] Préface à l'appendice du t. II des Conciles des Gaules.

sans que le pape en fût même averti [1]. — Il est indubitable, dit Bossuet, que l'Eglise de Carthage, par exemple, jouissait du droit absolu de donner des évêques aux diocèses de sa dépendance, ainsi qu'aux Eglises d'Éphèse, d'Héraclée, de Césarée. — En 1399, les Castillans se retirèrent de l'obédience de Benoît XII. Le roi Henri III de Castille ordonna aux archevêques et évêques de pourvoir aux églises et de remplacer le pape à cet égard [2]. — La même chose eut lieu en France en 1408, quand trois papes se disputaient l'autorité [3]. — Le Portugal s'étant détaché de l'Espagne et la maison de Bragance étant montée sur le trône, dans l'espace de neuf ans tous les évêques moururent, un seul excepté. Le roi Jean IV ayant envoyé sans succès au pape trois ambassadeurs pour le prier d'instituer des évêques, le pape s'obstina à refuser, pour ne pas avoir l'air de reconnaître le roi et ne pas se brouiller avec l'Espagne. Alors le roi consulta les universités et les évêques de France. D'après le rapport fait à l'assemblée de 1650 par l'évêque de Comminges, il fut décidé que, vu le refus persévérant du pape, le roi pouvait faire sacrer les élus par d'autres évêques [4]. — Sous Henri IV, toute communication avec Rome étant rompue, il fut ordonné que la nomination aux bénéfices serait confirmée par les évêques. Servin, avocat-général, raconte dans ses plaidoyers que l'évêque de Coutances, en 1587, fut sacré avant d'avoir des bulles de Rome qu'il ne put prendre que dix ans après, et qu'il exerça, ainsi que plusieurs autres, les fonctions épiscopales [5]. Cette marche était conforme au sixième canon du concile de Sardique.

Lorsqu'en 1718 des différends existaient entre la cour de Rome et la France, le conseil de régence déclara qu'on se passerait de bulles, parce que la Sorbonne ayant été consultée, l'avis de tous les docteurs avait été *unanime* sur le droit qu'ont les Eglises nationales de reprendre leur liberté dont l'exercice *n'est que suspendu par les concordats et qui revit avec leurs besoins.* — En 1784, plus de trente

---

[1] *Voyez* Thomassin, Discipl. ecclésiast., t. II, part. 2, liv. II, c. 8.

[2] *Voyez* Historia de las antiguedades de la ciudad de Salamanca, par Gil. Gonzalès de Avila, etc., 1606, liv. III, c. 14.

[3] *Voyez Traité des libertés gallicanes*, c. 10.

[4] *Voyez* Pro ecclesiis lusitanicis libelli duo (par Ison. Bulliold), in-4°, Parisiis, 1655. — Narratio compendiosa rerum omnium quæ acciderunt super confirmandis à summo pontifice regni Lusitani episcopis, in-4°; Ulyssippone, 1667. 8 pages.

[5] *Voyez* ses plaidoyers. p. 81, et troisième partie, p. 27 ou 28.

évêchés étaient vacants dans le royaume de Naples. L'état
déplorable de cette Eglise fit naître divers ouvrages très-
bien faits, entre autres celui qui a pour titre : *Lamenti
delle Vedove*, et celui de *Carmine Firmiani*. On y établit
la nécessité de revenir au régime métropolitain. On prouva
au surplus que, si dans les premiers siècles de l'Eglise les
évêques de Rome avaient confirmé les évêques napolitains,
c'était, non en qualité de chefs de l'Eglise, mais de métropolitains. Au dixième siècle furent érigés dans ce pays
divers archevêchés, dont trois, savoir, Reggio, San-Se-
verino et Otrante, ayant été établis par le patriarche de
Constantinople, parce qu'alors les empereurs d'Orient
étaient maîtres de ces provinces; les métropolitains alors
exercèrent le droit de confirmer leurs suffragants jusqu'au
quatorzième siècle. Les deux derniers exemples datent des
années 1334 et 1340. Ces faits sont attestés par Ughelli,
qui n'est pas suspect à la cour de Rome [1]. — L'archevêque
de Salzbourg a conservé long-temps le droit de consacrer
et d'instituer ses quatre suffragants de Chiemsée, Lavant,
Seckau et Gurck. Celui de Chiemsée était même obligé
de faire la fonction de vicaire *in pontificalibus* dans
la métropole toutes les fois que l'archevêque l'exigeait [2].

Jamais, dans les premiers siècles du christianisme, on
n'entendit parler du recours à Rome pour en recevoir l'institution canonique. On embarrasse toujours les ultramontains en leur demandant quel pape avait confirmé ou institué saint Ambroise, saint Augustin, saint Bazile, saint
Chrysostôme et tous les grands évêques de l'antiquité chrétienne. Étaient-ils ou non légitimes? — Plusieurs même,
tels que saint Cyprien, saint Firmilien, sont morts sans
avoir reçu aucun gage d'union du pape Étienne, qui traite
saint Cyprien de faux prophète, d'ouvrier trompeur et
infidèle. — Un évêque français demandait, il y a quelques
années, à M. Devoti, archevêque *in partibus* de Carthage :
Quel est le pape qui a donné l'investiture canonique à saint
Cyprien, votre devancier? — M. Devoti avouait qu'à cette
époque ce n'était pas l'usage; mais il prétendit que les
métropolitains instituaient avec le consentement du pape.

---

[1] *Voyez* l'ouvrage de *Carmine Firmiani*, professeur de droit canon à
Naples, De ortu et progressu métropoleôn ecclesiasticarum. — *Voyez* Ra-
gionamento, etc., ou dissertation sur l'autorité des archevêques des
royaumes de Naples de consacrer les évêques de leurs provinces. In-8°
de 114 pages, 1788.

[2] *Voyez* Hondius.

— « Ce n'était pas l'usage, répondit l'évêque français. *Donc, c'est une affaire de discipline*, et *la discipline peut varier;* donc on a tort de présenter comme une espèce de dogme l'institution canonique. Vous dites que les métropolitains instituaient du consentement du pape; on vous défie de citer un seul texte des Pères ou des conciles à l'appui de cette assertion; et qu'on ne dise pas que par la condescendance des diverses Eglises de la catholicité, le pape a prescrit. Un axiome de droit dit que la règle crie toujours contre l'abus. Les papes ont ravi aux métropolitains le droit primitif d'instituer les évêques, comme on a ôté aux peuples le droit d'élire leurs pasteurs, droit naturel et divin selon divers auteurs. Si pour être à la tête d'un diocèse il fallait l'assentiment du pape, l'épiscopat, livré à sa discrétion, dépendrait de ses caprices. Cette idée heurte toutes les notions saines du gouvernement de l'Eglise. »

Excommunication lancée le 10 juin 1809 contre Napoléon et le peuple français.

La bulle qui prononce cette excommunication est du 10 juin 1809! Elle fut affichée aux portes des trois principales basiliques de la ville de Rome, et il paraît qu'elle eût été solennellement proclamée le 29, jour de la fête de saint Pierre, si l'on n'eût découvert et arrêté ce projet.

Cette bulle s'évanouit d'elle-même et ne produisit aucun effet. Cependant l'Empereur n'en crut pas moins devoir profiter de la réunion du Conseil ecclésiastique pour lui soumettre cette question : « La bulle d'excommunication » du 10 juin 1809 étant contraire à la charité chrétienne, » ainsi qu'à l'indépendance et à l'honneur du trône, quel » parti prendre pour que dans les temps de troubles et de » calamités les papes ne se portent point à de tels excès de » pouvoirs ? »

Le Conseil répondit que les bulles de Boniface VIII contre Philippe-le-Bel, de Jules II contre Louis XII, de Sixte-Quint contre Henri IV, n'ont jamais eu de force en France; qu'aucun évêque français n'a voulu les publier ni les reconnaître; que la bulle du 10 juin les surpasse toutes en injustice, en inconvenance, *en nullité;* qu'à une époque où la saine critique a démontré la fausseté des titres qui servaient d'appui à ces entreprises irréligieuses, on ne devait pas s'attendre à les voir renouveler.

Inexécution, résolution du concordat de l'an IX.

Selon M. de Montalembert, « le concordat, cette loi de
» l'an X, vous ne l'exécutez pas; dès lors, dit-il, com-
» ment voulez-vous en réclamer l'exécution de la part des
» autres? » — Eh! quels sont, s'il vous plaît, les faits qu'on
apporte en preuve de cette inexécution? Les voici :

« 1° L'art. 12 interdit aux évêques toute autre qualifica-
» tion que celle de *monsieur l'évêque;* or, M. le garde des
» sceaux le viole chaque fois qu'il écrit à un évêque en l'ap-
» pelant *Monseigneur.* » — Peut-être serait-il en effet plus
logique que M. le garde des sceaux, ministre des cultes,
ayant à ce titre et au nom du roi la charge et le devoir de
faire exécuter les lois par *messieurs les évêques,* ce qui lui
donne sur eux une action qu'ils n'ont pas sur lui, ne leur
accordât point la qualification de *monseigneur;* car ce titre,
vrai autrefois que les évêques étaient en réalité *seigneurs*
temporels, avec *armoiries, fiefs* et *vassaux;* ce titre est
un non-sens aujourd'hui qu'on pourrait à bon droit leur
demander comme à MM. les pairs, qui, sous la restauration, avaient aussi reçu le titre de *seigneuries* : Hélas!
messieurs, seigneurs *de qui?* seigneurs *de quoi?* Les évêques ne sont assurément pas les *seigneurs* particuliers des
ministres du roi; si donc le garde des sceaux leur donne le
titre de *monseigneur,* c'est une pure courtoisie qui exige-
rait seulement de leur part réciprocité, comme cela se
pratiquait poliment avant 1830.

Autre argument. « L'art. 13 dit que les archevêques consacreront et installeront leurs suffragants. Il n'en est rien. »
— Si cet article est en effet inexécuté, à qui la faute? A
l'autorité ecclésiastique, qui probablement y résiste; mais
ce serait un sujet de plainte pour le gouvernement, et non
pas un motif de reproche que le clergé puisse lui adresser.
Nous seuls pourrions dire au gouvernement : Pourquoi
cette faiblesse? Au surplus, comme cette question se lie à
celle de l'*institution canonique,* voyez ce que nous avons
dit à ce sujet, *suprà,* p 513 et suiv.

3ᵉ grief. « L'article 26 interdit aux évêques d'ordonner
» des ecclésiastiques qui n'auraient pas 300 fr. Ce dernier
» article n'a jamais été exécuté; et, si je ne me trompe, il
» a été formellement révoqué. » — Oui, il l'a été à la demande même du clergé. En observant la loi substituée à
l'ancienne, on ne viole donc pas celle qui a cessé d'exister;

on observe celle qui l'a remplacée. Disons-le, du reste : la précaution en elle-même était bonne; mais elle a paru trop rigoureuse, en présence du peu d'empressement que les classes aisées mettaient à entrer dans l'état ecclésiastique ; et voilà pourquoi on a cessé de tenir à cette condition. M. de Montalembert lui-même, dans sa franchise, n'a-t-il pas dit : « C'est presque une *honte pour l'ancienne* » *noblesse de France* que le petit nombre de membres qu'elle » fournit au clergé, aujourd'hui que sa mission est une » mission de dévouement et de sacrifices; elle qui lui en » fournissait un si grand nombre *alors qu'il était riche et* » *puissant!* » En cela M. de Montalembert a raison ; il révèle le honteux secret de beaucoup d'anciennes vocations. Tant pis pour la noblesse, si elle *boude* contre les dignités de l'Église, comme elle boude contre celles de l'État, contre la magistrature, contre l'armée ! Le tiers-état a de quoi fournir des contingents à toutes les carrières ; c'est la plus forte garantie contre ceux qui rêvent le retour des idées et des hommes du passé!

4e grief. « L'article 39 porte : « Il n'y aura qu'une li- » turgie et qu'un catéchisme pour toutes les églises catholi- » ques de France. Eh bien! il y a en ce moment en France » quarante liturgies et je ne sais combien de catéchismes; » cet article n'a jamais été exécuté. »

A qui la faute? Ce n'est pas au gouvernement. Sous l'empire ce catéchisme fut imprimé : c'était celui de Bossuet; il parut avec cette épigraphe tirée de l'épître de saint Paul aux Ephésiens : *Unus Dominus, una fides, unum baptisma.* Quand cette unité d'enseignement a-t-elle été rompue? Sous la restauration, alors qu'en effet chacun a voulu avoir son catéchisme pour le vendre *avec privilége;* ce qu'on a excusé en disant que le profit de ces ventes servait à couvrir l'impression plus onéreuse des missels et autres livres de liturgie. Toujours est-il que l'inexécution ou la violation de l'article est venue du clergé ; on ne peut donc pas, en son nom, en argumenter contre la loi de l'an X. Ce qu'elle autorisait à cet égard n'a pas cessé de valoir mieux que ce qu'on a fait.

M. de Montalembert ne se borne pas à attaquer *la loi* de l'an X ; sa sollicitude s'étend même jusqu'à l'abolition du *concordat* : « Si, par exemple, dit-il, le chef de l'État » cessait d'être catholique ; si, par exemple, il y avait une » régence confiée à des mains *protestantes,* il y aurait lieu

» à renouveler le concordat. — De même si, comme on
» en a menacé dans la presse ministérielle, on supprimait
» ou si on modifiait profondément le traitement convena-
» ble que le concordat stipule pour le clergé de France ;
» dès ce moment le concordat serait rompu ; on rentrerait
» dans le droit commun de l'Eglise ; les évêques seraient
» nommés comme en Belgique. »

Disons d'abord en thèse générale que, si, en effet, le
concordat était rompu, on rentrerait de suite *dans le droit
commun ;* — mais j'entends le droit commun de la France,
et non pas le droit spécial de la Belgique, qui n'est pas
destinée en cela à nous servir de modèle.

Du temps de l'empire aussi on examina ce qui arriverait
si le concordat était rompu ; et il y a cette différence que ce
n'était pas au nom du saint-siége qu'on menaçait de cette
rupture, mais au nom du gouvernement français. Les
hommes éminents consultés par l'empereur sur cette question répondirent que l'inexécution d'un traité par la faute
de l'une des parties rétablit l'autre dans les droits dont elle
jouissait avant de contracter, et que, par conséquent, l'E-
glise de France se trouverait replacée, par le refus du
saint-père de donner l'institution aux évêques, dans le
système qui a précédé les concordats de 1802 et de 1515.
Or, avant 1515, les nouveaux évêques recevaient l'institution canonique de leurs métropolitains, ou de l'un de ses
suffragants, ou du synode provincial. Rien n'empêcherait
donc de revenir aujourd'hui à cette forme d'institution, qui
depuis 1515 a déjà remplacé quelquefois celle dont la cour
de Rome interrompait l'usage.

Venant ensuite aux causes spéciales de rescision mises
en avant par M. de Montalembert, je lui répondrai que je
ne crois pas qu'il entre jamais dans l'esprit d'aucun législateur de priver les ministres du culte du traitement qui leur
est garanti par la Charte. J'ajoute que de trop grands intérêts s'attachent à l'existence de l'Eglise de France, des
intérêts bien supérieurs au plus ou moins d'argent affecté au
traitement de ses ministres, pour entrevoir à cette occasion
la possibilité d'un schisme ou d'une rupture. Quelques re-
tenues individuelles, correspondant à ce qu'on appelait autrefois *saisie du temporel,* prononcées pour des faits particuliers, n'auraient pas d'autres conséquences que celles
qui suivaient autrefois ces sortes de coercitions, ou celles
qui peuvent se rattacher à l'exécution de la loi de finances

du 22 avril 1823, art. 8, cité sous l'art. 29 de la loi de l'an X, dont personne n'a jamais contesté la convenance et l'opportunité.

Quant à une *régence protestante*, le prétexte même manque à l'attaque, puisque la loi de régence, que M. de Montalembert a sans doute votée, attribue la régence aux fils du roi, qui tous sont catholiques. Mais, pour l'honneur des principes et pour le maintien de nos droits politiques et constitutionnels, j'ajouterai que si les chambres avaient voulu appeler à la régence madame la duchesse d'Orléans, comme elles en avaient constitutionnellement le droit, cela n'aurait rien changé à la situation des choses. J'ai d'abord la confiance qu'on n'aurait pas vu renaître à cette occasion les troubles de la ligue, ou qu'ils auraient été très-vite apaisés ; mais il n'y aurait pas même eu lieu dans ce cas à se préoccuper de l'article 17 du concordat de l'an IX, portant que : « Dans le cas où quelqu'un des successeurs » du premier consul actuel ne serait pas catholique, les » droits et prérogatives mentionnés en l'art 6, et la nomi- » nation aux évêchés seraient réglés par rapport à lui par » une nouvelle convention. »

La raison en est qu'une *régente* protestante n'aurait pas empêché que le comte de Paris ne fût catholique, puisque telle est en effet la religion dans lequel il est né et dans laquelle il sera fidèlement élevé. — La prérogative royale serait donc demeurée entière ; elle n'aurait souffert aucune atteinte, et par conséquent la nomination des évêques n'aurait pas cessé d'être faite au nom du roi, *en vertu du droit inhérent à la couronne*, suivant l'expression de Louis XVIII.

Réponse générale aux critiques dirigées par les ultramontains contre la loi du 18 germinal an X.

A entendre les ultramontains, dès qu'un concordat est fait avec Rome, ce traité seul est exécutoire ; il ne reste plus aux peuples qu'à se soumettre ; et toute loi rendue à la suite, pour en régler l'exécution conformément à la constitution et aux mœurs du pays, est nulle si elle n'a reçu *l'approbation* de la cour de Rome.

Cette prétention n'a été vraie en France dans aucun temps.

Ainsi, 1º les pragmatiques de saint Louis et de Charles VII n'ont jamais eu besoin de la sanction des papes ;

et elles n'ont pas cessé d'être exécutées *malgré* leurs réclamations.

2º Le concordat de 1515, entre François Iᵉʳ et Léon X, n'a pu être exécuté qu'après avoir été enregistré par les parlements du royaume ; cet enregistrement a été l'objet de vives résistances, et n'a même eu lieu qu'avec des modifications.

3º La loi de l'an X a été nécessaire pour introduire le concordat en France ; et toutes ses dispositions sont devenues les *conditions* nécessaires et légitimes de son admission. (Ce point a été démontré ci-dessus, page 488.)

4º Autre preuve.

Lorsqu'en 1817, le roi de France Louis XVIII et sa sainteté le pape Pie VII, résolus à faire du nouveau et voulant se soustraire au concordat de l'an IX et à la loi de l'an X, eurent fait, le 11 juin 1817, une nouvelle convention qui rétablissait le concordat de François Iᵉʳ et de Léon X, le roi de France et son gouvernement reconnurent également que ce nouvel arrangement avait besoin de la sanction d'une loi pour avoir cours en France. — Aussi, à l'ouverture de la session de 1817, Louis XVIII, dans le discours du trône, annonça que les négociations qu'il avait ouvertes avec la cour de Rome avaient été terminées par un traité ; et sa majesté ajouta : « que ce traité serait communiqué aux chambres, et qu'Elle chargerait ses ministres de leur proposer un projet de loi *nécessaire* pour donner la *sanction législative* à celles du nouveau concordat qui en seraient susceptibles, et pour les mettre en harmonie avec la Charte, les lois du royaume et les libertés de l'Eglise gallicane. »

Ce projet de loi fut présenté à la chambre des députés, à la séance du 22 février 1817, par M. Laisné, un des plus habiles *légistes* de cette époque ; — et nous allons en donner le texte, en avertissant le lecteur de remarquer que les principales dispositions de la loi de l'an X, celles contre lesquelles le pape avait réclamé avec le plus d'ardeur en 1804, y sont *reproduites* avec une rédaction encore plus nette et qui augmente leur énergie. — Si cette loi eût passé, il est probable que les néo-catholiques n'y eussent pas trouvé à redire. — Elle n'a point été votée. Qu'en est-il résulté ? — Que le concordat de 1817 lui-même est resté comme *non avenu*, et que celui de l'an IX et la loi organique de l'an X ont seuls *continué* de régir l'Eglise galli-

cane. Double preuve : 1° qu'un concordat ne suffit pas
sans une loi qui l'admette dans l'Etat ; 2° et que cette loi,
pour le fond comme pour la forme, ne dépend que du
libre arbitre du pouvoir législatif.

*Projet de loi présenté à la chambre des députés par
M. Laisné, ministre de l'intérieur, le 28 novembre 1817, pour l'exécution de la Convention (Concordat)
passée entre S. M. Louis XVIII et le pape Pie VII, le
11 juin 1817.*

Art. 1er. Conformément au concordat passé entre François Ier et Léon X, le roi seul nomme, *en vertu du droit
inhérent à la couronne,* aux évêchés et archevêchés dans
toute l'étendue du royaume. — Les évêques et archevêques se retirent auprès du pape pour en obtenir l'institution canonique suivant les formes anciennement établies.

Art. 2. Le concordat du 15 juillet 1801 cesse d'avoir
son effet à compter de ce jour, sans que néanmoins il soit
porté aucune atteinte aux effets qu'il a produits et à la
disposition contenue dans l'art. 13 de cet acte, laquelle demeure dans toute sa force et vigueur.

Art. 3. Sont érigés sept nouveaux siéges archiépiscopaux et trente-cinq siéges épiscopaux. Deux des siéges
épiscopaux actuellement existants sont érigés en archevêchés. — La circonscription des cinquante siéges actuellement existants et celle des quarante-deux siéges nouvellement érigés sont déterminées conformément au tableau
annexé à la présente loi.

Art. 4. Les dotations des archevêchés et évêchés seront
prélevées sur les fonds mis à la disposition du roi par l'article 43 de la loi du 25 mars dernier.

Art. 5. Les bulles, brefs, décrets et autres actes émanés de la cour de Rome ou produits sous son autorité,
excepté les indults de la pénitencerie en ce qui concerne
le for intérieur seulement, ne pourront être *reçus, imprimés, publiés et mis à exécution* dans le royaume *qu'avec
l'autorisation donnée par le roi.*

Art. 6. Ceux de ces actes concernant l'Eglise universelle,
ou l'intérêt général de l'Etat ou de l'Eglise de France,
leurs lois, leur administration, ou leur doctrine, et qui
nécessiteraient ou desquelles on pourrait induire quelques
modifications dans la législation actuellement existante, ne

pourront être reçus, imprimés publiés et mis à exécution en France qu'*après avoir été duement vérifiés par les deux chambres, sur la proposition du roi.*

Art. 7. Lesdits actes seront insérés au Bulletin des lois *avec la loi ou ordonnance qui en aura autorisé la publication.*

Art. 8. Les *cas d'abus* spécifiés par l'art. 6 et ceux de troubles prévus par l'art. 6 de la loi du 8 avril 1802 seront portés directement *aux cours royales*, première chambre civile, à la diligence de nos procureurs-généraux ou sur la poursuite des parties intéressées. — Les cours royales statueront dans tous les cas qui ne sont pas prévus par les codes *conformément aux régles anciennes observées dans le royaume*, sauf recours en cassation.

Art. 9. Il sera procédé conformément aux dispositions de l'art. 10 de la loi du 20 avril 1810 et des art. 479 et 480 C. Instr. crim., contre toutes personnes engagées dans les ordres sacrés, approuvées par leurs évêques, qui seraient prévenues de crimes ou délits, *soit hors* de leurs fonctions, *soit dans* l'exercice de leurs fonctions.

Art. 10. Les bulles données à Rome les 19 et 27 juillet 1817, la première contenant ratification de la convention passée le 11 juin dernier entre le roi et sa sainteté, la seconde concernant la circonscription des diocèses du royaume, sont reçues et seront publiées, *sans approbation des clauses, formules et expressions, qu'elles renferment et qui sont ou pourraient être contraires aux lois du royaume et aux libertés, franchises et maximes de l'Eglise gallicane.*

Art. 11. En aucun cas lesdites réception et publication *ne pourront préjudicier aux dispositions de la présente loi, aux droits publics des Français, garantis par la Charte constitutionnelle, aux maximes, franchises et libertés de l'Eglise gallicane, aux lois et règlements sur les matières ecclésiastiques et aux lois concernant l'administration des cultes non-catholiques.*

Ainsi, comme on le voit, la restauration, comme l'empire, stipulait soigneusement la conservation des maximes qu'on voudrait aujourd'hui nous faire abandonner.

DISCOURS

PRONONCÉ PAR M. DUPIN,

DÉPUTÉ DE LA NIÈVRE,

sur la conduite tenue par quelques membres du clergé,

MÊME PAR DES PRÉLATS,

DANS LEURS DÉBATS VIS-A-VIS DE L'UNIVERSITÉ.

Séance du 19 mars 1844.

> « .... Sinon par adventure qu'on voulust mainte-
> » nir, que le Prince servist seulement de *suisse* aux
> » ecclésiastiques, pour veiller qu'ils ne fussent at-
> » taqués, et que l'Eglise ou ce qu'on appelle immunités
> » ecclésiastiques fussent un asile de toute impunité,
> » sans que le Roy eust aucun moyen de les corriger
> » quand ils malversent. .... »
> (EDMOND RICHER, *Traité des Appell.*, t. 1er, p. 150.)

Messieurs, chacun l'a remarqué, un mouvement fâcheux, presque insurrectionnel, s'est manifesté chez quelques membres du clergé. J'en absoudrai autant que vous voudrez ; je les réduirai autant qu'il se pourra à un petit nombre ; mais, du moins l'activité qu'ils déploient les a multipliés ; car la presse en a retenti sur tous les points, et les actes se répètent chaque jour.

Il faut faire attention au caractère de ces actes. On ne peut nier que l'opinion publique ne s'en soit jusqu'à un certain point, je ne dis pas alarmée, la chose n'en est pas là, mais inquiétée.

M. GUIZOT, *ministre des affaires étrangères.* Émue !

M. DUPIN. Émue, si vous voulez ; elle les a combinés avec la situation politique, avec les manœuvres des partis ..

M. DE CARNÉ. Je demande la parole.

M. DUPIN. Avec les espérances qu'ils affectent, et avec l'avenir qu'ils nous promettent. (C'est vrai !) On a cherché des liaisons entre le prétexte et la cause ; c'est pour cela que je crois bon que ces faits soient appréciés en présence du public et à cette tribune, pour éclairer et fixer l'opinion.

Ce mouvement dont je parle s'est manifesté par une sorte de *croisade* qu'on a prêchée contre l'université ; et

de suite une première réflexion a dû se présenter aux
esprits.

Puisque c'était le clergé qui élevait la voix, pourquoi
cette question s'est-elle donc agitée dans des termes qui
contrastent si étrangement avec le caractère des hommes
qui entraient dans la lice? Quoi! nous avons chaque jour
à discuter des projets de lois qui modifient ou compromettent des intérêts nombreux, vivaces, poignants, des intérêts
répandus dans des classes qui n'ont ni les mêmes devoirs
à remplir, ni les mêmes convenances à observer que le
clergé ; qui n'ont pas non plus les mêmes talents, les mêmes
moyens pour rendre avec modération leurs idées, et exposer leurs griefs avec décence. Eh bien, je le demande
(car c'est à l'opinion entière que j'en appelle pour juger
mes paroles et le jugement que je porterai moi-même sur
les actes), je demande si jamais la chambre a été en butte
et en lutte avec des attaques du genre de celles qui se sont
produites à l'occasion du projet de loi sur l'enseignement?
(Vive sensation.)

Le clergé, dit-on, use du droit de tous, en élevant la
voix à l'occasion de la discussion d'un projet de loi qui l'intéresse! Oui [1], mais qu'il parle comme doit faire le clergé :
charitablement pour les personnes ; nettement, fortement,
tant qu'il voudra, sur les choses ; qu'il parle avec la fermeté qui est du génie quand elle s'exprime comme Bossuet ; de la douceur, quand elle s'exprime comme Fénelon,
du bon sens, enfin, et de l'humanité, lorsqu'elle parle le
langage des amis de l'ordre et de la religion. (Marques
générales d'approbation.)

Mais quel a été le ton de la discussion? C'est celui d'une
violence inouïe. Quel a été le genre d'attaque dont je me
plains, et sur lequel j'appelle l'opinion publique comme
jugement souverain? Ç'a été le ton d'une hostilité déclarée,
qui souvent s'est exprimée dans les termes les plus amers
Eh bien, oui, quand nous sommes en face d'hommes qui
exercent la force morale et n'ont de vie que par elle, que le
bon sens soit juge entre eux et nous; que le bon sens
national, l'honneur, la religion, que j'invoque à mon tour
contre ceux qui en abusent, décident. (Très-bien, très-
bien!)

---

[1] *Voyez* le développement de cette partie dans le *Manuel*, p. 339.

La qualité des actes mérite d'être remarquée encore
plus que leur nombre. Et, d'abord, c'est de Lyon, ville
située au pied des monts, barrière naturelle qui devrait au
moins nous séparer des doctrines ultramontaines , c'est de
Lyon qu'est partie la première protestation. Un archevêque
placé sur un des premiers siéges de France et qui se qualifie
primat (est-ce en raison de cette qualité qu'il a voulu prendre l'initiative et donner le signal?), l'archevêque de Lyon,
a donné l'exemple de l'insubordination. Eh bien, si l'attaque est partie de si haut, elle devait être plus remarquée,
et au lieu, dès l'abord, de s'attaquer je ne dirai pas à un
subalterne, mais à un prélat inférieur dans la hiérarchie,
c'est au primat lui-même, c'est au métropolitain qu'il fallait d'abord faire parvenir les avertissements de l'autorité.
Quand le bras a failli, on en punit la tète : la sienne était
la plus élevée. C'était à l'archevêque de Lyon d'abord que
la censure devait s'adresser; c'est lui qui, le premier, avait
menacé d'user de ce moyen étrange dont, dans un autre
temps, on a pu menacer les rois, menacer les hommes,
mais dont on n'avait jamais menacé les enfants. Eh quoi !
n'a-t-on pas, en effet, menacé d'excommunier en quelque
sorte un collége, de lui retirer son aumônier, de retirer
tout enseignement de la saine doctrine des lieux où l'on
prétendait que la mauvaise était enseignée et faisait ra-
vage? (Sensation.)

Ce premier fait resté impuni a dû encourager tous les
autres. (Marques d'approbation.) Il y a un autre fait qui
s'est produit en nom collectif; c'est là un caractère tout
particulier. On cherche à l'excuser en disant que l'on aurait pu présenter une pétition collective , que c'est le droit
de tout le monde. Je réponds par une distinction, dont vous
reconnaîtrez sans doute la justesse. Je n'appelle droit de
tout le monde que celui qu'on peut exercer quand on est
dans la même condition que tout le monde.

Il y a un droit de tout le monde pour les gens qui ne
sont que de simples particuliers; mais pour ceux qui sont
fonctionnaires, ce n'est pas le droit de tout le monde qu'il
faut alléguer; pour ceux-là il y a des devoirs de position,
il y a certaines obligations qui sont imposées à leur caractère, à leurs fonctions et a leur état. Ainsi plusieurs particuliers peuvent s'associer pour une même conduite à tenir,
mais la coalition entre fonctionnaires est défendue. Ainsi,

au magistrat n'est pas toujours permis ce qui est permis
au justiciable; ainsi à l'évêque n'est pas permis tout ce qui
est permis au simple fidèle : *Ità in maximâ fortunâ mi-
nima licentia est.* Il y a des occasions où l'élévation du
poste grandit le pouvoir, quand on en use dans ses justes
limites; mais quand on en abuse, on est d'autant plus répréhensible qu'on est plus élevé. Ici c'est le concert qui
était blâmable, bien plus que la publicité. La publicité, si
elle avait eu lieu par le fait de ceux qui s'étaient concertés,
aurait été une aggravation ; la publicité sans leur fait a été
une indiscrétion. Je ne sais qui l'a commise; mais restait
le concert, c'est le concert qui surtout devait être réprimé.
Cela est si vrai, que dans la lettre de M. le garde des
sceaux, lettre généralement approuvée, c'est le concert qui
est reproché, blâmé. Voici cette lettre, telle qu'elle a été
insérée dans le *Moniteur :*

« Paris, 8 mars 1844.

« Monseigneur, vous avez adressé au roi un mémoire
concerté entre vous et quatre de vos suffragants qui, comme
vous, l'ont revêtu de leurs signatures.

» Dans ce mémoire, examinant à votre point de vue la
question de la liberté d'enseignement, vous avez essayé de
jeter un blâme général sur les établissements d'instruction
publique fondés par l'État, sur le personnel du corps enseignant tout entier, et dirigé des insinuations offensantes
contre un des ministres du roi.

» Un journal vient de donner à ce mémoire l'éclat de la
publicité.

» Je ne doute pas que ce dernier fait ne se soit accompli
sans votre concours ; mais je ne dois pas moins vous déclarer que le gouvernement du roi *improuve l'œuvre* même
que vous avez souscrite, et parce qu'elle blesse gravement
les convenances, et parce qu'elle est contraire au véritable
esprit de la loi du 18 germinal an 10.

» Cette loi interdit, en effet, toute délibération dans une
réunion d'évêques non autorisée : il serait étrange qu'une
telle prohibition pût être éludée au moyen d'une correspondance établissant *le concert* et opérant la délibération,
sans qu'il y eût assemblée.

» J'espère qu'il m'aura suffi de vous rappeler les principes posés dans les articles organiques du concordat pour que vous vous absteniez désormais d'y porter atteinte.

« Agréez, monseigneur, » etc.

J'ajouterai pour ceux qui, à tort, critiquent ou dédaignent la loi de germinal an 10, que tout concert entre les évêques, quand il n'est pas autorisé, est contraire aux principes de tous les temps ; car cette loi de germinal an 10, contre laquelle on murmure si imprudemment, ne renferme, pour ainsi dire, pas un article qui ne puisse être justifié par le droit ecclésiastique de tous les temps antérieurs. Oui, messieurs, c'était le droit public de France sous l'ancienne monarchie, à une époque où le clergé se soumettait à cette loi et n'en murmurait pas ; à une époque où dans tous les cas on savait le rappeler à l'exécution des règles, quand il était assez indiscipliné pour essayer d'en secouer le joug.

Le concert entre les évêques n'est pas chose indifférente ; on sait très-bien que le concert prête appui ; c'est pour cela qu'on voudrait des associations non surveillées même en politique ; c'est pour cela qu'on voudrait des congrégations même non autorisées en matière religieuse. Et quand ce sont des hommes qui sont revêtus d'un caractère public éclatant, qui de vous méconnaîtrait la sagesse du principe que je défends ici ? qui de vous méconnaîtrait que la réclamation de cinq évêques a plus de puissance que celle d'un seul ? qui nierait que la réclamation de dix, de quinze, de vingt, de trente évêques n'ait plus d'autorité que celle d'un seul ? Et si tous allaient se concerter par lettres et faire un concile par écrit là où faute d'autorisation il ne pourrait avoir lieu par la réunion des individus, quel désordre, quelle confusion n'en résulterait-il pas dans l'Église et dans l'État ?

Ainsi lorsque les évêques se concertent sans autorisation pour un acte collectif, ils enfreignent publiquement un principe, non pas seulement de droit privé, mais de droit public, de droit constitutionnel, et même de droit ecclésiastique. Mais, messieurs, le droit public, le droit constitutionnel, nos libertés politiques sont placés en présence de nos libertés religieuses. Notre éducation n'est pas complète, si l'on n'étudie que les unes sans étudier les autres. Je vous en adjure, hommes d'État, législateurs, instruisez-vous, portez votre attention sur cette partie de votre droit public; sans cela, vous ne pourriez que très-imparfaitement remplir votre mission. (Sensation.)

Sous la restauration aussi, messieurs, et sous Charles X, à qui les évêques ne reprochaient pas de n'être point assez dévot (on rit), sous Charles X furent rendues les ordonnances du 16 juin, qui avaient apporté une certaine modération aux empiétements ecclésiastiques et à l'irruption souterraine des congrégations. Eh bien, une réclamation également concertée fut écrite par plusieurs évêques, et parut dans les journaux. Le ministère y répondit dans le *Moniteur*, et l'allocution du ministre se termine par ces mots, qui, je pense, sont aussi dans la pensée du gouvernement actuel, et que j'ajoute comme *post scriptum* à la lettre de M. le garde des sceaux (On rit.) :

« Le roi, dans sa haute sagesse, a rendu, dans les limites de son autorité, des ordonnances concernant les écoles ecclésiastiques secondaires, pour procurer l'exécution des lois de son royaume. Il saura les faire exécuter. La dignité de sa couronne et le bien de la religion le lui commandent également. »

Une voix. C'était en 1828!

M. DUPIN. Oui, en 1828! et cette époque valait mieux que celle qui a suivi et que celle qui a précédé.

Si la lettre des cinq évêques a eu la censure directe du ministre des cultes, qui, en cela, je me plais à le reconnaître, a rempli son devoir, des poursuites directes ont été dirigées contre M. l'abbé Combalot qui, avec plus de liberté ou plutôt de licence, s'était lancé dans l'arène, et avait publié un écrit qu'on peut qualifier de coupable, puisqu'il a été ainsi jugé sur la déclaration du jury. Sa condamnation a été poursuivie avec autant de fermeté que de talent et de modération, il faut le dire, par M. le procureur-général, chargé de la poursuite. (Très-bien !)

Eh bien, cette accusation présentée avec la fermeté, et en même temps, avec la modération convenable, a trouvé crédit dans le pays, et elle a été suivie de ce genre de condamnation que l'opinion constitutionnelle agrée davantage, d'un arrêt rendu sur un verdict du jury.

La modération des juges s'est aussi fait remarquer. Ils ont senti que, dans une affaire de cette nature, l'important, c'était la déclaration de culpabilité ; c'était la condamnation elle-même, et non pas la quotité d'une amende ou la durée d'un emprisonnement.

Il y a eu arrêt. Or, s'il y a un principe parmi nous, un principe social, un principe d'ordre, un principe fondamental (car, sans cela, je ne sais plus à quoi il faudrait s'arrêter), c'est le respect de la chose jugée, c'est le respect de son autorité.

Eh bien, c'est alors qu'on voit paraître une lettre, qui, véritablement, mérite d'être relue ici, de la part de M. l'évêque de Châlons; de M. l'évêque de Châlons, déjà atteint lui-même, non pas par les tribunaux, quoi qu'il y eût quelque peu de calomnie dans l'écrit qui a été déféré au conseil d'État, mais enfin atteint par une simple déclaration d'abus.

C'est donc M. l'évêque de Châlons, atteint lui-même par cette déclaration d'abus, qui, se constituant solidaire de M. l'abbé Combalot, lui écrit, après sa condamnation, la petite lettre suivante. (On rit) :

A M. L'ABBÉ COMBALOT.

« Châlons, le 14 mars.

« *L'évêque et le clergé* de Châlons s'empressent de joindre leurs *félicitations* à celles de toute l'Église et de tous les gens de bien, que M. l'abbé Combalot a reçues. Il était digne de lui de donner un *si bel exemple* et de prendre aussi ouvertement la défense de nos vérités catholiques contre l'université qui en est l'ennemi déclaré. Son *Mémoire aux évêques* est si beau qu'après l'avoir lu, nous avons regretté qu'il n'eût pas pour auteur un évêque; c'est la réflexion que je fis pour mon compte, quoique, de notre côté, nous n'ayons pas laissé ignorer au ministre ce que nous pensions sur cette question importante. Mais le principal honneur en est à M. Combalot; aussi, quel *vif intérêt* nous prenons à tout ce qui le touche, et combien nous nous estimerons heureux de lui en donner quelque marque en toute occasion! Qu'il soit persuadé qu'on ne peut rien ajouter à notre profonde estime et à tous les sentiments dont nous lui offrons l'expression. M. J., évêque de Châlons. »

Messieurs, il n'aurait manqué qu'une lettre de M. l'abbé Combalot, qui aurait aussi fait l'éloge de la condamnation

dont M. l'évêque de Châlons avait été frappé précédemment de la part du conseil d'État. (On rit.)

Mais resterait encore cette énorme différence : c'est que
si l'abbé Combalot avait adressé ses condoléances en termes aussi louangeurs à M. l'évêque de Châlons, c'eût été
un inférieur qui aurait écrit à son supérieur ; et ici c'est
un évêque qui écrit à un abbé placé dans la position de
M. l'abbé Combalot, pour le louer d'avoir encouru une
condamnation. Il le félicite en son nom et au nom de son
clergé, qu'il n'a ni réuni, ni consulté, et qui, dit-on, le
désavoue.

Quoi! vous, évêque, vous le félicitez parce qu'il est condamné! vous lui montrez un vif intérêt après qu'il a été
condamné, et lorsque son écrit a entraîné cette condamnation, vous l'admirez d'avoir donné ce que vous appelez un
si bel exemple! vous allez plus loin : vous regrettez que
cet exemple n'ait pas été donné par un évêque! Et vous
regrettez, sans doute, qu'un évêque aussi n'ait pas été condamné, car dans les mêmes circonstances il le serait sans
doute, la loi étant la même pour tous. (Adhésion.)

Mais ici, messieurs, réfléchissons un instant, et j'appelle
la nation entière à réfléchir avec nous sur ces faits et sur
ces doctrines.

Quel est le devoir des évêques? c'est de prêcher la soumission au gouvernement établi, c'est de prêcher l'obéissance aux lois, c'est de prêcher le respect pour les magistrats, et, par conséquent, pour les actes de l'autorité ;
aussi c'est au rang des délits que le Code pénal a placé les
faits commis par les évêques lorsqu'ils rentrent dans la ca-
tégorie des actes que je viens d'énoncer.

C'est un évêque cependant qui, prenant un condamné,
non pas dans sa prison, il n'y est pas encore, mais sur le
seuil de la prison à laquelle il a été justement condamné,
le traite en quelque sorte comme un martyr, lui fait honneur de sa condamnation, et enfin le comble d'éloges pour
un écrit mis au rang des délits par la loi et la justice du
pays.

Oui, l'évêque en cela a manqué à tous ses devoirs, non
pas seulement comme citoyen, non pas seulement comme
un fonctionnaire laïque ; mais il a péché au suprême degré,
puisqu'il a péché comme évêque! il a manqué à tous les
devoirs qui lui sont imposés, en venant censurer l'autorité,

en louant le délit, en louant le fait condamné, déclaré coupable par la justice du pays. (Très-bien!)

Je demande à la France si elle approuve de tels actes commis par des évêques? si elle croit devoir les encourager dans cette voie, et s'il y a quelques hommes qui pensent que nous serions d'humeur, nous, serviteurs d'un gouvernement constitutionnel, à laisser braver les lois et l'autorité de la chose jugée par des prêtres qui ne sont institués que pour prêcher le respect à la loi et à l'ordre établi? (Très-bien! très-bien! Vive adhésion sur tous les bancs.)

On se récrie sur l'insuffisance des appels comme d'abus! Je vous ferai remarquer d'abord que les appels comme d'abus ne sont institués en général que pour les choses qui ne sont pas crimes ou délits; car lorsqu'il y a un crime ou un délit, il faut les poursuivre devant les tribunaux, quand même ce seraient des ecclésiastiques qui les auraient commis. En effet, il n'y a plus de privilége *de clergie*, et il faut que le clergé sache bien que lorsqu'il y aura crime ou délit commis par quelqu'un de ses membres, en vertu de nos lois qui ont consacré l'égalité pour tous, ils pourront être traduits et punis comme les moindres citoyens. (C'est juste!)

Les appels comme d'abus, c'est la discipline du clergé. C'est ainsi qu'il y a quelquefois des blâmes mis à l'ordre du jour dans l'armée, des improbations dans les diverses corporations organisées, et enfin des censures de la part du gouvernement pour les actes du clergé qui pourraient être acceptés comme des vérités s'ils n'étaient pas signalés à la nation comme des erreurs, des actes qu'on regarderait comme indifférents, tandis que ce sont des actes dangereux par leurs conséquences.

C'est à de tels actes, qui ne sont ni des crimes ni des délits, qu'on applique une déclaration solennelle d'hommes compétents qui mette la vérité à côté de l'erreur, et le blâme à côté du fait qui a mérité d'être blâmé. C'est une sorte de cassation dans l'intérêt de la loi.

Il y a des temps où un simple blâme, quand les âmes sont tournées à la susceptibilité et au point d'honneur, où un simple blâme a une puissance infinie. Il en a été souvent ainsi en France, et il faudrait se plaindre si dans le siècle où nous sommes ce sentiment était affaibli, si un blâme ne produisait plus l'impression que doit produire une censure méritée ; si le prêtre, blâmé comme d'abus, n'éprouvait pas ce sentiment intérieur du soldat qui se trouve censuré devant sa compagnie ; de l'avocat qui se croit flétri dans sa carrière si son conseil de discipline l'a admonesté. Non! non! messieurs, nous ne sommes pas déchus à ce point.

Quand un évêque a commis un abus de pouvoir, une illégalité, et que cela a été déclaré tel, après un solennel examen, par le corps institué pour le faire, cette sorte de déclaration, malgré toutes les bravades, laisse un sentiment profond qui est saisi par le public lui-même ; et il en reste une impression ineffaçable, même dans le clergé. (Marques d'approbation.)

Et si, par le fait, nous étions désarmés de ce côté, ne sommes-nous pas législateurs? (Vives approbations.)

Il ne faudrait pas qu'on poussât la bravade et les récidives trop loin ; il ne faudrait pas qu'on nous dît : Vos appels comme d'abus, nous les méprisons! car alors nous examinerions s'il ne doit pas y avoir des moyens de répression plus efficaces, car c'est l'État même et la souveraineté nationale qui se trouveraient en conflit. (Nouvelle et plus vive approbation.) C'est la question de savoir s'ils seront nos maîtres, ou s'ils seront gouvernés comme tout doit être gouverné dans l'État. Et la question est ainsi ramenée à celle de savoir si l'Église est dans l'État ou l'État dans l'Église. C'était la doctrine de Grégoire VII, mais jamais la France ne s'y est soumise, et sans remonter à Clovis, à partir seulement de saint Louis, à compter de la première ligue des barons du XIIIᵉ siècle, qui se montrèrent plus fiers vis-à-vis du clergé que les barons de notre temps, la tradition universelle atteste la résistance que nos pères ont constamment apportée aux invasions du spirituel dans le temporel. (Acclamations.)

Eh bien, pour en finir, on a usé de beaucoup de ménagements ; je n'en ferai pas de reproche, on a bien fait ; c'est là notre force pour l'avenir ; car on pourra dire alors : Nous n'avons pas agi avec trop de vivacité, avec trop d'intempérance, on a laissé accumuler les actes qui pouvaient lasser la patience publique ; mais, pour l'avenir, faites-y attention.

Avec le clergé, messieurs, il ne faut pas avoir tort, parce que, dans la sphère céleste où il lui est donné de s'agiter, quand il est question du dogme et de la foi, il est fort ; c'est là qu'il est inexpugnable, c'est là que la persécution ferait le martyre, et je suis convaincu que nos prêtres le subiraient s'il y avait encore des hommes assez insensés et assez puissants pour exercer des persécutions religieuses. Mais quand le clergé a tort, quand il déborde, quand il veut faire invasion dans le temporel, quand il veut se rendre indépendant et bientôt après souverain (car celui qui ne reconnaît aucun maître, est bientôt maître lui-même, il est souverain, il lui faut des sujets, et il en trouve); il faut savoir le contenir. Rappelons-nous alors que nous sommes sous un gouvernement constitutionnel, sous un gouvernement qu'on ne confesse point; sous un gouvernement que l'on ne subjugue point dans sa vieillesse, dont on ne dispose pas comme on fait d'un seul homme à l'aide d'un directeur, dans les monarchies absolues. Nous avons une presse, nous avons une tribune, nous sommes législateurs! Le clergé sera protégé. Il a été favorisé depuis 1830; il l'a été plus que sous l'empire, plus même que sous la restauration; nous continuerons à le bien traiter, à le traiter avec faveur : on nous trouvera toujours favorablement disposés pour la religion, pour le clergé hiérarchique, pour nos curés et nos évêques; mais en même temps aussi, pour tout ce qui est excentricité, je vous y exhorte, gouvernement, soyez inflexible. (Vifs applaudissements.)

(L'orateur, en descendant de la tribune, reçoit des félicitations de presque toutes les parties de la chambre.)

(Extrait du *Moniteur Universel.*)

TABLE DES MATIÈRES.

APPENDICE AU MANUEL.

FIN.

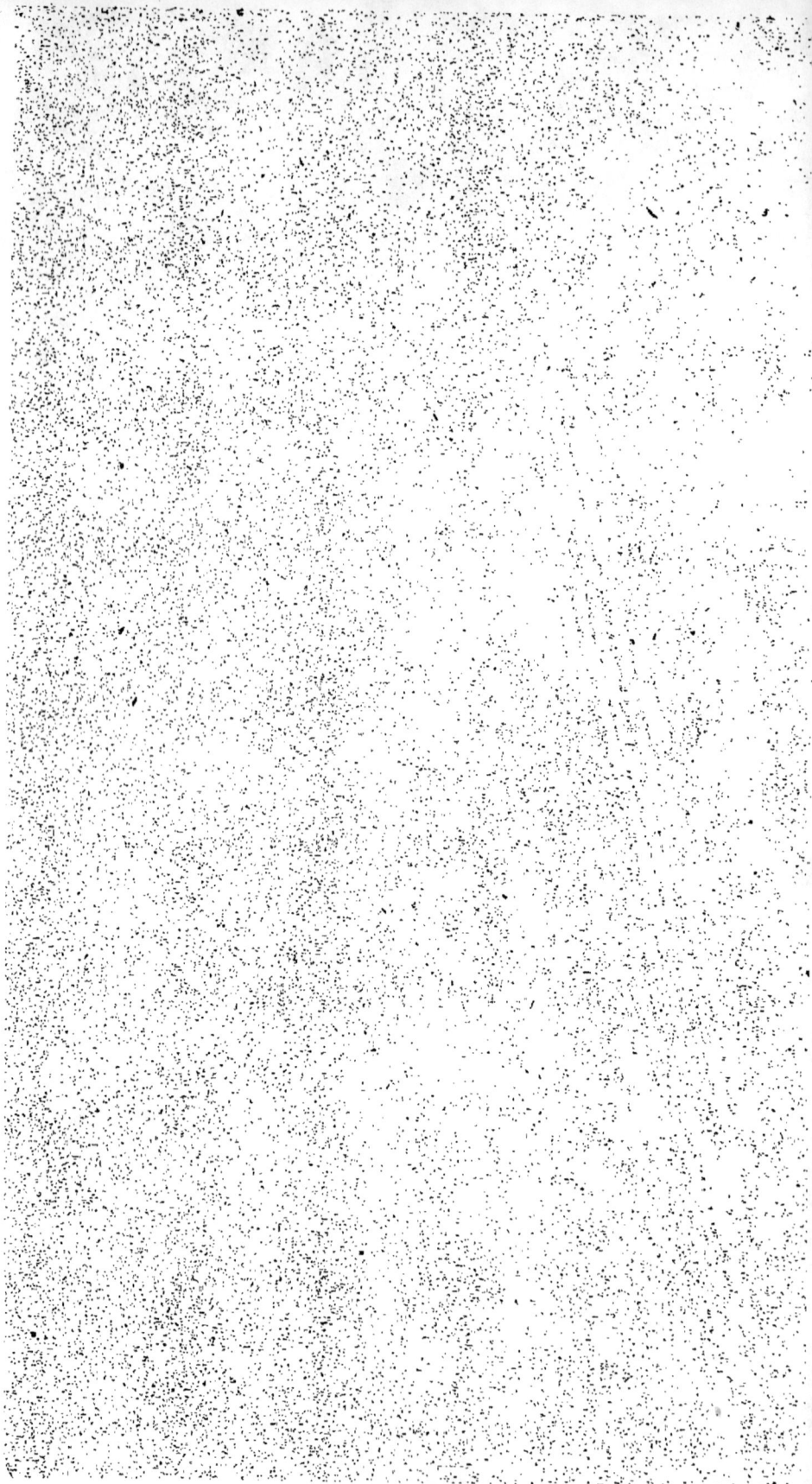